—002

13인의 아해가 도로로 질주하오

SURYUSANBANG

13인의 아해가 도로로 질주하오—이상의 〈오감도〉 처음부터 끝까지 읽기
이상문학회 2기 편집위원회 엮음
ⓒ 김인환 황현산 조강석 이혜원 조연정 조해옥 박현수 권희철 권혁응 임지연
김수이 이수명 문혜원 김종훈 함돈균 최현식 신형철
Published by 수류산방 樹流山房 Suryusanbang, 2013.
초판 1쇄 2013년 02월 24일

수류산방 樹流山房 Suryusanbang
등록 | 2004년 11월 5일 (제300-2004-173호)
주소 | 서울 종로구 청운동 57-51
　　　A. 57-51, Cheongun-dong, Jongno-gu, Seoul, KOREA
　　　T. 02 735 1085 ｜ F. 02 735 1089
프로듀서 | 박상일 Producer｜PARK Sangil
발행인 및 편집장 | 심세중 Publisher & Editor in Chief｜SHIM Sejoong
크리에이티브 디렉터 | 朴宰成 Creative Director｜PARK Jasohn
이사 | 김범수 박승희 최문석 Director｜KIM Bumsoo, PARK Seunghee, CHOI Moonseok
편집팀 | 김지혜 Editorial Dept.｜KIM Jihye
디자인·연구팀 | 김영진 심지수 Design & Research Dept.｜KIM Youngjin, SHIM Jisoo
인쇄 | 효성문화 (T. 02 2261 0006) Printing｜Hyosung Printing

Ⓢ 이상 리뷰 제9호 : 13인의 아해가 도로로 질주하오—이상의 〈오감도〉 처음부터 끝까지 읽기 Ⓢ 이상문학회 소개 : 이상문학회는 식민지 시대를 치열하게 살다간 작가 이상에 대한 연구 저변을 넓히기 위해 김성수, 김주현, 박현수, 이경훈, 임명섭, 조해옥, Lew, Walter K 등의 연구자들을 중심으로 2001년에 만들어졌다. 이상의 문학 세계를 탐구한 논문·평론 등을 모아 실은『이상 리뷰』를 제8호까지 발간하였다. 2013년 현재 김종훈, 송민호, 조강석, 함돈균 등의 2기 편집위원회 체제로 이상 문학 연구의 심화를 위한 연구·비평적 기획 활동을 수행하고 있다. Ⓢ 이 책은 2007년도 정부(교육과학기술부)의 재원으로 한국연구재단의 지원을 받아 출간되었습니다. (NRF-2007-361-AL0013)

값 33,000원
ISBN 978-89-91555-31-0 03810
Printed in Korea, 2013.

13인의 아해가 도로로 질주하오

이상의 〈오감도〉 처음부터 끝까지 읽기

이상문학회 2기 편집위원회 엮음

2013

수류산방
樹流山房
SURYUSANBANG

13인의 아해가 도로로 질주하오
|
이상의 〈오감도〉 처음부터 끝까지 읽기
|
김인환
황현산
|
조강석
이혜원
조연정
조해옥
박현수
권희철
권혁웅
임지연
김수이
이수명
문혜원
김종훈
함돈균
최현식
신형철

책머리에

1934년 7월 24일부터 8월 8일까지『조선중앙일보(朝鮮中央日報)』에는 당시만 해도 무명에 가까운 청년이었던 시인 이상(李箱)에 의해〈오감도(烏瞰圖)〉라는 이름의 특이한 연작시 15편이 연재되다가 독자들의 빗발치는 항의에 의해 중단되는 일이 있었다. 아주 짧은 '현대시'의 역사를 가지고 있었던 당대에는 물론이고 지금 보아도 여전히 파격적인 시 형식과 전위적인 시의식을 드러내고 있는 이 연작이 격렬한 문학적 스캔들을 불러일으킨 것은 거의 필연적인 일로 보인다. 문학 작품에 대한 개념적 범주 자체에 의문을 불러일으킨 이 스캔들은 한국 문학사 전체를 통틀어서도 보기 드문 일이었다.

그러나 우리는 이 시점에서 진정 다시 질문해 보아야만 한다. 이 문학적 스캔들에서 우리가 지금까지 보고 있었던 '격렬함'이란 어떤 것인가. 대체로 대부분의 문학적(예술적) 스캔들에는 해결하기 어려운 고유한 난점이 내재해 있다. 그것은 어떤 스캔들 자체가 발생했다는 데에 있지 않다. 진정 여기서 문제가 되는 것은 통속적 사고로는 이해받기 어려운, 그래서 오히려 세간의 지나친 관심의 대상이 될 수밖에 없는 운명을 타고난 한 특이한 사물의 존재 형식이 이 스캔들의 메커니즘에서는 왜곡되어 이해될 수밖에 없다는 사실이다. 아주 운이 좋은 경우가 아니라면 여기에서 이 특수한 예술적 사물의 존재론적 의미는 통속적 시선의 격렬함 속에서 소모된다. 그리고 여기에서 '작품'은 은폐되어 버린다.

이 책 『13인의 아해가 도로로 질주하오—이상의 〈오감도〉 처음부터 끝까지 읽기』는 당대에나 지금에나, 전문 연구자에게나 대중 독자에게나 한국 문학사상 가장 비상한 관심이 집중되어 왔던 문제적 문학 텍스트 중 하나인 이상의 〈오감도〉 연작 15편에 대한 최초의 전작(全作) 해석집이다. 이 책은 작품이 탄생한 지 80년이 지났음에도 불구하고 여전히 은폐되어 있는 〈오감도〉 내부의 진정한 '격렬함'을 본격적으로 밝혀 보려는 작은 첫걸음이다. 이 책에 참여한 17명의 필자들은 서로 다른 경로를 거쳐 문학 공부를 해 왔고, 서로 다른 미학적 기준으로 작품을 판단하며 평가하는 연구자들이자 비평가들이다. 따라서 이 책의 필자들 모두가 이 책의 연구 텍스트인 〈오감도〉를 '훌륭한' '작품'이라고 평가하는 것은 아닐 것이다. 그러나 적어도 이 책에 참여한 필자들은 이상의 〈오감도〉가 과거의 한 시기에 느닷없이 출연한 이래 한국 현대 문학사를 지금까지 추동시켜 온 가장 중요한 시의식과 시적 에너지 중 하나를 포함한 문제적인 텍스트라는 사실에는 이의를 달지 않는다. 이상의 〈오감도〉는 그저 '스캔들'일 수 없다는 게 이 책에 참여한 필자들의 기본 관점이다.

이상의 〈오감도〉에는 과학과 도시와 성(性)과 병(病)과 죽음이라는 현대 문학의 주제들이 고스란히 다 녹아 있다. 〈오감도〉는 세계를 '조감(鳥瞰)'하는 지도이기 이전에, 주체의 가능성/불가능성과 맞닥뜨리는 한계의 자리에서 펼쳐지는 작가 자신, 나아가 현대인 자체의 자화상이기도 하다. 이런 점에서 이상의 〈오감도〉를 둘러싸고 있는 '(시적) 난해성'이란 사실이기도 오해이기도 하고, 실체이기도 풍문이기도 하며, 나아가 그것은 불가피한 것, 심지어는 '작품의 실패'를 뜻하는 것이기도 하다. 하지만 어쩌면 이 모든 것은 당연하기도 하다. 이상의 〈오감도〉는 어떤 방식으로든 통속적 세계 내부에서 그것에 의해 되어진 말을 통해 그 말의 한계 지점을 돌파하려는 지점에서 출현했기 때문이다. 그러나 이 책의 필자들은 이 한계 지점에서 발생하는 '난해성'을 미학의 실패라기보다는 모든 진정한 '작품'이 '발생'하는 고유의 영토에서 일어난 사건으로 이해하려는 기본 시각을 가지고 있다. 이 영토에서 발생하는 사건을 우리는 스캔들이 아니라 문학의 '전위(前衛)'라고 명명하고자 한다.

『13인의 아해가 도로로 질주하오 — 이상의 〈오감도〉 처음부터 끝까지 읽기』는 1934년 『조선중앙일보』에 연재되다가 중단된 이상의 〈오감도〉 연작 15편 전체를 대상으로 한 최초의 전작 '해석집'이다. 그러나 이 책의 성격은 사실 매우 애매하다. 정확히 말해서 이 책은 해석도, 해설도, 주석도 아닌 어떤 모호한 층위에 있는 책이라고 해야만 한다. 이상에 대한 깊은 관심을 가지고 있으며, 우리 시대 한국 문학 연구에 있어 명민하고 깊이 있는 해석력과 감수성을 지닌 신망있는 중진·중견·소장 학자와 문학평론가들 17명이 이상을 매개로 한 책에 모였다는 것만으로도 상당한 의미가 있다고 자평할 수 있지만, 그 사실만으로 이 책의 해석적 정당성이 보증되거나 인정받는 것은 아니라는 점을 잘 알고 있다. 다만 우리는 이 책을 기획하면서 한 연구자가 겸손하지만 치밀하게 이상의 문학 세계로 들어갈 수 있는 개별적 출구 하나씩을 찾을 수 있기를 바랐다. 통속적 시선 속에서 은폐된 작품 내부의 한 줄기 빛을 각자가 발견할 수 있기를 기도했다. 그렇다 하더라도 이 책이 지금까지 은폐되어 있던 작품 내부의 빛, 이상 문학의 출구를 온전히 드러냈다고 하는 것은 어불성설일 것이다. 어쩌면 그것은 영원히 불가능한 일이라고 하는 게 정직한 일일지도 모른다. 결과적으로 보면 오히려 우리는 이 책을 통해 문학 텍스트의 '해석 불가능성'이 지닌 참된 의미를 드러내고 있는지도 모르겠다.

이 책은 여러 사람의 특별한 노고에 의해 겨우 빛을 볼 수 있었다. 무엇보다도 이상의 〈오감도〉로 들어가는 난해한 입구를 '조감'하는 총론을 써 주신 김인환 선생님과 황현산 선생님을 비롯하여 어려운 기획에 즐겁게 동참해 주신 17명의 필자 분들께 가장 먼저 깊은 감사의 말씀을 드려야겠다. 어려운 출판 환경에도 불구하고 의미 있는 책이 세상에 나올 수 있도록 성심을 다해 물적 지원을 아끼지 않은 고려대 민족문화연구원에도 감사를 드린다. 특히 최초 기획 단계에서부터 출간 단계에 이르기까지 선의의 지원을 아끼지 않으신 최용철 원장님과 정병욱, 박헌호 선생님께 각별한 감사의 말씀을 드린다.

이상의 〈오감도〉라는 특이한 개인의 특이한 작품 해석집이 이렇게 그 아우라에 걸맞은 집을 찾는 것은 쉬운 일이 아닐 것이다. 한국 문화의 정신성과 물질성에 대한 깊이 있는 천착을 겸하고 있는 드문 출판사인 수류산방을 만난 것은 이상을 연구하는 연구자들에게도 큰 행운이다. 책의 편집과 디자인 기획을 총괄하고 맡아 주신 수류산방의 박상일 방장님, 심세중 실장님, 김범수 이사님께 깊은 감사의 말씀을 드린다.

마지막으로 이 책은 17명 필자들의 것이기도 하지만, 기획과 실무를 추진한 이상문학회의 것이기도 하다. 이상에 대한 특별한 관심을 가지고 일찌감치 이상문학회를 조직하신 이상문학회 1기 선배님들의 조언과 격려가 큰 힘이 되었다. 역시 감사의 말씀을 전한다.

이 책이 이상 문학, 나아가 한국 현대 문학에 관심을 가지고 있는 전문 연구자와 일반 대중 독자 모두에게 이상 문학에 대한 새로운 관심을 촉발하고, 그 흥미로운 문학적 입구로 들어가는 작은 도움이 될 수 있기를 기대한다. ÷

17명의 필자들을 대신하여 이상문학회 2기 편집위원회 김종훈, 송민호, 조강석, 함돈균 삼가 씀.

13인의 아해가 도로로 질주하오

이상의 〈오감도〉 처음부터 끝까지 읽기

007 책머리에
014 일러두기

021 〔김인환〕
049 〔황현산〕

073 〔조강석〕 시제 1호
101 〔이혜원〕 시제 2호
129 〔조연정〕 시제 3호
157 〔조해옥〕 시제 4호
185 〔박현수〕 시제 5호
215 〔권희철〕 시제 6호
247 〔권혁웅〕 시제 7호
269 〔임지연〕 시제 8호 해부
295 〔김수이〕 시제 9호 총구
321 〔이수명〕 시제10호 나비
349 〔문혜원〕 시제11호
375 〔김종훈〕 시제12호
405 〔함돈균〕 시제13호
433 〔최현식〕 시제14호
465 〔신형철〕 시제15호

007 책머리에
014 일러두기

021 이상 시의 문학사적 위상
049 〈오감도〉의 독서를 위하여—이상과 초현실주의

073 내적 실재와 외재적 보충물들
101 전통과 전위의 역동
129 의미의 결정 불가능성의 의미
157 병원인 세상을 응시하라
185 이상 시학의 기원에 이르는 통로
215 앵무 2필은 3에 이를 수 있을까
247 13인의 아해를 만나기까지
269 투명한 시선, 불투명한 주체
295 격발(擊發) 직전의 육체로 행하는 필사의 시 쓰기
321 세계는 나비들로 이루어져 있다
349 문맥적 읽기와 장면적 읽기
375 일시적인 평화와 영원한 전쟁
405 환상을 가로지르기
433 역사와 전통에 항(抗)한다는 것
465 어떤 재판의 기록

일러두기

1. 이상의 연작시의 제목을 표기할 때 연작의 제목, 각 편의 제목과 처음 발표할 때 표기된 방식 등을 고려했다. 연작 전체를 가리킬 때에는 〈烏瞰圖오감도〉〈三次角設計圖3차각 설계도〉와 같이 표기했고, 그 안에 포함된 각각의 시들은 「烏瞰圖오감도 : 詩第一號시 제1호」 「危篤위독 : 內部내부」와 같이 썼다. 연작이 아닌 한 편의 시는 「꽃나무」와 같이 표기했다.
2. 발표 당시 원문에 한자로 표기된 구절을 인용할 경우에도 위의 제목과 같이 표기했다. 그 밖에 본문에 병기된 한자는 "병력(病歷)"과 같이 표기했다.
3. 시와 단편 소설, 논문 제목은 홑낫쇠(「 」), 출판물, 신문과 잡지는 겹낫쇠(『 』)로 구분했다.
4. 단락이 바뀔 때는 들여쓰기 대신 한 줄 띄우고 앞뒤 단락 사이를 | 로 표시했고, 단락 전체가 인용문일 때는 ―로 표시했다. 인용문(시) 안에서 연이 나뉠 때는 기호를 넣지 않았다.
5. 주석에서 인용 출처 또는 참고 문헌은 "이승훈 엮음, 『이상 문학 전집 1 시』(문학사상사, 1989년), 18쪽."와 같이 표시했다. 영어 문헌은 논문 제목을 따옴표로, 책 제목을 이탤릭체로 구분했다. 인쇄물에는 따로 인쇄물을 붙이지 않았고, 웹에만 "웹."이라고 표시했다.
6. 저자들이 같은 문헌을 참고한 경우도 많았으나 두 번째 등장할 때 앞의 책 등으로 축약하지 않고 되도록 등장할 때마다 다시 밝혔다. 한 면 안에서 같은 문헌이

거듭 나올 때만 "위의 책"으로 표시했다.

7. 각 글의 처음에 소개한 이상 시 원문의 맞춤법은 처음 발표되었을 때의 표기를 따랐다. 본문에 인용될 때의 표기법은 통일되지 않은 경우도 있다. 같은 인용문이라 할지라도 저자가 참고한 출처에 따라서 표기에 조금씩 차이가 있음을 밝혀 둔다.

8. 낱말의 띄어쓰기와 외국 인명의 표기법 등이 저자에 따라 서로 다를 때에는 맞춤법 원칙을 기준으로 통일했다.

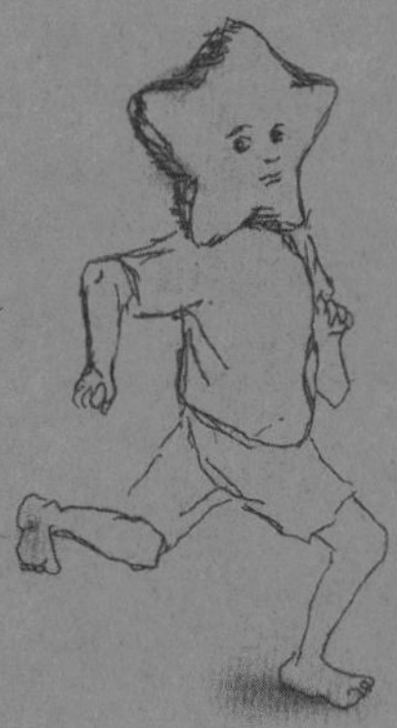

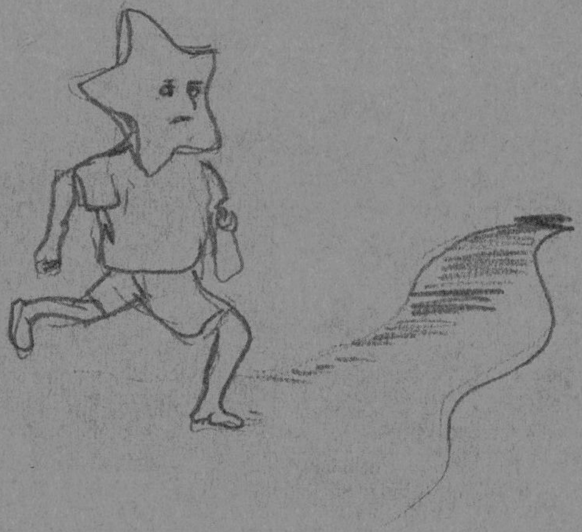

00-1

이상 시의 문학사적 위상

김인환 | 고려대 명예 교수·문학평론가

1. 시조와 현대시
2. 수학과 시
3. 물리학에서 병리학으로

1. 시조와 현대시

미래의 시에 대해서는 알 수 없기 때문에 시에 대하여 이야기할 때 우리가 척도로 삼는 것은 과거의 시에 대한 우리의 기억이다. '3구 6명'으로 규정되는 향가, 3음보의 고려 속요, 4음보의 시조와 가사, 그리고 3음보와 4음보가 섞여 있는 현대시에 대한 잡다한 인상이 시의 개념을 결정하고 있는 것이다. '시란 무엇인가?'라는 질문을 받을 때 우리의 머리 속에 떠오르는 기억상은 우선 줄을 바꿔 가며 쓴 글이라는 것이다. 시의 한 줄은 일정한 의미의 단위이면서 동시에 일정한 호흡의 단위이다. 한 편의 시를 다 외우고 있는 사람은 많지 않지만, 대부분의 사람들은 두어 줄의 시행을 머리 속에 떠올릴 수 있다. 일부러 현대시처럼 공행을 두어 가면서 적어 본다면 향가는 대체로 세 연으로 나뉜다.

생사의 갈림길은 여기 있으매 머뭇거리고
나는 갑니다 말도 못 이르고 간 것이냐

어느 가을 이른 바람에 여기저기 떨어질 잎처럼
한 가지에 나고서도 가는 곳 모르는구나

아아 아미타불 계신 곳에서 만날 것 믿고
나 길 닦으며 기다리겠다[1]

[1] 김인환, 『한국고대시가론』(고려대출판부, 2007년), 72쪽.

이 「죽은 누이를 그리며」에서 보듯이 향가의 의미 구조는 3연 6행으로 짜여져 있다. 3구 6명(三句六名)이란 바로 3연 6행의 구성 방법을 가리키는 것이었다. 신라 시대에는 아직 음보에 대한 규정은 없었던 듯하다.

정월 / 나릿 / 물은
어져 / 녹져 / 하논대

와 같은 3음보와

남산에 / 자리 보아 / 옥산을 / 베여 누어
금수산 / 니불 안해 / 사향각시를 / 안아 누어

와 같은 4음보가 섞여 있는 것으로 미루어 음보의 규칙이 하나의 형식으로 정착되어 있었던 것 같지는 않다. 우리 시의 율격은 시조에 이르러 본격적으로 자리를 잡았다. 3천 수 이상의 시조를 낭송해 본 결과 그 첫째 행과 둘째 행에서는 앞의 반 행을 강하게 읽고 뒤의 반 행을 약하게 읽는 것이 자연스럽게 들렸으며, 행을 구성하는 네 개의 음보들은 약 강 약 강으로 읽는 것이 자연스럽게 들렸다. 그런데 셋째 행에서는 이러한 율격 구조가 완전히 역전되어 약한 반 행이 먼저 오고 강한 반행이 뒤에 오며 음보들은 강 약 강 약으로 읽혔다.[2]

2) 김진우, 「시조의 운율 구조의 새 고찰」, 『한글』 173-174 합병호(한글학회 1981년), 320쪽.

많은 사람들이 인정하고 있듯이 시조 율격의 특징은

독특한 종지법에 있다. 셋째 행의 율격이 첫째, 둘째 행의 율격과 반대로 구성되어 있다는 것이 시조의 종지법이 보여 주는 특별한 성격인 것이다. 한 음보 한 박자로 진행되던 율격이 셋째 행의 둘째 음보에 와서 반 박자가 늘어나 한 박자 반이 되는 것도 시조에 고유한 종지법이라고 할 수 있다. 윤선도(尹善道)는 종지법을 사용해야 할 경우와 사용하지 않아야 할 경우를 엄격하게 구별하였다. 윤선도는 〈오우가〉에서 부분의 자립성을 강조하여 여섯 수의 시조 하나하나에 종지법을 사용하였으나 〈어부사시사〉에서는 제40수에만 종지법을 사용하였다. 제1수부터 제39수까지는 작품 전체의 비자립적 구성 단위임을 강조하기 위하여 종지법을 피한 것이다.

시조의 율격이 4음보라면 현대시의 율격은 3음보와 4음보가 섞여 있는 혼합 음보이다. 심층에서 볼 때에 세 음보와 네 음보의 혼합 형태가 현대시 율격의 기조가 된다. 표층에서 본다면 말소리의 흐름을 시적 직관에 맞추기 위한 고려가 규칙으로 환원할 수 없을 만큼 다양한 변조를 낳고 있기는 하지만, 민요의 세 음보 율격과 시조의 네 음보 율격이 여전히 현대시의 음악적 의미 안에 배후의 유령으로 작용하고 있다고 보아도 무방하다. 행과 연을 구분하지 않은 조지훈(趙芝薰)의 「봉황수」는 표층으로 보면 줄글처럼 보이지만 실제로 율독해 보면 3음보 기조에 4음보 행 두 줄과 2음보 행 한 줄이 섞여 있는 심층 율격을 드러내고 있다.[3]

[3] 김인환, 『문학교육론』(평민사, 1979년), 80쪽.

벌레 먹은 / 두리기둥 / 빛 낡은 단청 // 풍경소리 / 날러간 / 추녀 끝에는 // 산새도 / 비둘기도 / 둥주리를 / 마구 쳤다 // 큰 나라 / 섬기다 / 거미줄 친 / 옥좌 위엔 // 여의주 / 희롱하는 / 쌍룡 대신에 / 두 마리 / 봉황새를 / 틀어 올렸다 // 어느 땐들 / 봉황이 / 울었으랴만 // 푸르른 / 하늘 밑 // 추석을 / 밟고 가는 / 나의 그림자 // 패옥 / 소리도 / 없었다 // 눈물이 / 속된 줄을 / 모를 양이면 // 봉황새야 / 구천에 / 호곡하리라 //

한시에서는 비유를 시의 눈이라고 하여 율격과 함께 시를 시로서 성립하게 하는 시의 본유 개념으로 간주해 왔다. 고려 예종 때 시인 강일용(姜日用)은 여러 번 비를 맞으며 천수사 남쪽 계곡에 가서 백로를 본 후에 "飛割碧山腰비할벽산요(날아서 푸른 산의 허리를 자른다)"란 시구를 얻고 말하기를 "오늘에야 고인이 도달하지 못한 곳에 이르렀다"고 했다.[4]

[4] 김춘동, 『운정산고』(고려대 민족문화연구소, 1987년), 200쪽.

하나의 시 행을 시 전체의 중심으로 만드는 주제적 비유를 시의 눈이라고 한다. 강일용의 시구에서 "자를 할(割) 자"가 바로 시의 눈이라고 할 수 있다. 그러므로 장식적 비유는 시의 눈이 되지 못한다.

동짓달 기나긴 밤을 한허리를 베어내어
춘풍 이불 안에 서리서리 넣었다가
얼온 님 오신 날 밤이어드란 굽이굽이 펴리라

황진이의 이 시조에서 밤의 한 가운데를 잘라 겹치는 행동에서 "베어내어"란 단어는 님과의 포옹이라는 사랑의 테마에 기여하기 때문에 시의 눈이 될 수 있다. 백로가 날아 산의 허리를 두 동강으로 자르듯이 황진이의 에로스는 겨울밤의 한 복판을 두 조각으로 자른다. 시에서는 물론이고 일상어에서도 좋은 비유는 힘을 가지고 있다. 음식점에서 갈비를 먹다가 어떤 사람이 주인에게 "이 고기가 구두창 같아요."라고 말할 때 이 비유에는 힘이 들어 있다. 고기가 질기다고 항의한다면 참고 먹으라고 할 수 있을 것이지만 구두창이라고 하면 참고 먹으라고 할 수 없을 것이기 때문이다.

시조의 비유가 유사성의 비유라면 현대시의 비유는 상호 작용의 비유이다. 현대시는 유사성의 비유를 상호 작용의 비유로 확대함으로써 비유의 영역을 개방하였다. 유사성의 비유는 이미지를 주는 말이 이미지를 받는 말에 작용하여 의미의 전환을 일으키는 비유라면 상호 작용의 비유는 이미지를 주는 말이 이미지를 받는 말에 작용하여 의미 전환을 일으킬 뿐 아니라 이미지를 받는 말이 이미지를 주는 말에 작용하여 의미 전환을 일으키는 비유이다. 의미 자질들의 상호 침투와 상호 조명이 이중의 의미 전환을 일으키는 비유를 상호 작용의 비유라고 한다. y가 지니는 일련의 연상이 x에 작용하여 x의 의미가 선택되고 강조되고 억제됨과 동시에 x가 지니는 일련의 연상도 y에 작용하여 y의 의미가 선택되고 강조되고 억제된다. 요컨대 x와 y가 함께 비유의 문맥을 결정하면서 새로운 의미 작용에 참가하는 것이다. 현대시의 표준형이 보편적이라는 사

실을 예증하는 시로는 예이츠(W. B. Yeats)의 짧은 시
「조용한 처녀(Maid Quiet)」가 적절할 것 같다.

팥빛 모자 까닥이며
조용한 처녀 어디 가나
별들을 깨운 바람은
내 피 속으로 불고 있네
그녀 가려고 일어서는데
내 어찌 태연하랴
번개를 부르는 소리
지금 내 애를 끊어내네

Where has Maid Quiet gone to,
Nodding her russet hood?
The winds that awakened the stars
Are blowing through my blood.
O how could I be so calm
When she rose up to depart?
Now words that called up the lighting
Are hurting through my heart.[5]

5) W. B. Yeats, *The Collected Works* vol.I (Stratford-on-Avon : Shakespeare Head Press), p.33.

한 행에 세 개의 액센트가 있는 세 음보 율격에 둘째 줄과 넷째 줄, 여섯째 줄과 여덟째 줄의 각운으로 운율 즉 운과 율격이 갖추어진 시라고 할 만하다. 이야기는 단순하기 그지없다. 어린 여자 아이 하나가 늙은 시인의 앞을 지나간다. 조금 전에 그 아이는 시인이 볼 수 있는

곳에 앉아 있었다. 그것이 전부이다. 그 이외에는 아무 일도 일어나지 않았다. 시인은 폭발하지 않도록 조심조심 침묵 속에서 자기 몸의 생명력을 보듬고 있는 소녀를 우주의 중심으로 묘사한다. 소녀의 현존 자체가 우주적 사건이다. 그녀로 인해서 비로소 여태까지 따로 놀던 별과 바람과 피가 서로 통하여 작용하게 된다. 이 시가 조명하는 상호 작용의 비유는 유사성의 비유로 번역되지 않는다. 상호 작용에 의하여 서로 다른 단어의 의미를 전환시키는 바람과 별과 피는 "마치 바람이 별들을 깨웠던 것처럼 그와 같이…"라는 형식의 문장 속에 자리를 잡지 못한다. 어느 것이 이미지를 주는 말이고 어느 것이 이미지를 받는 말인지 구별할 수 없기 때문이다. 김수영(金洙暎)이 「미역국」이란 시에서 말하는 예술파 시인이란 대체로 현대시의 표준형을 지키는 시인들을 가리키는 듯하다. 김수영은 예술파 시와 그 자신의 시를 구별하였다.

자칭 예술파 시인들이 아무리 우리의 능변을
욕해도— 이것이
환희인 걸 어떻게 하랴[6]

[6] 이영준 편, 『김수영 육필 시고 전집』(민음사, 2009년), 388쪽.

혼합 음보의 율격과 상호 작용의 비유라는 현대시의 표준형은 정지용(鄭芝溶)과 서정주(徐廷柱)에게서 볼 수 있는 것과 마찬가지로 신동엽(申東曄)과 신경림(申庚林)에게서도 볼 수 있다. 시조의 인력을 받고 있는 그들의 시에는 실험파와 대조되는 격률이 있다.

김수영의 시에서는 시조의 인력을 느끼기 어렵고 이상의 시에서는 시조의 인력을 전혀 느낄 수 없다. 김수영과 이상의 시는 시조의 자장 바깥에 있다. 시조의 자장 외부에 있다는 점에서 이상과 김수영을 실험파라고 할 수 있다. 그러나 예술파와 실험파를 구분하는 이분법으로는 신동엽과 김춘수를 설명할 수 없으므로 나는 서정주―신동엽―김춘수―김수영의 위상을 각각 예술파―현실파―형식파―실험파로 규정하는 것이 한국의 현대시를 이해하는 데 적절하다고 생각한다.

이상의 시에 대해서는 그것이 시로서 성립되지 않는다는 견해가 널리 퍼져 있다. 현대시의 표준 형태와 다르기 때문에 이상의 시를 처음 읽는 사람은 특별하다는 인상을 받게 되고 이상을 대표적인 난해 시인으로 치부하게 된다. 그러나 시를 뜯어 읽어 보면 이상의 시 가운데 내용을 짐작하기 어려울 정도로 난해한 시는 많지 않다. 난해시라면 이상의 시보다는 김춘수(金春洙)의 시를 예로 드는 것이 더 적합할 것이다. 운율이 없기 때문에 시가 아니라 산문이라는 평가는 정확한 이해라고 할 수 있다. 시조는 운이 아니라 율격으로 종지법을 표현한다는 점에서 세계에 유례를 찾을 수 없는 시형식이다. 한국 현대시의 형식은 시조와의 거리를 척도로 삼아 규정된다. 김소월(金素月)의 시보다 서정주의 시가, 서정주의 시보다 유치환(柳致環)의 시가 시조에서 더 먼 곳에 있다. 이상의 시는 시조에서 더 이상 나아갈 수 없을 정도로 멀리 떨어져 있다. 그보다 더 나아가면 시가 되지 않는 곳에 있다고 말할 수 있을 것이다. 이상의 시는 시와 비시의 경계에 있기 때문에 한국의 현대시는 어떠한 경우에도 이상의 시를 넘어서 더 먼 곳으로 갈 수 없다. 그보다 더 나아가면 의미 없는 헛소리가 되고 말 것이다. 좋은 시냐 나쁜 시냐 하는 문제를 떠나 시조의 형식을 극한까지 파괴해 보았다는 것은 한국 현대시의 좌표를 설정하는 데 기여하는 일이 된다. 두 사람의 이상은 필요 없다고 하겠지만 한 사람의 이상은 없으면 만들어 내기라도 해야 할 정도로 한국 현대시사에 필요불가결한 존재라고 할 만하다. 극한을 아는 것이 중용을 취하는 데 도움이 되기 때문이다. 실험파 시가 성공하려면 이상보다는 시조 쪽으로 조금 물러서야 한다는 교훈을 터득하기 위해서라도 우리는 이상을 읽어야 한다. 김구용(金丘庸)도 김수영도 이 교훈을 충분하게 체득한 것 같지 않다.

2. 수학과 시

이상(李箱, 1910~1937년)은 1926년에 5년제 보성고등보통학교를 졸업하고 경성고등공업학교 건축과에 입학하였고 고등공업학교를 졸업하던 1929년에 조선총독부 내무국 건축과 엔지니어가 되었다. 그는 1933년, 스물세 살 때에 폐병에 걸렸고 1934년에서 1937년 사이에 대부분의 중요한 시들을 썼다. 그러나 그의 시를 그의 시답게 규정하는 특징들은 1931년과 1932년에 지은 일문 시들에도 나타나 있다. 그는 『조선과 건축(朝鮮と建築)』이란 일본어 잡지에 스물여덟 편(1931년 7월에 「異常한 可逆反應이상한 가역 반응」이 포함된 6편, 같은 해 8월에 〈鳥瞰圖조감도〉라는 표제로 8편, 같은 해 시월에 〈三次角設計圖3차각 설계도〉라는 표제로 7편, 1932년 7월에 〈建築無限六面角體건축 무한 6면 각체〉라는 표제로 7편)의 일문 시를 발표하였다.

공업학교 출신답게 이상은 과학에 대하여 흥미를 지니고 있었다. 처녀작 「異常한 可逆反應이상한 가역반응」의 모두에는,

임의의 반경의 원(과거분사의 시세)

원내의 1 점과 원외의 1 점을 결부한 직선[7]

---

[7] 임종국, 『이상 전집』(문성사, 1966년), 246쪽. 이하 본문 안에 이 책의 쪽수만 표시함. 번역문만 공개되어 있는 유고의 판본 문제가 심각한 형편이나 구

조 형식이 아니라 문학사적 위상을 다루는 이 글에서는 내용 분석의 편의를 위하여 한자를 한글로 바꾸고 띄어쓰기를 하여 번역시를 인용함.

이라는 두 행이 나온다. 원과 과거분사를 병치한 표현에 수학을 일종의 언어로 수용한 이상의 과학 이해가 드러나 있다. $x=e^y$를 $y=\ln x$로 변형하고 $11.5=10^{1.0607}$을 $1.0607=\log 11.5$로 변형하는 바꿔쓰기는 능동태를 수동태로 변형하고 직접 화법을 간접 화법으로 변형하는 바꿔쓰기와 동일하다. 수학에서는 어느 한 단어도 어느 한 문장도 고립되어 나타나지 않는다. 수학에서 존재는 관계이고 있음은 걸려 있음이다. 수학이란 결국 서로 연결되어 있는 존재들 사이의 관계들을 대응시키는 작업이다.

$$e^x = 1 + \frac{x}{1!} + \frac{x^2}{2!} + \frac{x^3}{3!} \cdots$$

$$\cos x = 1 - \frac{x^2}{2!} + \frac{x^4}{4!} - \frac{x^6}{6!} \cdots$$

$$\sin x = x - \frac{x^3}{3!} + \frac{x^5}{5!} - \frac{x^7}{7!} \cdots$$

$$e^{ix} = 1 + ix + \frac{i^2 x^2}{2!} + \frac{i^3 x^3}{3!} \cdots = \cos x + i \sin x$$

과거분사는 독립해서는 사용되지 않는 동사의 한 형태이다. 그것은 존재동사나 소유동사와 함께 수동이나 완료의 의미를 나타낸다. 원도 과거분사처럼 독자적인 의미를 가지고 있지 않다. 원은 선을 만나야 비로소 의미를 형성한다. 곡선상의 임의의 점에서 축 위의 초점에 그은 선과 곡선 밖의 준선에 수직으로 그은 선의 비는 일정하다. 타원은 1보다 작고 쌍곡선은 1보다 크고 포물선은 1이다. 원 안에 반지름(=1)을 빗변으로 하는 삼각형을 그리면 원주에 닿는 꼭지점의 좌표(x, y) 가운데 y는 사인이 되고 x는 코사인이 된다.

「三次角設計圖 삼차각 설계도: 線에關한覺書 선에 관한 각서」에서 1 2 3 또는 1 2 3 4 5 6 7 8 9 0을 가로 세로로 늘어놓아 본다든지 4의 모양을 사방으로 돌려놓아 본다든지 하는 것이 다 숫자들이 고립되어 존재하는 것이 아니라는 생각을 나타내는 방법이라고 볼 수 있다. 숫자들이 사람처럼 살아서 서로 연관되어 운동하고 있기 때문에 수학은 현상과 본질의 차이를 명료하게 보여 준다.

$\sin(30° + 60°)$는
$\sin 30° + \sin 60°$가 아니고
$\sin 30° \times \cos 60° + \cos 30° \times \sin 60°$이다.

이상은 실용적인 계산을 천하게 여기고 수에서 조건과 패턴을 찾으려 하였다. 그는 "숫자를 대수적인 것으로 하는 것에서 숫자를 숫자적으로 하는 것에서 숫자를 숫자인 것으로 하는 것"(161)으로 옮겨가는 데 흥미를 지니고 있었다. 그가 알고 싶었던 것은 "숫자의 성질"(261)과 "숫자의 성태"(261)와 "숫자의 어미의 활용"(161)과 "1 2 3 4 5 6 7 8 9 0의 질환"(261), 다시 말하면 정수론과 집합론이었다. 1932년 『조선과 건축』에 일문으로 발표하고 다시 1934년 7월 28일자 『조

≪선중앙일보≫에 국문으로 발표한 「建築無限六面角體 건축 무한 6면 각체 : 謬斷 진단 0:1」 또는 「鳥瞰圖 오감도 : 詩第四號 시 제4호」는 이상이 책임 의사로서 수의 질환을 진단한 진료 기록이다. 이 시에서 숫자들은 환자가 되어 의사 이상의 진찰을 받는다. 1 2 3 4 5 6 7 8 9 0이 가로세로로 늘어선 사이사이에 개입되는 검은 점들은 수의 관계 패턴을 방해하는 불연속성을 보여 준다. 이상이 결핵을 앓고 있듯이 수학은 불연속 함수라는 병을 앓고 있다. 움직이는 수학, 움직이는 과학을 보며 이상은 전율하였다.

고요하게 나를 전자의 양자로 하라(255)
봉건 시대는 눈물이 날 만큼 그리워진다(255)
운동에의 절망에 의한 탄생(255)
사람은 절망하라 사람은 탄생하라 사람은 탄생하라 사람은 절망하라(257)

구름처럼 엉겨서 움직이고 있는 전자에 비하면 무게와 위치를 측정할 수 있다는 점에서 양자는 안정성을 보인다. 그러나 이상이 보기에 유클리드(Euclid)가 사망해 버린 현대는 척도를 잃어버린 시대일 수밖에 없다. "유클리드의 초점은 도처에서 인문의 뇌수를 마른 풀과 같이 소각"(257)하였으나 기하학의 정신이 하나의 척도가 되어 17세기의 과학 혁명과 18세기의 산업 혁명을 수행하였다. 「三次角設計圖 3차각 설계도 : 線에關한覺書 선에 관한 각서 5」에는 기하학의 붕괴가 자본주의의 동요를 일으킬 가능성이 암시되어 있다.

미래로 달아나서 과거를 본다. 과거로 달아나서 미래

를 보는가. 미래로 달아나는 것은 과거로 달아나는 것과 동일한 것도 아니고 미래로 달아나는 것이 과거로 달아나는 것이다. 확대하는 우주를 우려하는 자여, 과거에 살으라, 광선보다도 빠르게 미래로 달아나라.

사람은 다시 한 번 나를 맞이한다. 사람은 더 젊은 나에게 적어도 상봉한다. 사람은 세 번 나를 맞이한다. 사람은 젊은 나에게 적어도 상봉한다. 사람은 적의하게 기다리라. 그리고 파우스트를 즐겨라. 메피스토는 나에게 있는 것도 아니고 나이다.

속도를 조절하는 날에 사람은 나를 모은다. 무수한 나는 말하지 아니한다. 무수한 과거를 경청하는 과거를 과거로 하는 것은 불원간이다. 자꾸만 반복되는 과거, 무수한 과거를 경청하는 무수한 과거, 현재는 오직 과거만을 인쇄하고 과거는 현재와 일치하는 것은 그것들의 복수의 경우에도 구별될 수 없는 것이다.(258)

초속 10만km로 달리는 물체 위에서 그 물체의 진행 방향으로 빛을 비추면, 지상의 고정된 관측소에서 볼 때 그 빛은 마치 초속 20만km로 움직이는 것처럼 보이고 고정된 관측소에서 1초가 흐르는 동안 2/3초가 흐르는 것처럼 관측된다. 초속 30만km로 달리는 물체 위에서 빛을 비추면 지상의 고정된 관측소에서 볼 때 그 빛은 초속 0km로 움직이는 것처럼 보이고 움직이지 않는 관측소에서 1초가 흐르는 동안 0초가 흐르는 것처럼 관측된다. 그렇다면 물체가 빛보다 더 빠르게 달리는 경우에 그 물체는 시간을 거슬러 과거로 가게 될 것이다. 그러나 어떤 물체가 광속을 넘어서면 그 물체의 질량이 무한대로 증가하기 때문에 질량이 없는 빛 이외에는 초속 30만km로 움직일 수 없다. 아인슈타인(A. Einstein)은 로렌츠 변환 공식과 마이켈슨-몰리의 실험을 결합하여 우주에 두루 통하는 보편적 척도를 개발하였다. 상대성이론의 수학을 이해하고 있었지만 이상은 미래로 가는 것이 과거로 가는 것이고 나라는 것이 서로 다른 시간들에 의하여 무수한 나로 분열된 것이라는 극한의 사고 실험을 가정하고 발전과 낙후, 진보와 보수, 성공과 실패를 구별하는 근거에 대하여 이의를 제기했다.

「建築無限六面角體건축 무한 6면 각체 : 二十二年이십이 년」은 인간의 신체 구조를 물질 형태로 기술한 작품이다. 몸과 성을 생물학이 아니라 물질 과학(물리학과 화학)의 시각으로 기술하면서 이상은 버마재비를 잡으려다 자기가 죽을 것도 모르고 있는 『장자』의 큰 까치 이야기에서 "날개가 커도 날지 못하고 눈이 커도 보지 못한다."[8]

[8] 王先謙, 『莊子集解』 外篇 「山木」(臺北 : 東大圖書股份有限公司, 1974.), 181頁.

는 문장을 인용했다. 하느님은 작고 뚱뚱하지만 날 수도 있고 볼 수도 있다. 나는 크고 날쌘하지만 날지도 못하고 보지도 못한다. 나는 전후좌우 어느 쪽도 제대로 살피지 못하고 종종 이익에 사로잡혀 넘어져 다치곤 한다. 오장육부를 포함한 인간의 육체는 "침수된 축사"(217)처럼 수분과 피로 가득 차 있다. 오줌을 누면서 머리에 스치는 연상의 그물을 자유 직접 화법으로 기록한 「鳥瞰圖조감도 : L'URINE 뤼린」

이상은 LE URINE으로 썼다.(편집자)

은 산

으로 바다로 섬으로 하늘로, 해수욕장에 내리는 비로, 달걀이를 하는 여자로 발화되지 않은 의식류를 따라가 본 작품이다. 이상의 무의식 속에 흑인 마리아와 노동자들의 사보타지가 들어 있다는 사실은 그의 시대를 이해하는 데 참고할 만한 사항이 될 수 있을 것이다. 얼굴이 검은 마리아는 아마도 기독교에서 온 이미지가 아니라 장 콕토(Jean Cocteau)의 『흑인 오르페』에서 온 이미지일 것이다. 「建築無限六面角體건축 무한 6면 각체 : 且8氏의 出發 저팔씨의 출발」에서 且8(저팔)은 남성 생식기의 형태를 묘사한 그림이다. 且는 음경이고 8은 고환이다. 且자는 '또 차,' '성 저'라고 읽으므로 이 시에서는 "저팔씨"라고 읽어야 한다. (팔이 八이 아니라 8로 적혔다는 점에 비추어 나는 저팔을 구본웅의 具로 해석하는 데 찬성하지 않는다.) 脖頸背方 발경배방 (배꼽과 목이 반대쪽을 향한다)은 같은 쪽을 향해야 할 것들이 다른 쪽을 보는 것처럼 부자연스러운 짓을 하고 있다는 자기 풍자가 아닐까? (배꼽과 목이 등쪽에 있다는 번역도 오역은 아니다.) "사람의 숙명적 발광은 곤봉을 내어미는 것이어라"와 두 번이나 반복되는 "지구를 굴착하라"를 성적인 함의로 보는 것이 자연스러울 듯하고, 이상이 "輪不輾地 윤부전지 (바퀴가 땅을 구르지 않는다)"라고 쓴 輪不蹍地 윤부전지도 『장자』 「천하」편에 바퀴의 일부분만 잠시 땅에 닿을 뿐이므로 바퀴가 땅을 밟는다고 할 수 없다는 궤변으로 인용되어 있으니 부분에 통하는 것이 전체에도 통하는 것은 아니듯이 한 사람이 하는 수음은 두 사람이 하는 성교와 같을 수 없다는 의미로 해석하는 것이 근리할 듯하다.

사실 저8씨는 자발적으로 발광하였다. 어느덧 저8씨의 온실에는 은화식물이 꽃을 피우고 있었다. 눈물에 젖은 감광지가 태양에 마주쳐서 희스무레하게 빛을 내었다.(272)

이상은 유방을 "조를 가득 넣은 밀가루 포대"(249)에 비유하고 성교를 "운동장의 파열과 균열"(249)에 비유하였다. 생물을 물질에 비유하는 것은 처녀를 창녀에 비유하는 것과 통한다. "창녀보다도 더 정숙한 처녀를 원하고 있었다."(250)는 문장은 창녀처럼 관계할 수 있는 처녀를 의미하며 더 나아가서 물질처럼 조작할 수 있는 생물을 의미한다. 「烏瞰圖조감도 : 興行物天使흥행물천사」의 "여자는 대담하게 NU누가 되었다. 汗孔한공은 한공마다 형극이 되었다. 여자는 노래 부른다는 것이 찢어지는 소리로 울었다. 북극은 종소리에 전율하였다."(230) 벗은 여자의 몸 땀구멍에서 가시가 돋아나고 소름끼치는 노래 소리와 만물을 얼어붙게 만드는 차가운 종소리가 울려 퍼지는 공간은 역시 생물이 배제된 장소이다. 여자가 불러들인 "홍도깨비 청도깨비"(231)들은 水腫수종든 팽귄(231)처럼 퉁퉁 부은 모습으로 여자 앞에서 뒤뚱거린다. 「烏瞰圖조감도 : 狂女의 告白광녀의 고백」에 나오는 S玉에스옥 양은 마녀처럼 웃으면서 섹스의 과정을 냉철하게 계산한다.

彈力剛氣탄력강기에 찬 온갖 표적은 모두 무용이 되고 웃음은 산산히 부서진다. 웃는다. 파랗게 웃는다. 바늘 鐵橋철교와 같이 웃는다.(229)

여자는 불꽃 탄환이 벌거숭이인 채 달리고 있는 것을 본다. 발광하는 파도는 백지의 花瓣ᴴᵉ을 준다.(230)

이상은 AMOUREUSEᵒᵗᵘᵉᴻ즈를 삼각형(247, 248)으로 표시하고 자신을 사각형(262)이나 역삼각형(247, 248)으로 표시하였다. 사각형은 곤봉의 형태이고 역삼각형은 삽의 형태일 것이다. 그들은 절름발이처럼 보조가 맞지 않는다. 그들은 BOITTEUXᵇᵒᵗᵗᵉᵘˣ거나 BOITTEUSEᵇᵒᵗᵗᵉᵘᶻ이다. 삼각형과 역삼각형은 병렬 관계를 형성하지 못한다. 국문 시에서도 이상은 부부를 서로 "부축할 수 없는 절름발이"(236)로 묘사하였다. 나는 크고 아내는 작으며 나는 왼쪽 다리를 절고 아내는 오른쪽 다리를 전다. "안해는 외출에서 돌아오면 방에 들어서기 전에 세수를 한다. 닮아 온 여러 표정을 벗어버리려는 추행이다."(263) "너는 어찌하여 네 소행을 지도에 없는 지리에 두고 화판 떨어진 줄거리 모양으로 향료와 암호만을 휴대하고 돌아왔음이냐."(238) 그는 다른 남자들의 "지문이 그득한"(238) 아내의 몸을 믿지 못하고 아내의 반지가 몸에 닿으면 바늘에 찔린 것처럼 고통스러워 한다. 그는 "신부의 생애를 침식하는 음삼한 손찌거미"(267)를 아내에게 가하기도 한다.

3. 물리학에서 병리학으로

「一九三一年(作品 第1番)¹⁹³¹년⁽작품 제1번⁾」이란 시에 나오는 "나의 폐가 맹장염을 앓았다."(279)는 구절을 통해서 이상이 스물한 살에 결핵에 감염되었다는 사실을 알 수 있다. 스물세 살에 그는 "두 번씩이나 각혈을"(275) 하였다. 불치의 병을 앓는 사람은 다시는 병들기 전과 같이 세상을 보지 못한다. 이상의 시각은 물리학적 관점으로부터 병리학적 관점으로 전환하였다. 이상은 국문 시의 주제를 개인의 병리학에서 도시의 병리학으로 확대하였다.

입안에 짠 맛이 돈다. 혈관으로 淋漓임리한 墨痕묵흔이 몰려 들어왔나 보다. 참회로 벗어놓은 내 구긴 피부는 백지로 도로 오고 붓 지나간 자리에 피가 아롱져 맺혔다. 방대한 묵흔의 奔流분류는 온갖 合音합음이리니 분간할 길이 없고 다문 입 안에 그득 찬 序言서언이 캄캄하다. 생각하는 무력이 이윽고 입을 뻐겨 젖히지 못하니 심판받으려야 진술할 길이 없고 溺愛익애에 잠기면 버언져 멸형하여 버린 典故전고만이 죄업이 되어 이 생리 속에 영원히 기절하려나 보다.(267)

이 시의 제목인 「危篤위독 : 內部내부」는 병에 걸린 신체의 내부이면서 동시에 죄 지은 정신의 내부이다. 치료해도 낫지 않는 병은 참회해도 없앨 수 없는 죄와 같다. 이상은 "죄를 내어버리고 싶다. 죄를 내어던지고 싶다."(275)고 호소한다. 그는 자신을 "久遠謫居구원적거"(219)의 땅에 "식수되어 다시는 기동할 수 없는"(219) 한 그루 나무에 비유한다. 그의 병과 죄를 이해해 줄 수 있는 사람은 이 세상에 하나도 없다. 그는 "문을 열려고, 안 열리는 문을 열려고"(253) 문고리에 매어달려 보지만 그의 가족은 "봉한 창호 어디라도 한 군데 터 놓아"(253) 주려고 하지 않는다.「危篤위독: 內部내부」의 기조가 되는 것은 압도적인 무력감이다. "기침은 사념 위에 그냥 주저앉아서 떠든다. 기가 탁 막힌다."(254) 생각도 할 수 없게 하고 말도 할 수 없게 하는 기침을 "떠든다"는 말 아닌 다른 단어로 표현하기는 어려울 것이다. 이상은 무력한 속에서도 무력감에 압도당하지 않고 무력감을 응시하고 적절한 단어를 선택하였다. "의과대학 허전한 마당에 우뚝 서서 나는 필사로 禁制금제를 앓는다. 논문에 출석한 억울한 촉루에는 천고에 씨명이 없는 법이다."(263) 그는 거울에 비친 자신의 수염에서 "찢어진 벽지의 죽어가는 나비"(221)를 본다. 벽지가 찢어지면 벽지에 그려진 나비도 죽는다. 이상은 다시 한 번 자신을 물질에 비유한다. 그는 종이 나비이고 그의 죽음은 종이가 찢어지는 것에 지나지 않는다. 그의 물질적 상상력은 죽음의 허무를 응시할 수 있을 정도로 강인하였다.

죽음의 응시에서 응시하는 나는 원상이 되고 응시되는 나는 모상이 된다. 1933년 10월에 발표한「거울」에서 원상과 모상은 서로 악수를 나누지 못하고 서로 상대방의 말을 알아듣지도 못한다. 원상은 "나는 거울 속의 나를 근심하고 진찰할 수 없으니 퍽 섭섭하오."(235)

라고 탄식한다. 1934년 8월에 발표한 「烏瞰圖오감도 : 詩第十五號시 제15호」에서 원상은 "거울 속의 나를 무서워하며 떨고 있다."(223) 원상과 모상은 단순한 차이가 아니라 불화를 보인다. 원상과 모상의 사이에는 "두 사람을 봉쇄한 거대한 죄"(224)가 있다. 1936년 5월에 발표한 「明鏡명경」에서 모상은 거울 속으로 들어가려는 원상의 시도를 거절한다. 책의 페이지에는 앞면과 뒷면이 있지만 거울에는 넘겨서 읽을 수 있는 후면이 없다. 원상의 피곤한 세상은 모상의 조용한 세상과 영원히 격리되어 있다.

서울은 도쿄를 따라가고 도쿄는 뉴욕을 따라가는 도시의 병리학을 이상은 "ELEVATER FOR AMERICA"(273)라고 명명하였다. 도시 사람들은 "개미집에 모여서 콘크리트를 먹고 산다."(273) 빌딩은 "신문배달부의 무리"(273)를 토해내고 백화점 옥상에는 체펠린(G. Zeppelin, 1838~1917년)이 만든 애드벌룬이 떠 있다.

마르세이유의 봄에 解纜해람한 코티 향수가 맞이한 동양의 가을
쾌청의 공중에 鵬遊붕유하는 Z伯號제트백호, 회충양약이라고 씌어져 있다
옥상 정원, 원숭이를 흉내내고 있는 마드무아젤(269)

이 시의 제목 「建築無限六面角體건축무한육면각체 : AU MAGASIN DE NOUVEAUTÉS오 마가쟁 드 누보떼」는 19세기 파리의 유행품점이다. 20세기에 들어서 아케이드가 없어지

고 상점가가 백화점으로 통합되자 마가쟁 드 누보테는 GRAND MAGASIN그랑 마가쟁으로 바뀌었다. 대중이 이용하는 백화점이 아니라 소수를 위한 명품점이라는 풍자가 제목 속에 들어 있다.

이상의 도시 인식은 「烏瞰圖오감도 : 詩第一號시 제1호」에 잘 나타나 있다. 13인의 아이들이 뛰어다닐 만큼 큰 도로는 도시 공간을 전제한다. 도로를 질주하는 아이들은 서로 다른 아이들을 무서워하고 있다. 열세 명의 아이들 하나하나가 무서워하는 아이이고 또 동시에 무섭게 하는 아이이다. 그들은 자기 입으로 무섭다고 말한다.

길은 막다른 골목이 적당하오(215)
길은 뚫린 골목이라도 적당하오(215)
13인의 아해가 도로로 질주하지 않아도 좋소(215)

개별성이 무력하게 된 도시에서 만인 전쟁이 전개되고 있으며 만인 전쟁의 일반적 공포 이외에 "다른 사정"(215)은 문제가 되지 않는다는 판단이 위에 인용한 시행들에 나타나 있다. 공포는 한길(street)과 골목(bystreet), 막힌 길(blind alley)과 뚫린 길(open alley)의 차이를 가린다. 도로와 골목을 객관적 환경과 주관적 상황에 대응해 볼 수도 있을지 모른다.「街外街傳가외가전」에는 입에서 시작하여 항문에 이르는 신체의 기관들과 도시 공간의 부분 영역들을 대응한 알레고리가 들어 있다. 인간의 내장처럼 지저분한 것들이 가득 차 있는 도시에서 "먹어야 사는 입술"(239)이 "화폐의 스캔달"(239)을 일으킨다.

도시를 지배하는 것은 예수가 아니라 알 카포네(Al Capone, 1899~1947년)이다. 카포네는 예수가 설교하는 감람산을 통째로 떠옮기고 네온사인으로 장식한 교회 입구에서 입장권을 판다. "카포네가 PRESENT 프레장으로 보내 준 프록코트를 기독은 최후까지 거절하고 말았다."(225) 보기 좋은 카포네의 화폐와 보기 흉한 예수의 화폐는 다 같이 "돈이라는 자격에서는 일보도 벗어나지 못하고 있다."(225)

이상은 식민지 특권층의 계몽적 자유주의를 경멸하였으나 사회주의를 좋아하지도 않았다. "로자 룩셈부르크의 목상을 닮은 막내누이"(275)를 특별히 사랑한 것을 보면 그가 로자 룩셈부르크(Róża Luksemburg, 1871~1919년)에게 관심을 가지고 있었고 그녀가 죽은 후에는 그녀의 목상에도 흥미를 가지고 있었다는 것을 알 수 있다. 그러나 "지구의 위에 곤두섰다는 이유로 나는 제3 국제당원들에게 뭇매를 맞았다."(280)는 문장을 보면 그에게는 인터내셔널에 참여할 의사가 없었다는 것을 알 수 있다.

늙은 의원과 늙은 교수가 번차례로 강연한다
〈무엇이 무엇과 와야만 하느냐〉
이들의 상판은 개개 이들의 선배 상판을 닮았다
烏有오유된 역 구내에 화물차가 우뚝하다(245)

이상은 나라 잃은 시대의 서울에서 "사멸의 가나안"(245)을 보았다. "도시의 붕락은 아— 風說풍설보다 빠르다."(245) "여기는 어느 나라의 데드마스크다."(268) 죽기 직전에 이상은 도쿄에서 김기림(金起林)에게 편지를 보냈다. "나는 참 도쿄가 이 따위 비속 그것과 같은 代物대물(시로모노)인 줄은 그래도 몰랐소. 그래도 뭐이 있겠거니 했더니 과연 속빈 강정 그것이오." (206) 나라 잃은 시대에 서울만이 아니라 도쿄 자체가 폐허라는 것을 인식한 시인으로는 오직 이상이 있을 뿐이다. ÷

김인환

1946년 서울에서 태어나 고려대 국어국문학과와 동대학원을 졸업했다. 1972년 『현대문학』을 통해 문단에 나왔다. 고려대 국어국문학과 교수를 지냈다. 지은 책으로 『언어학과 문학』『비평의 원리』『상상력과 원근법』『한국 고대 시가론』『동학의 이해』『문학 교육론』『문학과 문학 사상』『다른 미래를 위하여』『기억의 계단』『의미의 위기』 등이 있고, 옮긴 책으로 『에로스와 문명』『주역』 등이 있다. 김환태평론문학상, 팔봉비평문학상, 현대불교문학상, 대산문학상 등을 수상했다.

00-2

〈烏瞰圖오감도〉의 독서를 위하여—이상과 초현실주의

황현산 | 고려대 명예 교수·문학평론가

사람들이 시라고 생각하는 시와 시인들이나 시의 전문가들이 시가 되었다고 평가하는 시 사이의 깊은 간극은 아마도 보들레르(Ch. Baudelaire)의 『산문 소시집』(1869년)에 그 책임을 돌려야 할 것 같다. 보들레르는 이 시집의 「서문」에서 "리듬도 각운도 없이 음악적이며 시적인 어떤 산문"에 관해 말했다. 한 텍스트가 시로 기능하기 위해 갖추어야 할 것을 갖추지 않고도, 또는 시가 스스로 시임을 알릴 수 있는 제반 표지를 내세우지 않고도, 어떤 시적 성질을 얻어내는 것이 문제 된다. 시적 장치를 벗어버린 텍스트로 어떤 시적 상태—보들레르 자신의 말을 다시 빌리자면 "혼의 서정적 약동, 몽상의 파동, 의식의 소스라침"—을 창출하려는 이 기획에서, 뒷사람들이 정작 중요하게 여겨야 할 것은 산문시가 아니라 정신의 이 특별한 상태에 관한 직관과 그 계기이다. 보들레르의 산문시 이후 시라고 불러야 할 것은 시적 상태로 정렬된 텍스트를 넘어서서, 정신의 시적 상태를 향해 열린 텍스트로 그 범위를 넓혔다. 시의 관심이 또한 화음과 선율에 의지하던 초시대적인 것에서 화음과 선율에 적응하지 못하거나 거기에서 벗어난 시대적인 것으로 이동하였다. 시는 저 자신이 시인가를, 어떻게 시가 되었으며 될 것인지를 물어야 했다.

옛날이나 지금이나, 이상의 시, 그 가운데서도 특히 〈烏瞰圖오감도〉의 열다섯 시편들은, 말할 필요도 없는 일이지만, 흔히 시라고 생각되는 시의 대척점에 있다. 어쩌면 그 이상이다. 이들 시편은 전문가들조차 거기서 확연하게 '시'를 보았다고 말할 수 있는 텍스트에 속하지 않았다. 발표 당시에 그 시편들은 독자들의 이해를 얻지 못하는 데서 그치지 않고 그것들을 적절한 수준에서 평설해 줄 수 있는 전문가를 거의 한 사람도 확보하지 못했다. 이상 자신도 스스로를 변호하는 데 서툴렀다. 〈烏瞰圖오감도〉의 연재 중단 직후에 작성되었던 것이 분명하나, 그의 사후에야 발표된 「烏瞰圖오감도 作者작자의 말」에서 그는 자신의 글이 이해받지 못하는 이유를 "남보다 수십 년씩 떨어져도" 불안을 느끼지 않고 "게을러 빠지게 놀고만 지내던 일도 좀 뉘우쳐" 보지 않으려는 시대의 나태한 정신에 돌렸다. "호령하여도 에코가 없는 무인지경은 딱하다"고도 썼다. 그를 옹호하려고 애쓴 사람들에 관해 이야기하더라도, 이들 시편에 대한 그들의 이해가 이 원망과 호령을 넘어섰다고 보기는 어렵다. 그들에게 이상의 시는 시가 되었다고 명백하게 평가하고 설명할 수 있는 시가 아니라, 시가 될 수 있는 어떤 비의성을 감추고 있다고 믿어야 할 시였다. 게다가 이상은 훌륭한 산문가였고, 그의 좋은 산문이 이 믿음을 보장해 주었다. 이상의 신화에 늘 스캔들이 따라붙게 되는 정황이 또한 이와 같다. 이상의 시를 잘 읽기 위해서는 우선 이 신화를 검토해야 한다.

이상은 자주 초현실주의자로 치부되었으며, 그런 주장은 이상이 그 자신도 설명하지 못할 무의미한 말을 썼다는 뜻도 포함한다. 그의 신화와 스캔들이 널리 보면 모두 거기에서 비롯되지는 않는다 하더라도 거기에 연결된다. 사실 서구의 초현실주의 운동이 없었고 그 운동이 일본 문화계에 일정한 파장을 일으키지 않았더라면, 이상의 시가 다른 모습을 갖게 되었을 가능성은 매우 크다. 그러나 이상은 정확한 의미에서의 초현실주의자가 되기 어려웠다. "정확한 의미에서"라는 말은 이 주제를 조금 섬세하게 다룰 필요가 있다는 뜻이다. 프랑스에서 초현실주의 운동이 정식으로 결성된 것은 앙드레 브르통(André Breton)이 『초현실주의 선언』을 발간한 1924년이며, 그 소식과 운동의 기본 개념을 재빨리 전해 들은 일본은 비유럽 국가들 가운데 초현실주의에 가장 열성을 보인 나라에 해당했지만, 서구의 문명을 따라잡는 것이 역사적 과제였던 동쪽의 나라들이 문학의 전면적 혁명을 추구하고 서구 문명의 폐기를 주장하는 이 운동의 명령을 곧이곧대로 실천한다는 것은 사실상 불가능했다. 이런 사정은 당시 문화적으로 늘 유럽을 의식해야 했던 미국도 마찬가지였다. 앙드레 브르통은 제2차 대전 중인 1942년에 발표한 『초현실주의 제3선언 여부에 붙이는 전언』에서까지 이렇게 쓰고 있다. "초현실주의가 공개적이건 아니건 간에 그 이름으로 시도되는 모든 것을, 비록 일본과 미국이 전쟁 중에 있긴 하나 도쿄의 저 더할 나위 없이 그윽한 '차(茶)'에서부터 저 5번가의 번들거리는 쇼윈도에 이르기까지의 모든 것을 감당할 수 있기에는 벌써 무리한 것이 많다. 이루어지고 있는 것은, 엄밀한 의미에서, 원했던 것과 엇비슷하지도 않다." 이상은 이 비난에서 벗어난다. 그는 자신의 작업에 초현실주의라는 말을 붙인 적이 없다. 그의 친구 김기림이 「쉬르레알리스트」 같은 시에서 초현실주의자들을 생활이 없는 피에로로 규정했던 것처럼, 그도 초현실주의를 광인들의 무가치한 광란으로 여겼기 때문은 아닐 것이다. 오히려 제 손으로 이룬 것이 초현실주의가 "원했던 것"과 같은 것이기를 바랄 수는 있으나 확신할 수 없었기 때문일 것이다. 자긍심이 강한 그는 엇비슷하지 않을 수도 있는 것을 바로 그것이라고 내놓을 수 없었다.

이상이 초현실주의자가 되기 위해 노력했던 흔적은 많다. 그는 프랑스어를 독학으로 깨치려 했으며, 프랑스의 현대 문물에 비상한 관심을 쏟았다. 그는 최면 상태의 자동 기술을 이해하지 못했거나 그것을 실천할 수 있는 여건이 그에게 조성되지 않았지만, 띄어쓰기를 무시한 글쓰기 등으로 언술의 논리적 선을 감추려고 애썼다. 아폴리네르(G. Apollinaire)가 유명하게 만든 상형시의 기법을 한국의 현대시에 최초로 도입한 것도 그런 노력의 일환이다. 아폴리네르는 초현실주의라는 말을 창안하였지만, 문학사적으로 그 이름을 내걸게 될 문학 운동을 미처 예견하지 못했던 부족한 초현실주의자로 정리된다. (아폴리네르의 편에서 본다면, 그가 초현실주의의 관점에서 '부족하다'고 평가되는 것만큼 부당한 일도 드물다.) 아폴리네르에게 상형시는 서정시에서 음악이 담당해 온 몫을 회화에 돌려 자유시에 새로운 깊이를 확보해 주기 위한 방법이기도 했고, 시적 언술을 회화적 평면으로 편집하여 그 시간적 선조성을 제거하기 위한 기술이기도 했다. 이 방법과 기술은 아폴리네르의 사후 잠시 유행했던 '입체파 시'의 콜라주 기법으로 발전하였으며, 우연하게 얻은 낱말들을 취합하여 문장을 만들고 그 의미를 사후에 추적해야 하는 '그윽한 시체' 놀이의 착상에도 상당한 영향을 미쳤다. 이상은 〈烏瞰圖오감도〉의 「烏瞰圖오감

도 : **詩第四號**시 제4호」, 「**烏瞰圖** 오감도 : **詩第五號**시 제5호」, 「**烏瞰圖**오감도 : **詩第六號**시 제6호」에서 이 상형시의 기법을 부분적으로만 사용하였지만, 음악의 몫을 회화가 담당하게 한다는 점에서는 성공한 기획이었다. 그러나 이상에게서 이 상형시의 기법이 콜라주의 효과를 거두지는 못했다. 이상의 시에 들어 있는 도형이나 변조된 활자들은 초현실주의자들이나 폭넓게 서구의 전위 예술가들이 했던 것처럼 서로 간에 인연이 없는 현실을 한 장소에 끌어 모아 사물들 간의 새로운 관계를 창출하려는 것이 아니라, 단일한 현실의 서술에 시각적 효과를 덧붙이는 데에 그 목적이 있었기 때문이다. 그렇더라도 이상은 문자 기호와 회화 기호라는 이질적인 두 요소를 하나의 텍스트에 융합하였다는 점에서 특별하며, 이 점은 이상을 초현실주의자로 명명하려는 사람들에게 용기를 줄 만하다.

이상이 시도한 텍스트의 시각화와 당시 서구 모험가들의 콜라주 기법을 비교하다 보면, 현대의 전위 예술에 대한 이상의 이해 정도를 가늠할 수 있게 된다. 로트레아몽(Comte de Lautréamont)이 『말도로르의 노래』(1868년)에서 썼던 한 구절―"그리고 특히, 해부대 위에서의 재봉틀과 우산의 우연한 만남처럼 아름답다!"―는 콜라주 기법의 모범적인 예시일 뿐만 아니라 어떤 의미에서는 그 형이상학이나 같다. 당초에 이 구절은 『말도로르의 노래』를 끝맺는 액자 소설에서 그 등장 인물 가운데 한 사람의 아름다움을 서술하는 말로, 간명하게 풀어 쓴다면 '그 아름다움은 이루 형언할 수 없다'는 정도의 말이 될 것이다. 재봉틀이 해부대 위에 올라오게 된 사연, 거기에서 다시 우산을 만나게 된 내력을 모두 기술하기 위해서는, 형언할 수 없음을 형언할 수 있음으로 바꾸기 위해서는, 수많은 말, 어쩌면 두꺼운 책 한 권으로 적어야 할 말이 필요할 것이다. 우연을 필연으로 이해시키거나 바꾸어 줄 잠재 현실의 크기가 그러하다. 현대시에서 어떤 종류의 것이건 '다소간 멀리 떨어진' 사물의 병치는 모두 현실 뒤에 또 하나의 현실이 있다는, 말하자면 현실을 초과하는 현실이 있다는 믿음에 기초를 둔다. 이상이 이 잠재 현실에 대해 특별한 개념을 지녔다고 명백하게 알려 주는 그의 텍스트는 없다. 이 점은 이상의 시간관과도 연결된다. 「三次角設計圖3차각 설계도: 線에關한覺書선에 관한 각서 6」에는 "時間性시간성(通俗思考통속 사고에依의한 歷史性역사성)"이라는 시구가 들어 있다. 이는 그에게 사물의 생성 배태와 생장 변화를 이끄는 역사적 시간에 대한 믿음이 없었음을 말해 준다. 어쩌면 믿음이 없었다기보다는 차라리 그에게 역사적 시선이 차단되었다고 해야 할지도 모르겠고, 시간의 역사성을 확신하지 못한다는 식민지적 정신 상태의 가장 큰 비극의 한 예증이 거기 있다고 할 수도 있겠다. 사물이 항상 권태롭게 그 자리에 있거나 다른 것으로 대체될 뿐인 정황에서라면, 낡은 현실이나 새로운 현실은 있어도 잠재 현실은 없다. 여기에는 상징적 세계관도 초현실주의도 없다. 그러나 이상이 목전의 조각난 시간에만 매어 있었다고 할 수는 없다. 그는 이 시간관을 극단화함으로써 하나의 출구를 마련한다. 이를테면 예의 「線에關한覺書선에 관한 각서 6」이 포함된 〈三次角設計圖3차각 설계도〉 일곱 편의 시에서 이상은 역사적 시간을 물리적 시간으로 대체하여,

인간이 "光線^{광선}보다도빠르게" 움직일 때 "未來^{미래}로 달아나는것이過去^{과거}로달아나는것"(「線에關한覺書^{선에 관한 각서} 5」)이 되는 현상에 대해 말을 달리하여 여러 번 이야기하고, "사람은永劫^{영겁}인永劫^{영겁}을살수있는 것은生命^{생명}은生^생도아니고命^명도아니고 光線^{광선}인것 이라는것"(「線에關한覺書^{선에 관한 각서} 1」)이라고도 쓴다. 마지막 인용은 '인간의 생명은 육체적 조직이나 영혼 이 아니라 최초의 물리적 현상인 빛이기에 영원하다' 는 말로 풀이될 수 있을 터인데, 바로 뒤에서 "臭覺^{취각} 의味覺^{미각}과味覺^{미각}의臭覺^{취각}"이라는 구절을 읽을 수 있기에 흥미롭다. 이 구절은 보들레르의 시 「만물 조응 (Correspondance)」의 제3연에 나타나는 후각을 중 심으로 한 공감각 현상의 서술에 대한 물리학적 해석 일 것으로 짐작된다. 후각(이상은 취각이라고 썼다)이 미각이 되고 미각이 후각이 되는 것은, 생명의 생리와 지각이 광학적 현상으로 환원될 수 있기 때문이라고 이상은 생각한다. 그는 현실 뒤에서 다른 현실을 보려 하지는 않았지만, 현실을 목전에 보이는 것과 다른 것 으로 보려 했으며, 그 때마다 주어진 개념의 수학적 극 단화를 그 방법으로 삼았다. 그리고 이 수학적 극단화 는 이상 시의 난해성과 직접 연결된다.

현대시의 난해성은 언어 운용의 측면에서만 본다면 그 책임의 태반을 말라르메(S. Mallarmé)와 아폴리네 르에게 돌려도 무방하다. 말라르메는 그의 특이한 통 사법에 따라 문장의 주술 관계를 비롯하여 낱말들의 통사적 연결이 감춰지는 방식으로 시를 썼다. 그래서 낱말 하나하나가 서로 독립된 것처럼 보이는 말라르메의 시에서는, 시인 자신이 한 문우에게 보내는 편지에서 말한 것처럼, "낱말들—이미 외부의 인상을 받아들이지 않을 만큼 충분히 그것들 자체로 되어 있는 낱말들—이 서로가 서로를 반영하여, 이미 그 본래의 색깔을 지니지 않고 어떤 색조의 추이(推移)에 불과한 것처럼 보이게" 된다. 일종의 언어 마블링을 상상할 수 있을 터인데, 그러나 그 영롱한 무늬 뒤에는 엄연한 통사법이 있고 일관된 의미 체계가 있다. 아폴리네르가 쓴 난해시들은 외관상으로 말라르메의 시와 비슷하다. 언어가 지닌 색조의 추이에 따른 마블링이라는 점에서 그렇다. 아폴리네르의 무늬는 말라르메의 그것보다 덜 선율적이고 더 영롱하지만 거기서 일관된 의미 체계를 발견해 낸다는 것은 불가능하다. 서로 연결되지 않는 진술은 온갖 상상을 가능하게 하지만, 하나의 상상이 다른 상상보다 우위에 있다고 할 수도 없고, 시인만이 아는 어떤 비밀에 더 가까이 접근하였다고 할 수도 없다. 시인만이 아는 비밀이라는 것이 애초에 존재하지 않기 때문이다. 아폴리네르 식의 난해시는 원칙적으로 해석을 요구하지 않기에 사실상 난해시라고 부르기도 어렵다. 그러나 이 맥락 없는 진술들은 "해부대 위에서의 재봉틀과 우산의 우연한 만남"과 같은 역할을 하여 현실 위에 또 하나의 현실을 환기시키는 계기로 작동할 수 있다. 초현실주의적 자동 기술의 글쓰기가 거기서 멀지 않다.

이상을 난해 시인이라고 말한다면, 그의 기법은 아폴리네르보다 말라르메에 더 가깝다. 그의 시에는 그 나름대로 숙고된 생각과 일관된 의미가 있다. 주술 관계나 수식 관계를 쉽게 파악할 수 없는 이상의 문장도, 그 것이 어떤 의도에서 기인하건 문어가 발달하지 못한 당시 한국어의 상태에서 기인하건, 결과적으로는 문장을 거의 해체 상태에 이르기까지 밀어붙인 말라르메의 통사법과 같은 효과를 얻는다. 위에서 한 구절을 인용했던 「三次角設計圖3차각 설계도 : 線에關한覺書선에 관한 각서 1」에서도 그 예를 찾을 수 있다 이 시는 괄호 속에 묶인 3개의 문으로 끝난다.

─

(立體입체에의絶望절망에의한誕生탄생)
(運動운동에의絶望절망에의한誕生탄생)
(地球지구는빈집일境遇경우封建時代봉건 시대는눈물이나리만큼그리워진다)

첫 번째 괄호 속의 문을 일상의 통사적 습관에 따라 '입체에 대한 절망에 의해서 탄생하다'로 읽으면 뜻이 통하지 않는다. 그러나 "立體입체에의"를 "絶望절망"에 연결하지 않고 "誕生탄생"에 연결하여 '절망에 의해서 입체로 탄생하다'로 읽으면 해석 가능한 말이 된다. 마찬가지로 두 번째 괄호 속의 문장도 '절망에 의해서 운동으로 탄생하다'로 읽을 수 있다. 여기서 '절망'은 희망이 끊어져 버린 '심리적 상태'를 말하는 것이 아니라, 말 그대로 '아무것도 바랄 것이 없는 상태,' 다시 말해서 우주 만물이 빛으로 환원된 최초의 상태, 불교식 표현으로는 색이 곧 공이고 공이 곧 색인 상태를 은유하는 말이라고 보아야 한다. 이상이 입자설이나 파동설은 알지 못하였겠지만 빛이라고 하는 그 막막한 최초의 에너지가 물체가 되고 운동이 되어 우주 만물을 형성한다는 개념은 그에게도 낯선 것이 아니었을 터이다. 두 개의 괄호를 이렇게 풀게 되면 세 번째 괄호도 그 의미를 짚을 수 있다. 어떤 연구자가 해석한 것처럼 이상이 여기서 과학 문명의 발전을 두려워하며 과거로의 회귀를 꿈꾸고 있다는 말은 부당하다. 앞선 두 괄호의 내용을 고려하면, '지구가 빈집일 때', 다시 말해서 우주가 빛으로 환원되어 유와 무가 구분되지 않는 원초 상태에서 광선이 물질이 되고 그 물질이 우주와 태양계를 형성하고 인간이 탄생하여 인류의 역사가 이룩될 그 멀고 먼 도정을 생각할 때, 이상 그 자신이 타기해 마지않는 봉건 시대에 이르기까지에도 눈물이 날 만큼 많은 세월을 기다려야 했다는 뜻이 돌출된다.

이상의 시를 읽을 때는 말라르메의 시를 읽듯이 문의 구성 요소를 재배치하고 낱말 하나하나가 지닐 수 있는 일상적 의미와 비일상적 의미를 모두 점검해야 한다. 이상은 문의 구성과 어휘의 개념을 위태로운 자리까지 몰고 갔다. 그의 시 텍스트의 시적 효과와 초현실적 효과가 사실상 거기서 창출된다. '鳥瞰圖오감도'라는 제목의 효과도 마찬가지이다. 주지하다시피, '鳥瞰圖조감도'는 영어의 'bird's-eye view'나 프랑스어의 'perspective à vol d'oiseau'를 번역한 말로, 원어나 역어나 그 뜻은 '날아가는 새의 눈으로 그린 그림'이라는 뜻이다. 어떤 종류의 조망도나 지도를 일컫는 말로서는 제법 시적이지만 건축가나 조경 전문가들에게는 하나의 전문 용어에 지나지 않을 이 낱말에서 글자 하나가 바뀌어, 벌써 추상적 성격을 모면하기 어려운 '새'의 자리를 구체적인 '까마귀'가 차지함으로써 그 최초의 시적 성격이 다시 회복될 뿐만 아니라, 그 시선의 주체가 강화되는 효과가 나타난다. 이 효과는 작은 것이 아니다. '鳥瞰圖오감도'는 '鳥瞰圖조감도'의 개념을 극단적으로 이해할 때 나타날 수 있는 말이다. '鳥瞰圖조감도'가 '鳥瞰圖오감도'로 바뀌는 순간 낱말 하나가 만들어질 때의 최초의 흥분이 되살아나고, 낱말이 그 주도권을 확보하면서 동시에 발언되는 말과 발언하는 주체의 관계가 새롭게 정립된다. 이 제목에서처럼 낱말을 변조하지는 않더라도, 심상한 말에 극단적인 개념을 함축시켜 시적 효과를 창출하는 방식은 〈鳥瞰圖오감도〉에서 낯설지 않다. 「鳥瞰圖오감도 : 詩第一號시 제1호」에서 "길은막달은골목이適當적당하오"와 "길은뚤닌골목이라도適當적당하오"라는 두 구절을 각기 괄호 속에 (다시 말해서 슬그머니) 배치하여 '뚤린 골목이 곧 막힌 골목이요, 막힌 골목이 곧 뚤린 골목이다'와 같은 명제를 성립시킬 때, "適當적당하오"가 바로 그런 낱말에 해당한다. 「鳥瞰圖오감도 : 詩第六號시 제6호」에서 '앵무새 2마리를 알거나 모르거나 내게는 상관없는 일이다'라는 뜻으로 "내가二匹이필을아아는것은내가二匹이필을아알지못하는것이니라"라고 쓸 때도, 「鳥瞰圖오감도 : 詩第十四號시 제14호」에서 '구걸하는 사람처럼 모자를 사용한다'는 뜻을 담아 "空中공중을向향하야노힌내帽子모자의깁히"라고 쓸 때도, 이상은 동일한 방식으로 언어를 사용하고 있다. 이때 서술되는 현실은 메마르지만 그 서술을 위해 사용되는 언어는 그 정황에서 확보할 수 있는 최대한의 깊이를 얻는다. 심상한 말에 극단적 개념을 함축하는 이 기이한 난해 어법은 논리를 그 한계에까지 추진하려는 의도를 그 뒤에 숨기고 있기에 시적이다.

이 점에서 「烏瞰圖오감도 : 詩第十號시 제10호」는 시사하는 바가 적지 않다. 이 시도 〈烏瞰圖오감도〉의 다른 시들처럼 하나의 서사를 담고 있다. 찢어지는 벽지 위에 죽어 가는 나비가 있다. 이 나비는 벽지의 꽃무늬를 실제의 꽃으로 알았을 것이다. 시인은 그 찢어진 벽지를 "幽界유계에 絡繹낙역되는", 다시 말해서 '사후 세계와 끝없이 왕래하는' 비밀스런 통화구라고 생각한다. 시인이 이 나비에 대해 그렇게 생각할 수 있는 것은 그 나비가 삶과 죽음의 갈림길에 있기 때문이기도 하지만, 꽃무늬에 붙어 그 무늬 속으로 들어가려는 이 나비가 (다음에 서술되는 것처럼) 현실의 자기를 죽여 거울 속에 있다고 생각되는 본질적 자아를 보존하려는 시인 자신의 의지를 표상한다고 보기 때문이다. 어느 날은 거울 속 시인의 얼굴에도 그 수염에 나비가 붙어 있다. 창조적 정신 내지는 영감을 상징할 이 나비는 가난하고 무능한 시인에게서 자양을 취할 수 없어 굶주려 죽어 가고 있다. 시인은 이 나비를 보호하고 싶어 죽음을 선택하려 한다. 그러나 자신이 죽더라도 거울 속의 자신은 죽지 않게 하기 위해 통화구를, 즉 거울 면을 막아 놓고 죽으려 한다. 그와 같이 거울 속의 나를 독립시켜 현실의 나로 인해 더럽혀지지 않게 한다. 그런데 한 가지 조건이 있다 : "이런말이決결코밧그로새여나가지는안케한다." 그 이유를 추정하기는 어렵지 않다. 말은 논리적인 것이어서 이 초논리적인 해결책을 배반할 것이기 때문이다.

말은 초논리를 늘 논리의 수준으로 끌어내린다. 꿈의

내용을 현실 언어의 이야기로 바꾸고 나면 꿈은 사라지고 그 이야기만 남게 되는 이치와 같다. 희망의 초논리성과 현실 추론의 논리성 사이에서 내내 말의 도움을 강제하면서, 말의 논리를 그 한계까지 극단화하려는 시도가 이상의 시적 기획이었다. 이상 시의 난해성도 거기서 기인하고, 말의 수학적·논리적 극단화도 거기서 기인한다. 이들 시도는 자주 크고 작은 초현실적 효과를 거두지만, 그러나 그에게서 현실과 다른 현실의 연통은 늘 실패를 전제로 한다. 이상은 「烏瞰圖오감도 : 詩第七號시 제7호」에서, 떨어지는 꽃잎을 가리켜, 또는 몽롱하게 흘러내리는 달빛을 가리켜 "謫居적거의 地지를 貫流관류하는 一封家信일봉가신"이라고 말한다. 그에게 유형의 땅인 이 지상과 본향인 다른 현실을 연결해 주는 것은 한 통의 편지밖에 없었다. 자신이 쓰고 자신이 받아야 하는 이 편지는 이 식민지에서 이상이 창출하고 누릴 수 있는 최대치의 다른 현실이었다. 그는 이 식민지에서 도달할 수 있는 최대치의 전위 시인이었다.

앙드레 브르통은 『초현실주의 선언』에서, 초현실주의를 "이성이 행사하는 모든 통제가 부재하는 가운데, 미학적이거나 도덕적인 모든 배려에서 벗어난, 사고의 받아쓰기"라고 정의했으며, 오직 "사전 숙고의 흔적이 없는" 글쓰기만이 또 하나의 세계에 이르는 길을 보장한다고 주장했다. 이상에게 "사전 숙고"는 사실상 그가 붙잡을 수 있는 유일한 밧줄이었다. 그는 「三次角設計圖3차각 설계도: 線에關한覺書선에 관한 각서 5」에서 "聯想연상은 處女처녀로 하라"고 말했지만, 그가 쓴 소설에서 주인공이 만나는 여자들은 저마다 창녀로 평가된다. 논리가 그를 놓아 주지 않았으며, 그는 논리를 놓아 버릴 수 없었다. 그는 논리의 끝에까지 가는 방식으로 논리를 속이려 했으며, 적어도 거기서 특별한 효과 하나를 얻어냈다. 이상의 시에서 초현실적 효과를 알아 보는 것이 그를 잘 읽는 방법인 이유도 여기 있지만, 초현실주의라는 말이 그를 가두는 감옥이 되는 이유도 여기 있다. ÷

황현산

1945년 전남 목포에서 태어나 고려대 불어불문학과와 동대학원을 졸업했다. 고려대 불어불문학과 교수를 지냈다. 1990년대부터 비평 활동을 시작,『얼굴 없는 희망』『아폴리네르『알코올』의 시 세계』『말과 시간의 깊이』『말라르메의『시집』에 대한 주석적 연구』등의 연구서와 비평집,『프랑스 19세기 문학』『프랑스 19세기 시』『라모의 조카』『알코올』『초현실주의 선언』등의 번역서를 펴냈다. 한국번역비평학회를 창립, 초대 회장을 맡았다. 2012년 생애 두 번째로 펴낸 비평집『잘 표현된 불행』으로 팔봉비평문학상, 대산문학상 등을 수상했다.

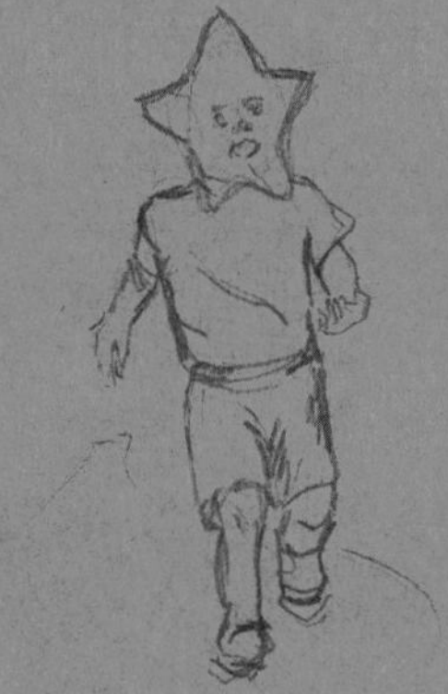

01 〔조강석〕「詩第一號시제1호」와 관련된 내적 실재와 외재적 보충물들

烏瞰圖
詩第一號

十三人의兒孩가道路로疾走하오.
(길은막달은골목이適當하오)

第一의兒孩가무섭다고그리오.
第二의兒孩도무섭다고그리오.
第三의兒孩도무섭다고그리오.
第四의兒孩도무섭다고그리오.
第五의兒孩도무섭다고그리오.
第六의兒孩도무섭다고그리오.
第七의兒孩도무섭다고그리오.
第八의兒孩도무섭다고그리오.
第九의兒孩도무섭다고그리오.
第十의兒孩도무섭다고그리오.

第十一의兒孩가무섭다고그리오.
第十二의兒孩도무섭다고그리오.
第十三의兒孩도무섭다고그리오.
十三인의兒孩는무서운兒孩와무서워하는兒孩와그러케뿐이모혓소.(다른事情은업는것이차라리나앗소)

그中에一人의兒孩가무서운兒孩라도좃소.
그中에二人의兒孩가무서운兒孩라도좃소.
그中에二人의兒孩가무서워하는兒孩라도좃소.

그中에一人의兒孩가무서워하는兒孩라도좃소.

(길은뚫닌골목이라도適當하오.)
十三人의兒孩가道路로疾走하지아니하야도좃소.

―『朝鮮中央日報』 1934년 7월 24일

01

「烏瞰圖오감도 : 詩第一號시 제1호」와 관련된 내적 실재와 외재적 보충물들

조강석 | 인하대 한국학연구소 HK 교수·문학평론가

1. 〈烏瞰圖오감도〉 연작의 시사적 맥락
2. 「烏瞰圖오감도 : 詩第一號시 제1호」 해석의 역사
3. 내적 실재의 개진이라는 관점에서 「烏瞰圖오감도 : 詩第一號시 제1호」 읽기

1. 〈鳥瞰圖오감도〉 연작의 시사적 맥락

잘 알려진 것처럼 이상은 1934년에 〈鳥瞰圖오감도〉 연작을 『조선중앙일보』에 연재하면서 조선의 문단에 본격적으로 알려지기 시작했다. 물론, 이상은 이보다 앞서 1933년에 정지용의 주선에 의해 잡지 『가톨릭청년』에 「꽃나무」 등의 작품을 몇 편 발표하지만 아무래도 이상이 본격적으로 자신의 시 세계의 전체 계획을 보여 주는 것은 〈鳥瞰圖오감도〉 연작이라고 하겠다. 이상의 〈鳥瞰圖오감도〉 연작 이전의 문학 활동에 대해서 한 가지 주목해야 할 것은 앞서 발표된 그의 일문 시들이다. 이상은 1931년과 1932년에 『조선과 건축(朝鮮と建築)』에 상당한 양의 일문 시를 발표했다. 별도의 지면에서 자세한 검토가 필요하겠으나 대체로 이 일문 시들을 관통하는 것은 기하학적 추상 정신이라고 할 수 있다. 예컨대, 〈三次角設計圖3차각 설계도〉라는 표제로 묶인 「線에關한覺書선에 관한 각서」 연작이나 근대식 백화점을 기하학적 시선에 의해 재구성한 「建築無限六面角體건축 무한6면 각체 : AU MAGASIN DE NOUVEAUTÉS 오 마가쟁 드 누보떼」 같은 작품은 이상의 초기 일문 시들의 특징을 단적으로 보여 주는 것이라고 할 수 있다. 이 작품들을 통해 이상은 복잡 다기한 근대적 삶의 양상에 대해 '감정의 권위'를 초월하여 '영점'에 가까운 반응을 보이면서 근대적 삶을 정념이 표백된 기하학적 구성과 건축술적 구조로 추상화하는 시도를 보여 주고 있다.[1]

[1] 초기 일문 시에 대해서도 자세한 검토가 필요하겠으나 본고의 관심이 주로 「鳥瞰圖오감도 詩

第一號^{시제1호}」에 집중되고 있으므로 이에 대한 검토는 별도의 기회로 미룬다. 다만, 여기서는 이상의 초기 일문 시에 대해 자세히 검토하고 있는 김승구의 다음과 같은 발언에 공감하면서 이런 설명이 본고의 문제 의식과 상통하는 점이 있다는 것을 덧붙이고자 한다. "초기 일문 시의 중요한 동기를 형성하는 기하학적 추상 정신이 기하학의 경험적 실현인 백화점과 같은 구체적 건축물과 만날 때, 기하학적 추상 정신은 그것이 생성된 지반으로서의 경험 세계에서 구체적이고 생동감 넘치는 이미지를 만들어 낸다. 이상은 경험 세계의 공간인 백화점을 묘사하면서 바라보는 주체의 주관적 감각을 소거한 건축학적 시선을 투영함으로써, 근대 공간의 유동성을 표현하고 있다." 김승구, 『이상, 욕망의 기호』(월인, 2004년), 264쪽.

〈鳥瞰圖^{오감도}〉 연작 역시『十二月十二日^{12월 12일}』과 더불어 초기 일문 시의 이런 문제 의식을 관통하는 의지와 방법을 공유하고 있다고 할 수 있다. 그도 그럴 것이, 이 연작이 독자들에게 난해하다는 비난을 받은 이후에 이상은 이렇게 말한 바 있다.

왜 미쳤다고들 그리는지 대체 우리는 남보다 수十年^{십년}식 떠러져도 마음놓고 지낼 作定^{작정}이냐. 모르는것은 내 재주도 모자랐겠지만 게을러빠지게 놀고만 지내든 일도 좀 뉘우처 보아야 아니하느냐. 열아문 개쯤 써보고서 詩^시 만들 줄 안다고 잔뜩 믿고 굴러다니는 패들과는 물건이 다르다. 二千點^{2,000점}에서 三十點^{30점}을 고르는 데 땀을 흘렸다. 三十一年^{31년} 三十二年^{32년} 일에서 龍^용대가리를 떡 끄내여놓고 하도들 야단에 배암꼬랑지커녕 쥐꼬랑지도 못달고 그만두니 서운하다.²⁾
2) 이상, 「鳥瞰圖^{오감도} 作者^{작자}의 말」, 김주현 주해, 『증보 정본 이상 문학 전집 3 수필 기타』(소명출판, 2009년), 219쪽.

이상의 서운함과 자부심은 둘째로 치고 우리가 여기서 확인할 수 있는 것은『조선중앙일보』에 발표된〈鳥瞰

圖오감도〉 연작이 그동안 이상이 써 왔던 시들 중에서 엄정하게 선택된 것들이라는 사실이다. 〈烏瞰圖오감도〉 연작은 이상이 자신의 문제 의식을 시를 통해 집중적으로 개진하기 위해 엄선된 작품들로 이루어진 것으로, 이 연작에 사용된 시적인 방법도 방법이지만 그간의 작품들 중에서 작품을 취사 선택하며 제기하는 문제 의식의 저간을 읽는 것이 중요하다 하겠으며「烏瞰圖오감도 : 詩第一號시 제1호」는 바로 그런 문제 의식이 재차 집약된 작품이라고 할 수 있다.

2. 「烏瞰圖오감도 : 詩第一號시 제1호」 해석의 역사

이상의 〈烏瞰圖오감도〉 연작에 담긴 거의 모든 작품이 그렇지만, 「烏瞰圖오감도 : 詩第一號시 제1호」 역시 그간 이상의 작품을 논의 대상으로 하는 논자들이 빠짐없이 언급했을 만큼 수많은 해석들이 부여된 작품이다. 이들을 모두 소개하는 것은 불가능에 가깝다. 그러므로 여기서는 그간 중요하게 거론된 대표적인 해석과 최근의 해석을 소개하기로 한다.

우선, 이상 전집을 펴냈으며 오랜 동안 이상 연구에 몰두한 이승훈의 견해를 참조하지 않을 수 없다. 이승훈은 1989년에 간행된『이상 문학 전집』에서 「烏瞰圖오감도 : 詩第一號시 제1호」에 대한 그간의 논의를 13인에 대한 해석을 중심으로 이렇게 정리한 바 있다.

'13인'의 의미에 대해서는 그동안 ① 최후의 만찬에 합석한 기독 이하 13인(임종국), ② 위기에 당면한 인류(한태석), ③ 무수한 사람(양희석), ④ 해체된 자아의 분신(김교선), ⑤ 당시의 13도(서정주), ⑥ 시계 시간의 부정, 시간의 불가사의를 희화화한 것(김용운, 이재선), ⑦ 이상 자신의 기호(고은), ⑧ 불길한 공포(이영일), ⑨ 성적 상징(김대규), ⑩ 원시적 자아로의 분화(정귀영) 등 다양한 견해가 있었음."[3]

[3] 이승훈 엮음,『이상문학 전집 1 시』(문학사상사, 1989년), 18쪽.

그리고 나서 이승훈은 13인을 알레고리로 읽는 것은 온당치 않으며 이것이 어떤 지시적 의미를 나타내는 것이 아니라 기호와 상징의 중간 개념 정도로 후반부의 "아해"와 결합하여 불안을 표상한다고 주장한다.

그런데, 황현산은 13인에 대한 그간의 구구한 해석이 있었으나 "그 모두가 13인의 아이는 13인의 아이라는 식의 동어반복에서 한 걸음도 더 나아간 것이 아니다." 라는 주장을 편다. 즉, "시니컬한 이상이 이 숫자로 무엇을 의미하려는 순진한 시도를 하였다기보다는 단지 이 숫자의 불안한 분위기를 이용하고 싶었으리라고 이해하는 편이 나을 것이다." 라는 것이 그의 주장이다.[4]

[4] 황현산, 「〈오감도〉 평범하게 읽기」, 『창작과비평』 101호 (창비, 1998년 가을호), 342쪽.

권영민 역시 "이 '13'이라는 숫자에 어떤 의미를 부여하고 거기에 집착하게 되면 다른 중요한 요소들을 놓치기 쉽다. 오히려 이 '13인의 아해'라는 대상을 어떤 방식으로 서술하고 있는지를 주목할 필요가 있다."고 주장한다. 그러면서도 그는 서술 방식에 주목한 뒤 결론에서 "속도와 경쟁을 부추겨 온 물질 문명이 인간의 상호 불신과 대립, 적대감과 경쟁 의식, 공포와 저주 등의 문제를 초래"한다는 것이 이 시의 참된 주제라고 설명한다.[5]

[5] 권영민, 「〈오감도〉 그 영원한 숙제」, 『이상 문학의 비밀 13』 (민음사, 2012년), 148쪽, 158쪽.

한편, 유종호는 이 시의 부연과 형식적 변형이 "어떤 사실적 충실이나 기술(記述)상의 엄밀성을 추구한 것이 아니다."라고 지적하고, "「烏瞰圖 오감도 : 詩第一號 시 제1호」는 이상(李箱·理想·異常) 청년의 조급한 문학 선진화의 야망이 설계한 의미의 미로이며 무의미의 실체이며 기성적 시 관습의 추문화 장치이자 함정이다."라고 비판적으로 언급한다.[6]

6) 유종호,「수수께끼의 시학」,『시란 무엇인가』(민음사, 1995년), 75쪽.

후속 세대의 논의 중에서 주목되는 것은 조해옥과 박현수의 것이다. 조해옥은 이 시에서 열세 명의 아이들의 의식을 지배하는 것은 "타자에 대한 극대화된 적대감"이며 그렇기 때문에 이 시는 보편적 불안이 아니라 "완전히 개체화된 인간들이 타자에게서 동질감을 전혀 발견할 수 없음으로 해서 발생하는" 공포감과 연결된 근대인의 불안이라고 설명한다.[7]

7) 조해옥,『이상 시의 근대성 연구』(소명출판, 2001년), 102-103쪽.

박현수는 이상 시의 수사학에 주목하면서 「烏瞰圖 오감도 : 詩第一號 시 제1호」가 「烏瞰圖 오감도 : 詩第二號 시 제2호」와 마찬가지로 "관념적 형식 논리에 입각한 작품"이라고 설명한다. 박현수는 바로 이 점에 입각할 때 이 시에서 주목할 점은 화자의 시점이며 이 시에서 화자는 도로와 골목의 상태, 그리고 아이들이 질주하는 장면이 평면 상태와 같이 개관되는 어느 가상 지점에 있다고 설명한다. 그리고 이것은 개인의 시선이 절대적인 표준으로 확장되는 근대적 인식의 한 양상을 보여 준다고 주장한다.[8]

8) 박현수,『모더니즘과 포스트모더니즘의 수사학』(소명출판, 2003년), 116-117쪽.

「烏瞰圖오감도: 詩第一號시 제1호」에 대한 최근의 주목할 만한 논의로는 신형철의 것을 꼽을 수 있다. 신형철은 이 시가 희곡적 형식을 통해 독자의 공포를 유발하는 구조로 되어 있음을 설명한 후 "식민지 거리의 공포라는 테마가 그에 걸맞는 '반복 강박'적 형식의 옷을 입고 있는 것이 「오감도 시 제1호」다."9) 라고 단언한다. 나아가, 이후에 발표된 글에서 그는 "도로"라는 시어에 주목하면서 논의를 확장시키며 이 시의 공포 대상은 근대적 개념의 '도로' 그 자체라고 주장한다.10)

9) 신형철,「시선의 정치학, 거울의 주체론―이상의 시」,『몰락의 에티카』(문학동네, 2008년), 469쪽.

10) 신형철,「이상의 텍스트에 새겨진 1930년대 초 동아시아 정세의 흔적들―이상 문학의 정치성 해명을 위한 시론」,『인문학연구』45권(계명대학교 인문과학연구소, 2011년), 144-146쪽 참조.

11) 이하의 시 해석은 졸고,「이상의 〈오감도〉 연작에 개진된 알레고리적 태도와 방법 연구」,『현대 문학의 연구』41집(한국문학연구학회, 2010년 6월)와 「내적 실재와 시의 현실」,『문예중앙』(중앙북스, 2012 봄호)에서「烏瞰圖오감도: 詩第一號시 제1호」에 대한 해석을 개진한 부분들을 발췌, 수정한 것이다.

3. 내적 실재의 개진이라는 관점에서「烏瞰圖오감도: 詩第一號시제1호」읽기[11]

十三人13인의兒孩아해가道路도로로疾走질주하오.
(길은막달은골목이適當적당하오)

第一제1의兒孩아해가무섭다고그리오.
第二제2의兒孩아해도무섭다고그리오.
第三제3의兒孩아해도무섭다고그리오.
第四제4의兒孩아해도무섭다고그리오.
第五제5의兒孩아해도무섭다고그리오.
第六제6의兒孩아해도무섭다고그리오.
第七제7의兒孩아해도무섭다고그리오.
第八제8의兒孩아해도무섭다고그리오.
第九제9의兒孩아해도무섭다고그리오.
第十제10의兒孩아해도무섭다고그리오.

第十一제11의兒孩아해가무섭다고그리오.
第十二제12의兒孩아해도무섭다고그리오.
第十三제13의兒孩아해도무섭다고그리오.
十三13인의兒孩아해는무서운兒孩아해와무서워하는兒孩아해와그러케뿐이모혓소.(다른事情사정은업는것이차라리나앗소)

그中중에一人1인의兒孩아해가무서운兒孩아해라도좃소.
그中중에二人2인의兒孩아해가무서운兒孩아해라도좃소.
그中중에二人2인의兒孩아해가무서워하는兒孩아해라도좃

소.
그中^중에一人^{1인}의兒孩^{아해}가무서워하는兒孩^{아해}라도좃소.

(길은뚫닌골목이라도適當^{적당}하오.)
十三人^{13인}의兒孩^{아해}가道路^{도로}로疾走^{질주}하지아니하야 도좃소.¹²⁾

11) 『조선중앙일보』, 1934년 7월 24일자.

「烏瞰圖^{오감도} : 詩第一號^{시 제1호}」는 대표적인 난해시로 꼽히고 있다. 이는 텍스트에 제시된 것과 제시되지 않은 것을 뒤섞어서 텍스트 자체로부터 쉽게 취할 수 있는 것과 텍스트 바깥에서 보충되어야 하는 것의 층위를 구분짓지 않는 태도로부터 기인한다. 이 시를 읽는 방법은 크게 두 가지이다. 우선, 시의 내적 논리만을 고려하여 읽는 방법 즉, 시에 제시된 연쇄적 사건에 대한 진술과 그 사건을 구성하는 진술의 관계, 다시 말해 기표들 사이의 관계를 중심으로, 내적 정합성의 맥락에서 읽는 방식이 있다. 두 번째로, 텍스트가 지시하는 의미를 텍스트의 외부의 자료들을 통해 추적하는 방식이 있다. 이런 관점에서는 왜 아이가 등장하는지, 왜 이들은 질주하는지, 그리고 왜 하필 13인의 아이인지, 왜 이들이 무서워하는지 등등에 대해 시 외부의 자료에 의존해 기표들이 지시하는 의미를 구성하고 이 때 얻어진 개념을 기호 체계와 대응시킴으로써 해석을 구한다. 이를 외부의 독립적 지시 대상을 전제로 하는 문학 버전의 형이상학적 실재론적 접근법이라고 말할 수 있을 것이다. 이 시가 대표적 난해시로 알려진 까닭은 그간 바로 이런 방식의 독해가 승했기 때문이다. 미리 말하자면, 기실 이런 질문들에 대해서 텍스트 자체는 내부에서 어떤 대답도 제출하지 않는다. 다시 말해, 두 번째 관점에서라면 이 시는 난해시가 아니라 영원히 의미의 미궁에 남겨질 시가 될 수밖에 없다. 설령, 텍스트 외적 조건들에 의해 이런 저런 단서가 추적된다 하더라도 그것이 이런 질문들에 대한 확정적 해답은 될 수 없기 때문이다. 그것은 또 다른 불가지를 상정하는 것과도 같다. 분명히 독립적으로 존재하지만 시의 십자말로 명쾌하게 풀리지는 않는 지시 대상들을 나열하는 작업이기 때문이다. 그러나, 「烏瞰圖오감도 : 詩第一號시제1호」에서 우선적으로 중요한 것은 기호의 개진 방식이지 기호의 지시 대상이 아니라고 할 수 있다. 다시 말하자면, 시가 스스로 열어 보이는 내적 실재의 인도에 따라 작품을 읽는 것이 우선적으로 중요하다는 것이다.

시에 제시된 사건을 우선 보자. 1행에 중심 사건이 명기되어 있다. 13인의 아이가 질주하고 있다는 것이다. 이것은 시의 내부에 주어진 현실이다. 여기서 만약 누군가가 '왜 13인이지? 왜 아이들이 질주하지?' 하고 성급하게 묻는다면 아직 내적 실재와 조응할 준비, 즉, 자발적으로 텍스트가 여는 개념의 체계에 들어가기 위한 준비가 되기 전에 산통을 깨는 것이다. 이 문장은 이를 테면 영어로 하자면, 'Suppose that~'이 맨 앞에 생략된 것으로 보는 것이 온당하다. 즉, '자, 이런 상황이야~'라는 도입말이 생략되어 있다는 것이다.[13]

[13] 신형철 역시 앞서 언급한 논문에서 이 점을 지적하고 있다. 필자는 이 점에서 신형철의

해석에 크게 공감한다. 시의 내적 실재에 주목한다면, 자연스러운 귀결이며 그런 의미에서 이 시가 희곡적 구조를 지니고 있다는 그의 주장에도 전적으로 동의할 수 있다.

이를 이해하기 위해 우선, 이 시에는 이질적인 2개의 목소리가 공존하고 있음을 먼저 지적해야겠다. 사건에 대한 진술을 하는 목소리(v1)와 그 상황의 맥락에 대해 진술하는 목소리(v2)가 있다는 것이다. 즉, 13인의 아이가 도로를 질주한다는 사건의 진술이 있고 그 진술에 대해 맥락을 설정해 주는, 희곡의 지문과도 같은 목소리가 존재한다는 것이다. 시에서 괄호 안에 처리된 진술은 눈에 띄게 상황 지시적인 목소리(v2)로 여겨진다. 그러나, 놓치지 말아야 할 것은 실은 "第一제일의兒孩아해가무섭다고그리오"(v1)로 연쇄되는 부분과 "그中중에一人1인의兒孩아해가무섭다고그리오"(v2) 이하 부분 모두가 앞서 설명한 것처럼, 사건을 진술하는 목소리와 상황을 부여하는 목소리로 변별된다는 것이다. 즉, 이 시를 이해하기 위해서는 이 시가 사건의 묘사와 사건의 정황에 대한 기술로 구성된 시라는 것을 먼저 이해하는 것이 중요하다.

그렇다면 왜일까? "왜?"라는 질문에 답하기 위해서는 시의 내적 실재에 대한 답사 이후의 작업이 필요하다. 우리는 아직 시를 내적으로 답사하지 않았기 때문이다. 그러나, 이해의 편의상 독해의 순서를 무시하고 시선을 〈烏瞰圖오감도〉 연작 전체로 잠시 확장시키는 것이 허용된다면, 이렇게 말할 수 있을 것이다. 그것은 자신의 외부와 내부에서 벌어지는 모든 사건들에 대해 투시의 시선을 드리우고 이를 파토스의 영점(零點)에서 처리하려는 의도와 관계 깊다. 이상은 이 작품에서뿐만이 아니라〈烏瞰圖오감도〉 연작을 통해 자신의 외부와 내부에서 일어나는 일들을 어떤 선입견과 감정이 개입되지 않은 사태의 영점에서 처리하고자 하는 의도를 관철시켰다.[14]

[14] 이에 대해서는 졸고,「이상의〈오감도〉연작에 개진된 알레고리적 태도와 방법 연구」,『현대 문학의 연구』41집(2010년 6월) 참조.

예컨대, 이상은「烏瞰圖오감도 : 詩第三號시 제3호」에서는 싸움이라는 사태를 두고 이를 누군가의 입장이나 시점에 의해 기술하는 대신 이 사태와 결부된 모든 조건을 탐색하는 식으로 자신이 진술 방식을 메타적으로 도해해 보이는가 하면,「烏瞰圖오감도 : 詩第一號시 제4호」,「烏瞰圖오감도 : 詩第五號시 제5호」,「烏瞰圖오감도 : 詩第八號시 제8호」에서는 자신의 병력(病歷)에 대해 실험과 검사를 진행하는 이의 목소리를 개진시키면서 마치 자신이 전혀 연루되지 않은 세계의 사건과 상황을 분석하는 이의 어조를 취한다. 그런가 하면「烏瞰圖오감도 : 詩第十號시 제10호 나비」에서는 "찢어진壁紙벽지에죽어가는나비를본다"는 진술 이후 계속해서 사건에 대한 진술을 개진시키다가 시의 마지막 부분에서 "이런말이決결코밖으로새어나가지는않게한다"는 마치, 앞서 진술된 내용이 효과적으로 주지되기 위해서는 이러저러한 무대의 설정이 요구된다는 방식의 희곡의 지문과도 같은 진술이 개입되기도 한다. 이런 방식의 진술이 의도하는 것은 역시 '사태를 투시하고 이를 영점에서 재조정하기'라고 할 수 있다. 즉, 객관성을 부여하여 주관의 개입을 최대한 차단하는 방식의 기술 방식을 택함으로써, 마치 희곡에서 '제4의 벽'의 위치에 놓인 관객을 전제로 하고 그들에게 사건을 모두 보여 주는 방식을 통해 독자를 적극적으로 사태 해석에 결부시키는 방법을 이상이 택하고 있음을 알 수 있다. 이는 철저히 자신의 생활과 병력을 문제 삼고 있는 시들을 감정의 과잉으로부터 보호하고 모든 사태의 최종 해석을 독자에 편에 넘겨 주려는 의도와 관계 깊다. 즉, 사건에 대한 진술과 상황을 부여하는 진술의 비동시적 개진은 결국 자신이 애써 투시를 통해 확보한 시계(視界)를 독자에게도 거의 같은 방식으로 부여하려는, 주관의 객관화를 위한 장치라고 할 수 있다.

다시 시로 돌아오자. 문제적 설정 이후에 정황이 제시되어 있다. 아이들이 막다른 골목에서 질주하고 있다는 것이다. 시적 주체는 '길은 막다른 골목이 적당하오'라고 말하고 있다. 그리고 이 진술은 괄호 속에 들어 있다. 굳이 괄호 속에 진술이 담긴 것은 이 진술이 괄호 바깥의 진술과는 맥을 달리하는 이질적 목소리(v2)라는 것이다. 즉, 13인의 아이가 달려간다고 상황을 진술하는 목소리(v1)와는 달리, '그런데, 아이들이 달려가는 곳은 막다른 골목쯤이 좋겠소'라는 진술, 즉 상황에 대한 지문 구실을 하는 진술이 괄호 안에 제시된 것이라고 할 수 있다. 이를 염두에 두고 2연을 보자.

2연은 1연의 원경을 좀 더 클로즈업한 결과물이면서 동시에 1연에서 암시된 어떤 구조와 운동을 연쇄로 투사한 결과물이다. 즉 1연에서 제시된 어떤 장면이 2연에서는 각각의 아이들의 표정이 읽힐 정도까지 좀 더 세세하게 모습을 드러내고 있다는 것이다. 진술된 바 그대로 읽어 보자. 자세히 들여다보니 막다른 골목을 질주하는 아이들의 표정엔 공포가 가득하다. 1연과 2연에는 13인의 아이들의 질주라는 형상과 그 세부에 대한 묘사로 이루어지는 사건의 진술이 있고 그 사건에 맥락과 상황을 부여하는 지문이 있다고 할 수 있다. 막다른 골목으로의 질주라는 전체 형상, 그리고 그것을 기표의 연쇄를 통해 투사했을 때 효과적으로 증폭되는 공포의 정조가 1연과 2연을 지배한다.

3연에서도 중반까지 사정은 변함이 없다. 그런데, 13인의 아이들의 질주까지가 묘사되고 나서 그 다음 행에서는 다시 무대의 설정이 조금 달라진다. 즉, "十三 13인의兒孩^{아해}는무서운兒孩^{아해}와무서워하는兒孩^{아해}와 그러케뿐이모혓소.(다른事情^{사정}은없는것이차라리나앗소)"라는 진술은 다시 일종의 무대로서의 공간의 설정을 변경하는 목소리(v2)의 개입으로 볼 수 있는데, 이에 따라 사건의 정황은 조금 달라진다. 앞서 2연이 연쇄(1인부터 10인의 아이의 질주 상황의 연쇄)와 설정(막다른 골목)에 의해 공포감을 증폭시켜왔다면 3연의 중반부에서는 무대 위의 상황을 지시하는 '지문'(v2)이 변함에 따라 공포감은 이제 증폭이 아니라 확산되는 단계에 이른다는 것이다. 즉, 3연의 지문은 아이들의 공포가 증폭되던 단계에서 확산되는 단계로 변하게 되었음을 지시한다. 공포를 느끼며 개별적으로 질주하던 아이들은 이제 서로의 표정을 보고 그 공포를 더욱 더 확산시킨다. 무서운 아이를 보고 무서워하는 아이는 이제 그 스스로 무섭게 하는 아이 즉, 무서운 아이가 되어 있다. 이제 아이들이 공포를 체감하기만 하는 것이 아니라 타자를 통해 공포를 확인하고 이를 상호 확산시키는 단계에 진입한다. 이런 식으로 한 번 스며든 공포는 사건이 이루어지는 공간에 만연하게 된다. 마치 밀폐된 공간에서 상호 충돌하는 입자들의 운동이 한층 가속되듯 공포는 확산되어 공간을 장악한다.

4연은 이런 정황을 다시 연쇄에 의해 표현한 것이다. 비유적으로 말하자면 밀폐된 공간에서 입자들의 충돌을 거듭함에 따라 속도가 가속되는 형상을 연쇄에 의해 투사한 진술이 바로 4연의 진술이다. 이제는 무서운 아이와 무서워하는 아이의 구분 자체가 무의미하다. 이미 상호 접촉과 충돌을 통해 공포가 이 공간에 만연되었기 때문이다.

마지막 연은 모든 사태의 종결이다. 즉, 앞서의 과정에 의해 증폭되고 확산되어 사건의 현장에 만연한 공포는 이제 더 이상의 조건 없이도 이미 어느 곳에나 편재하는 것이 되어 있다. 이제는 더 이상의 세팅이 무의미하다. 공포는 이미 만연해 있으므로 굳이 막다른 골목이 아니어도 문제될 것이 없다. 또한, 두려움에 가득한 채 질주하던 초기와 달리 이제 공포는 뿌리칠 수 없는 기정 사실이 되어 있다.

이것이 이 시의 전모이다. 즉, 이상의 「烏瞰圖오감도 : 詩第一號시 제1호」는 무엇보다도, 텍스트 내에 원인은 제시되어 있지 않으나 일단 발생한 것으로 간주된 공포가 증폭되고 확산되는 과정이 연극적 무대 설정과 알레고리적 연쇄의 표현 방식에 의해 부각된 시이다. 우선은 이것만으로 충분하다. 사람들 사이에 산란된 공포가 어떻게 사람들의 접촉과 충돌, 작용과 반작용을 통해 공간에 만연되고 마침내 그 공간을 지배하게 되는지, 그 과정을 이중의 목소리와 연극적 무대 설정 그리고 알레고리적 수사의 형식을 통해 제시한 것이 「烏瞰圖오감도 : 詩第一號시 제1호」인 것이다.

그 이외의 두 가지 사정 즉, 이 공포가 어디로부터 온 것인지, 13이 의미하는 바가 무엇인지 등은 텍스트 내적으로는 해명될 수 없는 것이다. 그것의 의미는 마치 형이상학적 실재론자들의 진리처럼 텍스트의 외부에 독립적으로 존재한다. 단서가 있다면, 이 텍스트 역시 내적 실재가 그러하듯 '경험적 입력'의 흔적을 지니고 있다는 것이다. 그러므로 이 두 질문에 대한 해답을 구하는 것은 불가지를 향한 천로역정에 비견될 수 있다. 이에 답하기 위해서는 세 가지 전제가 필요하다. 그것이 내적 실재에 대한 성실한 탐문을 반드시 수행한 이의 추가적 미션일 것, 또한 이 때의 여정은 가능하면 텍스트로부터 너무 멀리 떨어지지 않은 참조 틀로의 여정일 것, 그리고 끝으로 저 불가지와의 결정적 대면은 끝내 이루어질 수 없는 것이라는 사실을 승인할 것 등이 그것이다. 이 세 가지 전제를 수락한 뒤에도 여전히 형이상학적 충동에 이끌리는 구도자가 있다면 그는 가장 가까이에 있는 단서들 즉, 작가와 동시대의 언어라는 참조 틀에 접근하는 것을 최소한의 기율로 받아들여야 한다. 즉, 이상의 「烏瞰圖오감도 : 詩第一號시 제1호」는 무엇보다도, 텍스트 내에 원인은 제시되어 있지 않으나 일단 발생한 것으로 간주된 공포가 증폭되고 확산되는 과정이 연극적 무대 설정과 이의 재조정, 그리고 알 레고리적 표현 방식에 의해 부각된 시이다. 그 이외의 사정 즉, 아이의 의미, 13의 의미 등은 텍스트 내적으로 는 해명될 수 없는 것이다. 그럼에도 불구하고 13이라 는 숫자의 정체와 관련된 더 많은 해석이 필요하다면 앞서 언급한 최소한의 기율을 통해, 외재적 요인에 의 해 그리고 그렇기 때문에 항상 잠정적으로만 구성되는 의미를 통해서만 추적될 수 있을 뿐이다. 그 유력한 외 재적 참조 틀은, 권영민과 신형철을 비롯한 논자들에 의해 지적되어 왔듯이, 김수영에 의해 번역되어 1960 년 『현대문학』 11월호에 실린 「一九三一年(作品 第1 番)^{1931년(작품 제1번)}」이다.

나의 방의 시계(時計) 별안간 13을 치다. 그때, 호외(號外)의 방울 소리 들리다. 나의 탈옥(脫獄)의 기사(記事). 불면증과 수면증으로 시달림을 받고 있는 나는 항상 좌우의 기로에 섰다.
나의 내부로 향해서 도덕의 기념비가 무너지면서 쓰러져 버렸다. 중상(重傷).
세상은 착오(錯誤)를 전한다.
13+1=12 이튿날(즉 그때)부터 나의 시계의 침은 3개였다.[15]

[15] 이상, 「1931년—작품 제1번」, 권영민 엮음, 『이상 전집 4 수필』(뿔, 2009년), 342쪽.

이상의 위와 같은 언급은 「烏瞰圖 오감도 : 詩第一號 시 제1호」에서의 질주와 이 시에 제시된 13이라는 숫자를 텍스트 외적인 참조 틀에 의해 풀어 볼 여지를 제공한다. 시계가 별안간 13을 치는 것 역시 이상에 의해 가정된 '상황극의 발발'이라는 맥락에서 살펴볼 수 있다. 주지하듯, 시계는 근대 생활의 표상이다. 시계는 균일하게 측정되는 시간의 단위에 의해 근대인들의 일상이 규율된다는 물질적 표징이 되었다.[16]

16) 휘트로(G. J. Whitrow)는 『시간의 문화사』에서 시계가 대중화되면서 아주 일상적인 행사도 시계에 의해 조종되기에 이르렀다고 지적하며 1850년 네팔의 통치자 장 바하두르가 영국을 방문했을 때의 인상기를 인용하는데 아마도 영국 사회에 대한 그의 인상은 시간에 의해 규율되는 근대 사회의 모습을 가장 잘 보여 주는 일화가 아닐 수 없을 것이다. 장 바하두르는 이렇게 말한다. "옷 입는 것, 식사하는 것, 약속을 지키는 것, 잠자는 것, 일어나는 것—이 모든 것이 시계의 의해 결정된다. (…) 어디를 쳐다봐도 반드시 거기에는 시계가 있다." G. J. 휘트로 저, 이종인 옮김, 『시간의 문화사』(영림카디널, 1999년), 265쪽 참조.

앤서니 기든스(Anthony Giddens)는 근대인들에게 시간은 마치 '크리시나의 수레'와 같이 인식되었다는 흥미로운 설명을 하고 있다. 크리시나의 수레란 힌두교에서 신상을 모신 대형 수레인데 이 수레가 질주하면 추종자들은 자신을 그 수레 바퀴 밑으로 자발적으로 던지도록 되어 있다는 것이다. 기든스는 "이 수레는 막대한 힘을 가진 폭주 차량이며, 인간 집합체로서의 우리가 어느 정도까지는 운전할 수 있지만 동시에 우리의 통제 한계를 벗어나서 질주할 위험성이 있으며 따라서 산산조각이 날 수도 있다. 크리시나의 수레는 방해물을 뭉개버린다"고 설명한다.[17]

17) 안토니 기든스 지음, 이윤희·이현희 옮김, 『포스트 모더니티』(민영사, 1991년), 146쪽 참조.

이런 맥락에서 보자면 이상이 13시를 치는 시계를 상정한 것은 일상을 규율하며 무섭게 질주해 오는 근대적 시간 바깥으로의 "탈옥(탈주)"이라는 상황을 가정한 것이라고 할 수 있다. 만약, 우리가 앞서의 최소한의 기율을 지키며 해석을 보충해 보자면, 아이들의 질주와 공포는 바로 이런 맥락에서 설명될 여지를 남긴다. 마치 크리시나의 수레처럼 엄청난 속도로 휘몰아치며 일상을 규율하는 근대적 시간 바깥으로의 '탈옥'이 가능하기 위해서는 저 수레보다 더 빠른 속도로 달려야 한다. 엄청난 속도를 보유한 것이 감시하고 통제하는 감옥으로부터의 '탈옥'이 성공하기 위해서는 자신을 규율하는 속도보다 조금이라도 더 빠른 속도로 질주해야 한다. '탈옥'한 아이들은 '크리시나의 수레'보다 빠른 속도로 '질주'해야 할 운명에 처해진다. 그러니, 아이들의 질주는 자연스럽게 공포와 연결된다. 막 탈옥한 아이들이 엄청난 속도로 등 뒤에서 쫓아오는 저 '크리시나의 수레'의 바퀴에 깔리지 않기 위해서는 공포와 함께 질주하는 수밖에 없다. 따라서, 이 공포는 두 가지 의미론적 맥락을 지닌다. 첫째는, 그로부터 빠져나온 것으로 상정했지만 여전히 뒤에서 자신을 위협하며 몰아쳐 오는 근대적 시간—즉, 근대적 생활과 규율—에 대한 공포가 첫 번째 맥락에 놓이며 두 번째는 '탈옥'은 감행했고 뒤에서 대단한 속도로 쫓아오는 것은 있는 상황에서 한 번도 가 본 적 없는 시간 속으로 감행하는 질주가 최종적으로 어디로 귀착되어야 하는지 명료하지 않은 상태에서 생기는 불확실성에서 나오는 공포가 그 두 번째 맥락에 놓인다.

「烏瞰圖오감도 : 詩第一號시 제1호」의 전반부와 후반부는 바로 이런 공포의 2가지 의미론적 맥락을 부여받는다. 내재적 독법을 따르면 이 시는 공포를 증폭하고 확장하는 구조로 이루어졌음을 확인할 수 있었다. 이제, 이상의 다른 텍스트를 참조하여 맥락을 보충해 보니 그것은 근대적 시간 바깥으로의 탈주를 감행한 이가 뒤에서 여전히 엄습하는 근대적 시간—규율, 생활—에 느끼는 압박감과 관련되며 또한, '크리시나의 수레'처럼 엄청난 속도를 지닌 근대의 규율적 시간의 '추적'을 피해 '탈옥'은 하였으되 어디로 향해야 할지 모르는 아이들이 느끼는 낭패감과도 관련된다.「烏瞰圖오감도 : 詩第一號시 제1호」에서 전반부와 후반부의 미묘한 변화는 바로 공포의 이 두 가지 의미론적 기원과 관계 깊다. 앞 부분에서 거듭 증폭되는 공포감이 '탈옥'을 감행한 아이들이 질주하면서 느끼게 되는 불안과 관계된다면 후반부에서 아이들이 타자를 통해 자신의 모습을 비추어볼 때 확산되는 불안감은 탈옥한 이의 '전망 부재'와 관계된다. 즉, 후반부에 묘사된 아이들의 모습은 탈옥한 이들이 서로를 바라보며 어쩔 줄 몰라 하는 모습이라고 할 수 있다. 무서운 아이가 무서워하는 아이가 되고 이런 반응이 연쇄적으로 다른 아이들에게도 일어남에 따라 열패감은 확산일로에 있게 된다.

이런 해석들을 보충해 「烏瞰圖오감도 : 詩第一號시 제1호」를 읽자면 이 시는 일상을 총체적으로 규율하는 시간으로부터의 탈주, 그러나 그것의 영향으로부터 완전히 벗어나지 못한 이가 추적을 두려워하며 질주할 때의 공포, 나아가 '탈옥'에 성공했으되 목적지가 확실하지 않으므로 아직 '탈주'에는 완전히 성공하지 못한 이의 불안과 열패감 등을 희곡적 장치와 알레고리적 연쇄를 이용해 표현한 시라고 할 수 있을 것이다.

그렇다면, 왜 아이일까? 물론, 그것은 아이들이 아버지와는 달리 아직 완전히 근대적 시간에 의해 일상을 규율당하는 존재자가 아니기 때문일 것이다. 예컨대, 「烏瞰圖오감도: 詩第二號시 제2호」에 제시된 알레고리적 연쇄를 생각했을 때, 모든 아버지들의 수렴의 담지자이면서 그것을 뛰어넘어야 할 운명에 놓인 것은 아버지들의 아이들이기 때문이라고 할 수 있다.

이처럼, 이상의 다른 글을 참조해 "나의 방의 시계 별안간 13을 치다."라는 단서를 발견한다든지, 이를 통해 근대적 시간으로부터의 탈주라는 개념과 짝을 맞추어 「烏瞰圖오감도: 詩第一號시 제1호」의 13이라는 숫자와 포개어 본다든지 하는 작업들, 그리고 〈烏瞰圖오감도〉 연작의 다른 작품에 제시된 아버지라는 기호와 이 시의 '아이'를 대비적으로 살펴본다든지 하는 작업들은 가능하나 반드시 사후적인 일이 되어야 할 것이다. 내적 실재와 형이상학적 실재의 관계를 염두에 둔다면, 텍스트를 둘러싼 일의 순서를 그르치면 매사를 그르치게 마련이기 때문이다. 「烏瞰圖오감도: 詩第一號시 제1호」는 내적 실재의 영역에서 자명하고 외재적 구인에 의해 항시 잠정적으로 보충되는 시이다. ÷

조강석

인하대 한국학연구소 인문한국(HK) 조교수. 문학평론가. 1969년 전북 전주에서 태어나 연세대 영어영문학과와 같은 학교 대학원 국어국문학과를 졸업했다. 2005년『동아일보』신춘문예 문학평론 부문 당선, 현재 계간『문예중앙』과 월간『현대시』편집위원으로 있다. 연구서『비화해적 가상의 두 양태』, 비평집『아포리아의 별자리들』『경험주의자의 시계』를 냈다.

烏瞰圖　李　箱 2

詩第二號

나의아버지가나의곁에서조을적에나는나의아버지가되고또나는나의아버지의아버지가되고그런데도나의아버지는나의아버지대로나의아버지인데어쩌자고나는자꾸나의아버지의아버지의아버지의……아버지가되니나는왜나의아버지를껑충뛰어넘어야하는지나는왜드디어나와나의아버지와나의아버지의아버지와나의아버지의아버지의아버지노릇을한꺼번에하면서살아야하는것이냐

烏瞰圖
詩第二號

나의아버지가나의겨테서조을적에나는나의아버지가
되고또나는나의아버지의아버지가되고그런데도나의
아버지는나의아버지대로나의아버지인데어쩌자고나
는작고나의아버지의아버지의……아버지가
되니나는웨나의아버지를껑충뛰어넘어야하는지나는
웨드듸어나와나의아버지와나의아버지의아버지와나
의아버지의아버지의아버지노릇을한꺼번에하면서살
아야하는것이냐

― 『朝鮮中央日報』 1934년 7월 25일

02

「烏瞰圖 오감도 : 詩第二號 시 제2호」, 전통과 전위의 역동

이혜원 | 고려대 미디어문예창작학과 교수 · 문학평론가

1.
2.
3.
4.
5.

1.

「烏瞰圖 오감도 : 詩第二號 시 제2호」는 『조선중앙일보(朝鮮中央日報)』에 1934년 7월 25일에 실렸다. 〈烏瞰圖 오감도〉 연작을 연재하기 시작한 지 이틀째 되던 날에 발표한 시이다. 한자어와 도식이 많은 이상의 여타 시들과는 달리 순 한글로만 이루어져 있으며 길이도 짧은 편이다. 이 시는 이상을 이해하는 데 매우 중요한 '나'와 '아버지'의 관계가 나타나기 때문에 많은 연구자들이 언급해 왔다. 정신 분석학을 비롯해 기호학이나 탈근대적 담론을 적용한 다양한 분석 방법이 '나'와 '아버지'의 관계 해명을 위해 동원돼 왔다.

고석규는 프로이트(S. Freud)의 오이디푸스 콤플렉스 개념으로 이 시를 설명한다. 이상은 소극적이고 강박적 윤리 의식에 포박되어 있어 아버지에 대한 치열한 반동 형성에 비해 직접적인 수단을 동원하지 못하고 '나 자신'의 절대화를 통해 아버지의 현재를 탈위 강점하면 만족되는 줄 알았다고 본다. 이 시에서 아버지는 완전히 '나 자신'과 동일시되어 '나 자신'에 의해 충분히 성취된 순환적 대상이라고 한다.[1]

[1] 고석규, 「'반어'에 대하여」, 김윤식 편저, 『이상 문학 전집 4』(문학사상사, 1995년), 136-137쪽 참조.

그러나 이러한 분석은 아버지에 대한 동일시를 만족스럽기보다는 불만스럽게 받아들이는 '나'의 태도에 대해 설명하지 못한다.

김종은은 정신 분석적 접근법으로, 이 시가 할아버지, 백부, 친부 등 여러 아버지를 두었던 이상의 동일시의 혼돈을 구체적으로 대담하게 묘사했다고 한다. 자기와 자기 아버지, 그리고 할아버지를 동일시하지 않을 수 없음으로써 빚어지는 혼돈을, 투사를 통하여 거꾸로 묘사한 것이라는 주장이다.[2]

[2] 김종은,「이상의 정신 세계」,『심상』(1975년 3월), 81쪽.

이러한 견해는 흥미롭기는 하지만 문학적 표현과 정신적 문제를 변별하지 않아 문학 작품을 병리적으로 해석하는 오류에 처한다.

김승희는 라캉(J. Lacan)의 이론을 적용하여, 이 시에서 나는 아버지가 '아버지의 이름'을 상징적으로 행하지 못하고 있기 때문에 그 자신이 실제적 아버지를 뛰어넘어 실제적 아들이면서 동시에 상징적 아버지까지 되어야만 하는 이중의 감금 안에 있다고 본다.[3]

[3] 김승희,『이상시 연구』(보고사, 1998년), 104~105쪽.

아버지가 내포하는 상징적 의미를 예리하게 포착한 견해이다.

기호 분석을 통해 이 시의 가장 큰 의미는 '나'가 '아버지'를 타도한다는 사실에 있다는 의견도 있다. 이 시에서 '나'가 18번, '아버지'가 17번 나오기 때문에 '나'가 '아버지'를 수적으로 그리고 상징적으로 압도한다는 것이다.[4]

[4] 이정호,「〈오감도〉에 나타난 기호의 질주―라캉의 정신 분석을 원용한 〈오감도〉 읽기」, 권영민 편저,『이상 문학 연구 60년』(문학사상사, 1998년), 327쪽.

이는 다분히 기계적인 분석에 가깝다. 이 시에서 중요한 것은 수적인 차이보다 반복을 통해 강조되는 결합 관계이다.[5]

[5] 졸고,「이상과 윤동주 시에 나타나는 주체 형성의 양상」,『현대시 깊이 읽기』(월인, 2002년), 132쪽.

신형철은 들뢰즈(G. Deleuze)와 가타리(F. Guattari)의 이론을 적용하여 이 시를 새롭게 해석한다. 식민 통치의 문제점을 개인적 차원이나 가족적 차원으로 축소시키는 것이 바로 오이디푸스적 권력이며, 식민 통치자들은 이 오이디푸스적인 권력을 교묘하게 이용하여 봉건적 가족 구조를 잔존시키고 극대화시켜서 식민 통치로 인해 발생하는 욕망의 좌절에 대한 책임을 가족에 전가하는 '가국 체제(家國體制)'를 건축한다. '나'의 문제가 '나의 가족'의 문제로 제한되어 버리는 이 시의 상황이 정확히 이런 맥락을 보여 준다고 한다.[6]

[6] 신형철,「이상 시에 나타난 '시선'의 정치학과 '거울'의 주체론 연구」,『한국현대문학연구』12집(한국현대문학회, 2002년), 341쪽.

박현수는 이 시가 아버지로 표상되는 기성 세대에 대한 나의 불신과 고민이라는 평범한 주제를 다루고 있으며, 단순한 반복과 이항 대립이라는 관념적 형식 논리의 지적 조작이 만들어낸 작품이라고 한다.[7]

[7] 박현수,『이상 문학 연구─모더니즘과 포스트모더니즘의 수사학』(소명출판, 2003년), 114-115쪽.

이상의 시에 가해진 지나친 의미 부여에서 벗어나 수사적 특징에 주목한 새로운 접근이지만, 수사와 의미의 관련성에 좀 더 천착할 필요가 있다.

함돈균은 지젝(S. Žižek)의 이데올로기 이론, 르페브르(H. Lefebvre)의 히스테리 개념 등을 동원해 이 시에서 이데올로기적 호명의 실패와 히스테리적 질문으로서의 시적 아이러니를 발견한다. 이 시가 주체의 탄생에 구성적으로 관여하는 사회적 대타자로서의 '아버지'가 명시적으로 부정당하는 한국 현대시 최초의 한 국면을 보여 준다고 한다. 그것은 주체를 사회적 존재로 구성하는 이데올로기적인 호명 체계, 대타자에 대한 주체의 동일시 메커니즘이 제대로 작동하지 못하는 상황을 암시한다는 점에서 주체의 실패를 명백히 보여 주는 시적 증상이라고 해석한다.[8]

[8] 함돈균, 「이데올로기적 호명의 실패와 히스테리적 질문으로서의 시」, 『시는 아무 것도 모른다─이상, 시적 주체의 윤리학』(수류산방, 2012년), 284쪽.

지금까지 살펴본 바와 같이 「烏瞰圖오감도 : 詩第二號시 제2호」는 시대마다 첨단의 이론을 동원한 다양하고 새로운 해석의 세례를 받아 왔다. 이상 시 연구는 우리 시 연구의 전위적 지평에 놓인다. 그런데 "그의 문학이 여러 가지 새로운 생각을 촉매해 온 것도 사실이지만, 그 난해하고 착종된 문장으로 빌미 잡히기 쉬운 그의 텍스트들이 항상 사실을 피해 달아나는 섣부른 담론들의 아지트 구실을 해 왔으며, 그래서 이상의 문학과 그의 명성이 그 담론들과 함께 공허한 울림만을 얻게 된 점을 덮어 두기 어렵다."[9]

[9] 황현산, 「〈오감도〉 평범하게 읽기」, 『창작과비평』 101호 (창비, 1998년 가을호), 338쪽.

는 문제 의식에도 주목할 필요가 있다. 작품에 대한 이해의 범위를 넘어서는 과도한 의미 부여와 신비화는 이상의 시를 계속해서 해독 불능의 난해한 텍스트로 남겨 놓게 된다. 이상의 시를 특이한 텍스트로 상정하고 온갖 복잡한 이론의 틀로 재단하는 것보다 평범하고 상식적인 접근을 통해 납득할 만한 이해를 도모할 필요가 있다.

이러한 생각을 바탕으로 해서 본고에서는 과도한 이론의 적용을 피하고 작품에 대한 기본적인 이해를 충실하게 수행하려 한다. 작품의 이해에 필요한 발표 당시의 상황이나 시인의 개인사, 미의식 등을 면밀하게 살피고 이를 통해 이상 시의 특성과 의미를 파악해 볼 것이다.

2.

「烏瞰圖오감도 : 詩第二號시 제2호」를 이해하기 위한 전제로 〈烏瞰圖오감도〉가 연작 형태로 기획된 시라는 사실을 상기할 필요가 있다. 이상은 1934년, 당시『조선중앙일보』학예부장을 맡고 있던 이태준(李泰俊)의 파격적인 배려로 7월 24일부터 8월 8일까지 〈烏瞰圖오감도〉를 연속해서 발표하게 된다. 〈烏瞰圖오감도〉의 원고는 신문사 문선부(文選部)에서부터 말썽을 일으키고, 간신히 조판되어 교정부에 넘어가자 또 말썽이 일어났고, 나중에는 편집국 안에서 게재 여부를 두고 왈가왈부하게 되었다. 신문사 안에서 겨우 문제를 해결하고 신문에 연재되어 나가니까 이번에는 독자들로부터 항의 전화와 투서가 들어오기 시작했는데 그 항의를 간단히 요약하면 '무슨 개수작이냐?'는 것이었다.[10])

[10] 오규원, 「이상의 생애」,『날자, 한번만 더 날자꾸나』(현대문학, 2006년), 33쪽 참조.

이상의 〈烏瞰圖오감도〉가 당시 일반인들에게 얼마나 충격적으로 다가왔는지 짐작해 볼 수 있다. "왜 미쳤다고들 그러는지 대체 우리는 남보다 수십 년씩 떨어져도 마음 놓고 지낼 작정이냐. 모르는 것은 내 재주도 모자랐겠지만 게을러빠지게 놀고만 지내던 일도 좀 뉘우쳐 보아야 아니하느냐. 여남은 개쯤 써 보고서 시(詩)만 들 줄 안다고 잔뜩 믿고 굴러다니는 패들과는 물건이 다르다. 이천 점(點)에서 30점을 고르는 데 땀을 흘렸다. 31년에서 32년 일에서 용(龍) 대가리를 떡 끄내어 놓고 하도들 야단에 배암 꼬랑지커녕 쥐 꼬랑지도 못 달고 그만두니 서운하다. 깜박 신문(新聞)이라는 답답한 조건을 잊어버린 것도 실수지만 이태준(李泰俊), 박태원(朴泰遠) 두 형이 끔찍이도 편을 들어 준 데는 절한다. 철(鐵)―이것은 내 새 길의 암시요 앞으로 제 아무에게도 굴하지 않겠지만 호령하여도 에코가 없는 무인지경은 딱하다. 다시는 이런―물론. 다시는 무슨 방도가 있을 것이고 위선 그만둔다. 한동안 조용하게 공부나 하고 딴은 정신병이나 고치겠다."[11]

[11] 이상, 「烏瞰圖 오감도 作者작자의 말」, 권영민 엮음, 『이상 전집 4 수필』(뿔, 2009년), 161쪽.

는 말로 보아, 이상 자신도 이런 반응을 전혀 예측하지 못한 것은 아니었지만 사람들의 무지와 몰이해에 대해 섭섭한 마음을 감추지 않는다. 그 때까지 중앙 문단에 진출하지 못한 신인[12]

[12] 〈烏瞰圖 오감도〉 발표 전 이상은 『조선과 건축』에 1931~1932년 일어로 쓴 시 28편을 발표하고, 『가톨릭청년』지에 1933년 「꽃나무」, 「이런 시」, 「거울」 등을 발표한 것이 전부이다.

으로서, 토목 기사 출신이라는 의외의 이력을 소유한 자로서, 이상은 이태준, 박태원 등의 전폭적인 후원에 대해 놀랍고 새로운 작품으로 답한 것으로 보인다. 이상이 독자들의 야유에도 굴하지 않고 자신감을 보인 대목은 자신의 작품이 '남보다 수십 년씩 뒤떨어진' 상태를 타개할 '새 길'을 제시하고 있다는 확신이다.

〈烏瞰圖 오감도〉라는 제목에서부터 이상의 자신감이 확연하게 드러난다. 토목 기사 출신으로 '鳥瞰圖 조감도'에 익숙했던 이상은 '鳥'자를 '烏'자로 바꾸는 의도적인 오식으로 통념을 뒤집고 텍스트 전체를 문학적 메타포로 치장한다. 〈烏瞰圖오감도〉라는 제목 아래 각각의 시들에 「詩第一號시 제1호」, 「詩第二號시 제2호」 등의 일련 번호를 매기는 방식도 당시로서는 낯선 것이었다. "다른 의미 있어 보이는 제목을 달았을 경우 독자가 어떤 선입견을 가져 시적인 다양한 의미를 한정시키고 그 의미를 빈약하게 만들기 때문에 이렇게 '무의미한' 제목을 달아 시의 총체적인 의미를 훼손시키지 않으려는 의도로 보는 것이다."13)

13) 이승훈 엮음, 『이상 문학 전집 1 시』(문학사상사, 1989년), 18쪽에서 재인용.

라는 이어령의 견해처럼 소제목이 생략된 일련 번호들은 〈烏瞰圖오감도〉라는 전체성 속에 개별 시들을 귀속시키는 효과가 크다. 즉 〈烏瞰圖오감도〉 연작의 온전한 이해를 위해서는 전체를 포괄하는 통합의 원리를 파악하는 것이 중요하다.

〈烏瞰圖오감도〉는 이상이 본격적인 시인으로 출발하면서 당대 문학의 낙후성을 타개하기 위해 시도한 야심찬 기획이다. "2,000점(點)에서 30점을 고르는 데 땀을 흘렸다."는 발언에 다소 과장이 있을지언정, 〈烏瞰圖오감도〉라는 기획에 걸맞게 자신의 작품 중 가려 뽑은 대표작들을 큰 기대와 함께 세상에 내놓았던 것이 분명하다. 〈烏瞰圖오감도〉라는 제목에 가장 걸맞은 시는 첫 작품인 「烏瞰圖오감도 : 詩第一號시 제1호」이다. 까마귀가 높이 떠서 바라보는 불길한 도시의 풍경이 〈烏瞰圖오감도〉 연작 전체의 분위기를 암시한다. 「烏瞰圖오감도 : 詩第一號시 제1호」가 〈烏瞰圖오감도〉 전체의 공간 구조를 함축하고 있다면, 「烏瞰圖오감도 : 詩第二號시 제2호」는 연작 전체의 시간 구조를 상징화한다. 「鳥瞰圖오감도 : 詩第二號시 제2호」 에서 반복적으로 강조되는 '나'와 '아버지', 그리고 '아버지의 아버지의 아버지…'로 거슬러 올라가는 시간의 연쇄와 인과는 시인을 사로잡고 있었던 시간에 대한 집요한 사유를 대변한다.

이상의 시간 의식은 '아버지'로 대표되는 과거의 시간에 대한 부담감과 책임 의식을 한 축으로, '나'를 유혹하는 미래 혹은 자유의 시간에 대한 지향을 그 반대편의 축으로 구조화된다. 이상의 자의식을 대변하는 '나'는 문벌이니 전통이니 하는 무거운 현실의 시간과 자유롭고 분방한 그 반대편의 시간 사이에서 끊임없이 긴장과 갈등을 반복한다. 현실의 시간을 따르는 '나'는 총독부 건축 기사였던 김해경이며 미래의 시간으로 질주한 '나'는 화가이자 문인이었던 예술가 이상이다. 이상 시의 긴장미는 과거에 대한 무거운 부채 의식과 미래에 대한 열렬한 추구 사이에서 방황과 번민을 거듭하는 자기 자신에 대한 탐구의 열도에서 기인한다.

자아 탐구의 시간적 차원을 보여 주는 「鳥瞰圖오감도 : 詩第二號시 제2호」는 '거울' 소재 시편들과도 밀접하게 관련된다. '나'와 '아버지'의 관계는 거울을 두고 마주하는 '나'와 '또 다른 나'의 대결과도 같이 불안하고 부담스럽다. 〈鳥瞰圖오감도〉의 많은 시들이 이러한 대립과 갈등 관계를 가시적으로 드러내고 진단하는 데 바쳐진다. 거울을 통한 미시적 관찰이든 조감도와 같은 거시적 조망이든 〈鳥瞰圖오감도〉에서 지적이고 객관적인 인식을 이끌어내는 시각적 작용은 두드러진다. 〈鳥瞰

圖^{오감도}〉 연작은 과거와 미래, 현실과 예술의 단층을 예리하게 의식한 근대적 시인의 투철한 미적 자의식의 산물이다.

3.

나의아버지가나의겨테서조을적에나는나의아버지가
되고또나는나의아버지의아버지가되고그런데도나의
아버지는나의아버지대로나의아버지인데어쩌자고나
는작고나의아버지의아버지의아버지의……아버지가
되니나는웨나의아버지를껑충뛰어넘어야하는지나는
웨드듸어나와나의아버지와나의아버지의아버지와나
의아버지의아버지의아버지노릇을한꺼번에하면서살
아야하는것이냐

── 「烏瞰圖 오감도 : 詩第二號 시 제2호」전문.

이 시는 이상의 시로서는 드물게, 아니 당대의 시들에
서 찾아보기 힘들 정도로 순 한글로 이루어져 있다. 심
지어는 한자어조차 찾아볼 수 없다. 이상 시에 자주 등
장하는 난해한 한자어나 외국어, 도식 등이 전혀 없기
때문에 평이하게 읽힌다. 사용되는 어휘도 '나'와 '아
버지'가 대부분이고 특별하게 부각되는 다른 어휘는
찾아보기 힘들다. 이 한 편의 짧은 시에는 '나'와 '아버
지'가 꽉 차 있다. 현대어 표기와 달라서 다소 혼동을
일으킬 수 있는 '작고'를 제외하고는 오해할 만한 어휘
가 없다. '작고'가 문맥상 '자꾸'에 해당한다는 것도 어
렵지 않게 판단할 수 있다. '나'와 '아버지'의 반복과 대
립보다 더 부각될 만한 어떤 어휘도 이 시에서는 찾아
보기 힘들다.

'나'와 '아버지', 또는 '나의 아버지의 아버지' 등의 유사 어휘들이 띄어쓰기도 없이 반복되면서 이 시는 매우 급박한 호흡을 형성한다. 가독성을 저지할 어떤 난해한 어휘나 띄어쓰기, 쉼표 등의 표지가 없기 때문에 이 시는 단숨에 읽히면서도 동일 어휘의 반복과 연쇄로 인한 어지럼증을 유발한다. 이는 일정한 말을 되풀이하는 상동증이나, 마치 중이 염불하듯이 별 뜻도 없는 말을 계속 중얼거리는 음송증을 연상시킨다.[14]

[14) 김종은,「이상의 정신 세계」,『심상』(1975년 3월), 84-85쪽.

이런 증세와 유사한 이 시의 반복적이고 빠른 호흡은 불안에 이어 긴장이 고조되는 심리의 표출에 적합이다. 띄어쓰기를 무시하는 것은 이상 시의 일반적인 특성이지만 이 시에서 그 효과는 특히 두드러지게 나타난다. 거울과 거울이 서로 비출 때 무한히 반복되는 영상처럼, 또는 반향이 심한 소리처럼 이 시에서 '나'와 '아버지'의 반복이 야기하는 확산과 증폭의 표현은 인상적이다. 이 시는 「烏瞰圖오감도 : 詩第一號시 제1호」에서 시각적 반복이 일으킨 불안의 구조를 청각적으로 재현하고 있으며,「烏瞰圖오감도 : 詩第一號시 제1호」에서 공간의 깊이로 보여 준 불안의 풍경을 시간의 깊이로 표출하고 있다.

이 시의 출발점에서 흥미로운 것은 아버지가 나의 곁에서 '졸고' 있는 상황이다. '졸음'은 현실과 잠의 경계 상태에 해당한다. 잠자리에 들지 않았는데 자는 상태, 수직의 자세로 자는 애매한 상태이다. 아직 현실의 상황 속에 놓여 있으면서 현실에서 멀어져 무기력한 상태이기도 하다. 조는 자는 그것을 바라보는 자에게 무방비로 노출된다. 이 시에서 나는 곁에서 졸고 있는 아버지를 바라보며 하염없이 상념에 젖는다. 졸고 있는 아버지는 한없이 무력한 존재로서 나에게 일방적으로 관찰되고 있다. 앉은 채 반수면의 상태로 있는 아버지는 자의식이 제거된 존재로서 마치 거울처럼 나의 존재를 반영한다. 나와 한 공간에서 무기력하게 졸고 있는 아버지의 모습을 보며 나는 아버지와 자신의 운명적인 연대를 떠올리게 된다. "나는나의아버지가되고 또나는나의아버지의아버지가되고" 하는 연상은 결코 아버지에 의해 강요된 것이 아니다. 졸고 있는 아버지를 보면서 자연스럽게 발생한 생각으로, 가계의 뿌리 깊은 연속성을 간파하게 된 순간의 전율을 표현한 것이다. 마주보는 두 개의 거울에서 무한하게 이어지는 하나의 상처럼 아버지는 나와 '아버지의 아버지'들의 무한한 연쇄를 매개한다. 반수면 상태의 아버지는 삶과 죽음의 경계를 넘어서 유전되는 가계의 지속성을 떠올리게 한다. 한 세대의 죽음이 다음 세대의 삶을 통해 재생과 반복을 거듭하는 끈질긴 혈연의 역사를. 졸고 있는 아버지는 나에게 이런 자발적인 강박을 일으키지만 본인은 가장 무력한 포즈로 이러한 부담으로부터 자유로운 상태에 있다. "나는웨나의아버지를껑충뛰어넘어야하는지" 하는 원망의 어조는 이러한 상황에서 발생한다. 무기력한 아버지를 통해 가계의 질긴 연속성을 깨달은 나는 아버지를 껑충 뛰어넘어서 그 전통을 이어가야 한다는 막중한 책무에 절망한다. 나에게는 실현하고 싶은 '나'만의 역할뿐 아니라 '나의 아버지'를 대신해야 한다는 부담, '나의 아버지의 아버지의 아버지…'들의 존재를 이어가야 한다는 막중한 책무가 자리 잡는다. 졸고 있는 아버지는 자아의 독존성과 가계의 연속성 사이의 갈등을 발생시키는 중요한 매개이다. 아버지는 거울 속의 영상처럼 나를 비추고 또 자신의 뒤로 무수한 아버지들을 제시하며 가계의 연속성을 가시화한다. '나'와 '아버지'와 '아버지의 아버지'들이 무수히 반복되는 표현의 특이성은 이러한 연쇄의 구조를 효과적으로 재현한다.

아버지로 인해 나의 시간은 나만의 것이 되지 못하고 과거에 복속된다. 이 시에서 중심을 이루는 '나'와 '아버지' 그리고 '아버지의 아버지'들의 갈등은 시간의 소유와 관련된다. 나는 나만의 시간을 갖고 싶어 하고 그것은 미래를 향해 열려 있다. 그런데 졸고 있는 아버지와 아버지로 인해 인식하게 된 가계의 전통은 과거를 향해 있다. "나와나의아버지와나의아버지의아버지와나의아버지의아버지의아버지노릇을한꺼번에하면서살아야하는것"은 나만의 시간에 엄청난 부담을 안긴다. 나는 나 외에 아버지와 아버지의 아버지들의 연쇄에 포섭되어 있다는 깨달음은 과거 시간의 중압감으로 다가온다. 미래를 향한 강렬한 욕구와 과거로 인한 중압감은 이상의 자아를 불안하게 지배했던 대립적 시간의식이며 이 시는 그것을 상징적으로 보여 준다.

이상의 시 중에는 자의식이 선명하게 드러나는 경우와 암호처럼 해독이 어려운 경우가 있는데 이 시는 전자에 해당하며 시인 자신의 진솔한 고백에 가깝다. 이 시는 졸고 있는 아버지를 보며 느낀 가계의 연속성에 대한 깨달음에서 시작하여 과거의 중압감에 대한 문제 제기로 끝을 낸다. 여기에는 전통과 미래의 대립적 시간 구조 속에서 갈등과 반발을 거듭했던 이상 시의 주제 의식이 관통하고 있다.

4.

「烏瞰圖오감도: 詩第二號시 제2호」에는 '나는 누구인가'에 대한 이상의 집요한 자의식이 자리잡고 있다. '나'와 '아버지'들의 관계에 대한 갈등은 과거의 연속선상에 놓인 현실적 자아와 그로부터 벗어나 미래의 새로운 시간을 추구하고자 하는 예술적 자아의 대립을 반영한다.

이상이 '아버지들'로부터 받은 중압감은 집안에서 그가 가졌던 독특한 입지로 인해 더욱 강화된 것으로 보인다. 이상은 친부모를 떠나 자식이 없는 백부의 양자로 옮겨져 살았다. '金海卿김해경'이라는 그의 본명은 강릉 김씨의 대를 이어 '바다와 같은 넓은 곳을 다스리는 큰 벼슬을 하라'는 뜻을 담고 있다.[15]

15) 김승희,「이상 평전」,『이상』(문학세계사, 1993년), 18-24쪽 참조.

총독부 내무국 건축과 기사였던 그의 현실적 직업은 역시 총독부 토목 기사직에 있었던 그의 백부가 전 상관인 일인 총독부 과장에게 부탁해서 얻은 것이었다.[16]

16) 조두영,「이상의 인간사와 정신 분석」, 김윤식 편저,『이상 문학 전집 4』(문학사상사, 1995년), 266-267쪽.

현실에서 이상은 그야말로 가계의 전통을 충실하게 이어가는 삶을 살았던 것이다. "墳塚분총에게신白骨백골까지가내게血淸혈청의原價償還원가상환을强請강청하고잇다"(「危篤위독: 門閥문벌」)에 나타나는 강박적 혈연 의식은 이러한 삶의 내력과 무관하지 않다.

보통의 경우보다 더 강력하게 가계의 혈통을 의식하며 살아야 했던 이상은 그로 인한 중압감과 반발이 더 컸던 것으로 보인다. 그는 생업의 반대편에 있는 그림이나 문학 같은 예술의 세계에 심취하였으며 이러한 자아를 표현할 때는 본명과 전혀 다른 '李箱^{이상}'이라는 필명을 사용하였다. 문벌이나 혈통에 대한 부채 의식의 중압감과 비례하여 예술혼을 추구하는 그의 자아는 대단히 자유롭고 분방하였다. 과거로부터 벗어나 새로움을 추구하고자 하는 욕망은 의도적이고 확신에 찬 것이었다. 〈烏瞰圖^{오감도}〉 연재로 인한 독자들의 반발에 대해 "대체 우리는 남보다 수십 년씩 떨어져도 마음 놓고 지낼 작정이냐"며 조급증을 드러내는 대목은 전통에 대한 중압감만큼이나 강박적이다. 과거의 무게로부터 벗어나고 싶은 심리가 미래에 대한 지향으로 역투영된 결과이다.

전통에 대한 부정이 미래에 대한 선취 욕망과 연결되는 이러한 작용은 이탈리아의 미래주의를 연상시킨다. 이탈리아 특유의 오랜 역사와 전통의 중압은 미래주의가 태동하게 되는 결정적 계기를 이룬다. "그리스·로마의 인본주의 문화에 바탕을 둔 이탈리아 문학은 논리성과 규칙성 그리고 사실성을 기조로 한다. 이러한 사실주의 전통이 천 년 이상 이탈리아 문학을 지배하게 되고 이에 대한 극단적인 반발이 20세기 초엽에 태동한 '미래주의'이다."[17)]

17) 한성철, 「이탈리아 미래주의의 한국 문학 영향 연구」, 『이탈리아어문학』 17집(한국이탈리아어문학회, 2005년), 190쪽.

이탈리아의 미래주의는 20세기 전위 예술의 기폭제가 될 정도로 강렬한 전통 부정과 새로운 예술 정신을 선보인다. "미래주의자들이 표방한 반전통, 반제도, 반역사는 20세기 초반의 전위예술의 프로파간다와 전적으로 일치한다. 사고에 있어서의 한계의 부정, 현상 이면의 세계에 대한 깊은 탐구, 인간의 무의식에 대한 철저 해부, 인위적인 모든 것에 대한 회의 등 20세기 현대 문학이 가지고 있는 모든 요소를 미래주의는 이미 실천하고 있었던 것"이다.[18]

18) 한성철, 앞의 글, 200쪽.

이상이 우리는 남보다 수십 년씩 뒤떨어졌다고 했을 때 이것이 이탈리아 미래주의를 의식한 것인지 분명하지는 않지만 그 근본 정신이나 관심의 향방은 놀라울 정도로 흡사하다. 미래주의자들처럼 이상은 전통과 제도에 대한 반발과 부정이 극심했으며 현상 이면의 세계나 무의식 등 그동안 탐구되지 않았던 미지의 세계에 대한 새로운 접근에 열중한다. 기성의 세계, 이미 규정된 정의들을 넘어서 새로운 세계를 발견하기 위해서는 '나는 누구인가'에 대한 근본적인 반성이 필요하다. 가문의 전통 속에 놓인 혈연 공동체의 일원으로서의 '나'가 아닌 단독자로 세계와 마주한 근대적 개인으로서의 '나'의 발견과 선언이 요청되었던 것이다. 〈鳥瞰圖오감도〉는 근대적 개인으로서 세계와 마주한 자의 각성을 담은 것이며 근대적 예술가로서 자의식을 표방하는 활로가 된다. 〈鳥瞰圖오감도〉가 이전의 한국시와 전혀 다른 새로운 미의식을 분출할 수 있었던 것은 이와 같은 근본적인 변화에서 기인한다. 〈鳥瞰圖오감도〉는 한국의 미래주의 선언이라 할 만큼 전적으로 새로운 미의식의 출현을 예시한다.

이상의 시 중에서 아버지, 아내 등 가족과 관련된 시들은 비교적 의미가 명확하게 드러나며 제도의 압박에 대한 부정적 의식이 드러난다. 이와 반대편에 성적 환상이나 기호 놀이와 흡사한 해독 불능의 난해한 시들이 있다. 우리 시에서 전례 없는 이러한 시들은 근대적 예술가로서의 이상이 보여 준 문학적 한계에 대한 부정에 해당한다. 이런 시들에서는 근대 도시의 기하학적인 형상에 대한 매혹, 무시무시한 속도의 탐닉 등 전통을 탈피하여 미래를 선취하려는 강렬한 욕망을 엿볼 수 있다. 그리고 이 양단의 시들 사이에 자아에 대한 탐구에 몰두하는 '거울' 계열의 시들이 있다. '거울'은 이상의 철저한 자아 탐구를 가능하게 해 준 근대적인 도구이다. 그는 거울과 마주한 자신을 특유의 냉소로 대면하며 '나는 누구인가'라는 질문을 집요하게 끌고 간다. 「烏瞰圖오감도 : 詩第二號시 제2호」는 '아버지'로 대표되는 전통에 대한 인식이 '나'와 마주하는 거울 구조에 투영되면서 자의식 분출로 이어진 흥미로운 예이다.

5.

「烏瞰圖오감도 : 詩第二號시 제2호」는 이상의 의식을 강력하게 지배했던 긴장과 갈등의 구조―전통의 중압과 미래의 추구―를 함축하고 있다는 점에서 문제적인 시이다. 가족이니 혈통이니 하는 현실적인 인간 관계와 자유로운 예술혼 사이에서 그는 끊임없이 흔들렸다. 가계의 전통이 주는 압박이 새로운 예술과 미래를 향한 충동을 더욱 강화하고 근대적 자아에 대한 예리한 각성을 불러일으킨 것으로 보인다.

이상의 시를 단지 난해하고 새로운 것으로만 파악하는 것은 그의 시에 대한 온전한 이해라고 할 수 없다. 속도와 새로움을 탐닉하는 시들은 경박하고 일회적인 신기(神機)로 한정되기 쉽다. 「烏瞰圖오감도 : 詩第二號시 제2호」 같이 과거에 대한 중압감을 보여 주는 시들이 있기 때문에 이상 시의 새로움은 의미가 배가된다. 이상의 시는 전통에 대한 부정이 근대적 미의식을 견인하는 역동적인 전모를 통해서 그 강렬한 충격의 동인을 추적할 수 있다. 이상은 전통과 전위의 가역 반응을 첨예하게 내면화한 채 우리 시문학의 새로운 역사를 실험했던 것이다. ÷

이혜원

고려대 미디어문예창작학과 교수, 문학평론가. 1966년 강원도 양양에서 태어나 서울에서 성장했다. 고려대 국어교육과를 졸업하고 같은 대학교 국어국문학과에서 석사·박사 학위를 받았다. 1991년『동아일보』신춘문예로 등단하여 문학평론가로 활동하고 있으며, 2003년 제14회 김달진문학상을 수상했다.

烏瞰圖
詩第三號

싸홈하는사람은즉싸홈하지아니하든사람이고또싸홈
하는사람은싸홈하지아니하는사람이엇기도하니까싸
홈하는사람이싸홈하는구경을하고십거든싸홈하지아
니하든사람이싸홈하는것을구경하든지싸홈하지아니
하는사람이싸홈하는구경을하든지싸홈하지아니하든
사람이나싸홈하지아니하는사람이싸홈하지아니하는
것을구경하든지하얏으면그만이다

— 『朝鮮中央日報』 1934년 7월 25일

03

의미의 결정 불가능성의 의미
— 「烏瞰圖오감도 : 詩第三號시 제3호」 수사학적으로 읽기

조연정 | 서울대 강의 교수 · 문학평론가

1. 수사학적 관점에서 이상 텍스트 읽기
2. 〈烏瞰圖오감도〉 연작과 「烏瞰圖오감도 : 詩第三號시 제3호」
3. 텍스트 실험으로서의 「烏瞰圖오감도 : 詩第三號시 제3호」

1. 수사학적 관점에서 이상 텍스트 읽기[1]

[1] 필자는 「'독서 불가능성'의 실험으로서의 「지도의 암실」」(『한국 현대 문학 연구』32집, 2010년)이라는 논문에서 이상의 작품 중 가장 난해한 텍스트로 알려져 있는 소설 「地圖의 暗室^{지도의 암실}」을 '독서 불가능성'이라는 해체론적 이론으로 읽어 본 적이 있다. 이 글의 서두는 기왕의 논문에서 제기된 문제 제기를 요약·보충하는 것으로 대신한다.

이상의 문학은 수수께끼라기보다 일종의 난제에 가깝다. 곳곳에 장애물을 배치함으로써 정답으로 가는 길을 방해하여 작가와 독자 사이에 흥미로운 긴장을 유발하는 것이 수수께끼적 글쓰기 방식이라면, 난제에는 애초에 정답이 없다. 이상이 작품 활동을 하던 1930년대 당대로부터 탄생 백 주년을 맞은 2010년 현재에 이르기까지 이상 문학에 관한 무수한 해석들이 제출되어 왔음에도 불구하고 연구자들이 여전히 해석의 욕망으로부터 자유로울 수 없는 것은 이상 문학이 이처럼 열린 텍스트를 지향하기 때문일 것이다. 한자 조어나 수식(數式)의 활용, 또는 대칭과 반복을 즐기는 타이포그래피(typography)적 특징으로 열거될 수 있는 형태적 측면의 낯섦뿐 아니라, '감춤과 드러냄'을 반복하여 독자를 혼란케 하는 역설적이고도 착란적인 화법은, 작가의 심연에 닿으려는 독자의 탐색을 여지없이 지연시키는 것으로 작용했다. 이제껏 우리는 이처럼 낯선 모습의 이상 텍스트를 일종의 수수께끼로 상정하고 그에 접근한 측면이 크다. 해답을 제출하는 행위에는 필연적으로 열패감이 동반되었으며, 난해한 텍스트를 대면하는 불안을 해소하기 위해 텍스트 외적 상황의 도움을 필요로 하기도 했다. 초기의 이상 연구가 그의 문학 행위를 해명할 때 가난한 집안의 장남이며 식민지 조선의 지식인이자 폐병으로 요절한 천재 작가라는 그의 불우한 삶 속에서 여러 가지 힌트를 얻었던 사실을 떠올려 볼 수 있다.

이상 문학이 보여 준 낯섦의 실상보다 낯섦의 이유가 궁금했던 초기 연구의 한계를 극복한 것은 이상의 글쓰기 방식 자체에 주목한 연구들이다. 텍스트의 구조나 화자의 언술 방식에 관심을 두며 이상 문학의 내적 궤적을 그려 보거나, 궁극적으로는 '미적 근대성(미적 모더니티)' 혹은 '전위성'에 관심을 두며 예술사적 관점에서 이상 문학의 가능성과 한계를 살펴본 논의들이 이에 해당된다. 이미 당대에, 동경 문단을 기준 삼아 이상 문학의 새로움을 전면 부정하려 했던 김문집(金文輯)의 악의적인 언급과,[2]

[2] 이상의「날개」에 대해 김문집은 일본 동경 문단에서 이미 7~8년 전에 흔했던 작품이라 지적한 바 있다. 김문집,『비평문학』(청색지사, 1938년), 38-40쪽.

박태원의『천변풍경』(1936~1937년)과의 대조를 통해 이상의「날개」를 '리얼리즘의 심화'[3]

[3] 최재서,「리얼리즘의 확대와 심화」,『조선일보』(1936년 10월 31일~11월 7일자).

라 평가하며 조선 문단에서 '모더니즘' 운동의 가능성을 읽어내고자 했던 최재서(崔載瑞)의 상찬이 공존했는데, 이상 문학의 모더니즘적 성격을 비교적 정확히 간파한 김기림의 평가들을 새삼 환기하지 않더라도[4]

[4] 해방 이후 최초로 간행된『이상 전집』(백양당, 1949년)의 서문으로 김기림은「이상의 모습과 예술」을 썼다. 그 글에서 김기림은 이상

을 "인생과 조국과 시대와 그리고 인류의 거룩한 순교자의 모습"으로 그린다. 신범순은 김기림의 이상론과 추모시「쥬피타 추방」(『바다와 나비』, 1946년)을 읽으며, 김기림이 이상의 전위적 문학 속에서 "식민지 권력에 대한 적대감 어린 비판"을 읽어냈음을 밝힌다. 신범순,『이상의 무한 정원 삼차각 나비—역사 시대의 종말과 제4세대 문명의 꿈』(현암사, 2007년)의 제1장 참조.

당대 문단에서 이상의 텍스트가 전위적 실험의 최대치를 보여 주었음은 틀림없는 사실이다. 이후 이상 문학의 형식적 측면에 접근한 논의들도 대체로 이상이 보여 준 전위적 형태 실험의 의의를 적극 긍정하며, 이상 문학을 끊임없이 새로운 의미를 생성해 내는 현재적 텍스트로 소급해 읽어 내려는 의지를 드러냈다. 더불어 최근의 연구들은 이상 문학의 전위적 형태 속에서 그의 사상적 깊이를 가늠해 보기 위해 힘쓰고 있기도 하다.[5]

[5] 신범순의 이상 연구는 이상 문학의 형태적 전위성을 서구의 모더니즘과 견주어 보는 관점을 극복하고 그의 고유한 사상 체계에 주목한다. 그는 이상 문학이 인류의 역사성 전체와 대결하며 새로운 세계에 대한 비전을 제시한 텍스트라고 읽어낸다. 위의 책 참조.

미적 모더니티의 관점에서 이상 문학의 실험적 성향에 주목한 논의들은, 그러한 실험이 결국 외부 세계에 대한 부정적 인식을 드러내는 장치로 작용한다고 결론 내리곤 한다. 최근의 논의들은 수사학적 측면의 '파괴'가 세계에 대한 '불화'로 연결되는 과정을 정교하게 설명하기 위해, 모더니티의 역사 인식을 문제 삼는 벤야민(W. Benjamin)의 알레고리 개념이나,[6]

[6] 김예리,「이상 문학의 역사 이미지와 "전등형 인간"」, 란명 외,『이상적 월경과 시의 생성』(역락, 2010년), 165-192쪽.; 조강석,「이상의〈오감도〉연작에 개진된 알레고리적 태도와 방법 연구」,『현대 문학의 연구』41집(한국문학연구학회, 2010년 6월).

정신 분석과 사회학을 접목시킨 라캉-지젝의 논의를 바탕으로 하여,[7]

[7] 대상과 기표의 비동일화'라는 '아이러니'의 속성이 이상 시 전반에서 공통적으

로 발견되는 특징임을 밝혀낸 함돈균의 최근 논문은, 아이러니라는 수사적 특징을 "세계에 대한 시적 주체의 인식론적 태도를 드러내는 표지"로 읽어낸다. 함돈균, 『이상 시의 아이러니와 미적 주체의 윤리학—정신 분석적 관점을 중심으로』(고려대 박사 학위 논문, 2010년. 『시는 아무 것도 모른다—이상, 시적 주체의 윤리학』(수류산방, 2012년)으로 출간.) 참조. 이상 문학의 인식론적 지평을 개인의 실존에 관한 것에 한정하지 않고 역사 인식에 관한 것으로 확장시키고 있다.

그런데 수사적 차원의 특징을 인식론적 차원으로 환원하는 것에 대한 전제가 충분히 설명되지 못한다면, 우리는 이상 문학의 다양한 형식 실험을 세계에 대한 적극적 의사 표명으로 과잉 해석하는 결과에 이를 수도 있다. 그리고 이는 결국 이상 문학을 그의 실존적 상황과 관련시켜 해명했던 초기의 전기적 연구와 다를 바 없이, 문학 텍스트를 오로지 작가 인식의 표현 수단으로 과소 평가하는 행위가 된다. 이상 문학의 수사적 특성을 세계 인식의 메타포로 읽는 방식은 경계할 필요가 있다. 이상 문학이 메타포로 읽힌다면 그것은 오로지 자신의 글쓰기 방식에 대한 메타포로서만 가능하다는 것이 이 글의 생각이다. 이상의 텍스트 내에서 그의 글쓰기 방식을 암시하는 메타포를 찾는 작업은 지속적으로 이루어져 왔다. 그러나 이러한 연구들은 흔히 "윗트와 파라독스"(「날개」), "한번 어지나가면 되무소용인글자의고정된기술방법을채용하는흡족치안은버릇"(「地圖의 暗室」지도의 암실) 등과 같은 글쓰기에 관한 이상 자신의 '진술'에 기대거나, '백지', '거울', '얼굴' 등의 기표가 암시하는 바에 주목하여, 기표와 기의의 조응보다는 기표의 배치에 신경을 쓰는 이상의 글쓰기 방식의 특징을 읽어 내곤 한다. 그런데, 이상의 '진술'

에 기대거나 반복적으로 출현하는 시어의 의미에 집중하는 이 같은 설명법은 '글자의 고정된 기술 방법'을 배반하고자 하는 이상식 글쓰기의 취지를 거스르는 해석일 수 있다.

이상 문학은 글쓰기 방식 자체에 대한 메타 담론으로만 읽혀야 할 것이다. 이상의 텍스트를 정답을 간직한 수수께끼가 아니라 종결될 수 없는 난제로 읽을 필요는, 이상 문학의 텍스트 확정의 문제가 여전히 진행 중이라는 사실과도 관련된다. 현재 우리가 이상의 작품으로 읽는 텍스트 중 상당수는 미발표 상태의 원고들이다. 이러한 원고들을 온전한 작품으로 보아야 할지 습작이나 메모로 보아야 할지도 분명치 않은 상황이다. 사정이 이러하다 보니 이상의 국문 글쓰기와 일본어 글쓰기를 인공어 실험의 한 사례로 읽는 논의와,[8]

---

8) 김윤식,『이상 문학 텍스트 연구』(서울대학교출판부, 1998년).

1933년 『가톨릭청년』에 국문 시를 발표하기 이전 주로 습작 단계에서 나타난 이상의 일본어 글쓰기는 식민지 일본어 교육 과정의 결과로 나타난 현상이므로 그의 이중어적(二重語的) 글쓰기 형태에 특별한 의미를 둘 필요가 없다는 논의가 공존하기도 한다.[9]

9) 권영민은 이상이 일문 시를 발표한『조선과 건축(朝鮮と建築)』을 조선 문단 안으로 편입시키기 어렵다는 이유와, 1930년대 초의 상황에서 일본어 글쓰기 행태가 식민지 교육을 받은 작가들에게 공통적으로 나타난 현상이었다는 사실을 들어, 이상의 이중어적 글쓰기를 의식적 고안으로 보기 힘들다는 견해를 제시한다. 권영민,「이상 문학을 어떻게 볼 것인가」,『이상 텍스트 연구』(뿔, 2009년) 참조.

선행 연구자들의 노력과 열정으로 이상의 유실된 노트를 유고로 확정하는 작업이 이루어져 왔음에도 불구하고, 또한 이상의 난해한 텍스트를 현대어로 번역하여 현재와의 소통 가능성을 마련하고자 하는 작업들이 이루어지고 있음에도 불구하고,[10]

10) 최근 권영민이 편집하여 뿔 출판사에서 간행한 『이상 전집』(2009년)은 원문과 함께 현대어 판본을 함께 실었다는 점에서, 그리고 현대어 판본을 원문의 앞에 배치하고 있다는 점에서, 다른 전집과는 달리 연구자보다는 대중을 상대로 한 전집에 가깝다 할 수 있다. 그러나 이 전집의 현대어 판본 역시 이상이 사용한 한자어들을 음독(音讀)하는 수준에 그치고 있기 때문에 완벽한 현대어 번역이라고 보기는 어렵다.

우리가 이상이 의식적으로 발표한 텍스트 이외의 미발표 원고들을 연구의 범위 안으로 품어 안을 경우, 이상의 문학은 이미 확정된 사유 체계를 드러내는 것이 아니라 여전히 실험 중인 텍스트가 될 수밖에 없다. 이상의 텍스트에 확고한 사유 체계가 내장되어 있다는 기대가 가능한 것이기는 해도 그러한 기대가 맹목적인 것이 되어서는 곤란하다. 이상의 텍스트 실험은 독자와 더불어 여전히 진행 중이다. 이는 한국 문학사에서 매우 드문 경우에 해당할 것이다.

2. 〈烏瞰圖오감도〉 연작과 「烏瞰圖오감도 : 詩第三號시 제3호」

1934년 7월 24일부터 8월 8일까지 『조선중앙일보』에 연재된 〈烏瞰圖오감도〉 연작은 이상 문학을 검토할 때 하나의 분수령으로 읽히는 작품이다. 1930년 조선총독부 기관지 『조선(朝鮮)』에 장편 소설 『十二月十二日12월 12일』을 발표하면서 작품 활동을 시작한 이상은 1931년에서 1933년 사이, 『조선과 건축』에 「異常한 可逆反應이상한 가역 반응」, 〈建築無限六面角體건축 무한 6면 각체〉, 〈三次角設計圖3차각 설계도〉 등의 일문 연작시를, 총독부 기관지 『조선』에 단편 「地圖의 暗室지도의 암실」과 「休業과 事情휴업과 사정」을, 『가톨릭청년』에 「꽃나무」, 「이런시」 등의 국문 시를 발표하였다. 『조선과 건축』에 실린 일문 시들의 난해함과 『가톨릭청년』에 실린 국문 시의 간결함 사이의 낙차를 고려해 본다면, 특히나 형태적 측면에서 실험적 모습을 띤 국문 시 〈烏瞰圖오감도〉 연작은 이상 문학의 전개 과정에서 중요한 전환점으로서 읽힐 만한 것이다. 독자의 항의로 인해 연재가 중단되었다는 유명한 〈烏瞰圖오감도〉 관련 스캔들과 더불어, "용 대가리를 떡 끄내어 놓고 하도들 야단에 배암 꼬랑지커녕 쥐 꼬랑지도 못 달고 그만두니 서운하다"라고 했던 「烏瞰圖오감도 作者작자의 말」로 인해, 〈烏瞰圖오감도〉에 대한 연구자들의 관심은 더욱 증폭될 수밖에 없었다. 외부로부터의 별다른 거부 반응 없이 난해한 일문 연작시를 마음껏 발표할 수 있었던 이상이 〈烏瞰圖오감도〉의 연재 중단 사태에 당황하고 분노했던 것은 당연한 반응이라 할 수 있다. 사실『조선과 건축』에 발표된 일문 연작시들은 국문 연작시〈烏瞰圖오감도〉에 비해 어쩌면 훨씬 더 파격적이고 난해하다 할 수 있다.[11]

[11) 당시 일본모더니즘 계열의 시와 이상의 일문 시 사이의 관계에 대해서는 실증적인 비교·검토가 본격적으로 이루어지지는 않은 상태이지만 그 영향 관계에 대한 단편적 연구들은 진행되고 있다. 란명 외,『이상적 월경과 시의 생성』(역락, 2010년) 참조. : 이와 관련하여 김윤식은 일본 모더니즘 계열의 시와 이상의 시를 비교한 가와무라 미나토(川村湊)의 말을 참조하면서 이상의 일문 시가 "어떤 일본의 모더니즘 시보다 '뚜렷하게 인공적이며 기하학적이다.'"라고 판단했다. 그는 이상의 일문 시를 '인공어'로 명명하면서 '상상의 공동체'를 기반으로 하는 리얼리즘적 근대 문학의 지방성을 극복하고 '매체의 공동체,' 세계사적 보편성을 추구하는 모더니즘의 한 사례로 읽었다. 김윤식,「텍스트로서의 일어시(日語詩)가 놓인 자리」,『이상 문학 텍스트 연구』(서울대학교출판부, 1998년) 참조.]

불우한 생애와 더불어 난해한 텍스트와 여러 스캔들로 인해 이상의 삶과 문학은 비밀스럽고 매력적인 것으로 받아들여졌으며, 특히〈烏瞰圖오감도〉는 이상 문학에서 중요한 사건 중 하나로 기억되고 있지만, 사실『조선과 건축』의 일문 연작시들에 비해〈烏瞰圖오감도〉가 특별히 더 사건적 작품이라고 할 수 없을지도 모른다.

〈烏瞰圖오감도〉 연작에 대해서는 "이천 점에서 삼십 점을 고르는 데 땀을 흘렸다."는 '작자의 말'에 부응할 만큼의 방대한 분량의 해석들이 제출되었다.〈烏瞰圖오감도〉는 이상 문학의 대표작으로 읽혀 온 것이다.〈烏瞰圖오감도〉에 대한 독해와 관련해서 그간의 연구자들은 작품 외적 상황에 지나치게 의존하기도 했다. 정신 분석학이나 기호학 등 온갖 포스트모던의 이론들을 활용해 이상 문학을 장악해 보려는 연구자들의 욕망이 극에 달하던 1990년대 후반의 상황에서, 이상의 텍스트를 정확히 읽으려면 무엇보다도 "우선 평범한 눈으로 읽어야 하며, 이로써 그 글쓰기의 성실성을 증명하는 일이 우선 급하다."[12)]

[12)] 황현산, 「〈오감도〉 평범하게 읽기」, 『창작과비평』 101호(창비, 1998년 가을호), 『잘 표현된 불행』(문예중앙, 2011년) 263쪽에서 재인용.

고 주장한 황현산의 말은 경청할 만하다. 그는 특히 〈烏瞰圖오감도〉 연작을 텍스트 그 자체에 집중해 읽어내면서 이 연작에서 유독 두드러지는 '불모성'에 집중한다. 황현산은 「〈오감도〉 평범하게 읽기」라는 글에서 〈烏瞰圖오감도〉 연작 전체를 골고루 다루면서 이상 문학에 나타난 '메마름'을 텍스트 내부로부터 읽어낸다.

이상의 작품을 정직하게 읽는다면 거기에서 곧바로 발견할 수 있는 것은 사실 메마름뿐이다. 딱딱한 문체의 난해한 문장, 숫자나 전문 용어의 빈번한 사용, 이런 따위의 미학적 또는 반미학적 조치만을 두고 하는 이야기가 아니다. (…) 이 황량한 불모지에서 한 장면의 풍경도 제대로 소묘된 적이 없으며, 그것이 과거로부터 추억을 불러내거나 미래의 전망으로 이뤄지는 적은 더욱 없다. 과거와 미래가 없으며, 그래서 모든 현재의 기획이 그 자리에서 시작하여 그 자리에서 중단되지 않을 수 없는 이런 종류의 글쓰기가 도대체 어디서 연유하는 것일까.[13)]

[13)] 황현산, 위의 책, 266쪽.

위와 같은 서두로 시작된 황현산의 글은 이상의 메마른 언어가 황폐한 식민지 시대를 건너는 "비타협의 결의에 대한 표현이자 그 실천"이었다 말한다. 물론 이상의 예술 행위가 절대 타협하지 않고자 한 대상은 비단 식민지 현실만은 아니었을 것이다. 이상이 좁은 의미의 근대가 아닌 역사 시대 전체에 대한 부정적 인식을 드러냈음은 물론, 이를 넘어설 새로운 세대를 희망했다는 점을 밝힌 신범순의 최근 논의는 이상 문학을 바라보는 관점을 여러 모로 확장시킨다.[14]

[14] 신범순, 『이상의 무한 정원 삼차각 나비―역사 시대의 종말과 제4세대 문명의 꿈』(현암사, 2007년) 참조.

신범순은 이제까지 이상 문학을 인식하는 잣대로 활용되어 온 근대적 사유나 포스트모더니즘의 사유를 모두 '역사 시대'의 인식이라는 말로 통칭한다. 이상이 '까마귀의 시선'을 가지고 '역사 시대'에 대한 철저한 회의와 강력한 비판의 태도를 보여 주었으며, 이에 그치지 않고 '역사 시대'에 대한 대안으로서 '무한 에로티시즘의 세계'에 대한 갈망을 보여 주었다고 신범순은 분석한다. 황현산의 논의나 신범순의 논의가 다른 결론을 향한다 하더라도 결국 이상의 〈鳥瞰圖오감도〉를 읽는 핵심 키워드가 '불모성'이 되는 것은 마찬가지이다.

비단 〈鳥瞰圖오감도〉뿐 아니라 이상의 작품 곳곳에는 불모성, 황폐함, 메마름의 정서를 보여 주는 구절들이 흔하다. 특히 〈鳥瞰圖오감도〉 연작은 '까마귀의 시선'이라는 독특함으로 인해, 그리고 「鳥瞰圖오감도: 詩第一號시 제1호」부터 펼쳐지는 언어의 경제성 혹은 시의 경제성으로 인해 이상 문학의 핵심으로 읽혀 왔다. 이 글에서 다룰 「鳥瞰圖오감도: 詩第三號시 제3호」는 시어의 경제성이라는 측면에서 접근할 때 가장 단순한 시에 속한다고도 할 수 있다. 이 시에서 쓰이는 언어들은 애매함과 모호함이라는 시어의 일반적 특징들과도 무관하고, 심지어 숫자만을 활용한 「鳥瞰圖오감도 : 詩第四號시 제4호」보다도, 해석의 여지가 덜하다. 그래서일까. 「鳥瞰圖오감도 : 詩第三號시 제3호」는 〈鳥瞰圖오감도〉 연작을 통틀어, 아니 이상의 텍스트 전체를 통틀어서도 연구자들로부터 가장 적은 관심을 받은 작품 중 하나에 속한다고 할 수 있다. 텍스트를 인용해 보자.

① 싸훔하는사람은즉싸훔하지아니하든사람이고또싸훔하는사람은싸훔하지아니하는사람이었기도하니까 / ② 싸훔하는사람이싸훔하는구경을하고십거든싸훔하지아니하든사람이싸훔하는것을구경하든지싸훔하지아니하는사람이싸훔하는구경을하든지 / ③ 싸훔하지아니하든사람이나싸훔하지아니하는사람이싸훔하지아니하는것을구경하든지하얏으면그만이다[15]

15) 『조선중앙일보』, 1934년 7월 25일자.

편의상 세 부분으로 나누어 보았다. 텍스트 전체가 하나의 문장으로 이루어진 이 작품은 '싸훔하는자'와 '싸훔하지아니하던자' 그리고 '싸훔하지아니하는자' 사이에서, 간단한 명제와 가정과 결론이 제시된다. 우선 거칠게 요약하자면 이 작품에서 제기되는 명제는 이런 것이다. ①을 보자. "싸훔하는사람"은 "싸훔하지아니하든사람"이거나 "싸훔하지아니하는사람이었"던 사람이다. 사실 표현을 달리했을 뿐이지, "싸훔하지하니하든사람"과 "싸훔하지아니하는사람이었"던 사람은 같은 사람이다. 결국 현재 '싸움하는사람'은 과거에 싸움하지 않았던 사람이라는 사실이 이 시의 첫 부분에서 말해 주는 것의 전부다. 그러니 이어지는 가정(②), 즉 "싸흠하는사람이싸흠하는구경을하고싶거든"의 결말은 당연하다. 과거에 싸움을 하지 않았던 사람이 싸움 구경을 하면 된다. 그래서 시는 이렇게 이어진다. "싸흠하지아니하든사람이싸흠하는것을구경하든지" "싸흠하지아니하는사람이싸흠하는구경을하든지"라고 말이다. 그런데 이 부분에서 '"싸흠하지아니하는사람"이었던 사람'이 그저 "싸움하지아니하는" 사람으로 바뀌어 제시된다. 과거에 싸움하지 않았던 사람과 현재 싸움하지 않는 사람이 동일하게 취급되면서 과거와 현재의 구분이 무화되는 것이다. 일단 이렇게 정리했을 때 이 시는 단순한 말장난처럼 읽히기도 한다.

그러나 마지막 부분(③)에서 일종의 반전이 일어난다. "싸흠하는사람이싸흠하는구경을하고십거든"의 또 다른 선택지는 이런 것이다. "싸흠하지아니하든사람이나싸흠하지아니하는사람"(="싸움하는사람")이 "싸흠하지아니하는것을구경하든지하얏으면그만이다"라고 이상은 무심히 적는다. 즉 "싸흠하는구경을 하고십거든"이라는 가정에 대해, '싸움하지 않는 것을 구경해도 그만'이라고 말하고 있는 것이다. 이처럼 이 시에서는 두 번의 굴절이 일어난다. 첫째, 과거에 "싸흠하지아니하든사람"과 현재에 "싸흠하지아니하는사람"이 동일하게 논해진다는 것이며, 둘째, 싸움 구경을 하는 것과 싸움하지 않는 것을 구경하는 것이 동일하게 논해진다는 것이다. 1989년 문학사상사판『이상 문학 전집』에서 이승훈이 "시제만을 문제 삼을 때 이 시는 현재와 과거의 동일성을 노래하며 문장의 지정사만을 중시할 때 긍정과 부정의 동일성을 노래한다."라고 평한 것은 이러한 두 번의 굴절에 주목한 결과이다.

기본적인 독법은 유사하나 과거와 현재, 긍정과 부정의 '동일성'을 문제 삼은 이승훈과 달리, 권영민은 "시간적 위상에 따라 사물의 움직임과 형태가 서로 바뀐다는 점"16)

16) 권영민, 「〈오감도〉 그 영원한 숙제」, 『이상 문학의 비밀 13』 (민음사, 2012년), 159쪽.

에 주목한다. '싸움하는 사람'과 '싸움하지 아니하던 사람'이 동일한 존재라는 점이 중요한 것이 아니라, "'지금'과 '바로 전'이라는 시간 의식에 따라 서로 다른 속성을 드러내는 것처럼 분열적으로 인식된다는 사실", 즉 "자기 동일성의 분열 상태가 시간 의식에 따라 필연적으로 드러난다는 점"을 읽어내는 일이 중요하다는 것이다. 초점은 달라져 있지만 이 시에서 이승훈과 권영민이 특별히 주목하는 부분은 '싸움하는 사람'이 '싸움하지 아니 하던 사람'과 같다는 이 시의 앞부분(①)의 명제이다. 의미 있는 해석임에도 불구하고 이승훈과 권영민의 논의에서는 앞서 말한 이 시의 두 번의 굴절이 충분히 설명되지는 못하는 듯하다.

띄어쓰기가 되어 있지 않는 이 시는 싸움의 주체, 혹은 구경의 주체 사이에서 약간의 혼란을 일으키기도 한다. 사실 별다른 해석의 여지가 없는 이 시가 복잡해지는 것은 행위의 주체와 행위의 양태 사이에 호응 관계가 명료하지 않기 때문이다. 황현산은 이 시의 이러한 "고의적인 착종"[17]

[17] 황현산, 『잘 표현된 불행』(문예중앙, 2011년) 269쪽.

에 주목한다. 그가 주목한 것은 "싸홈하는사람이 싸홈하는구경을하고싶거든"이라는 구절에서 "싸홈하는사람"에 호응하는 동사가 '싸움하다'인지 '구경하다'인지 모호하다는 사실이다. 주어와 동사의 혼란은 "싸홈하지아니하든사람이싸홈하는것을구경하든지"라는 구절에서도 반복된다. 사실 이 시를 처음 읽을 때 '싸움하는 사람'과 호응하는 동사는 '구경하고 싶다'로 자연스럽게 읽힌다. 하지만 "싸홈하는사람"에 호응하는 동사가 '싸움하다'로 읽힐 가능성도 있다. 일견 당연하게 읽히는 구절에서 의미의 혼란을 읽어냈다는 점에서 「烏瞰圖오감도 : 詩第三號시 제3호」에 관한 또 다른 해석의 틀을 제공하는 것일 텐데, 황현산은 이에 대해 "이상은 어떤 깊이를 그리워하지만, 제 스스로를 물고 늘어지는 메마른 말들의 중첩과 띄어쓰기가 안 된 문장의 혼란으로만 그 깊이와 비슷한 것을 만들어낼 수 있었다."라고 다소 모호하게 해석한다. 그가 말하는 '깊이'는 무엇일까. "폐허에서 이룰 수 없는 어떤 것을 예술이라고 이름 붙이고 그 안에 웅크려들었다."[18]

[18] 황현산, 위의 책, 283쪽.

라고 그가 이상의 생애를 요약할 때 그 '깊이'는 아마도 예술과 삶이 하나가 되는 경지를 말하는 것이 아닐까.

〈烏瞰圖오감도〉에 관해 주목할 만한 최근의 논의로는 조강석과 신형철의 것을 참조할 수 있다. 벤야민의 '알레고리' 개념을 참조하는 조강석은 이상의 〈烏瞰圖오감도〉를 관통하는 주제어를 "파토스의 영점과 투시벽"으로 설정한다. "현실을 X선으로 투시함에서 이상 문학은 출발되었다."19)

19) 김윤식,『이상 문학 텍스트 연구』(서울대학교출판부, 1998년), 47쪽.

라는 김윤식의 언급을 참조하는 이 글은 "근대에 대한 투시적 시선을 통해 근대를 구성하는 질료들을 파악하고 근대를 파편으로 분해하여 파토스의 영점을 수립한 뒤 다시 똑같은 질료들에 의해 세계를 재조립하고 싶은 열망과 의지의 집적물"20)

20) 조강석,「이상의 〈오감도〉 연작에 개진된 알레고리적 태도와 방법 연구」,『현대 문학의 연구』41집(2010년 6월), 148-149쪽.

이 바로 〈烏瞰圖오감도〉라고 판단한다. 이 글에서「烏瞰圖오감도：詩第三號시 제3호」를 세심한 분석의 대상으로 삼은 것은 아니다. 그가 간단히 언급한 바에 따르면,「烏瞰圖오감도：詩第三號시 제3호」에서 '싸움'과 관련된 진술 방식을 "메타적으로 도해"하는 시도는, "대상을 분해해서 도해하고 사태를 영점에서 처리하려는 알레고리적 의도를 관철시킨" 것으로 이해될 수 있다. 벤야민의 '알레고리' 개념을 통해 〈烏瞰圖오감도〉 연작을 분석하는 조강석의 작업은 이상의 여러 시도들을 단어나 문장의 의미 차원에서 무리하게 해석하려 하지 않고 시의 작동 원리로부터 시작(詩作)의 의도 혹은 의미를 추출하고 있다는 점에서 주목할 만하다.

이 같은 수사학적 텍스트 분석의 다른 한 편에서 이상 문학의 '정치적 무의식'을 탐색하려는 시도도 진행되고 있다. 신형철은 〈烏瞰圖오감도〉 연작에서 1930년대 초 동아시아 정세에 대한 참조의 흔적을 읽어낼 수 있을 것이라는 전제 아래, 「烏瞰圖오감도 : 詩第一號시 제1호」와 「烏瞰圖오감도 : 詩第三號시 제3호」, 「烏瞰圖오감도 : 詩第十二號시 제12호」를 본격적으로 분석한다. 무의미한 말장난처럼 보이는 「烏瞰圖오감도 : 詩第三號시 제3호」에서 싸움의 주체들과 구경꾼을 동아시아 3국으로 가정해 볼 경우, "중국과 일본의 전쟁을 조선이라는 위치에서 관전하는 시선을 은닉하고 있는 것으로 읽힐 수 있다."[21]

[21] 신형철, 「이상의 텍스트에 새겨진 1930년대 초 동아시아 정세의 흔적들 — 이상 문학의 정치성 해명을 위한 시론」, 『인문학연구』 45권(계명대 인문과학연구소, 2011년), 148쪽.

는 것이다. 앞서 말한 이 시의 마지막 반전, 즉 "싸흠하지아니하는것을구경하든지"라는 제3의 선택지는 이 시의 취지를 은폐하기 위한 수사학적 전략으로 읽힐 수도 있다는 것이 그의 주장이다. 이른바 이상의 '메마른' 시에서 이상이 의도적으로 은닉한 듯 보이는 '정치적 무의식'을 읽어내려는 시도는 명확한 실증적 뒷받침을 필요로 할 텐데 이러한 시도가 이상의 텍스트를 읽는 폭넓은 시야를 확보해 줌은 물론이다.

3. 텍스트 실험으로서의 「烏瞰圖오감도: 詩第三號시 제3호」

앞서 언급한 대로 이상의 〈烏瞰圖오감도〉 연작 중 연구자의 관심을 제대로 받지 못한 작품은 「烏瞰圖오감도: 詩第三號시 제3호」이다. 이는 이 작품이 '싸움하는사람'이 '싸움하지아니하던사람' 혹은 '싸움하지아니하는사람'과 관련된 말장난 이외에 별다른 정보를 제공해 주지 않는 듯 보이기 때문이기도 하다. 기존의 연구들이 「烏瞰圖오감도: 詩第三號시 제3호」에서 문장의 구조와 문장 자체의 의미를 읽어내는 데 주력하며 다소 소홀히 했던 것은 도대체 왜 '싸움'인가라는 문제일 것이다. 그 문제에 대해 말하기 위해 우선 앞선 해석들이 놓치고 지나간 몇 가지 사실들을 검토해 보기로 하자. 시의 첫 부분과 두 번째 부분(①과 ②)에서 기존의 연구가 주목한 부분은 "싸홈하는사람"은 "싸홈하지아니하던사람"이거나 '"싸홈하지아니하는사람이었"던 사람'이라는 사실, 그리고 결국 '"싸홈하지아니하는사람이었"던 사람'이 결국 "싸홈하지아니하는사람"이라는 사실이다. '싸움 안 했던 사람'이 '싸움 안 하는 사람'과 동일해지면서 과거와 현재의 동일성이 확보된다고 기존의 연구는 지적했다. 그런데 별다른 해석의 여지가 없어 보이는 ①에서 한 가지 짚고 넘어갈 사실은 현재 싸움하는 사람은 과거에는 싸움을 하지 않았던 사람이라는 사실이다. 즉 과거에는 싸움이 없었지만 현재 싸움이 벌어지고 있다는 사실이 강조된다는 점이 중요하다.

앞 절에서도 잠깐 짚어보았듯 ②와 ③에서 '구경하다'의 주체가 문장 내부에 존재하는가, 문장 외부에 존재하는가라는 혼란이 있다. '구경하다'의 주체가 문장 내부에 존재한다고 생각할 경우, "싸흠하는사람이싸흠하는구경을하고십거든"이라는 구절은 '싸움하는 사람'이 다른 누군가의 싸움을 구경하고 싶다는 뜻으로 읽힌다. 반면 '구경하다'의 주체가 문장 외부에 존재한다고 읽을 경우, "싸흠하는사람이싸흠하는구경을하고십거든"이라는, 같은 구절은, "싸흠하는사람이싸흠하는"이 한꺼번에 "구경"을 수식하는 것으로, 즉 '누군가'가 싸움하는 사람의 싸움 구경을 하고 싶다는 뜻으로 읽힌다. 첫 번째 경우 ②와 ③에서 "~하든지"로 열거되는 같은 형태의 구절들은 단순한 동어 반복처럼 읽힌다. 하지만 두 번째 경우, 즉 '구경'의 주체가 문장 외부에 있다고 읽을 경우에는 ②와 ③이 결국 ①과 마찬가지로 과거에 없던 싸움이 현재에 일어나고 있다는 사실을 재차 강조하는 것처럼 읽힌다.

기존의 연구가 이 시에서 과거와 현재, 부정과 긍정의 동일시, 결국 메마른 말들의 중첩이라는 형식적 측면에 주목했지만, 결국 이 시에서 강조되는 것은 현재의 싸움은 과거와 지속성을 갖지 않는다는 것일지 모른다. 즉 싸움은 불현듯 일어났다는 것이다. 더불어 이 시에서 가장 흥미롭게 읽혀야 할 부분은 마지막 구절 즉, "싸흠하는구경"이 "싸흠하지아니하는구경"과 동일시된다는 사실이다. 결국 이 시는 과거에 없던 싸움이 현재 일어나고 있다는 사실을 강조하는 듯하지만, (따라서 이 시가 당시의 시대적 상황을 환기한다는 설명

도 가능하지만) '싸움'과 '싸움하지 않음'이라는 긍정
과 부정을 대치시키며 '싸움'의 심각성 자체를 무화시
키는 시로 읽힐 수도 있다. 작품의 처음부터 꼼꼼히 이
어지던 논증을 마지막 부분에서 "~하든지~하든지하
얏으면그만이다"라는 식으로 허무하게 종결짓는 이
시는 많은 부분 「烏瞰圖오감도: 詩第一號시 제1호」와 닮아 있
기도 하다. 이제까지 많은 연구자들이 「烏瞰圖오감도: 詩第
一號시 제1호」의 분석에 매달리며 「烏瞰圖오감도: 詩第三號시
제3호」에 대해 다소 무심했던 이유를 이해하려면 이처럼
이 두 편의 작품이 구조적으로 유사하다는 사실이 고
려되어야 할 필요가 있을 것이다.

「烏瞰圖오감도: 詩第一號시 제1호」에서도 「烏瞰圖오감도: 詩第三
號시 제3호」와 비슷한 혼란이 제시된다. "第一제일의兒孩아
해가무섭다고그리오"라는 간접 인용의 문장이 13번 반
복되는 동안, 특정한 정황 속에 놓인 아이가 무섭다고
말하고 있다는 것인지, 아니면 다른 누군가가 아이를
무서워하고 있는 것인지, 두 개의 해석 사이에 혼란이
생긴다. 이 같은 해석상의 혼란은 무서워하는 주체가
문장 내부에 있는가, 아니면 문장 외부에 있는가라는
차이에 의해 발생하는 것이다. 「烏瞰圖오감도: 詩第三號시
제3호」에서 '구경하다'의 주체가 문장 외부에 있는가 내
부에 있는가에 따라 문장의 해석이 조금 달라지는 것
과 같은 사정이다. 뿐만 아니라 「烏瞰圖오감도: 詩第一號시
제1호」에서는 첫 연과 마지막 연이 "十三人13인의兒孩아해
가道路도로로疾走질주하오. / (길은막달은골목이適當적당
하오)"와 "(길은뚫닌골목이라도適當적당하오.) / 十三
人13인의兒孩아해가道路도로로疾走질주하지아니하야도좃

소."라는 식으로 형태상으로나 의미상으로 정확하게 대칭을 이룬다. 길은 막다른 골목이든지 뚫린 골목이든지, 그리고 아이들이 도로로 질주하든지 하지 않든지 별 상관이 없다는 것이다.

「烏瞰圖오감도 : 詩第一號시 제1호」나「烏瞰圖오감도 : 詩第三號시 제3호」에서 일어나는 이 같은 혼란, 즉 무서워하는 자가 누구인가, 구경하는 자는 누구인가라는 혼란은 사실 시의 해석에서 결정적인 차이를 만들어내지는 않는다. 「烏瞰圖오감도 : 詩第一號시 제1호」에서 아이들이 질주를 하는가 하지 않는가, 그리고「烏瞰圖오감도 : 詩第三號시 제3호」에서 싸움을 하는가, 하지 않는가의 차이가 대수롭지 않게 제시되는 것도 의미심장하다. 이 두 편의 시에서 중요한 것은 '13인의 아이의 질주'나 '싸움'이라는 정황 자체가 아니라 이러한 정황 자체를 혼란에 빠뜨리는 결정 불가능의 문장들이다. 「烏瞰圖오감도 : 詩第一號시 제1호」와「烏瞰圖오감도 : 詩第三號시 제3호」는 쉬운 문장들을 반복하고 변주하면서 약간의 혼란을 만들어내지만 어쩌면 이러한 혼란을 통해 시를 읽는 독자들을 가장 적극적으로 시에 동참하게끔 만드는지 모른다. 〈烏瞰圖오감도〉의 어떤 시들은 이상 시의 작동 원리를 재연하거나 삶을 대하는 시인의 자세를 환기하기도 하지만, 「烏瞰圖오감도 : 詩第一號시 제1호」나「烏瞰圖오감도 : 詩第三號시 제3호」, 그리고 숫자를 활용한「烏瞰圖오감도 : 詩第四號시 제4호」처럼 단순히 의미 해석의 미묘한 혼란을 일으키면서 독자의 일방적인 독해를 방해하는 텍스트 실험을 감행하기도 한다. 이러한 이상의 텍스트 실험은 그가 쓴 최초의 본격적 단편이라고 할 만한「地圖의 暗室지도의 암실」에서

두드러진 바 있다.[22]

[22] 조연정,「'독서 불가능성'의 실험으로서의「지도의 암실」」(『한국 현대 문학 연구』32집, 2010년) 참조.

이상 시의 스펙트럼은 화려하지만 각각의 시편들에 과도한 의미 부여를 하는 것은 이상 문학의 텍스트 실험적 면모를 간과하는 일이 될 것이다.「烏瞰圖오감도 : 詩第三號시 제3호」를 읽을 때에도 이러한 사정은 충분히 고려되어야 한다. 의미의 결정 불가능성이라는 바로 그 이유로 인해 유의미한 텍스트가 되는 사례를「烏瞰圖오감도 : 詩第三號시 제3호」는 가장 간명한 방식으로 보여 준다.

조연정

서울대 강의 교수. 문학평론가. 1977년 서울생으로 서울대 국어국문학과와 같은 학교 대학원을 졸업했다. 2006년 『서울신문』 신춘문예에 평론 부문으로 당선했다. 『이상 문학 연구의 새로운 지평』 『2012년 젊은평론가상 수상 작품집』 등의 평론집을 공저로 냈다.

烏瞰圖
詩第四號

患者의容態에關한問題．

1234567890·
123456789·0
12345678·90
1234567·890
123456·7890
12345·67890
1234·567890
123·4567890
12·34567890
1·234567890
·1234567890

診斷 0 · 1
26 · 10 · 1931

以上 責任醫師 李 箱

—『朝鮮中央日報』1934년 7월 28일

04

「烏瞰圖오감도: 詩第四號시 제4호」, 병원인 세상을 응시하라

조해옥 | 문학평론가

1. 「烏瞰圖오감도: 詩第四號시 제4호」와 일문 시 「建築無限六面角體건축무한6면각체: 謬斷진단 0:1」비교
2. 「烏瞰圖오감도: 詩第四號시 제4호」 연구사 검토
3. 병원인 세상을 응시하라

1. 「烏瞰圖오감도: 詩第四號시 제4호」와 일문 시 「建築無限六面角體건축무한6면각체: 謬斷진단 0:1」비교

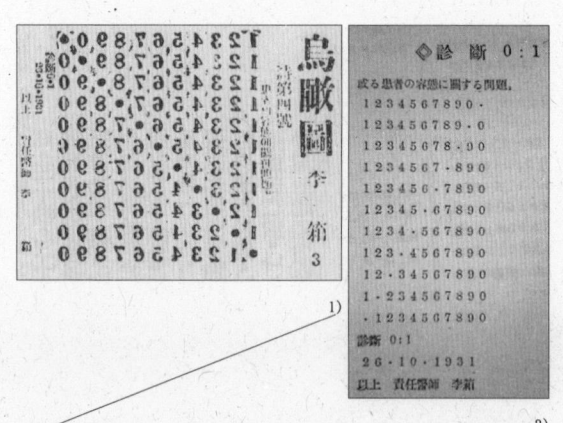

1) 이상, 「烏瞰圖오감도: 詩第四號시 제4호」, 『조선중앙일보』, 1934년 7월 28일.
2) 이상, 「建築無限六面角體건축 무한 6면 각체: 謬斷진단 0:1」, 『조선과 건축』, 1932년 7월, 25쪽.

「建築無限六面角體건축 무한 6면 각체: 謬斷진단 0:1」은 국문 시 「烏瞰圖오감도: 詩第四號시 제4호」와 흡사한 작품이다. 임종국은 두 작품을 동일한 작품으로 판단하여 전집에서 「建築無限六面角體건축 무한 6면 각체: 謬斷진단 0:1」을 국문으로 번역하지 않았다.3) 3) 임종국 편, 『이상 전집 2 시집』(태성사, 1956년), 183쪽. 임종국은 「建築無限六面角體건축 무한 6면 각체: 謬斷진단 0:1」과 「烏瞰圖오감도: 詩第四號시 제4호」를 동일 작품으로 판단하여 "진단 0:1 (오감도 시 제4호와 동일한 작품)"이라고 서술하였다.

그러나 두 작품은 동일하지 않다. 「建築無限六面角體건축 무한 6면 각체: 謬斷진단 0:1」과 국문 시 「烏瞰圖오감도: 詩第四號시 제4호」의 차이를 살펴보면, '或る'에 해당하는 부분이 빠져 "患者환자의容態용태에關관한問題문제."라 되어 있고, 숫자 배열도 일문 시의 세로줄 시행이 가로줄이 되었고, 좌우 방향이 반대로 되어 있다. 또 '진단 0 : 1'은 '진단 0·1'로 바뀌었다.[4)]

[4)] 필자가 「烏瞰圖오감도 ; 詩第四號시 제4호」에서 '진단 0 : 1'이 '진단 0·1'로 바뀐 것을 인지한 것은 '고려대 이상 연구회' 모임(2011년 8월 24일)에서였음을 밝혀둔다.

게다가 우리가 주목하여 살펴볼 것은 「建築無限六面角體건축 무한 6면 각체 ; 謬斷진단 0 : 1」은 가로쓰기로 편집된 것인 반면, 「烏瞰圖오감도 ; 詩第四號시 제4호」는 세로쓰기로 편집되어 발표 지면에 게재되었다는 점이다. 「建築無限六面角體건축 무한 6면 각체 ; 謬斷진단 0 : 1」를 「烏瞰圖오감도 ; 詩第四號시 제4호」와 편집 조건을 동일하게 하여 세로쓰기로 편집한다면, 다음과 같은 모양이 될 것이다. 따라서 「烏瞰圖오감도 ; 詩第四號시 제4호」의 숫자 배열은 「建築無限六面角體건축 무한 6면 각체 ; 謬斷진단 0 : 1」의 거울상이 아니라는 결론에 이르게 된다.

```
診  2    ● 1 1 1 1 1 1 1 1 1 1      或
斷  6    1 ● 2 2 2 2 2 2 2 2 2      る
    ·    2 2 ● 3 3 3 3 3 3 3 3      患    ◇
0   1    3 3 3 ● 4 4 4 4 4 4 4      者
:   0    4 4 4 4 ● 5 5 5 5 5 5      の    診
1   ·    5 5 5 5 5 ● 6 6 6 6 6      容    斷
    1    6 6 6 6 6 6 ● 7 7 7 7      態
以  9    7 7 7 7 7 7 7 ● 8 8 8      に    0
上  3    8 8 8 8 8 8 8 8 ● 9 9      關    :
責  1    9 9 9 9 9 9 9 9 9 ● 0      す    1
任       0 0 0 0 0 0 0 0 0 0 ●      る
醫                                  問
士                                  題
李
箱
```

↑「建築無限六面角體건축 무한 6면 각체 ; 謬斷진단 0 : 1」의 세로쓰기 조판 예.

↑「建築無限六面角體건축 무한 6면 각체:謬斷진단		↑「烏瞰圖오감도:詩第四號시 제4호」(세로쓰
0:1」(가로쓰기)의 숫자판.		기)의 숫자판.

↑「建築無限六面角體건축 무한 6면 각체:謬斷진단		↑「烏瞰圖오감도:詩第四號시 제4호」를 가로
0:1」을 세로쓰기할 때 숫자 배열.		쓰기할 때 숫자 배열.

그러나 한편으로는 숫자 배열이 하나의 그림판이라고 상정할 수도 있다는 점이다. 숫자들의 나열 형태가 하나의 그림이라면 숫자들은 '숫자판'이라고 지칭할 수 있을 것이다. 그러면「建築無限六面角體건축 무한 6면 각체:謬斷진단 0:1」의 그림이「烏瞰圖오감도:詩第四號시 제4호」에서는 좌우가 바뀐 그림이 되며,「烏瞰圖오감도:詩第四號시 제4호」는「建築無限六面角體건축 무한 6면 각체:謬斷진단 0:1」의 거울상이라는 추론도 가능하다.

그러나 「建築無限六面角體 건축 무한 6면 각체 : 謬斷 진단 0:1」의 숫자들이 순차적 나열이 아니라고 누구도 주장할 수 없을 것이다. 마찬가지로 「烏瞰圖 오감도 : 詩第四號 시 제4호」에서의 숫자들 역시 세로로 쓴 숫자들의 나열이 아니라고 주장할 근거는 없다. 따라서 「烏瞰圖 오감도 : 詩第四號 시 제4호」는 「建築無限六面角體 건축 무한 6면 각체 : 謬斷 진단 0:1」의 거울상이라는 주장이 성립하자면, 「建築無限六面角體 건축 무한 6면 각체 : 謬斷 진단 0:1」의 숫자들의 나열이 반드시 그림이라는 조건만을 가질 때 가능한 추론이 된다. 그러나 이 같은 조건을 증명할 수 있는 내용은 어디에서도 찾을 수 없기 때문에 「烏瞰圖 오감도 : 詩第四號 시 제4호」는 「建築無限六面角體 건축 무한 6면 각체 : 謬斷 진단 0:1」의 거울상이라는 추론은 성립되지 않는다.

『조선과 건축(朝鮮と建築)』에 발표된 이상의 일문 시 28편 가운데 세로쓰기로 편집된 작품이 21편이고, 가로쓰기 편집은 「建築無限六面角體 건축 무한 6면 각체 : 謬斷 진단 0:1」을 포함하여 같은 지면에 발표된 7편이 그에 해당한다. 그 밖의 『조선과 건축』에 실린 일문 시를 비롯하여 이상의 국문 시 작품들의 대부분은 세로쓰기 형태로 발표되었으며, 세로쓰기 형태로 당시 독자들에게 읽혔다. 1922년에 조선총독부의 기관지로 창간된 『조선과 건축』은 1931년까지는 세로쓰기로 인쇄되다가 1932년부터는 가로쓰기로 바뀌어 인쇄되었다. 『조선과 건축』과 동시대에 국내에서 발행된 신문들은 물론 세로쓰기였으며, 1920년대에서 1930년대에 걸쳐서 발행된 『조선문단』과 1939년부터 1941년까지 발간된 『문장』도 세로쓰기로 인쇄되었다.

시 형태상의 유사성 때문에 「烏瞰圖오감도: 詩第四號시 제4호」를 연구하자면 자연스럽게 「建築無限六面角體건축 무한 6면 각체: 謬斷진단 0:1」를 염두에 두게 된다. 그러나 「烏瞰圖오감도: 詩第四號시 제4호」 연구에서 반드시 인지하여야 할 것은 일문 시 「建築無限六面角體건축 무한 6면 각체: 謬斷진단 0:1」의 거울상이 국문 시 「烏瞰圖오감도: 詩第四號시 제4호」가 아니라는 점이다. 지금까지 전개된 「烏瞰圖오감도: 詩第四號시 제4호」에 대한 연구들에서 범한 오류라고 볼 수 있는, 숫자들만을 대상으로 하여 「烏瞰圖오감도: 詩第四號시 제4호」는 「建築無限六面角體건축 무한 6면 각체: 謬斷진단 0:1」의 거울상이라 해석하는 것이다. 「烏瞰圖오감도: 詩第四號시 제4호」가 세로쓰기인데, 숫자만 가로쓰기로 된 「建築無限六面角體건축 무한 6면 각체: 謬斷진단 0:1」의 반대 형태이며, 그것만을 가로쓰기 된 것이 거울에 비쳐 좌우가 바뀐 것으로 읽을 수는 없다. 따라서 「烏瞰圖오감도: 詩第四號시 제4호」는 일문 시 「建築無限六面角體건축 무한 6면 각체: 謬斷진단 0:1」의 거울상으로 시 해석의 기준을 삼은 논문들은 근본적인 결함을 지닌다고 말할 수 있다.

2. 「烏瞰圖오감도: 詩第四號시 제4호」 연구사 검토

이어령은 「속 '나르시스'의 학살」에서 "'1 2 3 4 5 6 7 8 9 0'의 숫자의 규칙적 배열에서 오는 인상이 '정상' '안정감' '통일감'과 같은 것이라면 그 정반대의 '뀌름'「烏瞰圖오감도: 詩第四號시 제4호」의 숫자적 배열에서 오는 인상은 '비정상' '불안감' '통일력 상실' '비합리성'과 같은 성질의 것이 된다. 이렇게 규칙이 훼손된 불규칙, '합리'를 상실한 '비합리'의 뀌름은 바로 현대 문명인의 병을 암시하고 있는 것이다. 말하자면 「烏瞰圖오감도: 詩第四號시 제4호」의 시를 볼 때 느끼는 시각 인상이 직접 설명을 거치지 않고 그대로 현대인의 '의식의 병'을 전달한다. 순수한 '뀌름'의 시는 이상과 같이 의미(설명)의 세계에서 감각(시각)의 세계로 비약하는 것이라 하겠다."5)

5) 이어령, 「속 '나르시스'의 학살」, 『신동아』(1957년 1월), 131-132쪽.

라고 썼다. 그는 이상이 「烏瞰圖오감도: 詩第四號시 제4호」의 기이한 숫자 형태를 통해 현대인의 '의식의 병'을 드러냈다고 해석한 것이다.

임종국은 「시의 해설과 감상인의 역설」에서 "「烏瞰圖오감도: 詩第四號시 제4호」를 이상하다고 느끼는 것은 '시는 문자로 쓰는 것이다.'라는, 그리고 숫자는 「烏瞰圖오감도: 詩第四號시 제4호」에 나타난 모양과 정반대인 즉 1·2·3이라는 형태로 존재한다는 것이 우리의 상식이기 때문이다. 만약 세상의 모든 시가 그림으로 쓰여져 왔고, 또 우리가 「烏瞰圖오감도 : 詩第四號시 제4호」의 숫자 같은 그런 뒤집힌 숫자를 일상적으로 사용했다면 아무도 이 시를 보고 이상해 할 사람은 없을 것이다. 즉, 이상을 간추려 말하면 상식으로 판단할 수 없는 것을 보았으니까 이 상해 한다는 얘기가 된다. (…) 이상은 이처럼 거꾸로 뒤집힌 세상 꼴을 거꾸로 뒤집힌 숫자로 표현함으로 써 독자에게 이상하다는 것을 느끼게끔 한 것이다."[6]

[6] 임종국,「시의 해설과 감상인의 역설」,『이상 전집』(문성사, 1966년), 406-409쪽.

"거꾸로 뒤집힌 세상을" "거꾸로 뒤집힌 숫자"를 통해 표현하였다는 임종국의 해석은 필자가 본고에서 다룰 「烏瞰圖오감도 : 詩第四號시 제4호」는 우리로 하여금 병원인 세상을 응시하도록 하는 작품이라는 해석과 일맥상통한다. 그러나 임종국은 「烏瞰圖오감도 : 詩第四號시 제4호」와 일문 시 「建築無限六面角體건축 무한 6면 각체 : 診斷진단 0 : 1」가 유사하지만, 각각 다른 작품이라는 인식을 하지 못하였다.

김용운은 「烏瞰圖오감도 : 詩第四號시 제4호」의 환자가 앓는 병은 "'키에르케고르'가 말하는 '죽음에 이르는 병' 즉 실존하는 인생"을 앓고 있는데, "0, 1 즉 死生사생 이외의 중간치를 얻지 못"함으로써 이상은 "무서운 허무를 맛본다."[7]

[7] 김용운,「이상 문학에 있어서의 수학」,『신동아』(1973년 2월), 293-294쪽.

고 해석하였다. 또 그는 "숫자로 이루어진 잘 정비된 거미집 같은 세계상을 한번 뒤집어 보면 아주 의미가 없는 '死사'와 '生생' 즉 '0, 1'밖에 안 된다는 이상의 판단"[8]

[8] 김용운,「자학이냐 위장이냐」,『문학사상』(1985년 12

월),305-306쪽.

이라고 해석하였다. '0'을 없다는 뜻으로, '1'을 '있다'는 뜻으로 해석한 그는 곧 '0'은 '死^사'이며, '1'은 '生^생'이라는 형이상학적 명제로 비약한다. 이 같은 논리적 근거가 없는 주관적 해석은 해석의 과잉을 낳는다.

김종은은 "수의 나열에 있어 정상적인 숫자의 표시를 염두에 두고 생각할 때 거꾸로 된 숫자 자체가 이미 그의 양가치적 표현이라고 할 수 있"⁹⁾

9) 김종은,「이상의 정신 세계」,『심상』(1975년 3월), 85-86쪽.

다고 하여 「烏瞰圖^{오감도} : 詩第四號^{시 제4호}」를 정신 분석학적으로 해석하였다.

김승희는 라캉과 크리스테바(J. Kristeva)의 이론을 적용한 시 해석을 전개한다. "이 텍스트는 상징계 안에 정립된 에고와 주체로서의 나 사이의 최고의 분열을 암시한다. 이 시의 말하는 주체는 물론 수학적 기호가 암시하는 나와 같이 합리성과 이성의 상징계에 속해 있지만 숫자를 전도시키고, 그 전도된 숫자판을 점의 운동으로 분열시키고 "以上^{이상} 책임의사 李箱^{이상}"이라고 언어 유희를 하고 있는 것은 기호적 코라의 의미 작용이다. 말하는 주체는 기호적 코라의 의미 작용으로 과정 중에 있는 주체가 되고 그 과정 중에 있는 주체가 바로 환자이며 그 질병의 내역이 0:1, 즉 끝나지 않는 '코라 : 상징계' '원초적 통합체 : 상징적 질서'의 대립 갈등인 것이다."¹⁰⁾

10) 김승희,『이상 시 연구—말하는 주체와 기호성의 의미 작용을 중심으로』(서강대 박사 학위 논문, 1991년), 62쪽.

그러나 그의 이 같은 시 해석이 타당한가를 논하기 전에 생각해 볼 점은 「烏瞰圖오감도 : 詩第四號시 제4호」의 말미에 나오는 '0·1'을 「建築無限六面角體건축 무한 6면 각체」 謬斷진단 '0∶1'의 '0∶1'과 혼동하여 시를 해석하였다는 것이다. 본래 '0·1'을 '0∶1'로 잘못 읽고, 그것을 '∶', 즉 '對대' '對立대립' '反對반대' 등으로 의미화시켰다는 점이다.[11]

[11] 김승희,『이상 시 연구―말하는 주체와 기호성의 의미 작용을 중심으로』(서강대 박사 학위 논문, 1991년), 62쪽.: 이어령 교주,『이상 시 전작집』(갑인출판사, 1978년), 18쪽.: 이승훈 엮음,『이상 문학 전집 1 시』(문학사상사, 1989년), 25쪽.: 최학출,『1930년대 한국 모더니즘 시의 근대성과 주체의 욕망 체계에 대한 연구』(서강대 박사 학위 논문, 1994년), 194쪽.: 황현산,「〈오감도〉 평범하게 읽기」,『창작과비평』 101호 (창비, 1998년 가을호), 345쪽.: 김민수,『멀티미디어 인간 이상은 이렇게 말했다』(생각의나무, 1999년), 214쪽.

이처럼 시 텍스트를 잘못 읽어서 발생한 해석의 오류는 다른 연구자들도 범하고 있는 실정이다.

안상수의 논문은 이상 시를 추상적 근거들 위에 지은 형이상학적 해석에서 벗어나게 만든다. 그는『타이포그라피적 관점에서 본 이상 시에 대한 연구』[12]

[12] 안상수의 한양대 응용미술학과 박사 학위 논문, 1995년.

에서 연구자의 추상이나 관념이 선제된 해석 태도를 벗어나「烏瞰圖오감도 : 詩第四號시 제4호」의 숫자를 시각적 사실로부터 접근한다. 이러한 접근으로 그는 자연스럽게 논리의 타당성을 획득한다. 그는 "이상은 자기가 살고 있던 1930년대의 조선의 식민지적 상황 곧 '오관이 모조리 박탈된 것이나 다름없는' 권태와 불안과 시대 모순을 그의 시각 언어로 감옥처럼 답답하게 표현하고 있는 것이다."[13]

[13] 안상수, 위의 논문, 156쪽.

라고「烏瞰圖오감도:詩第四號시 제4호」의 숫자들을 의미화시
킨다. 또한 "이상은 시각적 활자 인간이었으며, 그는
활자성의 의미를 전면으로 부각시킨 실천적 시인이었
다."14)
　　　　14) 안상수, 앞의 논문, 227쪽.
　　　　　　　　　　　　고 평가함으로써 이상의 시
가 지닌 활자성의 의의를 새롭게 인식하게 하였다. 그
러나 안상수는「烏瞰圖오감도:詩第四號시 제4호」의 숫자들에
대해서만 관심을 갖고 있으며, "이상은 거울에 대해 관
심이 많았다. (…) 거울 속에서 보여지는 좌우가 거꾸
로 된 모습은 正정에 대한 反반이며, 順순에 대한 逆역이
며, 긍정에 대한 부정이며, 하나를 이루게 되는 다른 한
쪽이자, 실상에 대한 허상이요, 정상에 대한 비정상을
은유한다고 볼 수 있다."15)
　　　　　　　　　　15) 안상수, 위의 논문, 162쪽.
　　　　　　　　　　　　　　　　　　　　고 해석
함으로써 그 역시「烏瞰圖오감도:詩第四號시 제4호」가「建築無限
六面角體건축 무한 6면 각체:謬斷진단 0:1」의 거울상이라는 전제
에서 벗어나 있지 않다.

최학출은「烏瞰圖오감도:詩第四號시 제4호」에서 이상은 가장
순수한 기호 체계인 수학적 언어로써 "세계의 본질이
든 죽음과 삶의 본질이든 혹은 그 무엇의 본질이든 그
것은 본질적인 것이 될 것임에는 틀림없"16)
　　　　　　　　　　　　　　　　　16) 최학출,『19
30년대 한국 모더니즘 시의 근대성과 주체의 욕망 체계에 대한 연구』(서강대 박
사 학위 논문, 1994년), 194-202쪽.
　　　　　　　는 것을 담아냈다고 평가한다.

이강수는 "「三次角設計圖3차각 설계도:線에關한覺書선에 관한 각서
1」,「建築無限六面角體건축 무한 6면 각체:謬斷진단 0:1」,「烏瞰圖오감도:

詩第四號^{시 제4호}」로의 발전 경로란 10진법으로 이루어진 유클리드 세계를 전복하고 비유클리드 세계로 질주하는 과정과 다르지 않다. 여기서의 기호 놀이는 유클리드 기하학으로 집약되는 근대 합리주의적 세계관에 대한 절망이라는 문명사적 사건에 연결되어 있다."[17]

[17] 이강수,「이상 텍스트 생산 과정 연구」(서울대 석사 학위 논문, 1996년), 44쪽.

고 하였는데, 이처럼 형이상학적 문제로 갑작스럽게 전환되는 그의 해석에는 앞에서 언급한「烏瞰圖^{오감도}：詩第四號^{시 제4호}」에 대한 김용운과 김종은의 해석과 마찬가지로 논리의 타당성이 결여되어 있다.

이처럼「烏瞰圖^{오감도}：詩第四號^{시 제4호}」를 대하는 연구자들의 특징은 충분한 근거를 확보하지 못한 채, 형이상학적인 주제를 도출해 낸다는 점이다. 또한 이강수를 비롯하여 숫자들의 형태의 유사성만으로「三次角設計圖^{3차각 설계도}：線에關한覺書^{선에 관한 각서} 1」과「建築無限六面角體^{건축 무한 6면 각체}：謬斷^{진단} 0：1」과「烏瞰圖^{오감도}：詩第四號^{시 제4호}」에 나타나는 시의식을 긴밀하게 연관시키는 것을 볼 때 연구자들의 관념이 각 작품의 시 해석에 선재해 있는 것은 아닌가 한다.

황현산은 "오른쪽 상단에 있던 점이 하향 직선을 그리며 왼쪽으로 움직여 최하단에 떨어져 있다. 이 점들이 이상의 위치이다. 우상단에서 두 '0' 사이에 낀 점은 태어나기 전의 순수 본질 자기이다. 그는 처음 '9·9'의 높은 자질과 가능성을 가졌으나, 그것은 8 7 6…으로 줄어들어, 마침내 우하단의 '1·1'에 이르러서는 영락 직전의 상태이다. 그것이 현재의 자기이다. 이 도표는 본질 자기와 현재의 자기 사이의 거리가 어떻게 멀어졌는가도 동시에 보여 준다."18)

18) 황현산,「〈오감도〉 평범하게 읽기」,『창작과비평』101호 (창비, 1998년 가을호), 345-346쪽.

고 하여 숫자 사이의 '.'에 주목함으로써 이상의 시적 자아의 존재론적 의미를 밝히고자 하였다.

이보영은 "「烏瞰圖오감도: 詩第四號시 제4호」는 '患者환자의容態용태에關관한問題문제'를 '책임의사 이상'이 '진단'한 소견을 '1'에서 '9' 및 소수점을 위한 0까지의 숫자를 네거티브로 인쇄함으로써 제시한 것인데, 또 다른 특징은 열한 개의 점을 경계로 한 하반부 숫자들이 상반부 숫자들에서 한 자리씩 뒤로 밀려난 위치로 제시되어 세계 혹은 그것으로 비유된 '환자'의 인격이 분열된 것을 암시한 점"19)

19) 이보영,『이상의 세계』(금문서적, 1998년), 300-301쪽.

이라고 하여「烏瞰圖오감도: 詩第四號시 제4호」를 정신병적 이상 증세로 해석하였다. 그러나 기이한 숫자 배열이 과연 작품에 등장하는 환자의 '인격 분열'로 의미화시키는 근거가 될 수 있는지 의구심이 든다.

김주현은 '일문 시「建築無限六面角體건축무한6면 각체: 謬斷진단 0:1」과「烏瞰圖오감도: 詩第四號시 제4호」가 다르다'는 것을 구체적으로 제시하였다. 그는 "〈建築無限六面角體건축 무한6면 각체〉 계열의 두 시「建築無限六面角體건축 무한 6면 각체: 謬斷진단 0:1」과「烏瞰圖오감도: 詩第四號시 제4호」는 다른 것임에도 불구하고 기존의 전집에서 모두 같은 것으로 소개하고

있다. 이 두 시는 임종국이『이상 전집』에서 같은 것으로 밝힌 이래 많은 사람들이 같은 시로 알고 있지만 실상은 서로 다르다. '或る患者'는 '患者'로 바뀌고 숫자는 배열상이 역전되어 버렸다. 두 시의 제2행부터 12행까지의 시행은 거울에 반사된 모습인 거울 대칭을 이룬다. 일문 시의 정상적인 숫자의 배열이 한글 시에서 뒤바뀐 것이다."[20]

[20] 김주현,『이상 소설 연구』(소명출판, 1999년), 362-364쪽.

라고 하였다. 그는 임종국이「建築無限六面角體건축 무한 6면 각체: 謬斷진단 0:1」과「烏瞰圖오감도: 詩第四號시 제4호」를 동일 작품으로 보아「建築無限六面角體건축무한6면 각체: 謬斷진단 0:1」를 번역하지 않았던 것을 지적하고, 두 작품이 어떻게 다른지를 꼼꼼히 다루었다. 그러나 김주현 역시「建築無限六面角體건축 무한 6면 각체: 謬斷진단 0:1」과「烏瞰圖오감도: 詩第四號시 제4호」가 각각 가로쓰기와 세로쓰기로 편집되었다는 점을 인지하지는 못하였다. 지금까지의「烏瞰圖오감도: 詩第四號시 제4호」에 대한 연구에서 누구도 이 같은 두 작품의 차이에 대해서 밝히지 않았다. 이는「烏瞰圖오감도: 詩第四號시 제4호」에 대한 지금까지의 해석에 결정적인 결함이 있음을 반증하는 것이다. 작품 원문이 실렸던 발표 지면의 가로쓰기와 세로쓰기 편집을 무시한 독법의 오류가「烏瞰圖오감도: 詩第四號시 제4호」가「建築無限六面角體건축 무한 6면 각체: 謬斷진단 0:1」의 거울상이라는 왜곡된 해석을 낳게 한 것이다.

김민수도 "〈烏瞰圖오감도〉 중「詩第四號시 제4호」는 숫자와 점으로 이루어진 시각적 형태만을 강조한 것으로, 이미지의 기본 모티브는「三次角設計圖3차각 설계도: 線에關한覺

書󠄁선에 관한 각서 1」로부터 유래한 것이며, 1932년 7월 『조선과 건축』에 이미 발표된 〈建築無限六面角體건축 무한 6면 각체〉 중의 「謬斷진단 0:1」을 뒤집은 형태이다."라고 하였다.[21]

[21] 김민수, 『멀티미디어 인간 이상은 이렇게 말했다』(생각의나무, 1999년), 205-214쪽.

그러나 주지할 사실은 「烏瞰圖오감도: 詩第四號시 제4호」는 「建築無限六面角體건축 무한 6면 각체: 謬斷진단 0:1」을 "뒤집은 형태"가 아니라는 점이다. 이상은 「建築無限六面角體건축 무한 6면 각체: 謬斷진단 0:1」과 유사하지만 다른 의미를 갖는 작품으로 「烏瞰圖오감도: 詩第四號시 제4호」를 창작한 것이다.

김태화는 「烏瞰圖오감도: 詩第四號시 제4호」의 "거울상에 비친 자아는 현실 자아에 대립된 이상적 자아이다. 「建築無限六面角體건축 무한 6면 각체: 謬斷진단 0:1」의 진단이 현실 자아의 진단이라면 「烏瞰圖오감도: 詩第四號시 제4호」는 이상적인 내면 자아의 진단이 된다."[22]

[22] 김태화, 『이상의 줌과 이미지』(교우사, 2002년), 386-388쪽.

고 하였다. 여기에서 해석의 전제가 된 것은 「烏瞰圖오감도: 詩第四號시 제4호」는 「建築無限六面角體건축 무한 6면 각체: 謬斷진단 0:1」의 거울상이라는 것이다. 신범순도 "숫자들을 거울에 비친 모습으로 뒤집어서 배열함으로써 〈烏瞰圖오감도〉의 「詩第四號시 제4호」를 완성했다."[23]

[23] 신범순, 『이상의 무한 정원 삼차각 나비—역사 시대의 종말과 제4세대 문명의 꿈』(현암사, 2007년), 290쪽.

고 「烏瞰圖오감도: 詩第四號시 제4호」를 해석한다.

박현수도 "「烏瞰圖오감도 : 詩第四號시 제4호」는 거울 세계의 완벽한 재현이라는 점에서 주목할 만하다. 이 작품은 거울을 전제하지 않고는 해독이 불가능하다. 거울을 좌우에 놓을 때 이 세계는 해독 가능한 것으로 드러난다. (…) 이 시는 '거울 없는 거울 세계'에 대한 집요한 갈망을 드러낸다. 그것은 실재의 지배와 종속으로부터 벗어난 세계, 즉 자치 영토로서 거울 세계의 독자성에 대한 갈망이다. 이 시가 보이고자 한 것은 바로 무한한 자율성이 존재하는 무한 반영으로서의 세계인 것이다."[24]

[24] 박현수,「거울 세계의 시뮬라크르— 이상의 거울 시편」, 이상문학회 편,『이상 시 작품론』(도서출판 역락, 2009년), 102-103쪽.

고 하였으며, 문흥술도 "일문과 일어문과 같은 형태를 통해 언술 주체는 무의식의 욕망을 강렬하게 분출하면서 일본어 언술 체계를 분열시키고 있는 것이다. 이러한 절망감은 한글 시 텍스트「烏瞰圖오감도 : 詩第四號시 제4호」에서 더욱 심화되어 제시되고 있다. 이 텍스트는 일본어 텍스트「建築無限六面角體건축무한6면각체 : 謬斷진단 0 : 1」의 숫자를 거울상에 비추어 전도시키고 조사를 한글로 바꾸어 놓고 있다. 이는 일본어 언술 체계에 비해 한글 언술 체계는 근대 과학적 지식(숫자)마저 제대로 담지하지 못할 만큼 열악하다는 것을 비판하기 위해서이다."[25]

[25] 문흥술,「이상 문학의 일본어 시 텍스트에 나타나는 언술 주체의 분열」,『한국 현대 문학 연구』32집 (한국현대문학연구회, 2010년 12월), 73-99쪽.

라고 평가하였다. 그러나「烏瞰圖오감도 : 詩第四號시 제4호」가「建築無限六面角體건축 무한6면 각체 : 謬斷진단 0 : 1」의 거울상이 아님은 필자가 앞에서 밝힌 바 있다.

함돈균은 이상이 「烏瞰圖오감도 : 詩第四號시 제4호」에서 '점과 0부터 9까지의 숫자를 나열한 것, 이를 거울처럼 뒤집힌 회화적 이미지로 제시한 것, 그리고 스스로를 "책임의사 이상"이라고 적은 것'은 "주체와 세계에 내재한 모순과 전도를 인식하고 있고, 그래서 그것을 병으로 앓게 된 병자이자 환자인 한 주체의 표지"[26]

[26] 함돈균, 『시는 아무 것도 모른다—이상, 시적 주체의 윤리학』(수류산방, 2012년), 137-138쪽.

라고 해석한다. 즉 주체와 세계의 모순과 전도가 시적 주체가 환자가 되는 원인으로 본 것이다.

지금까지 살펴본 「烏瞰圖오감도 : 詩第四號시 제4호」에 대한 연구사의 특징은 첫째, 숫자들의 의미 해석에 치중했다는 점이다. 둘째, 「烏瞰圖오감도 : 詩第四號시 제4호」를 일문시 「建築無限六面角體건축 무한 6면 각체 ; 謬斷진단 0 : 1」의 거울상으로서 존재와 의미를 갖는 것으로 보았다는 점이다. 그러나 본고의 1절에서 살펴본 대로, 「烏瞰圖오감도 : 詩第四號시 제4호」는 「建築無限六面角體건축 무한 6면 각체 ; 謬斷진단 0 : 1」의 거울상이 아니기 때문에 거울상이라는 틀 안에서 「烏瞰圖오감도 : 詩第四號시 제4호」를 해석하기보다는 「烏瞰圖오감도 : 詩第四號시 제4호」에서 새롭게 생성되는 의미를 살펴보아야 할 것이다. 또한 기존의 연구에서 '숫자들'을 '숫자판'이라 지칭하면서 의미 해석을 한 것은 숫자들이 하나의 그림이라는 전제 아래 전개한 해석이기 때문에, 숫자 배열이 그림이 아니라는 반박을 피하기 힘들다. 셋째, 「烏瞰圖오감도 : 詩第四號시 제4호」에 대한 연구자들의 태도는 해석자의 형이상학적 관념이 선재하는 경향을 보여 준다. 해석에서 논리적 타당성을 위한 근거의 제시보다는 생과 죽음의 대립이라는 형이상학적 해석으로 비약하는 것이다.

3. 병원인 세상을 응시하라

「烏瞰圖오감도: 詩第四號시 제4호」와 유사한 일문 시「建築無限六面角體건축무한6면 각체: 謬斷진단 0:1」을 보면, 숫자의 배열은 연속적이며, 순차적이다.「建築無限六面角體건축 무한 6면 각체: 謬斷진단 0:1」에서 숫자 배열을 보면, 1부터 0까지의 하나의 완료가 아니라, '·'가 등장함으로써 새로운 시작이 예고되고 있음을 볼 수 있다. 종료되지 않는 끝없는 순환이 있는데, 그 순환은 1부터 0까지에 이르는 하나의 궤도 속에서의 순환이다. 반면에「烏瞰圖오감도: 詩第四號시 제4호」는 1에서 0까지의 순차성이 깨져 있다. 여기에서 숫자 배열은 불연속적이며, 반복적인 성격을 갖는다. 이 같은 필자의 해석은「烏瞰圖오감도: 詩第四號시 제4호」의 숫자들이 그림인 숫자판이 아니라, 글자처럼 세로로 나열되어 있다는 것을 전제하고 있다.「建築無限六面角體건축 무한 6면 각체: 謬斷진단 0:1」이 1과 0 안에서의 끝없는 순환이라면, '1234567890'이라는 숫자 배열의 순차성은 사라지고 대신 1의 반복, 2의 반복, 3의 반복, 4의 반복, 5의 반복, 6의 반복, 7의 반복, 8의 반복, 9의 반복, 0의 반복을 보게 된다.

「烏瞰圖오감도: 詩第四號시 제4호」에서 좌우의 방향이 바뀌고, 열 번 반복되고, 숫자가 한 자리씩 커질 때, 점을 찍은 숫자 배열은 순차적으로 진행되는 정상적인 숫자 배열에 익숙한 의식을 파괴한다. 이런 숫자의 기이한 형태는 보는 이의 시선을 강하게 잡아당긴다. 이처럼 매혹적인 어떤 것에 사로잡힌 시선을 가리켜 '응시'라고 부를 수 있을 것이다. 라캉은 "모든 그림은 응시를 잡기 위한 덫이다."[27]

[27) 자크-알랭 밀레 편, 맹정현·이수련 역, 『자크 라캉 세미나 11—정신 분석의 네 가지 근본 개념』(새물결, 2008년), 139쪽.]

라고 말한 바 있다. "응시되기 위해 거기에 있는 그 물체를 응시하는 자, 즉 우리를 잡기 위해 '덫을 놓는다'고 할 수 있습니다. 이 그림(한스 홀바인의 〈대사들〉—필자 주)은 주체로서의 우리가 말 그대로 그림 속으로 불려들어가 마치 그 안에 붙잡힌 것처럼 표상된다는 사실을 이례적이라 할 수 있을 만큼 분명하게 보여 주고 있습니다."[28]

[28) 자크-알랭 밀레 편, 위의 책, 145쪽.]

라고 진술한다. 홀바인의 〈대사들〉에서 대사로 보이는 두 인물과 오브제들이 그림의 주인인 것 같지만, 정작 보는 이의 눈을 사로잡는 것은 그림 하단부의 길쭉한 형상이다. 그것은 무상함을 함축한 해골의 왜상(歪像)이다.

이상의 「烏瞰圖 오감도: 詩第四號 시 제4호」에서 보는 자의 시선을 잡아끄는 것은 의미 없이 반복되고 좌우가 뒤바뀐 숫자들이다. 그 왜곡된 형상에는 무언가를 강렬하게 욕망하는 시적 자아의 기록이 담겨 있다. 그렇다면 「烏瞰圖 오감도: 詩第四號 시 제4호」의 기록자는 기이한 숫자 배열을 통해 무엇을 말하고자 하는가? 그는 「烏瞰圖 오감도: 詩第四號 시 제4호」에서 기이한 숫자들을 보여 줌으로써 '병원인 세상을 응시하라'고 선언하는 것이다. 환자와 의사와 진단서로 이루어진 병원인 세상은 기이한 숫자 배열, 즉 '치료할 수 없는' '파괴되어 버린' '이해할 수 없는' 등으로 환자의 용태를 진단한 담당 의사 이상의 진단서와 일치한다.

유종호는 세상이 병원이라는 시적 인식을 보여 준 예로 보들레르의 산문시「이 세상 밖이라면 어느 곳에나」를 제시한 바 있다. "병원이라는 제도는 근대의 소산이기 때문에 세계를 병원이라고 간주하는 생각은 그리 오래된 것은 아니다. (…) 보들레르도 산문시「이 세상 밖이라면 어느 곳에나」에서 삶을 병원에 비유하고 있다."29)

29) 유종호,『시란 무엇인가』, (민음사, 1995년), 137-140쪽.

보들레르는 "이 곳의 인생은 병원과도 같다. 그 곳에서 환자들은 제가끔 침대를 바꾸어 다른 곳에 있고 싶은 욕망을 가지고 있는 병원. 어떤 환자는 난로 앞에 누워 고통하고 싶어하는가 하면, 어떤 환자는 창문 옆자리에서라면 병이 나을 것이라고 믿는다. (…) 마침내 나의 영혼은 폭발한다. 영혼은 현명하게 나에게 외치는 것이다. 아무 곳이라도 좋소! 아무 곳이라도! 그 곳이 이 세상 밖이기만 하다면!"30)

30) 보들레르, 윤영애 역,「이 세상 밖이라면 어느 곳에나」,『파리의 우울』(민음사, 1979년), 226-227쪽.

보들레르의 시적 자아에게 그가 살고 있는 세상은 병원이며, 그는 병원인 세상에 갇힌 자이다. 그는 "이 세상 밖이기만 하다면" 어디든 좋다고 외친다.

이상은 질병과 공간을 결합시켜서 경성의 황폐함과 병든 육체의 유사성을 형상화시킨다.「街外街傳가외가전」31)

31) 이상,「街外街傳가외가전」,『시와 소설』창간호 (1936년 3월), 16-19쪽.

에서 도시는 폐환(肺患) 같은 유곽을 숨긴 병든 육체에 비유된다. 「街衢의 추위$^{가구의 추위}$」에서도 도시의 쇠약함은 병든 화자가 감각하는 거리의 추위에 함축되어 있다. 이상의 시적 자아에게 도시는 병원이며, 그곳에 사는 사람들은 모두 병자들이다. 세상이 병원이라는 이상의 시 의식은 그러한 세상으로부터 누구도 벗어나지 못한다는 한계에 대한 그의 날카로운 인식을 드러낸다. 세상이 병원이라는 의식은 이상 시의 한 축을 이룬다. 그 축의 중심에 「烏瞰圖^{오감도} : 詩第四號$^{시 제4호}$」가 놓여 있다. ÷

조해욱

1963년 인천 부평에서 태어나 한남대 국어국문학과와 고려대 대학원 국어국문학과를 졸업했다. 1997년『서울신문』신춘문예 문학평론 부문에 당선했다. 고려대, 한남대에서 강의를 하고 있다. 평론집『생과 죽음의 시적 기록』『전환의 문학』『도로를 횡단하는 문학』과, 학술서『이상 시의 근대성 연구』『이상 산문 연구』등을 냈다.

烏瞰圖 李 箱 3

詩第五號

某後左右를除하는唯一의痕跡에있 서서

翼殷不逝 目大不覩

胖矮小形의神의眼前에我前落傷한故事를有함.

臟腑라는것은浸水된畜舍와區別될수있을는가.

烏瞰圖
詩第五號

　　某後左右를除하는唯一의痕迹에잇서서
翼殷不逝 目大不覩
胖矮小形의神의眼前에我前落傷한故事를有함.

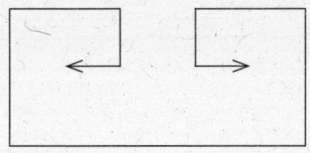

臟腑타는것은 侵水된畜舍와區別될수잇슬는가.

―『朝鮮中央日報』1934년 7월 28일

05

「烏瞰圖 오감도 : 詩第五號 시 제5호」,
이상 시학의 기원에 이르는 통로

박현수 | 경북대 국문과 교수 · 시인 · 문학평론가

1. 이상 시학의 현재성
2. 「烏瞰圖 오감도 : 詩第五號 시 제5호」의 텍스트 및 연구사
3. 「烏瞰圖 오감도 : 詩第五號 시 제5호」의 새로운 해석
4. 이상 시학의 본질

1. 이상 시학의 현재성

이상 시학은 한 번의 독서로 접근할 수 없는 불친절함, 해독 불가능성에 따른 미완의 독서 심리 등을 포괄한다. 그래서 그의 문학에는 늘 전문가의 주해가 필요하다. 그리고 바로 이 점 때문에 누구나 다 전문가 반열에 오를 수 있기도 하다.[1]

> 1) 〈建築無限六面角體건축무한6면각체〉 중의 한 편, 「AU MAGASIN DE NOUVEAUTÉS오마가쟁 드 누보떼」의 "快晴쾌청의 空中공중에 鵬游붕유하는 Z伯號백호. 蛔虫良藥회충양약이라고 쓰여져 있다."의 'Z伯號백호'를 비행선 제플린 호로 풀이한 소설가 김연수의 경우가 예가 될 것이다. 김연수, 「시인의 상상력, 시 안에만 가두지 말라」, 『동아일보』(2005년 4월 23일자).

이 점이 이상 문학이 지닌 가능성 중의 하나다. 난해성은 난해의 정도를 나타내는 지표가 아니라 이상 문체의 특성, 즉 이상 시학의 독자성과 연결되어 있다. 그 독자성이 또한 가능성 및 현재성과 본질적으로 연관되어 있다.

이상의 작품 중 그나마 난해성의 농도가 낮은 「最後최후」라는 작품을 가지고 난해성의 문제를 검토해 보자.

능금한알이墜落추락하였다. 地球지구는부서질程度정도만큼아팠다. 最後최후.
이미如何여하한精神정신도發芽발아하지아니한다.[2]

> 2) 이상, 「最後최후」 전문. 임종국의 번역을 바탕으로 필자가 수정한 것이다. 이 원고는 유고로 임종국 편 『이상 전집 2』(태성사, 1956년)에 실려 있다. 일어 원문은 '능금한개'(林檎一個임금일개, 임종국은 '능금한알'), '아팠다'(痛んだ―원형은 いたむ, 임종국 번역은 '傷상했다')이며 원문에는 행갈음이 되어 있다. 원문은 김윤식, 『이상 문학 텍스트 연구』(서울대학교출판부, 1998년), 448쪽 참조.

이 작품은 그다지 난해한 것이라 할 수 없지만, 능금 한 알의 추락과 지구의 멸망, 정신의 죽음 등은 그 상관 관계가 일상적 차원에서 쉽게 발견되는 건 아니다. 그래서 독자에 따라서 난해한 시로 볼 수도 있을 것이다. 어떤 선이해가 없다면 이 작품을 이해하는 데 해설자의 도움이 필요하다. 여기에서 '능금 한 알'로 대표되는 과학적 합리주의는 '정신'과 대조되고 있는데, 이어령의 지적처럼 능금에 대한 부정적 시선은 "뉴턴과 유클리드로 상징되는 근대적 합리주의의 부정"[3]을 의미한다. 짧고도 함축적인 표현으로 근대 합리주의의 맹점을 드러내고 있다.

3) 이어령 교주, 『이상 시 전작집』(갑인출판사, 1978년), 160쪽.

이 작품에서 다루고 있는 내용을 산문 형식으로 표현하면 어떻게 될까. 바로 박태원의 소설 「적멸」에 나오는 다음 구절이 이 작품과 밀접한 상호 텍스트성을 지닌다.

뉴턴은 사과가 나무에서 떨어지는 것에 의혹을 품고 '만유인력(萬有引力)의 법칙'을 발견하였습니다. 물론 훌륭한 발견입니다마는 그걸로 말미암아 우리의 아름다운 '꿈'은 여지없이 깨어지고 말지 않았습니까? 사과가 나무에 주렁주렁 달렸다가 농익어서 아래로 떨어졌다, 이것으로 충분하다고는 생각하시지 않습니까. 이것이 우리의 아름다운 꿈이 아닙니까? 이 꿈은 뉴턴이 이에 대하여 한번 의혹을 품자 여지없이 무참하게

도 깨어져 버렸습니다.4)

4) 박태원,「적멸」,『성탄제 외』(동아출판사, 1995년), 27쪽. 이 작품은 『동아일보』(1930년 2월 5일~3월 1일)에 처음 발표되었다.

이 부분은 마치「最後최후」를 산문적으로 풀이한 듯 유사한 소재를 유사한 시각으로 다루고 있다. 이 작품에서 뉴턴의 '만유인력의 법칙'은 '꿈'과 대조되고 있는데, 이는「最後최후」의 '능금'과 '정신'의 대조와 바로 이어진다. 창작 연도를 고려해 볼 때5)

5)「最後최후」를 포함하여「隻脚척각」,「距離거리」등 8편은 이상의 사진첩 속에서 발견된 일문 작품이다. 이 중「肉親의 章육친의장」의 "나는 24세" 등의 표현을 보면 이들 작품은 1934년 즈음에 창작, 혹은 수정된 것으로 보인다.

박태원의「적멸」이 이상의「最後최후」에 영향을 준 것으로 보인다. 그러나 이상은 박태원의 산문적 맥락을 제거하고 진술을 시적으로 전환하여 자신의 재기를 충분하게 보여 주고 있다. 그리고 그 시선은 박태원보다 더 깊은 곳을 겨누고 있다.

이상 문학의 난해성은 이처럼 대상에 대한 인식의 깊이와 그것을 드러내는 방법론의 독자성에 근거한다. 그의 도전적인 작품들이 단순한 실험으로 치부되어서는 안 되는 이유가 여기에 있다. 본고는 이상 시학의 본질에 도달하는 데 가장 중요한 작품인「烏瞰圖오감도 : 詩第五號시 제5호」를 통해 이 문제를 다루어 보고자 한다.

2. 「烏瞰圖 오감도 : 詩第五號 시 제5호」의 텍스트 및 연구사

「烏瞰圖 오감도 : 詩第五號 시 제5호」의 원형은 일문으로 발표된 「建築無限六面角體 건축 무한 6면 각체 : 二十二年 이십이 년」이다. 이 작품은 일문으로 만들어진 조선건축회의 기관지 『조선과 건축(朝鮮と建築)』만필(漫筆)란에 실렸다.

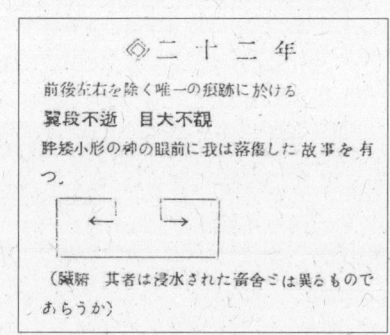

前後左右を除く唯一の痕跡に於ける
翼段不逝 目大不覩
胖矮小形の神の眼前に我は落傷した故事を有つ。

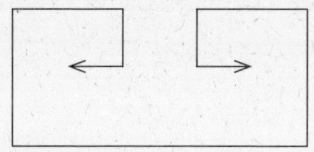

(臟腑 其者は浸されたる畜舎とは異るのであらうか)[6]

[6) 일문 잡지 『조선과 건축(朝鮮と建築)』(1932년 7월호)에 실린 李箱 이상의 「建築無限六面角體 건축 무한 6면 각체 ; 二十二年 이십이 년」.

이 시는 『조선중앙일보』(1932년 7월 28일)에 「烏瞰圖오감도: 詩第五號시 제5호」라는 제목으로 다시 발표된다. 여러 가지 면에서 이 두 작품은 사소한 차이를 보인다. 먼저, 일문 시가 가로쓰기로 되어 있는 데 반해 「烏瞰圖오감도: 詩第五號시 제5호」는 세로쓰기로 되어 있다. 일문 시와 달리 「烏瞰圖오감도: 詩第五號시 제5호」에서 '前後左右전후좌우'의 '前전'이 '某모'로 오식이 되어 있다. 그리고 일문 시에서 장자에 나오는 구절인 '翼殷不逝익은불서'가 '翼段不逝익단불서'로 '단(段)'자가 오식되어 있는데, 이것이 「烏瞰圖오감도: 詩第五號시 제5호」에 와서는 '翼殷不逝익은불서'로 바로잡혀 있으며, 일문 시의 마지막 행에 표시되어 있던 괄호가 사라졌다. 또한 일문 시의 '내가 낙상한 고사(我は落傷した故事)'가 '我前落傷아전낙상한故事고사')7)

7) 김주현의 지적처럼 '我前落傷아전낙상한故事고사'에서 '前전'은 잘못 들어간 것일 가능성이 있다. 앞 구절의 '眼前안전'의 글자가 중복 식자된 것일 수도 있다. 하지만 「烏瞰圖오감도: 詩第五號시 제5호」를 수정하면서 일부러 넣었을 가능성도 있으므로 원전 확정에는 반영하지 않았다. 김주현 주해, 『증보 정본 이상 문학 전집 1 시』(소명출판, 2009년), 90쪽 각주 278 참조.

로, '장부 그것은(臟腑장부 其者기자는)'이 '臟腑장부 타는것은'('장부라는 것은'의 오식)으로 표현이 달라졌다. 여러 오류를 제거하고 바로잡은 정전은 다음과 같다.

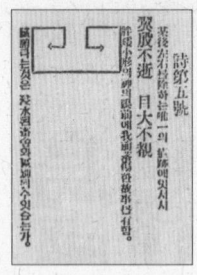

前後左右전후좌우를除제하는唯一유일의痕跡흔적에있어서
翼殷不逝익은불서 目大不覩목대불도
胖矮小形반왜소형의神신의眼前안전에我前落傷아전낙상
한故事고사를有유함.

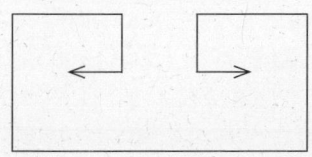

臟腑장부라는것은 浸水침수된畜舍축사와區別구별될수있
슬는가.8)

8) 『조선중앙일보』, 1934년 7월 18일.

이 작품은 난해한 작품 중의 하나이다. 여기에는 친절하고도 구체적인 정황이 완전하게 제거되어 있다. 도표의 난데없는 등장에다가 궁벽한 고전에서 동원된 어휘가 난해성을 더욱 부추긴다.9) "익은불서 목대부도(翼殷不逝 目大不覩)"는 『장자』 외편 「산목(山木)」편에 나오는 구절이다. 커다란 까치가 장자의 이마를 스치고 날아가자, 장자가 혼자 중얼거린 말("저것은 무슨 새일까? 날개가 커도 제대로 날지 못하고 눈이 커도 제대로 보지 못하니.")의 뒷부분이다.

지금까지 이 작품에 대한 해석은 다양하다.

먼저 「烏瞰圖오감도 : 詩第五號시 제5호」만을 단일한 대상으로 다룬 글은 아마도 김정은의 글이 처음일 것이다. 이 글은 석사 학위 논문의 일부를 독립적으로 구성한 것으로서, 이상 시학을 '해체와 조합의 시학'이라 부르며 「烏瞰圖오감도 : 詩第五號시 제5호」를 꼼꼼하게 분석하고 있다.10)

10) 김정은,「해체와 조합의 시학「오감도 시 제5호」」,『문학사상』(1985년 12월호).

이 글의 장점은「烏瞰圖오감도: 詩第五號시 제5호」를 분석하기 위해 선행 텍스트「建築無限六面角體건축 무한 6면 각체: 二十二年이십이 년」과「BOITTEUX · BOITTEUSE 부아퇴 · 부아퇴즈」를 도입하여 설명하고 있다는 점이다. 이 글은 후자의 "긴것 // 짧은것 // 열十字십자 // 그러나 CROSS에는기름이묻어있었다 // 墮落타락 // 不得已부득이한平行평행 // 物理的물리적으로야 앉았다 / (以上平面幾何學이상평면기하학)"이라는 구절이「烏瞰圖오감도: 詩第五號시 제5호」의 내용과 일치한다고 본다. 이런 관점에서 볼 때 '전후좌우를 제하는 유일의 흔적'은 '二十二'라는 제목에서 앞뒤의 '二'를 제거한 '열십자(十)'를 가리킨다. '반왜소형의 신'은 열십자에서 연상되는 기독교적 신을 함축한다. 또한 도형은「BOITTEUX · BOITTEUSE 부아퇴 · 부아퇴즈」의 '평면 기하학'을 나타낸 것이며, '臟腑장부'는 언어 유희로 '丈夫장부'를 환기한다. '익은불서 목대부도'는 자신의 무용함을 나타내고, '침수된 축사'는 자신의 불결함을 환기시킨다. 따라서「烏瞰圖오감도: 詩第五號시 제5호」는 "'二十二年은 쓸모없다'라는 함축된 의미를 싸고도는 우회의 방식으로 텍스트가 형성된 것"11)

11) 김정은, 위의 논문, 335쪽.

이라 평가된다. 김정은의 해석에서 선행 텍스트의 활용은 작품 해석에 많은 도움을 준다. 하지만 텍스트에서 텍스트로 미끄러지기만 하여 일시적인 해석의 매듭도 형성되지 않는 느낌을 강하게 준다. 그것은 작품 해석의 중요한 원경험이라 할 '낙상'이나 '추락'의 구체적인 해명이 부족하기 때문이다. 이 때문에 김정은의 해석은 관념적이고 추상적인 해석에 머물렀다는 비난은 피하기 어렵다. 도형에 대한 해석이 모호한 것도 이 때문이다.

이에 앞서 이어령은 구절 해석을 통해 이 작품의 첫 부분을 소설 「幻視記환시기」(1938년)의 서두("太昔태석에 左右좌우를 難辨난변하는 天痴천치 있드니")와 연결시키고 '반왜'를 '살찐 난장이'로 풀이한 바 있다.[12] 이어령은 일부 구절 해석에만 머무르고 작품 전체의 의미는 언급하지 않고 있지만, 그 일부 구절의 해석도 그다지 설득력이 없다.〔「幻視記환시기」의 서두와 「烏瞰圖오감도 : 詩第五號시제5호」는 일부 어휘(좌우)의 유사성 외에 관련이 없다.〕

[12] 이어령 교주, 『이상 시 전작집』(갑인출판사, 1978년), 19쪽.

이승훈은 그다지 특별한 견해를 밝히지 않는다. 그는 주로 김정은의 해석을 따르고 있으며, 다만 도형의 설명에 기존의 의견을 요약 정리하여 보여 주고 자신의 의견을 덧붙인다. 그는 도형에 대한 해석, "① 화살표가 내부를 향한 4각형, 따라서 전후좌우를 제한 어떤 모습을 추상화한 것으로, 내향적 자기 성격 혹은 폐쇄된 시대성(구연실),[13]

[13] 구연식의 오자이다. 구연식, 『한국 다다이즘(Dadaism)의 비교 문학적 연구 : 이상 시를 중심으로』(동아대 박사 학위 논문, 1974년), 24쪽.

② 욕구의 리비도(libido)성, 곧 凹은 여성, ↓는 남성을 표상(정귀영)"[14]

[14] 이승훈 엮음, 『이상 문학 전집 1 시』(문학사상사, 1989년), 28쪽.

을 제시하고, 자신의 견해로 이 도

형이 '성교'를 표상한 것임을 내세운다. 그러나 도형이 성적 이미지를 지닌다는 것은 그다지 새로운 견해라 할 수 없다.

권영민은 「烏瞰圖오감도 : 詩第五號시 제5호」가 "시인의 나이 22세에 폐결핵을 진단받고 그 병환이 심각한 상태에 있음을 알게 된 순간의 절망감"15)

_{15) 권영민 엮음, 『이상 전집1 시』(뿔, 2009년), 54쪽.}

을 그린 작품으로 본다. 그에 따르면 『장자』의 구절은 병으로 인한 신체 기능의 결여 상태를 패러디한 것이며, 도형은 엑스선 사진을 나타낸 것이다. 또한 '좌우를 제한 유일의 흔적'은 '좌우(가슴 양쪽의 폐)가 모두 손상된 모양'을 의미하며, '반왜소형의 신'은 키가 작고 뚱뚱한 의사를 가리킨다. 또 '장부타는 것'을 오식으로 보지 않고, 엑스선 사진의 검은 부분을 화자가 신체의 내장 기관이 타는 것으로 표현한 것으로 본다. 이런 해석은 구체적인 경험을 제시하여 해석의 선명성에는 도움이 되지만, 폐결핵 진단 경험에 시를 환원시키다 보니 해석이 부자연스럽고, 오식이 분명한 부분에 애써 의미를 부여하는 억지가 생겼다.

본고는 이런 기존 해석의 한계를 넘어서, 이미 구체적인 해석을 제시한 바 있다.16)

_{16) 박현수, 『모더니즘과 포스트모더니즘의 수사학―이상 문학 연구』(소명출판, 2003년), 188-190, 280쪽 참조.}

그러나 하나의 완결된 원고로 제시되지 않아 여기에 「烏瞰圖오감도 : 詩第五號시 제5호」에 대한 논의를 하나의 글로 보이고자 한다.

3. 「烏瞰圖오감도 : 詩第五號시 제5호」의 새로운 해석

지금까지 해석이 불충분한 것은 이 작품에 깔린 원경험이 알려지지 않았기 때문이다. 이 작품의 원경험은 일문 시의 제목 '이십이 년', 즉 이상이 스물두 살에 겪은 경험과 연관되어 있다. 다행스럽게도 그 경험은 한 편의 산문으로 정리되어 있는데, 그것이 바로 일문 유고 노트에 실린 「哀夜애야」이다. 「哀夜애야」는 '나는 한 매춘부를 생각한다'라는 부제에서 드러나듯이 매춘의 경험을 기록한 글이다.[17]

[17] 이에 대해서는 박현수, 「이상 시학의 밀실로 가는 열쇠, 「애야(哀夜)」」, 이상문학회 편, 『이상 수필 작품론(이상 리뷰 제8호)』(역락, 2010년) 참조. 이 글에 영인된 상태의 「哀夜애야」 원본을 수록하였다. 본고는 이 글의 내용을 바탕으로 새로운 자료를 보완한 것임을 밝혀 둔다.

일부만 인용해 본다.

―

括約筋괄약근―이를테면 肛門항문 따위―여자의 입은 括約筋괄약근인 모양이다. 자꾸 더 입을 오므리고 있다. 그것을 자기의 눈으로 내려다보고 있다. 코는 어지간히 못생겼다. 바른쪽과 왼쪽 뺨의 살집이 엄청나게 짝짝이다. (…) 거름 냄새가 코에 푸욱 맡혀 왔다.

그러자 갑자기 여자의 두 볼은 臀部둔부에 있는 그것처럼 깊은 한 줄씩의 주름살을 보였다. 奇怪기괴한 일이다. 여자는 도대체 이렇게 하고 웃으려고 하는 것인가. 골을 내려고 하는 것인가 위협을 하려고 하는 것인가 아니면 결국 울려고 하는 것인가. 나에게는 참을 수 없는 威脅위협이다.

여자는 일어났다. 그리고 흘깃 내쪽을 보았다. 어떻게 하려는가 했더니 선 채로 내 위로 버럭 덮쳐 왔다. 이것은 틀림없이 나를 壓殺압살하려고 하는 것일 것이다. 나는 손을 허공에 내저으면서 바보 같은 悲鳴비명을 올렸다. 말의 體臭체취가 나를 毒殺독살시킬 것만 같다.

놀랐던 모양이다. 여자는 비켜났다. 그리고 지금의 것은 求愛구애의 혹은 愛情애정에 報答보답하는 表情표정이라는 것을 나에게 알려 주었다.

나는 몸에 惡寒오한을 느끼면서도 억지로 부드럽게 웃는 낯을 해보였다. 여자는 알겠다는 듯이 너그럽게 고개를 끄덕거려 보였다.

아— 얼마나 무섭고 鈍重둔중한 사랑의 제스처일까. 곧 여자는 나가버렸다.[18]

18) 김주현 주해, 『증보 정본 이상 문학 전집1 시』(소명출판, 2009년), 177-181쪽.

상당히 그로테스크한 경험의 기록이라 할 이 글에 나오는 매춘부는 입을 자기의 눈으로 내려다볼 수 있을 정도로 눈과 입이 튀어나오고, 코는 어지간히 못생기고, 뺨의 살집은 불균형인 데다 몸에서 거름 냄새와 같은 악취가 나는 여자이다. 거기에다 압살의 위협을 느낄 정도로 과격하게 애정을 표현하는 존재이기도 하다. 그리고 '압살'이라는 말이나 "나는 될 수 있는대로 여자의 체중을 절취(竊取)했다."라는 표현에서 '체중' 이야기가 나오는 것으로 보아 대단한 비만이라는 사실도 짐작할 수 있다. "체중을 절취했다"는 표현은 '체중을 몰래 짐작해 보았다.'는 뜻으로, 이 말 속에는 그녀의 대단한 몸집에 대한 암시가 담겨 있다. 그는 이 여자의 애정 표현을 "무섭고 鈍重(둔중)한 사랑의 제스처"라고 표현하고 있다. 무서움을 줄 정도로 위협적인 체중이라는 뜻이다.

이런 상황을 종합해 볼 때 이상은 그녀에게서 일종의 추함, 공포와 불결함 등 부정적인 감정을 느꼈음을 알 수 있다. 그래서 이 여자와 관계를 한 그 날의 경험은 이상에게 '무섭고' '기괴한 일'이면서 동시에 '슬픈 밤(哀夜)'의 기억일 수밖에 없을 정도로 강렬한 것으로 각인되었던 것 같다. 그는 이 강렬한 인상 때문에 이 경험을 그의 친구에게도 전한 것으로 보인다. 문종혁(文鍾爀)의 증언에서 이와 유사한 경험이 등장한다.

그게 몇 살 적인지 기억이 분명치 않다. 그러나 스물한 살 전후인 것은 확실하다. 어느날 내게 상의 편지 한 장이 날아왔다. 그 내용인즉 다음과 같다. 상은 한 여인을 샀다고 한다. 아마도 그 때, 공창(公娼)이 있던 시절이오, 그 이야기라고 생각된다. 그 편지에는 삽화가 한 장 첨부되어 있었다. 여자가 천정을 향하고 누워 있는 모습을 옆에서 본 그림이다. 배는 임신 10개월로는 부족하다. 젖가슴부터 아랫배까지가 고무 풍선 같다. 그 높이가 대단하다.
또 그녀의 얼굴은 메주를 손가락으로 꾹꾹 찔러 만들었다면 입체감이 난다. 이북 말로 미욱하기 짝이 없다. 눈퉁이는 나오고 코는 납작하고 입술은 돼지입이다.
이 여인이 말하더라는 것이다.
"파리만도 못한 기운을 해 가지고—"

그러며 해괴한 눈으로 흘겨보더라는 것이다.[19]

19) 문종혁,「심심산천에 묻어 주오」,『여원』(1969년 4월호), 241쪽.

문종혁의 증언에 나오는 매춘부도 튀어나온 눈퉁이에 납작한 코, 돼지입 같은 입술을 지닌 미욱하기 짝이 없는 용모의 소유자이며 동시에 대단하게 비만인 여성이다. 여러 가지 점에서 이 두 글에 등장하는 매춘부는 동일한 존재로 볼 수 있다.[20]

20) 이경훈도 "「애야」의 '한 매춘부'는, 문종혁에게 보낸 이상의 삽화에 등장했던 그 매춘부일 가능성이 크다."고 지적한 바 있다. 이경훈,『이상, 철천의 수사학』(소명출판, 2000년), 215쪽.

이상은 그의 생전에 이 경험을 직설적 형태로 활자화한 적이 없다. 그러나 그에게 이 경험은 너무나 강렬하여 어떤 식으로든 표출되지 않으면 안 될 성질의 것이었다.

이상의 일문 시「建築無限六面角體건축 무한 6면 각체：二十二年이십이년」(그리고「烏瞰圖오감도：詩第五號시 제5호」)은 바로 이런 경험을 표현한 것이다. 제목 '이십이 년'은 이상이 그 그로테스크한 경험을 한「哀夜애야」의 해에 해당하는 이상의 나이를 뜻하는 것으로 보인다.[21]

21) 이는 특정 일자를 작품에 사용하는 창작 방법의 한 연장선상에 있다. 그 중 유고로 발표된 시「一九三一年(作品 第一番)1931년 작품 제1번」과「獚」,「獚의 記 作品第二番 황의 기 작품 제2번」 등이 그 경험과 관련될 가능성이 높다.

이상의 나이 22세는 우리 나이로 할 때 1931년, 만으로 하면 1932년 무렵에 해당하는데 이 작품의 발표 시기(1932년 7월)와 유사하다. 이런 추정은 문종혁이 확신을 가지고 증언하는 '스물한 살 전후'와도 일치한다.

이 시에 나오는 "전후좌우를제한유일의흔적(前後左

右を除く唯一の痕跡)"은 '전후좌우'로 표현되는 부차적인 것, 비본질적인 것을 제외한 가장 본질적인 어떤 것을 나타내는 표현으로 볼 수 있는데, 이를 사람의 몸에 적용하면 몸통 부분을 말하는 것으로 보인다. 이 때의 전후좌우란 사지(四肢)라 할 수 있으며, 이것을 제한 '유일의 흔적'은 몸통 자체, 즉 몸통이 비만하여 사지가 상대적으로 위축된 상태를 의미하는 것이다. (그리고 그 몸통의 핵심인 여성의 자궁을 가리킨다.) 이런 모습은 『산해경(山海經)』에 나오는 제강(帝江)이라는 신의 모습과 유사한데 이 잠재적인 맥락은 이후의 '神신'이란 단어로 현현한다.

↑『산해경』에 그려진 '제강'의 형상.

'목대부도'는 눈이 크다는 의미소를 중심으로 볼 때 문종혁의 증언에 나오는 '튀어나온 눈퉁이'와 연결될 수 있다. 그렇게 볼 때 '반왜소형의 신'은 『산해경』의 신의 모습처럼 '작지만 뚱뚱한 체구의 매춘부'와 연결된다. 그 신 앞에 낙상한 고사라는 것은 바로 "파리만도 못한 기운을 해 가지고—"라는 수치스런 면박을 당한 일과 관련된다.

이 작품에 『산해경』에 나오는 '제강'이라는 신이 중요한 의미 요소로 개입되어 있다는 사실은 추정에 불과한 것이라 할 수 없다. 일단 『산해경』에 구체적으로 그려진 제강의 형상이 비만한 상태를 나타내기에 적절한 것이라는 사실이 지적되어야 할 것이다. 그러나 이상이 이런 지식을 알고 있었느냐 하는 점이 의문으로 남을 수 있다. 그것을 밝히는 데 일본의 모더니즘 시 잡지 『시와 시론(詩と詩論)』에 실린 한 작품에 주목해야 한다. 안자이 후유에(安西冬衛)의 「백만불(百萬弗)」이라는 작품이 그것이다. 그 작품에 제강을 다루고 있다.

탱크의 復古

탱크는 제강(帝江)의 원시(原始)로 복귀해야만 한다.
나는 『삼재도회(三才圖會)』에 의거한다.

天山有神形狀如皮囊背上赤如火六足四翼混沌無面目
自識歌舞名之曰帝江[22]

22) 安西冬衛, 「百萬弗」, 『詩と詩論』 第4冊(東京: 厚生閣, 1929. 6.), 157쪽. 번역은 필자. 인용된 한문은 다음과 같이 해석될 수 있다. "천산에 신이 있는데, 형상은 가죽부대와 닮았다. 등은 붉고 누렇기가 마치 불과 같다. 여섯 개의 발과 네 개의 날개를 가졌으며 혼돈하여 얼굴이 없다. 노래와 춤을 이해할 줄 안다. 이를 일러 제강이라 한다."

안자이 후유에는 이 시에서 제강을 탱크의 원형으로 본다. 그리고 『산해경』이 아니라 이를 풀이하여 설명한 『삼재도회』라는 중국의 백과 사전에서 구체적인 설명을 인용하고 있다. 『삼재도회』가 기존의 그림을 모아 놓은 사전이고, 『산해경』이 제강 신화의 원형이므로 그림이 『산해경』에 실린 것과 동일한 것은 당연하다. 그렇다고 해도 이상이 안자이 후유에의 이 작품을 보았을 가능성에 대한 의문이 또 남을 수 있다. 그러나 그것은 거의 확실한 사실로 보인다. 이상은 같은 작품에 나온 『장자』의 한 구절 '윤부전지(輪不蹍地)'에서 따온 표현—즉 '윤부전지(輪不蹍地)'라는 말을 「建築無限六面角體건축 무한 6면 각체: 且8氏의 出發 저팔씨의 출발」에서 사용하기 때문이다.[23]

23) 이상은 "輪不蹍地 展開된 地球儀を前にしての說問一題"라고 표현한다. 『시와 시론』의 「百萬弗」에는 "航空機의 發祥 / 莊子は飛行の可能을 力學的に 啓示した。 / 輪不蹍地。"라 표현되어 있다. 구체적인 논의는 박현수, 『모더니즘과 포스트모더니즘의 수사학—이상 문학 연구』(소명출판, 2003년), 188-198쪽 참조.

이상이 이 구절을 『장자』를 직접 읽고 사용하였다고 생각할 수도 있지만, 여러 가능성을 고려할 때 일본 잡지 『시와 시론』을 보고 알았을 가능성이 더 높다. 마찬가지로 「建築無限六面角體건축 무한 6면 각체: 二十二年 이십이 년」의 제강이나 장자의 관련 구절도 이런 지식에 의한 것으로 보는 것이 타당할 것이다. 그러나 안자이 후유에가 그 구절을 지극히 상식적인 수준 내에서 사용하는 것과 달리 이상은 시의 난해성을 높이고 신기성을 극대화하는 차원에서 이 구절을 효과적으로 활용하고 있다는 점에 주목해야 한다.

그 다음에 등장하는 도형은 누워 있는 여성의 자궁을 추상화한 것으로 보인다. 이런 추정은 문종혁의 증언 "여자가 천정을 향하고 누워 있는 모습을 옆에서 본 그림"에서 확인될 수 있다. 즉 이 도표는 이상이 그 매춘부를 그린 삽화의 추상적인 약도라 할 수 있는 것이다. 이 작품이 최초에 가로쓰기로 발표되었다가 후에 〈烏瞰圖오감도〉의 연작시에 세로쓰기로 다시 발표되었을 때에도 이 도표만큼은 동일한 형태를 취한다는 사실도 이런 추정에 힘을 실어 준다. 즉 천장을 향하고 누워 있는 모습을 강조하기 위해 가로쓰기나 세로쓰기와 같은 표현 환경의 차이가 발생했음에도 도표는 동일한 형태를 유지하게 한 것이다.

이 도형을 자궁으로 볼 때 그 다음 구절, 즉 장부(臟腑)를 침수된 축사에 비유한 표현이 자연스럽게 해석된다. 장부는 오장육부(五臟六腑), 즉 내장을 총칭하는 말이지만 여기에서는 여성의 자궁을 가리키는 데 사용되고 있다. 자궁을 침수된 것으로, 즉 젖은 것으로 표현한 것은 생리적 특성과 부합한다. 그리고 자궁을 '젖은 돼지 우리'와 같이 표현한 것은 「哀夜애야」의 불유쾌한 경험을 반영한 것이라 할 수 있다. 즉 「哀夜애야」에 나오는 매춘부의 육체에 대한 혐오를 반영한 것이다. 이런 표현은 이와 유사한 경험을 다룬 것으로 보이는 작품 「街外街傳가외가전」의 다음 구절과 비교할 때 더욱 분명해진다.

나날이썩으면서가르치는指向지향으로奇蹟기적히골목이뚫렸다. 썩는것들이落差낙차나며골목으로몰린다. 골목안에는侈奢치사스러워보이는門문이있다. 門문안에는金금니가있다. 金금니안에는추잡한혀가달린肺患폐환이 있다. 오— 오—. 들어가면나오지못하는타입기피가臟腑장부를닮는다. 그우로짝바뀐구두가비철거린다. 어느菌균이어느아랫배를앓게하는것이다. 질다. (밑줄 필자)

「街外街傳가외가전」은 이상이 직접 편집한 구인회(九人會) 기관지『시와 소설』에 실린 것으로 아방가르드적 요소가 강한 작품이다. 성적인 이미지로 가득한 이「街外街傳가외가전」에서 골목이나 그 안에 있는 문은 여성의 은밀한 신체 부위를 가리키는 말이라 할 수 있다. 인용문의 '골목―문―금니―혀가 달린 폐환'이라는 연쇄적인 어휘가 장부(臟腑)와 연결되는 것이며, 그 위에 구두(남성의 상징)가 비철거리는 것 역시 성적인 이미지로 해석된다.

특히 '들어가면 나오지 못하는 타입 깊이가 장부를 닮는다'는 표현은 낚싯바늘과 닮은 화살표를 통해 자궁을 추상화한「烏瞰圖오감도 : 詩第五號시 제5호」의 도형과 관련된다. 도형에서 화살 표시가 안으로만 들어가는 것으로 표현된 것이 이런 의도를 반영한 것이다. 더 중요한 것은「街外街傳가외가전」의 이 부분이 장부와 골목을 중첩적으로 지시하는 '질다'라는 표현으로 끝나고 있다는 점이다. 골목이 진 것처럼 골목을 닮은 장부, 즉 자궁도 진 것이다. 이것은「烏瞰圖오감도 : 詩第五號시 제5호」의 '침수된 축사'의 반복이자 변형이라 할 수 있다. 이는 또한「哀夜애야」에서 "눈을 감은 兵士병사"가 발을 들여놓는 "개흙진 沼澤地소택지"와 동일한 표현이다. 이를 다시 정리하자면 '침수된 축사와 같은 장부'(「建築無限六面角體건축 무한 6면 각체 : 二十二年이십이 년」,「烏瞰圖오감도 : 詩第五號시 제5호」)='개흙진 소택지'(「哀夜애야」)='질어빠진 장부'(「街外街傳가외가전」)라는 등식이 성립되는 것이고 이는 당연히 동일한 계통의 이미지인 것이다.

4. 이상 시학의 본질

「哀夜애야」와 「建築無限六面角體건축무한6면각체 : 二十二年이십이년」, 「烏瞰圖오감도 : 詩第五號시 제5호」는 하나의 체험이 어떤 경로를 거쳐 난해한 텍스트로 변용되는가를 잘 보여 준다는 점에서 이상 시학의 비밀에 접근하는 데 가장 적절한 자료가 된다. 중요한 것은 이상이 동일 체험을 다룬 산문을 극단적인 난해성을 지닌 시로 변용한 방법론은 무엇일까 하는 점이다. 그 방법론이 바로 이상 시학이라 할 수 있다. 이상은 그 방법론을 몇 가지 이름으로 부른다. 가장 많이 사용한 것이 '위티즘(witism)'일 것이다. 이 용어는 「斷髮단발」이라는 작품에서 네 번 사용되고 있다. 또 '위트와 파라독스'(「날개」), '아름다운 복잡한 기술'(「地圖의 暗室지도의 암실」), '기만술'(「終生記종생기」), '복화술'(「獚의 記 作品 第二番황의 기 작품 제2번」) 등 상당히 다양하다. 이것은 이상이 자신의 시학에 얼마나 의식적이었는가를 보여 주는 증거가 된다.

「哀夜애야」에서 「烏瞰圖오감도 : 詩第五號시 제5호」로의 변용에는 바로 이런 시학이 가로놓여 있다. 이 시학의 본질은 무엇일까. 그것은 일상적인 경험을 기술적으로 왜곡시키고자 하는 욕망이다. 쉽게 전달되는 것은 새로운 문학의 금기이기 때문이다. 목소리를 매체로 하던 시대의 서정시는 알기 쉬운 말, 관습적인 표현, 반복법 등을 사용하여 청각에 호소하였다. 하지만 인쇄 활자를 매체로 하는 현대시는 한 번에 그냥 읽어 지나가게 하는 관습적인 표현이나 쉬운 문장 구조 등을 기피한다. 시각적으로 독해하는 시간을 요하는 것이 현대시의 요구 조건이기 때문이다. 이상 역시 이것을 정확하게 인식하고 있다.

이상은 "한 번 읽어 지나가면 도무 소용인 글자의 고정된 기술 방법을 채용하는 흡족치 않은 버릇"(「地圖의 暗室 지도의 암실」)을 버리고자 한다. "한 번 읽어 지나가면 도무 소용인 글자의 고정된 기술 방법"은 바로 시가 노래였던 시대, 그리고 그 유산을 물려받은 현대 서정시의 세계에나 적합한 방법이다. 이는 '한 번 읽어 지나가면 도무 소용'이 된다는 점에서 "1차 방정식 같이 간단"(「獚의 記 作品 第二番 황의 기 작품 제2번」)[24]

[24] 이상은 '나의 식욕은 1차 방정식 같이 간단하였다.'는 표현을 사용하는데, 이는 '답을 풀어서 근이 하나 나오는 것, 아주 단순하고 뻔한 것'을 의미한다.

하고도 상식적인 방법이 아닐 수 없다. 지각과 동시에 이해가 이루어지는 이런 방식과 달리 이상이 목표로 하는 것은 지각의 과정을 최대한 지연시키는 글쓰기이다. 이는 시클롭스키(V. Shklovsky)가 "사물을 '낯설게' 하고 형식을 어렵게 하며, 지각을 힘들게 하고 지각에 소요되는 시간을 연장"하는 데 목적이 있다고 한 예술의 기법과 같은 궤에 놓인다. 그에 따르면 예술은 어느 대상의 예술성을 경험하는 한 방법이기에 지각의 과정은 그 자체가 미학적 목적이고 따라서 되도록 연장되어야 하는 것이다.[25]

[25] 쉬클로프스키 지음, 문학과 사회 연구 옮김, 「기술로서의 예술」, 『러시아 형식주의 문학 이론』(청하, 1986년), 34쪽.

이상에게 있어서 '한 번 읽어 지나가면 도무 소용'인 글은 "금칠을 너무 아니"(「終生記종생기」)하여 지각에 소요되는 시간이 거의 없는 글이며, 읽는 행위 자체만 남고 행위의 결과는 없는 자동화된 글 읽기만 유도하는 글이다. 이상이 원하는 것은 이 상투적인 글쓰기에서 벗어나서 '한 번 읽어 지나가'서는 도저히 그 지각이 즉각적으로 이루어지지 않도록 "고의적으로 방해받는 형식(deliberately impeded form)"[26]

[26] 어얼리치(V. Erlich) 지음, 박거용 옮김, 『러시아 형식주의』(문학과지성사, 1983년), 228쪽. 이와 관련해서 아이스테인손(A. Eysteinsson)의 방해의 미학 관련 논의가 도움이 된다. 아이스테인손 지음, 임옥희 옮김, 「리얼리즘, 모더니즘, 방해의 미학」, 『모더니즘 문학론』(현대미학사, 1996년) 참조.

을 고안해 내는 것이다.

그런데 이 기술은 기술이면서 기술 이상의 어떤 것으로 읽힌다는 점에서 문제적이다. 이는 바둑 포석이 바둑 포석의 기술이 아니라 바둑의 원리로 읽히는 것과 같다. 단적으로 말하자면 이상의 기술은 기술이면서 동시에 그 원리이다. 그 기술은 단순한 기교의 차원에 그치는 것이 아니라 기술 자체 속에 그 원리를 내재하고 있는 것이다. 따라서 이상의 시학에 있어서 기술은 개념상 포지올리(R. Poggioli)의 '기술주의'에 보다 가깝다고 할 수 있다.[27]

[27] 포지올리 지음, 박상진 옮김, 『아방가르드 예술론』(문예출판사, 1996년), 200쪽.

'기술의 범주에 비기술적인 것을 포함시키는 것'으로 정의되는 기술주의는 이전 고전 예술에서 강조되었던 기술과 전혀 다른 함의를 지닌다. 그의 말처럼 기술주의는 기술이 존재 이유를 갖지 못하는 곳인 정신적 영역에 기술적 재능이 침투하는 것을 의미하기 때문이다. 기술은 단순한 기교의 차원에 놓여 있는 것이 아니라 자체의 형이상학을 내재한 이념이 되었던 것이다.

이상 문학의 본질을 단순한 기교 차원의 기술로 파악하여 폄하하는 것은 방법론의 심층적 측면을 간과한 일면적 이해에 불과하게 된다. 원리를 내재한 기술로서 이상 시학은 단순한 기술이 아니다. 모든 형이상학적 체계를 스스로 구현하고 있는 형식으로서, 존재 그 자체가 존재 이유가 될 정도의 역학적인 힘을 자급하는 개념이다. 이상은 이 총체적 기술주의를 시학의 절대적인 조건으로 삼고 있었던 것이다.

이상 시학은 '복화술'로 대표되는 총체적 시학의 결정이다. 당대 모더니스트들 가운데 기술주의의 방법론을 자신의 삶과 결합시킨 이는 드물었다. 김기림 같은 경우도 그 방법론은 체화되지 않은 일종의 지식의 상태를 벗어나지 못하였다. 이상에게 방법론은 그의 삶과 밀착되어 있었다. 이 점이 이상 문학의 새로움이 고갈되지 않는 이유라 할 수 있다. ÷

박현수

경북대 국어국문학과 교수. 시인, 문학평론가. 시집『우울한 시대의 사랑에게』『위험한 독서』, 연구서『현대시와 전통주의의 수사학』『모더니즘과 포스트모더니즘의 수사학』, 시 비평집『황금책갈피』, 편저『시를 써야 시가 되느니라』『레몬 향기를 맡고 싶소』, 공저『이상 문학 연구의 새로운 지평』등을 펴냈다.

06 〔권희철〕「詩第六號시 제6호」, 鸚鵡앵무 二匹이필은 三삼에 이를 수 있을까?

烏瞰圖
詩第六號

鸚鵡 ※ 二匹
          二匹
        ※ 鸚鵡는哺乳類에屬하느니라.
내가二匹을아아는것은내가二匹을아알지못하는것이
니라. 勿論나는希望할것이니라
鸚鵡   二匹
「이小姐는紳士李箱의夫人이냐」「그러타」
나는거기서鸚鵡가怒한것을보앗느니라. 나는붓그러
워서 얼굴이붉어젓섯겟느니라.
鸚鵡   二匹
         二匹
勿論나는追放당하얏느니라. 追放당할것까지도업시
自退하얏느니라. 나의體軀는中軸을喪尖하고또相當
히蹈跟하야그랫든지나는微微하게涕泣하얏느니라.
「저기가저기지」「나」「나의—아—너와나」
「나」
sCANDAL이라는것은무엇이냐.「너」「너구나」
「너지」「너다」「아니다 너로구나」나는함
뿍저저서그래서獸類처럼逃亡하얏느니라. 勿論그것
을아는사람或은보는사람은업섯지만그러나果然그
럴는지그것조차그릴는지.

— 『朝鮮中央日報』1934년 7월 31일

06

「烏瞰圖오감도 : 詩第六號시 제6호」,
鸚鵡앵무 二匹이필은 三삼에 이를 수 있을까?

권희철 | 문학평론가

1. 「詩第六號시 제6호」—〈烏瞰圖오감도〉 속의 「날개」
2. 긍정의 쪼개짐으로부터 부정의 쪼개짐으로, 앵무(鸚鵡)의 날개로부터 수류(獸類)의 네 발로
3. 〈烏瞰圖오감도〉 스케치 속의 「詩第六號시 제6호」
4. 「烏瞰圖오감도 : 詩第六號시 제6호」와 「地圖의 暗室지도의 암실」, 사랑의 숫자 3

1. 「詩第六號시 제6호」— 〈烏瞰圖오감도〉 속의 「날개」

이상의 연작시 〈烏瞰圖오감도〉 가운데 「詩第六號시 제6호」는 다른 시들에 비해 연구자들의 주목을 받지 못한 편이다. 시 제1, 4, 15호가 이상의 시를 설명하는 상징처럼 내세워지거나, 시 제5, 9호가 이상의 결핵을 논하는 대목에서 자주 인용되고, 시 제11, 13호가 분열된 주체의 심리를 보여 주는 사례처럼 언급되곤 하는 것에 비해, 「詩第六號시 제6호」가 이상의 시를 해명하는 자리에서 자주 보이지 않는 것은 어찌된 일일까. 이것은 물론 〈烏瞰圖오감도〉 가운데 작품의 경중을 따진 연구자들의 평가가 반영된 결과겠지만, 혹시 이 시가 함축하고 있는 '연애 혹은 부부 관계의 파탄'이라는 주제가 주로 소설 쪽에서 다뤄진 탓에 연구자들 또한 이 주제와 관련해서는 「날개」, 「童骸동해」, 「終生記종생기」 등의 소설 분석에 집중했기 때문이 아닐까.

이러한 추측이 어느 정도 타당한 것이라면 「烏瞰圖오감도 : 詩第六號시 제6호」는 다른 각도에서 연구자들의 주목을 요구하고 있다고 말할 수 있겠다. 이상이 나중에 소설에서 다루게 될 주요 모티프〔"우리 부부는 숙명적으로 발이 맞지 않는 절름발이인 것이다."(「날개」)〕가 이미 〈烏瞰圖오감도〉의 기획 안에 포함되어 있다는 점을 이 시가 선명하게 보여 주고 있는 셈이기 때문이다.[1]

[1] 이상이 자신의 출세작 「날개」를 발표한 것이 1936년 9월이며 이 때부터 이상 문학에서 소설의 비중이 크게 늘어난다. 〈烏瞰圖오감도〉가 발표된 것은 1934년 7월부터 8월까지로, 한글로 쓴 시 가운데는 비교적 연대가 앞서는 셈이다. (「烏瞰圖오감도 : 詩

第四號^{시제4호}」 등에 표시된 날짜 등을 참고할 때 이 시들은 1931년에 쓰였거나 그 시절 쓴 초고들을 반영한 것이다.) 그런데 「날개」 이후의 모티프가 〈鳥瞰圖^{오 감도}〉의 기획 속에 이미 포함되어 있었다는 점은 다시 1931년에 쓰인 일문 시 〈鳥瞰圖^{조감도}〉에도 적용해 볼 만하다. 〈鳥瞰圖^{조감도}〉 계열 시 가운데 「狂女의 告白^{광녀의 고백}」과 소설 「童骸^{동해}」의 유사성에 대해서는 졸고, 「이상의 '마리아'와 아쿠타가와 류노스케의 '예수'」, 란명 외, 『이상적 월경과 시의 생성』(역락, 2010년), 297-303쪽.

그렇다면 이상 문학에서 '거울'을 사이에 두고 대칭 관계를 이루면서도 동시에 차단되고 분리되는 '시적 상황'과 '연인 혹은 부부'가 한 쌍을 이루면서도 결합에 실패하고 결국 파탄에 이르는 '소설적 상황'은 단지 구조적 유사성을 확인할 수 있는 것 이상으로 긴밀하게 연관되어 있는 것이 아닐까. 1936년 이후에야 본격적으로 시작되는 이상의 소설 작업은 그 이전에 이상이 공들여 온 시적 기획의 일부를 변주시키거나 심화시킨 것이 아닐까. 다시 말해서 이상 문학은 단지 새롭고 독특한 기교들의 산발적 시험이 아니라 매우 섬세하고 집요하며 연속적인 기획의 굴곡으로 이루어진 것은 아닐까.[2]

[2] 한 사람의 시인 혹은 작가가 잘 조직된 전체 기획 속에서 개별 작품 모두를 창작했다고 가정하는 것은 일반적으로는 연구자의 환상에 지나지 않는다. 시인 혹은 작가는 다양한 관심과 유동적인 사유 체계 속에서 이질적인 작품들을 써 내거나 작품과 작품 사이에서 어떤 비약을 이루는 것이 매우 자연스러운 일이다. 하지만 이상은 최초의 작품인 장편 소설 『十二月十二日^{12월 12일}』(『朝鮮^{조선}』, 1930년 2월~12월)를 발표한 시점으로부터 사망(1937년 4월 17일)에 이르기까지 그리 길지 않은 시간(만 7년) 동안 창작을 남겼다. 시의 경우 개별 시를 아우르는 전체 제목을 내세운 연작시 혹은 계열시를 주로 써 왔고 소설의 경우 소설 「김유정」을 제외한 모든 작품이 하나의 주제를 반복해 왔다고 할 수 있으며, 이상 문학의 원점이라고 할 만한 일문 시 「線に關する覺書^{선에 관한 각서} 1」부터 〈三次角設計圖^{3차각 설계도}〉(강조 : 인용자)라는 제목을 내세우고 있어, 의식적이고 자각적인 전체 기획(설계도)을 염두에 둔 상태에서 개별 작품들을 써 왔다고 추측하는 것이 가능하다. 또한 이상의 시와, 소설, 수필 등이 서로가 서로를 반영하며 비슷한 표현이나 모티프들을 활용해 왔다는 것은 많은 연구들이 확인한 바 있다. 그러므로 이상 문학 연구의 경우, 개별 작품들 전반을 검토하면서 전체 기획 의도를 추적하고 동시에 전체 기획의 밑그림을 염두에 두면서 개별 작품들을 분석해야 한다. 이 양 방향의 시선을 갖추지 못한 경우 특정 작품의 특정 부분만을 강조하면서 이상 문학을 왜곡하고 연구자의 시각에 맞춰

자의적 해석으로 나아갈 가능성에 각별히 주의해야 한다. 시/소설 연구의 분업 체제가 정착되어 있는 우리 학계의 풍토가 혹시 이 점을 소홀히 하고 있는 것은 아닌지 한 번쯤 따져 봐야 할지도 모르겠다.

이렇게 놓고 보면 「烏瞰圖오감도 : 詩第六號시 제6호」는 〈烏瞰圖오감도〉 속의 「날개」라고도 할 수 있을 것이고, 이 시를 읽는 일은 또한 이상의 시를 통해서 그의 소설을, 거꾸로 이상의 소설을 통해서 그의 시를 해명할 수 있는 가능성과 밀접한 관련이 있다고 할 수 있을 것 같다.

이러한 검토는 이상 문학 텍스트 전반에 걸친 비교와 분석을 필요로 하는 일이기 때문에 앞서 제시한 과제를 이 짧은 글에서는 감당할 수 없다. 하지만 「烏瞰圖오감도 : 詩第六號시 제6호」가 〈烏瞰圖오감도〉 전체의 기획 속에서 어떤 위치를 차지하고 있는지를 개략적으로 그려 보이고, 「烏瞰圖오감도 : 詩第六號시 제6호」의 주제나 표현이 어떤 다른 시나 소설 속에서 반복되는지를 언급하는 수준에서 이상의 문학적 기획 전반에 대한 밑그림과 「烏瞰圖오감도 : 詩第六號시 제6호」를 겹쳐 보는 작업을 시도해 볼 수는 있겠다.

2. 긍정의 쪼개짐으로부터 부정의 쪼개짐으로, 앵무(鸚鵡)의 날개로부터 수류(獸類)의 네 발로

우선은 「烏瞰圖오감도 : 詩第六號시 제6호」를 꼼꼼히 읽어 보기로 하자.

① 鸚鵡앵무 ※ 二匹이필   Ⓐ
② 　　　　　 二匹이필
③ 　　　※ 鸚鵡앵무는哺乳類포유류에屬속하느니라.
④ 내가二匹이필을아아는것은내가二匹이필을아알지못하는것이니라. 勿論물론나는希望희망할것이니라

⑤ 鸚鵡앵무 二匹이필   Ⓑ
⑥ 「이小姐소저는紳士李箱신사이상의夫人부인이냐」「그러타」
⑦ 나는거기서鸚鵡앵무가怒노한것을보앗느니라. 나는붓그러워서얼굴이붉어젓섯겟느니라.

⑧ 鸚鵡앵무 二匹이필   Ⓒ
⑨ 　　　　　 二匹이필
⑩ 勿論물론나는追放추방당하얏느니라. 追放추방당할것까지도업시自退자퇴하얏느니라. 나의體軀체구는中軸중축을喪尖상첨하고또相當상당히蹌踉창랑하야그랫든지나는微微미미하게涕泣체읍하얏느니라.

⑪ 「저기가저기지」「나」「나의—아—너와나」   Ⓓ

223

06 〔권희철〕「詩第六號시 제6호」, 鸚鵡앵무 二匹이필은 三삼에 이를 수 있을까?

⑫「나」
⑬ sCANDAL이라는것은무엇이냐.「너」「너구나」
⑭「너지」「너다」「아니다 너로구나」나는함
⑮ 뿍저저서그래서獸類^{수류}처럼逃亡^{도망}하얏느니라. 勿論^{물론}그것을아아는사람或^혹은보는사람은업섯지만 그러나果然^{과연}그럴는지그것조차그럴는지.

이 시를 읽는 관건은 반복은 되고 있는 '鸚鵡^{앵무} 二匹^{이필}'이라는 구절을 어떻게 읽을 것인가에 달려 있는 것으로 보인다. 이 점에 대해서는 이어지는 단락에서 상세히 다루기로 하고, 우선은 이 핵심 구절 '鸚鵡^{앵무} 二匹^{이필}'이 이 시를 크게 세 개의 부분으로 나누고 있다는 점을 지적하기로 하자. 분량상 가장 큰 덩어리로 되어 있는 세 번째 부분에서 다시 대화문이 다소 길게 이어지고 있는 부분을 어느 정도 독립된 의미상 하나의 마디로 읽을 수도 있어, 결국 이 시는 크게 네 부분으로 나누어 생각해 볼 수 있다. 이 네 마디의 흐름을 미리 정리해 보자면 다음과 같다. Ⓐ '鸚鵡^{앵무} 二匹^{이필}'이라는 핵심 구절의 제시 및 시적 수수께끼의 도입, Ⓑ '鸚鵡^{앵무} 二匹^{이필}'의 수수께끼를 이상 부부의 문제로 구체화하면서 불화를 제시, Ⓒ Ⓑ의 내용을 반복하며 부부의 불화 및 이상의 고통을 강조, Ⓓ 스캔들이라는 것에 대한 물음.

Ⓐ부터 상세히 살펴보기로 하자. 이 시의 첫 행("鸚鵡^{앵무} ※ 二匹^{이필}")에 제시된 것은 '두 마리의 앵무새'일까? 그렇게 단순하지 않다. 참고표("※")는 주석과

같은 구실을 하는 기호이기 때문에 "鸚鵡앵무 ※ 二匹이필"은 '앵무새 두 마리'가 아니라 '앵무새라는 것은 두 마리다'를 의미한다. 앵무새는 숫자를 세기도 전에 그 자체로 이미 두 마리라는 것이다. 이 기묘한 셈은 앵무새의 이름에서 온 것이다. 그 이름 '앵무(鸚鵡)'에 이미 앵무새 한 마리 '鸚앵', 그리고 또 한 마리 '鵡무', 이렇게 두 마리의 앵무새가 들어 있기 때문에 앵무새는 몇 마리인지 세기도 전에 이미 두 마리다.[3]

[3] 권영민 엮음, 『이상전집 4 수필』(뿔, 2009년), 58쪽.

바꿔 말하면 앵무새는 그 자체로 이미 둘로 쪼개져 있다〔논의의 편의를 위해서 두 마리의 의미를 구분해서 표시하기로 하자. 즉, 숫자를 세서 표시한 앵무새 '두 마리'와 구분하기 위해 그 이름에 의해서 이미 그 자체로 쪼개져 있는 두 마리의 앵무새를 '두 마리(/)'(쪼개짐을 강조하는 의미에서 사선 표시)로 표시해 보자〕.

한편 ②행은 ①행과 같은 것처럼 보이지만 참고표가 빠져 있으므로 '앵무새라는 것은 두 마리(/)다'가 아니라 '앵무새 두 마리'로 읽어야 한다. 정리하자면 이 시의 2행까지 그 자체로 '두 마리(/)'인 앵무새가 두 마리 등장한 셈이다. 그런데 여기서 과연 앵무새가 몇 마리인지 판정하는 것은 그렇게 간단한 문제가 아니다. '두 마리(/)'인 앵무새가 두 마리이므로 앵무새는 네 마리가 되는 것일까? 앵무새가 네 마리라면 각각의 앵무새가 이미 '두 마리(/)'이므로 여덟 마리가 되는 것일까? 앵무새가 여덟 마리라면…… 이상은 이 짧은 두 행 속에서 '鸚鵡앵무 二匹이필'이라는 말놀이를 통해 무한 증식하는 어떤 운동을 숨겨 두고 있다. 〔반대 방향으로 무한히 2배씩 감하는 셈법도 가능하다. 앵무새가 여덟 마리라고는 하지만 두 마리씩 각각 앵(鸚)과 무(鵡)에 귀속되니 결국 앵무새는 네 마리뿐이다. 앵무새가 네 마리라고는 하지만…….〕

그러므로 "내가二匹이필을아아는것은내가二匹이필을아알지못하는것이니라"(④행)고 말할 수밖에 없다. 내가 '두 마리'만을 아는 것이라면 그러한 셈을 불가능하게 하는 '두 마리(/)'는 모르는 셈이다. 반대로 내가 '두 마리(/)'를 아는 것이라면 이제 더 이상 앵무새가 몇 마리인지 세는 것은 불가능하고 2배수로 증가 혹은 감소 운동을 하는 셈의 요동이 시작된다. 결국 일반적인 셈법에 의한 '두 마리'는 알 수 없게 된다. ④행의 끝부분에서 "물론나는희망할것이니라"라고 쓸 때 아마도 이상은 이러한 '모름 혹은 알 수 없음'에 대해서 그리고 동시에 셈과 셈의 요동 모두를 알기를 희망한 것 같다.

덧붙여 이상은 앵무새가 조류가 아니라 포유류라고 적어 놓는다(③행). 물론 이것은 이 시의 앵무새가 현실의 지시 대상이 아니라는 점을 표시하는 것인데, 많은 주석가들은 여기서 좀 더 나아가 "鸚鵡앵무"가 하나이면서도 이미 둘인 한 쌍의 '부부'('이상'과 '이상의 아내')를 표시하기 때문에 조류가 아니라 포유류(인간)라고 쓴 것이라고 풀이하고 있는다(이어령, 이승훈, 권영민). 이러한 풀이는 ⑥행의 "紳士李箱선사이상의夫人부인"과 연관지어 생각할 때 시 전체의 맥락에 부합하는 적절한 설명이라고 생각된다.

지금까지의 내용을 다시 한 번 정리해 본다면, Ⓐ에서 '앵무(鸚鵡)'의 말놀이를 통해서 어떤 쪼개짐과 수수께끼 같은 셈의 요동이 제시되었으며, Ⓑ에서 이러한 상황이 부부 관계라는 정황 속에서 구체화될 것이라고 암시하고 있는 셈이다.[4]

[4] 많은 연구자들은 앵무새가 사람의 말소리를 흉내 내는 동물이라는 점에 착안해, 부부 관계가 앵무새의 공허한 흉내 내기처럼 무의미해진 것이라고 풀이해 왔다. 그런데 이런 식으로 해석을 덧붙여 나갈 때, 우리가 시의 바깥에서 유통되는 상식을 시에 덧붙이고 있는 것인지, 시 안에서 작동하는 기호들의 맥락을 펼쳐 보이는 것인지를 신중하게 가늠해야 한다. 이 시에 등장하는 부부, 한 쌍의 앵무새는 같은 말을 흉내 내지 않고 서로 다른 말을 하고 다른 반응을 보이고 있다는 점에서 이 시에서 앵무새를 '흉내 내는 공허한 동물'이라고 읽는 것은 조금 어색해 보인다. 그리고 이상이 다른 작품들에서 '흉내 낸다는 것의 공허함'이라기보다는 '과연 누가 누구를 흉내 내는 것인가' 혹은 '마주선 거울과 같은 반영의 반복의 악무한'과 같은 조금 다른 문제 쪽을 향하고 있는 것처럼 보인다. 대표적으로 다음과 같은 사례를 들 수 있을 것이다. "그러기에 大抵^{대저} 어리석은 民衆^{민중}들은 '원숭이가 사람흉내를 내이네.' 하고 마음을 놓고 지내는 모양이지만 사실 사람이 원숭이 흉내를 내이고 지내는 바 짜 至當^{지당}한 典故^{전고}를 理解^{이해}하지 못하는 탓이리라."(권영민 편, 『終生記^{종생기}』, 『이상 전집 2』, 뿔, 2009년, 126쪽) "원숭이는 그를 흉내 내이고 그는 원숭이를 흉내 내이고 흉내가 흉내를 흉내 내이는 것을 흉내 내이는 것을 흉내 내이는 것을 흉내 내이는 것을 흉내 내인다."(권영민 편, 「地圖의 暗室^{지도의 암실}」, 『이상 전집 2』, 뿔, 2009년, 25쪽) 여기서 이상이 제시하는 역설적인 상황은 '흉내 내는 것의 공허함'보다 훨씬 복잡한 문제가 아닐까.

Ⓑ의 ⑥행에는 짤막한 대화가 등장한다. "이 젊은 여자가 이상의 부인인가?" "그렇다" Ⓐ의 그 자체로 이미 '두 마리(/)'인 앵무새가 한 쌍의 부부였음을 확인하는 대목이다. 그런데 ⑦행에 이르면 이 대화가 파탄에 이른다. '나'는 부부 사이임을 확인하는 질문에 "그렇다"고 대답했지만 이미 '두 마리(/)'인 앵무새 가운데 다른 한 마리 "앵무" 그러니까 이상의 부인은 그 대답에 화를 냈고, 그와 같은 방식으로 부부 관계를 부정

당한 '나'는 부끄러움을 느끼고 있다.

ⓒ의 ⑩행을 음미하는 것은 Ⓐ에서 제시된 쪼개짐의 구체적 정황에 대한 판단과 정서적 대응에 대한 음미이기도 하다. 한 쌍의 부부는 결코 '하나'의 동일성 속으로 함몰되는 것이 아니다. 부부는 '두' 사람이 각각의 개별성을 보존하는 가운데 어떤 조화를 이루며 각각의 '하나'가 다른 '하나'를 받아들여 새롭고 풍요로워지는 관계의 함수이다. 그러므로 부부가 어떤 쪼개짐을 포함하는 것은 긍정적인 생성의 계기이다. ②행을 읽으면서 '셈의 동요'에 대해 지적하기도 했지만 '한 쌍의 부부'라는 말이 함축하고 있는 두 가지의 숫자 '하나'와 '둘' 사이에는 이러한 셈의 동요가 있으며, 이것은 양적 차이에 기반한 '하나'와 '둘'을 흔들고 질적인 다양함과 풍요로움으로 비약시키는 동요이다.[5]

[5] 알랭 바디우(Alain Badiou) 지음, 조재룡 옮김, 『사랑 예찬』(길, 2010년), 23-35쪽 참조.

그러나 Ⓑ를 거치면서 그러한 쪼개짐은 부부라는 관계의 함수 자체를 깨뜨리고 그 때문에 '나'는 이 관계의 함수로부터 추방당했다. '나'는 추방으로 귀결되는 부정적인 쪼개짐의 함수로부터 차라리 스스로 도망치고자 한다. 긍정적인 생성의 계기를 상실한 '나'의 몸은 이제 중심축을 상첨(喪尖)[6]

[6] 많은 연구자들이 "상첨(喪尖)"을 '상실(喪失)'의 오기로 본다. 이 부분을 '상실(喪失)'로 바꿔 읽는 것이 문맥을 자연스럽게 만드는 일이기는 하지만 이상이 많은 단어에 의도적인 변경을 가하고 부자연스러운 문맥을 통해서 오히려 독특한 의미를 산출해 왔다는 점을 상기해 본다면, "상첨(喪尖)"을 오기로 판단하는 일 또한 상당한 주의가 필요하다. "상첨(喪尖)"이 오기가 아니라면 문맥에 어울리는 '상실(喪失)'을 포기하면서 이 낯선 단어 "상첨(喪尖)"을 통해 '긍정적 생성의 계기의 상실'이 곧 '죽음(喪)'이라는 점을 두드러지게 표시하면서 죽음 위에 쪼개진 파편의 '뾰족한

(尖)' 이미지를 추가한 것일 수도 있겠다.

한 상태이며 그러므로 슬피 울 수밖에 없다. 그것이 이상이 진단하는 오늘날의 부부 관계이며 이에 대한 정서적 대응이다.

앞에서 ⓓ는 약간 긴 대화의 덩어리라고 쓰기는 했지만, 이 대화는 두 사람 사이에서 오고 가는 말이라기 보다는 그러한 말의 교환에 실패하는 대화이며, '나'와 '너'가 따로 표시되는 쪼개짐의 강조인 것 같다. 그러한 쪼개짐을 강조하는 단편적인 '나' 그리고 '너'의 사이에서 이상은 묻고 있다. "sCANDAL이라는 것은 무엇이냐." 여기서 "sCANDAL"이 첫 글자만을 소문자로 표기한 것에 주목한 이어령은, "모든 추문(=스캔들)은 처음에는 작은 소리로 울리다가 점점 커진다는 의미를 시각적으로 나타낸 것"이라고 풀이했고, 이 후의 전집 편자들 역시 이를 수용하고 있다. 이러한 풀이는 흥미로운 관점이기는 하지만 이 풀이는 이 시를 아내의 부정(不貞)과 관련된 스캔들에 관한 시처럼 읽히게 만드는 것 같다. 좀 더 구체적으로 말하자면, 나와 결혼한 아내가 결혼의 의무를 다하지 않기 위해서 '이상의 아내'라는 진술을 거부하고 유부녀가 아닌 것처럼 다른 남자와도 관계를 맺는 스캔들. 「烏瞰圖오감도 : 詩第六號시 제6호」를 이렇게 읽게 되면, ⓓ는 그러한 스캔들에 휩싸인 오쟁이 진 남편 이상의 곤경을 그리는 것이 된다.

하지만 지금까지의 논의에서 어느 정도 드러난 셈이지만, 이 시가 그렇게 단순한 정황〔부정(不貞)한 아내에 대한 소문 때문에 괴로워하는 남편]에 초점을 맞추고 있는 것 같지는 않다. 오히려 그렇게 읽으려는 독자들에게 이상은 이렇게 묻고 있지 않는가. 스캔들이라는 것이 대체 무엇인가? 지금까지의 맥락을 이어간다면 이 질문은 다음과 같은 질문들의 반향을 함축하는 것 같다. 스캔들이란 것이 그저 아내의 부정(不貞)을 말할 뿐인가. 차라리 스캔들은 부부 관계가 함축하는 긍정적 생성의 쪼개짐이 생명력을 잃고 부정적이고 파탄적인 쪼개짐으로 시들어버린 것 자체를 가리키는 것이 아닌가. 그러한 쪼개짐이 변질되었기 때문에 쪼개짐을 표시했던 '앵무(鸚鵡)'라는 말놀이도 자신의 효력을 다해 남편 이상은 새처럼 날아서 도망치는 것이 아니라 "수류(獸類)처럼" 도망치고 있지 않은가.

어쩌면 ⑮행의 마지막 부분을 이렇게 풀어서 읽어 볼 수도 있겠다. 스캔들이란 것은 무엇인가. 단지 누군가의 아내 혹은 남편이 부정(不貞)을 저질렀다는 개별적 에피소드들이 스캔들인가? 차라리 오늘날의 부부 관계가 긍정적 생성의 쪼개짐을 상첨(喪尖)해 죽음과 날카로움의 부정적 쪼개짐을 품은 기제가 되어 버렸다는 것이야말로 진정한 스캔들이 아닌가. 그렇게 해서 한 마리의 앵무와도 같은 내가 날개를 잃고 수류처럼 도망치고 있는 것이 아닌가. 이 근본적인 스캔들에 대해서 아는 사람 혹은 보는 사람이 없다. 그러나 우리가 그것을 알지 못하고 보지 못한다고 해서 스캔들이 과연 그런 에피소드적인 잘못들일 뿐인지.

3. 〈烏瞰圖오감도〉 스케치 속의 「詩第六號시 제6호」

「烏瞰圖오감도 : 詩第六號시 제6호」의 ⑮행에서 '에피소드적 스캔들'로부터 '근본적 스캔들'을 구분해 내는 독해 방식이 다소 비약적인 것처럼 보일 수도 있겠다. 하지만 '鸚鵡앵무 二匹이필'이라는 말놀이가 도입한 수수께끼와 같은 셈의 동요를 따라가다 보면 이 시가 그저 '아내의 부정'이라는 단순하고 자극적인 에피소드를 복잡하게 꼬아서 어렵게 만들어 놓은 장난스런 시가 아닌 것처럼 보인다. 그리고 무엇보다 이 시가 〈烏瞰圖오감도〉의 전체 기획 속에 안겨 있다는 점을 생각해 본다면 확실히 이 시는 이상의 눈에 비친 당대 현실에 대한 시적 이해의 일종으로 읽어야 할 것 같다.

〈烏瞰圖오감도〉 연작이란 무엇인가? (총천연색 대신에 까마귀의 검은색이 흘러든 시선 즉,) "X선으로 바라본 현실 (…) 두개골 같은 뼈다귀만 앙상히 드러난 (…) 귀기(鬼氣)서린 세계"[7]   7) 김윤식, 『이상 문학 텍스트 연구』(서울대학교출판부, 1998년), 48쪽.

에 대한 풍경화가 아닌가. 〈烏瞰圖오감도〉를 이처럼 요약한 연구자는 이 연작시에서 '낯설게 하기'류의 '기법'을 강조하고 있는 셈인데, 아마도 이러한 시각에 덧붙여 이 낯설게 하기가 실상 식민지 도시 경성에 대한 새로운 인식의 산출이라는 효과를 이끌어내고 있다[8]   8) 신형철, 「이상 시에 나타난 시선의 정치학과 거울의 주체론」, 신범순 외, 『이상 문학 연구의 새로운 지평』(역락, 2006년).

는 설명
을 추가해야 할 것 같다.

자세한 분석을 시도할 수는 없겠지만, 〈烏瞰圖오감도〉 15편의 개략적인 밑그림을 그려 보기로 하자.

「烏瞰圖오감도: 詩第一號시 제1호」는 아이들 앞에 막다른 골목길이 가로막고 있는 것이 아니라고 하더라도, 아이들이 질주하는 것이 아니라고 하더라도, 어떤 개별적이고 세부적인 사정과도 관련없이 아이들을 지배하고 있는 '공포'를 강조해 놓고 있다. 이 시는 마치 이렇게 말하는 것처럼 보인다. 당신이 걷고 있는 그 거리가 일상적으로 반복되는 평화로운 도시의 일부처럼 보이는가? 저 높은 곳에서 까마귀의 시선으로 내려다보라, 우리의 삶을 장악하고 있는 '공포'가 느껴질 것이다.

「烏瞰圖오감도: 詩第二號시 제2호」 또한 공포로 수렴된다. '나'의 근거를 '아버지'가 대표할 수 있다. 나는 아버지가 구축한 어떤 삶의 한 자리를 차지하며 이 세계에 태어났고 설사 그것에 반항하고 싶어한다고 하더라도 어쨌거나 아버지의 상징적 권위와 일정한 관계를 맺으면서 나 자신을 형성한다. 그러나 보라, 아버지는 무기력한 잠에 빠져 있다. 나의 근거를 제공할 어떤 기준도 무기력해졌다. 그것은 아버지의 아버지의 아버지로까지 거슬러 올라가도 마찬가지다. 이제 나를 태어나게 하고 형성하게 할 근거는 나밖에 없다. 이것은 자유의 일종이기는 하겠지만 근거 없음 위에서 살아내야 하는 공

포스러운 자유다.9)

9) 「烏瞰圖오감도 : 詩第二號시 제2호」에서 근거 없음을 읽어낸 것은 이미 김윤식의 독해가 제시한 바 있다. 김윤식, 『이상 문학 텍스트 연구』(서울대학교출판부, 1998년), 48쪽.

"나의아버지가나의곁에서조을적에나는나의아버지가되고(…)나는왜드디어나와나의아버지와(…)나의아버지의아버지의아버지노릇을한꺼번에하면서살아야하는것이냐"

「烏瞰圖오감도 : 詩第二號시 제2호」로부터 「烏瞰圖오감도 : 詩第三號시 제3호」로의 이행은 나 자신의 근거 없음으로부터 현실 인식의 근거 없음으로의 이행이어서(좀 더 정확히 말하자면 싸움하는 사람과 싸움하지 않는 사람 사이의 판별 불가능성이므로) 여전히 〈烏瞰圖오감도〉의 근본 정서는 '공포'처럼 보인다.

「烏瞰圖오감도 : 詩第四號시 제4호」는 공포스러운 현상에 대한 어떤 진단을 시도하고 있는데, 이 유명한 시는 우선 환자의 용태를 숫자들의 집합으로 표시하면서 그 집합 사이를 가로지르는 굵은 점이 이 집합을 쪼개 버리고 있는 모습을 보여 준다. 아라비아 숫자들은 양적 차이에 기반을 둔 셈법을 표시하는 것일 텐데 그러한 셈법이 뒤집힌(혹은 잘못된) 것임을 보여 주면서 거기에 어떤 파열시키는 쪼개짐의 증상을 추가하면서 이것이야말로 환자의 모습이라고 이 시는 말하고 있다. 이것은 근대인의 초상인 것일까?

「烏瞰圖오감도 : 詩第五號시 제5호」는 두 가지 점에서 「烏瞰圖오감도 : 詩第四號시 제4호」의 연장처럼 보이는데, 문장과 함께 도형 및 기호가 중요한 지위를 차지한다는 점에서, 그리고 그 도형이 다시 한 번 쪼개짐을 표시한다는 점에서 그렇다. 이 시에 표시된 도형은 완성되고 고정된 형태를 갖는 것이 아니라 양쪽 끝에서 각각 시계 방향과 반시계 방향으로 90도씩 꺾여들어가는 직선의 운동으로 되어 있다. 결국 이 운동은 단지 반대 방향으로 움직일 뿐만 아니라 반대편에서 자기 안으로 폐쇄적으로 감겨들어가는 운동을 보여 주는 것이기도 하다. 이 운동을 이상은 "낙상(落傷)"이라고 표기하기도 했는데, 이것은 어떤 의미에서 보다 역동적인 쪼개짐을 표시하는 도형이자 해설이다.[10]

[10] 권영민은 이 시가 〈建築無限六面角體〉전축무한6면각체 계열시 가운데 「二十二年이십이년」을 개작한 것이라는 점을 지적하면서 '22년'이란 곧 이상이 폐결핵을 선고받은 22세 시절을 가리킨다고 풀이하면서 이 시가 폐를 형상화한 것이라고 해석한다. [권영민 엮음, 『이상 전집 1 시』, (뿔, 2009년), 54–55쪽.] 하지만 이상의 시를 이런 식으로 실제의 자기 증상으로 환원하는 것이 문학적 상상력을 현실적 사실 관계로 위축시키는 것은 아닌지, 22년을 22세로 읽는 것이 정당한지에 대해서는 좀 더 따져 봐야 할 듯하다. 이미 김정은이 지적한 것이지만 이 시는 「BOITTEUX·BOITTEUSE부아퇴·부아퇴즈」와 함께 읽는 것이 좋을 것 같다. 「BOITTEUX·BOITTEUSE부아퇴·부아퇴즈」는 이렇게 시작된다.

긴것

짧은것

열十字십자
  ×
 그러나 CROSS에는 기름이묻어있었다

墜落추락

不得已부득이한 平行평행

物理的물리적으로아펐었다

김정은이 분석했듯이 여기서 "긴 것"과 "짧은 것"이 '二이'이고 "열十字십자" 및 "CROSS"가 '十십'이라고 본다면, 그리고 '十십'에 기름이 묻어 미끄러지는 바람에 추락해서 부득이한 평행 상태에 이른 아픈 모양이 '二이'라고 본다면 「BOITTEUX·BOITTEUSE부아뙤·부아뙤즈」의 도입부와 '二十二이십이'는 긴밀히 연관되는 것처럼 보인다. [김정은의 분석은 이승훈 엮음, 『이상 문학 전집 1 시』(문학사상사, 1989년), 27-29쪽의 주석에서 재인용.] 덧붙여 결합되어 있던 '十십'이 둘로 쪼개지고 고통받는 이 일련의 운동과 정서들은 「BOITTEUX·BOITTEUSE부아뙤·부아뙤즈」, 「建築無限六面角體건축무한 6면 각체: 二十二年이십이년」, 「烏瞰圖오감도: 詩第五號시 제5호」를 관통하며 「烏瞰圖오감도: 詩第六號시 제6호」와도 유사성이 발견된다고 할 수 있다. 요점은 이 네 편의 시가 모두 쪼개짐과 그 고통을 강조하고 있다는 것이다.

「烏瞰圖오감도: 詩第七號시 제7호」에서 보이는 '死胡同사호동'이라는 백화문은 「烏瞰圖오감도: 詩第一號시 제1호」의 "막힌 골목"과 뜻이 통하는데 이 시는 식민지 도시 경성을 내려다보는 「烏瞰圖오감도: 詩第一號시 제1호」의 까마귀의 눈을 보다 신화적인 분위기로 물들이고 있다. 경성의 막힌 골목들이 밤하늘을 뒤덮고〔"槃散顚倒반산전도하는星座성좌와星座성좌의千裂천열된死胡同사호동": 절름거리며 엎지고 넘어지는 별자리와 그렇게 천 갈래로 찢겨버린 별자리의 막다른 골목〕, 그런 음울한 하늘 아래 척박한 땅에 서 있는 한 그루의 나무인 나〔"久遠謫居구원적거의地지의一枝일지", "나는(…)地坪지평에植樹식수되어"〕는 밝은 하늘이 오기만을 기다리고 있다〔"起動기동할수업섯드라·天亮천량이올때까지"〕.

지금까지의 〈烏瞰圖오감도〉가 까마귀의 시선에서 내려다본 근대 풍경에 대한 우울한 진단(특히 쪼개짐과 관련해서)이었다면, 「烏瞰圖오감도: 詩第七號시 제7호」는 그러한 질병으로부터 회복되고자 하는 강렬한 시적 에너지가 함축되어 있는 것으로 보인다. 진단으로부터 (비록 그것이 신화적이고 시적인 것이기는 하지만 일종의) 처방으로 방향이 전환된 셈인데,「烏瞰圖오감도: 詩第八號시 제8호 解剖해부」의 거울을 통한 해부 실험도 이러한 방향 전환의 연장이라고 여겨진다.「烏瞰圖오감도: 詩第九號시 제9호 銃口총구」,「烏瞰圖오감도: 詩第十號시 제10호 나비」또한 그러한 '쪼개짐을 만들어낸 어떤 것'(아마도 거울과 거울상 사이를 갈라 놓고 있는 '거울'이 여기에 해당할 듯하다)을 뚫고 나가려고 시도한다. 이러한 시도의 결과가 그다지 낙관적이지는 않은 것 같다. 두 세계를 오가며 쪼개짐을 회복시키려는 '나비'가 죽어가는 형상으로 그려져 있기 때문이다. 이 때문에「烏瞰圖오감도: 詩第十一號시 제11호」,「烏瞰圖오감도: 詩第十三號시 제13호」는 이제 자기 자신의 신체까지도 쪼개지고 떨어져 나가며 타자화되고 그렇게 해서「烏瞰圖오감도: 詩第一號시 제1호」의 공포의 정서로 되돌아온 듯한 느낌을 준다.「烏瞰圖오감도: 詩第十四號시 제14호」에도 실패한 시도의 연장이 보이는데, 여기서 이상과 대결하고 있는 상대가 "綜合종합된歷史역사의亡靈망령"으로 표시된 것을 보면, 확실히 〈烏瞰圖오감도〉를 우울한 도시 풍경과 근대 초극의 기획이 겹쳐진 것이라고 봐야 할 것 같다.「烏瞰圖오감도: 詩第十五號시 제15호」는 지금까지 우리가 '쪼개짐'이라고 부른 문제를 "두사람을封鎖봉쇄한거대한罪죄"로 표현하면서 거울 이미지로 수렴하고 거울을 사이에 둔 세계의 분열된 구조를 다시 한 번 확인시켜 준다.

〈烏瞰圖오감도〉연작에 대한 이 대략적인 스케치는 각각의 시를 정교하게 분석해 가며 보충해야만 하겠지만 이 글에서는 이러한 근대 풍경에 대한 비판적 인식과 초극을 위한 실험을 함축하고 있는〈烏瞰圖오감도〉속의 앵무새「烏瞰圖오감도 ; 詩第六號시 제6호」가 단지 아내의 부정에 대한 에피소드에 머물기는 어렵다는 점을 강조하는 데 만족하기로 하자.

06 〔권희철〕「詩第六號시 제6호」, 鸚鵡앵무 二匹이필은 三삼에 이를 수 있을까?

4. 「烏瞰圖오감도 : 詩第六號시 제6호」와 「地圖의 暗室지도의 암실」, 사랑의 숫자 3

앞에서 「烏瞰圖오감도 : 詩第六號시 제6호」가 함축하는 상황이 '연인 혹은 부부'가 한 쌍을 이루면서도 결합에 실패하고 결국 파탄에 이르는 '소설적 상황'과 유사하다는 점을 지적한 바 있는데, 이 점은 「날개」, 「童骸동해」, 「終生記종생기」 등의 분석을 통해 간단하게 확인할 수 있는 사항이라고 여겨진다. 이 글에서 이 작업을 길게 진행할 수는 없겠지만, 앵무새 부부가 어떤 쪼개짐의 쇠락 이후 날개를 잃고 "獸類수류처럼逃亡도망"치는 상황이 「날개」의 앞뒤를 감싸고 있는 에피그램과 직결된다는 점을 한 번 더 강조할 수는 있겠다.

한편 「烏瞰圖오감도 : 詩第六號시 제6호」와 매우 흡사한 구절이 소설 「地圖의 暗室지도의 암실」에 삽입되어 있다는 점 또한 여러 연구자들이 지적한 바 있는데, 이 두 작품을 어떻게 연결지으면서 서로의 해석에 빛을 던질 것인가에 대한 논의는 별로 없었던 듯하다. 여기서는 이 점에 대한 논의를 조금 시도해 보기로 하자.

JARDIN ZOOLOGIQUE
CETTE DAME EST-ELLE LA FEMME DE MON-
SIEUR LICHAN?
앵무새 당신은 이렇게 지껄이면 좋을 것을 그때에 나는
OUI!

라고 그러면 좋지 않겠습니까 그렇게 그는 생각한다.

이 구절만 놓고 보면, 불어로 표시된 질문과 대답이 「烏瞰圖오감도 : 詩第六號시 제6호」의 해당 부분과 의미가 거의 같다는 것은 분명하지만 같은 상황을 「烏瞰圖오감도 : 詩第六號시 제6호」보다 더 소략하게 묘사하므로 어떤 맥락이나 의미를 파악하기 어렵게 되어 있다. 이 경우는 역시 「地圖의 暗室지도의 암실」 전체를 떠올리면서 두 작품을 비교할 수밖에 없는데 서사적 줄거리가 희미하고 내용이나 사건이라고 할 만한 것이 거의 없는 「地圖의 暗室지도의 암실」은 이상의 작품 가운데서도 난해하기로 악명 높은 작품 가운데 하나이고 이에 대한 설득력 있는 해석도 드문 터라 두 작품을 비교하는 논의 또한 진행되기 어려웠다. 하지만 비교적 최근에 「地圖의 暗室지도의 암실」에 대한 흥미롭고 설득력 있는 해석이 제출된 바 있어 이 자리에서 간략히 소개하는 것도 좋을 법하다.

먼저 신범순은 이 소설의 제목이자 소설의 도입부에 제시된 '지도'의 이미지를 강조한다. 〈烏瞰圖오감도〉가 그려 보인 우울한 근대 도시의 풍경을 여기서는 '지도'라는 말로 바꿔서 표시하고 그 지도 속에 새겨진 파편적인 풍경들을 줄거리 없이 듬성듬성 이야기하는 것은 아닐까. 그 의미 없는 풍경들 속에서 주체적 의미를 찾아나서는 고통스러운 이상의 모험이 밤, 웃음, 무덤 등의 이미지를 배회하고 있다는 것이다.[11]

---
11) 신범순, 『이상의 무한 정원 삼차각 나비』(현암사, 2007년), 367-374쪽.

신범순은 〈烏瞰圖오감도〉 연작과 「地圖의 暗室지도의 암실」을 겹쳐 읽는 것이 가능하다고 주장하는 셈인데, 이렇게 놓고 보면 소설 속에서 모험을 나서는 이상이 "어디를 가더라도 까마귀처럼 트릭을 웃을 것을 생각하는 그"[12]

[12] 권영민 엮음, 「地圖의 暗室지도의 암실」, 『이상 전집 2 단편 소설』(뿔, 2009년), 29쪽.

라고 표시된 구절이 의미심장해 보인다.

란명은 이 우울한 근대 도시 풍경에 보다 구체적이고 역사적 맥락을 부여한다. 란명은 요코미쓰 리이치(橫光利一)의 『상하이』를 매개해 「地圖의 暗室지도의 암실」로부터 상해사변에 대한 비판적 메시지를 읽어내는데, 특히 다섯 번에 걸쳐 삽입된 백화문〔이 가운데 하나가 "活胡同是死胡同활호동시사호동 死胡同是活胡同사호동시활호동"(뚫린 골목은 막힌 골목, 막힌 골목은 뚫린 골목)이며 이 대목에서 「烏瞰圖오감도 : 詩第一號시 제1호」를 떠올리지 않을 수 없다.〕을 분석하는 대목에서 '삼모각로' 및 '북정거장'이 상해사변의 격전지의 실제 지명이자 당시 『동아일보』와 『조선일보』가 30일에 걸쳐 '호외'를 발행하는 동안 이 지명이 크게 보도된 사실을 밝힌 점은 특별히 주목할 만하다.[13]

[13] 란명, 「이상〈지도의 암실〉을 부유하는 "상하이"」, 란명 외, 『이상적 월경과 시의 생성』(역락, 2010년).

「地圖의 暗室지도의 암실」이 온통 상해사변에 대한 비판적 메시지로 되어 있는가 혹은 그러한 메시지를 포함하여 근대성 전반에 대한 시적 인식으로 시야를 확장하고 있는가 하는 문제에 대해서는 더 많은 연구가 필요하겠지만, 여기서 소개한 두 연구자들의 시각을 참고할 때 적어도 「地圖의 暗室지도의 암실」에서 이상이 당대의 현실을 꿰뚫는 안목으로 어떤 이미지들을 만들어 낸다는 점만큼은 확실한 듯하다. 그런데 앞에서 인용한 '동물원 앵무새' 장면을 통해 「地圖의 暗室지도의 암실」과 「烏瞰圖오감도 : 詩第六號시 제6호」가 서로 연결되어 있다는 점은 분명하게 확인되는 것 같다. 그렇다면 「烏瞰圖오감도 : 詩第六號시 제6호」는 상해사변에 대한 직접적 발언 등을 포함하여 근대성 전반에 대한 어떤 인식과 연관되어 있는 것이 아닌가.[14]

[14] 「地圖의 暗室지도의 암실」이 「烏瞰圖오감도 : 詩第六號시 제6호」에만 연결되어 있는 것은 아니다. 앞에서 「烏瞰圖오감도 : 詩第一號시 제1호」를 언급하기도 했지만 다음의 두 인용문을 비교해 보면 이 소설은 「詩第十四號시 제14호」와도 긴밀하게 연결되어 있는 것 같다. ─ "그는 그의 모자를 벗어 땅 위에 놓고 그 가만히 있는 모자가 가만히 있는 틈을 타서 그의 구둣바닥으로 힘껏 내리밟아 보아 버리고 싶은 마음이 종아리 살구뼈까지 내려갔건만 그 곳에서 장엄히도 승천하여 버렸다."(「地圖의 暗室지도의 암실」) ─ "고성앞풀밭이있고풀밭위에나는내모자를벗어놓았다.(…)별안간걸인은율률한풍채를허리굽혀한개의돌을내모자속에처뜨려넣는다. 나는벌써기절하였다."(「烏瞰圖오감도 : 詩第十四號시 제14호」) 어쩌면 이런 과감한 가설을 제기해 볼 수도 있을 법하다. '이상은 어떤 조개껍의 운동과 파편들 사이에서 방황하는 이미지를 가지고 한번은 경성 풍경의 스케치 위에 연작시를, 또 한 번은 동아시아 지도 위에 소설을 썼다. 그것이 〈烏瞰圖오감도〉이며 「地圖의 暗室지도의 암실」이다.'

「地圖의 暗室지도의 암실」을 분석할 때 잘 언급되지 않는 사실 가운데 하나는 이 소설의 후반부에 레스토랑의 여급처럼 보이는 한 여인이 등장하며 이상은 그 여인을 생각하면서 방에 돌아와 글을 쓰고 있고 바로 그 글이 우리가 읽고 있는 「地圖의 暗室지도의 암실」의 파편적 메모들이라는 점이다. 이 여인에 대한 언급이 시작되기 직전에 삽입된 백화문은 다섯 개의 백화문 가운데 마지막 것으로 다음과 같다.

我是二아시이 雖說沒給得三也我是三수설몰급득삼야아시삼
(나는 2이다 3을 얻지 못하더라도 나는 역시 3이다)[15]

15) 백화문의 번역은 란명의 것을 따랐다. 란명, 「이상「지도의 암실」을 부유하는 "상하이"」, 란명 외, 『이상적 월경과 시의 생성』(역락, 2010년), 32쪽.

인용문은 의미가 불분명하고 난해하게 느껴지지만 어떤 어려움을 겪고 있는 남녀 관계 속에서 셈법이 문제가 되는 상황인 것만은 분명해 보인다. 그런데 이것은 우리가 「烏瞰圖오감도 : 詩第六號시 제6호」를 분석하면서 강조했던 구도가 아닌가. 그러므로 이것을 〈烏瞰圖오감도〉의 전체 풍경 속에서 읽어낸 「烏瞰圖오감도 : 詩第六號시 제6호」의 맥락에 연결시킬 수도 있을 것 같다. 긍정적 생성의 쪼개짐, 질적인 다양함과 풍요로움으로 비약시키는 서로 다른 둘의 만남의 계기는 근대적 도시 풍경 속에서 쇠락하고 말았다. 이제 둘이라는 것은 부정적이고 파편적인 날카로운 쪼개짐일 뿐이며 죽음을 함축하는 기울어진 신체의 쪼개짐일 뿐이다. 이상은 자기 자신을 시와 소설 속에 등장시키면서 그러한 초라해진 2를 반복해서 보여 줬다. 차가운 근대 도시의 현실 속에서 이상은 2를 초극하는 장면을 좀처럼 상상할 수 없었다. 이상은 이 죽음의 숫자 2를 뛰어넘는 다음의 숫자를 세고 싶었을 것인데, 그것은 이를테면 3이겠지만, 이 3은 2와는 질적으로 다른 차원의 숫자일 것이다. 서로 다른 '둘'이 각각의 '하나'의 개별성을 보존하고 어떤 동일성 속으로 빨려들어가지 않으면서 각각의 '하나'가 '둘' 이상의 상태로 서로를 풍부하게 만드는 그 다음의 숫자가 사랑의 숫자 3이기 때문이다. 그것은 양적 차이에 기반한 숫자의 셈법을 동요시키는 숫자이다. 소화(昭和) 제국(帝國)이 내세운 동양주의가 겉으로는 각각의 민족들을 함께 풍요롭게 하는 만남인 것처럼 다시 말해 3인 것처럼 보이지만, 실제로는 부정적이고 파편적인 날카로운 쪼개짐, 죽음을 함축하는 기울어진 신체의 쪼개짐일 뿐이었다는 것은 상해사변의 현장에서 확인할 수 있었다. 그것은 근대 도시의 풍경과도 일치하는 기만술이며, 시장의 화폐적 셈법과도 일치하는 기만술이고, 근대 도시인들의 사랑 안에서도 반복되는 기만술이다.

이상의 시와 소설 속에서 '나'는 2다. 이상의 문학이 현실 인식 쪽으로 기울어져 있을 때 그가 3을 그릴 수는 없다. 그렇다고 하더라도 그는 3을 포기할 수 없다. 그는 3이다.(이상이 '삼차각 설계도'를 그릴 때도 이 숫자 3을 염두에 둔 것일까?) 2의 날카로운 쪼개짐에 이상은 어떤 동요를 도입하고 싶었던 것 같다. 예컨대 차가운 근대 도시를 녹일 뜨거운 사랑과 같은. 이상이 그러한 희망 쪽으로 기울어져 있을 때 「烏瞰圖오감도 詩第七號시 제7호」와 같은 예외적인 신화가 그려진다는 점을 앞에서 조금 언급하기도 했다. 이상은 「烏瞰圖오감도 詩第六號시 제6호」에서 수류처럼 도망치며 내버려 둔 저 2의 스캔들을 어떻게든 다시 희망 쪽으로 기울이고 싶었던 것이 아닐까. 그것이 결국에는 실패했다고 하더라도, 3을 얻지 못하는 바로 그러한 처절한 실패에 대해 이야기하는 것만은 포기할 수 없었기 때문에 「날개」로부터 「失花실화」에 이르기까지 다수의 소설들이 바쳐진 것은 아닐까. ÷

권희철

문학평론가. 1978년 전북 고창에서 태어나 서울대 국문학과와 같은 학교 대학원 국문학과를 수료했다. 2008년 계간 『문학동네』 가을호에 평론을 발표하며 등단했다.

烏瞰圖 李 箱 5

詩第七號

久遠謫居의地의一枝·一枝에피는顯花·特異한四月의花草·三十輪·三十輪에前後되는兩側의明鏡·萌芽와갓치戲戲하는地平을向하야금시落魄하는滿月·清澗의氣가운데滿身瘡痍의滿月이劓刖當하야渾淪하는謫居의地를貫流하는一封家信·나는僅僅히遁藏하얏드라·濛濛한月芽·靜謐을蓋掩하는大氣圈의遙遠·巨大한困憊가운데의一年四月의空洞·槃散顚倒하는星座와星座의千裂된死胡同을跑逃하는巨大한風雪·降霾·血紅으로染色된岩盤의粉碎·나의腦를避雷針삼아沈下搬過되는光彩淋漓한亡骸·나는塔配하는毒蛇와가치地平에植樹되여다시는起動할수업섯드라·天亮이올때까지

烏瞰圖
詩第七號

久遠謫居의地의一枝・一枝에피는顯花・特異한四月의花草・三十輪・三十輪에前後되는兩側의 明鏡・萌芽와갓치戲戲하는地平을向하야금시금시落魄하는滿月・清潤의氣가운데滿身瘡痍의滿月이劓刑當하야渾淪하는・謫居의地를貫流하는一封家信・나는僅僅히遮戴하야드라・濛濛한月芽・靜謐을蓋掩하는大氣圈의遙遠・巨大한困憊가운데의一年四月의空洞・繫散顚倒하는星座와星座의千裂된死胡同을跑逃하는巨大한風雪・降霾・血紅으로染色된岩鹽의粉碎・나의腦를避雷針삼아沈下搬過되는光彩淋漓한亡骸・나는塔配하는毒蛇와가치地平에植樹되어다시는起動할수업섯드라・天亮이올때까지

— 『朝鮮中央日報』1934년 8월 1일

07

「烏瞰圖오감도 : 詩第七號시 제7호」,
13인의 아해를 만나기까지

권혁웅 | 한양여대 문창과 교수 · 시인 · 문학평론가

1.
2.
3.

久遠謫居^{구원적거}의地^지의一枝^{일지1)}・一枝^{일지}에피는顯花^{현화2)}・特異^{특이}한四月^{사월}의花草^{화초}・三十輪^{삼삼륜3)}・三十輪^{삼삼륜}에前後^{전후}되는兩側^{양측}의 明鏡^{명경4)}・萌芽^{맹아5)}와갓치戱戱^{희희}하는地平^{지평6)}을向^향하야금시금시落魄^{낙백}하는滿月^{만월7)}・淸澗^{청간8)}의氣^기가운데滿身瘡痍^{만신창이}의滿月^{만월}이剮刑^{의형}當^당하야渾淪^{혼륜}하는・謫居^{적거}의地^지를貫流^{관류}하는一封家信^{일봉가신9)}・나는僅僅^{근근}히遮戴^{차대}하얏드라¹⁰⁾・濛濛^{몽몽}한月芽^{월아11)}・靜謐^{정밀}을蓋掩^{개엄}하는大氣圈^{대기권}의遙遠^{요원12)}・巨大^{거대}한困憊^{곤비13)}가운데의一年^{일년}四月^{사월}의空洞^{공동14)}・繁散顚倒^{반산전도}하는星座^{성좌15)}와星座^{성좌}의千裂^{천열}된死胡同^{사호동16)}을跑逃^{포도17)}하는巨大^{거대}한風雪^{강설}・降霾^{강매18)}・血紅^{혈홍}으로染色^{염색}된岩鹽^{암염}의粉碎^{분쇄19)}・나의腦^뇌를避雷針^{피뢰침}삼아沈下搬過^{침하반과}되는光彩^{광채}淋漓^{임리}한亡骸^{망해20)}・나는塔配^{탑배}하는毒蛇^{독사21)}와가치地平^{지평}에植樹^{식수}되어²²⁾다시는起動^{기동}할수업섯드라・天亮^{천량23)}이올때까지

――「烏瞰圖^{오감도}:詩第七號^{시 제7호}」,『朝鮮中央日報』, 1934년 8월 1일

1) 久遠謫居^{구원적거}의地^지의一枝^{일지} : 아주 먼 귀양살이 땅, 그 땅에 난 나무의 한 가지. 권영민은 시인이 요양 갔던 '배천온천'을 의미한다고 해석했으나, 그렇게 간주할 수 있는 앞뒤 문맥이 전혀 없다. "구원적거의 지"는 혼자서 병을 앓는 궁벽한 곳을 뜻함.
2) 一枝^{일지}에 피는 顯花^{현화} : 나뭇가지에 핀 꽃. 이승훈은 이를 달의 은유적 표현이라 보았으나, 달과 꽃은 같지 않음. 이것은 내가 피워낸 꽃 곧 각혈의 표현이라 보아야 함.
3) 三十輪^{삼십륜} : 삼십 개의 수레바퀴. 곧 달의 은유적 표현. 권영민은 이를 휴양지에서 만난 여성과 보낸 날수로 추정하였으나, 근거 없는 해석임.
4) 三十輪^{삼십륜}에 前後^{전후}되는 兩側^{양측}의 明鏡^{명경} : '삼십륜' 곧 달과, '현화' 곧 꽃이 마주하고 있음을 비유적으로 이르는 말. 이것은 다시 고통 속에서 곧 무너질 나의 몸과 내가 토해 놓은 피의 비유가 됨. 이어령은 이를 달과 짝을 이룬 해라

고 보았으나 본문에서는 계속 달만 출현하므로 그릇된 해석임. 권영민은 남녀가 서로 마주 보고 있는 모습이라고 보았으나 본문에서는 남녀가 출현하지 않음.
5) 萌芽^{맹아} : 새로 돋은 싹을 이르는 말.
6) 萌芽^{맹아}와 갓치 戲戲^{희희}하는 地平^{지평} : 새로 돋은 싹과 함께 노닥거리는 지평선. '희희'는 노닥거리는 모양. 이것은 이 꽃(현화)이 피자마자 지평선에 지고 말았음을 암시하는 것. 이승훈은 '맹아'가 '희희하는 지평'을 비유한다고 보았으나 뜻이 통하지 않음.
7) 地平^{지평}을 向^향하야 금시금시 落魄^{낙백}하는 滿月^{만월} : '낙백'은 넋을 잃음. 여기서는 달의 기운 없는 모양을 표현. 보름달이 금세 지평선을 향하여 지는 모습. 보름달은 주체인 나를 상징함. 권영민은 처음에는 장난처럼 시작했으나 곧 넋을 잃을 만큼 빠져들게 되었음을 뜻하는 것으로 읽었으나, 시에서 내 사랑의 대상은 등장한 바 없음.
8) 淸洌^{청렬} : 맑은 시냇물.
9) 滿身瘡痍^{만신창이}의 滿月^{만월}이 劓刑^{의형} 當^당하야 渾淪^{혼륜}하는 謫居^{적거}의 地^지를 貫流^{관류}하는 一封家信^{일봉가신} : '의형'은 코를 베는 형벌. '혼륜'은 뒤섞인 모양. '일가봉신'은 집에서 보내온 편지 한 통을 뜻함. (맑은 시냇물이 흐르는 가운데) 만신창이가 된 보름달이 코를 베는 형벌을 당하여 뒤섞인 가운데, 귀양살이 땅을 뚫고 흐르는 집에서의 편지 한 통. 온몸이 만신창이가 된 것처럼 아프고, 잦은 기침과 각혈로 코를 베인 것처럼 고통스러운 모습을 비유하고 있음. 또한 코를 베인 달이란 이미 이울기 시작한 달임. 이 가운데 집에서 보낸 편지 한 통만이 내가 있는 곳(귀양지)과 집을 이어 주고 있음. 이승훈은 '일봉가신'을 달의 비유라 보았으나 취할 수 없는 해석임. 권영민은 '만신창이'와 '의형'이, 일이 엉망으로 들어져 크게 망신을 당한 것이라고 보아 요양지에서의 연애 사건을 암시한다고 보았으나 역시 취할 수 없는 해석임.
10) 나는 僅僅^{근근히} 遮戱^{차대}하얏드라 : '근근'은 겨우, 어렵게라는 뜻. '차대'는 막고 버틴다는 뜻. 집에서 온 편지로 어렵게 힘겨운 시절을 이겨낸다는 의미임.
11) 濛濛^{몽몽}한 月芽^{월아} : '몽몽'은 흐릿한 모양. '월아'는 달의 싹. 곧 흐릿한 가운데 달이 이미 그믐달로 변한 모양.
12) 靜謐^{정밀}을 盖掩^{개엄}하는 大氣圈^{대기권}의 遙遠^{요원} : '개엄'은 덮어 가림. '요원'은 멀고 아득함. 달빛이 흐려져 정밀하게 보이지 않고, 대기가 흐릿하고 멀어 보임을 이르는 말.
13) 困憊^{곤비} : 괴롭고 지침. 내가 매우 크게 피곤하고 지친 상태임을 이르는 말.
14) 空洞^{공동} : '공동'은 비어 있는 곳. 4월을 아무것도 하지 못하고 보냈음을 뜻함.
15) 蹣散顚倒^{반산전도}하는 星座^{성좌} : '반산'은 절룩거리는 모양. 전도는 거꾸러짐. '성좌'는 나(달)가 아닌 다른 사람들. 나만이 아니라 다른 사람들(못 별)도 절룩거리고 넘어진다는 뜻. 여기서 한 개인의 아픔이 다른 이들의 아픔으로 확산됨을, 한 개인의 '적거'에 현실 인식이 개재함을 알 수 있음.
16) 星座^{성좌}의 千裂^{천열}된 死胡同^{사호동} : 여러 별들이 천 가지로 분열되어 막다른 골목에 이름. '사호동'은 막다른 골목. 「烏瞰圖^{오감도} 詩第一號^{시 제1호}」의 그 골목임.
17) 跑逃^{포도} : '포도'는 달아나 도망함. 「烏瞰圖^{오감도} 詩第一號^{시 제1호}」에서의 아이들의 행동과 상통함.

18) 降霾^{강매} : '강매'는 내리는 흙비.
19) 血紅^{혈홍}으로 染色^{염색}된 岩鹽^{암염}의 粉碎^{분쇄} : '혈홍'은 핏빛, '암염'은 소금이 섞인 돌이므로 "암염의 분쇄"는 소금이 섞인 돌가루가 됨을 이름.
20) 나의 腦^뇌를 避雷針^{피뢰침}삼아 沈下搬過^{침하반과}되는 光彩淋漓^{광채임리}한 亡骸^{망해} : '침하'는 가라앉음을 뜻함, '반과'는 옮겨짐이고 '임리'는 물이 스며들거나 물방울이 떨어지는 모양이므로 '광채임리'는 빛이 물처럼 스며들거나 떨어지는 모양. 전체적으로 이 구절은 각혈하는 몸을 묘사하는 것으로 보임. 뇌에 번개가 치듯 빛이 스며들어 쏟아지고, 나는 무너져서 죽은 육신처럼 변함.
21) 塔配^{탑배}하는 毒蛇^{청사} : 탑에 유배된 청사. 제 몸을 세우지 못하는 내가, 쓰러진 나무처럼 무너져 있음을 뱀에 빗댐.
22) 地平^{지평}에 植樹^{식수} 되어 : 지평선에 나무처럼 심어짐. 지상에 심어진 것이 아니므로, 이 구절은 내가 벌목한 나무처럼 쓰러져 있다는 것을 암시함.
23) 天亮^{천량} : '천량'은 하늘이 밝아짐, 곧 '천량이 올 때까지'는 날이 밝을 때까지를 뜻함. 아침이 되어 기침이 잦아들었음을 암시.

1.

「烏瞰圖오감도 : 詩第七號시 제7호」는 이상의 〈烏瞰圖오감도〉 연작 가운데 가장 덜 논의된 작품이다. 문맥이 통하지 않는 한문 투의 토막 난 문장으로 일관한 것에도 원인이 있지만, 상징적으로밖에는 읽을 수 없는 구절들이 많아서 통일된 결론을 내릴 수 없었던 데에도 원인이 있다. 기존의 연구로는 다음이 있다.

이승훈은 이 시가 "당시의 식민지적 현실 혹은 시인의 현실에 대한 알레고리"라고 보았다.[24] 시의 각 부분에 대한 해석에는 그릇된 것이 많아서, 전체 결론에 관념적 재단이 없다고는 할 수 없으나, 크게 무리가 없는 결론이다. 조해옥은 이상의 시 의식을 연구하는 가운데 근대 도시 공간 속에서 생명을 박탈당한 육체를 현시하는 예로 이 작품을 들었다.[25] 본문을 산문적인 진술로 풀이함으로써 비유들의 온전한 의미가 해명되지 못했다는 약점이 있으나, 큰 틀의 가정은 받아들일 만하다. 문호성은 이 시가 "개연성이 거의 없어 보이는 선택항들의 집합"으로 이루어져 있으나, 본문에 등장하는 달이 '하강 운동'으로 의미화되는 이미지의 도움을 받고 있다고 지적했다.[26]

24) 이승훈 엮음, 『이상 문학 전집 1 시』(문학사상사, 1989년), 33-34쪽.

25) 조해옥, 『이상 시의 근대성 연구』(소명출판, 2001년), 104-106쪽.

26) 문호성, 「이상 시의 텍스트성」, 『한국 문학 이론과 비

평』8집(한국문학이론과비평학회, 2000년), 17-30쪽.

하지만 '하강 이미지' '부정적인 의미'와 같은 도식적이고 상투적인 분류에 그치고 있어서 시의 해명에는 크게 도움이 되지 못하는 것으로 보인다. 윤수하는 몽타주 기법이 구현된 작품으로 이 시를 꼽았다. 그에 따르면 이 작품은 화면을 한 컷씩 잘라서 보여 주는 아이리스(iris) 기법의 예다.27)

27) 윤수하, 「이상 시의 영상 이미지에 대한 연구」, 『국어국문학』129호(국어국문학회, 2001년 12월), 479쪽.

그런데 이 시는 장면들의 대립과 충돌로 새로운 국면을 도출하는 게 아니라, 연상을 이어가면서 자연스러운 결론에 이르므로 몽타주 기법으로 보기에는 무리가 있다. 시의 전체적인 독해가 어긋난 것도 이 기법의 설득력을 크게 약화시킨다. 권영민은 소설 「逢別記봉별기」의 줄거리에 따라 시를 읽었다. 그는 이상이 결핵 치료차 갔던 요양지에서 여자를 사귀고, 그로 인한 고통과 망신으로 무너져 가는 모습이 이 시에 드러나 있다고 보았다.28)

28) 권영민 편, 『이상 전집 1 시』(뿔, 2009년), 61-62쪽.

전기적 사실이 그릇된 해석으로 견인해 간 사례로 보인다.

2.

「烏瞰圖오감도 : 詩第七號시 제7호」를 올바로 독해하기 위해서는 가능한 한 문맥을 존중하여 읽되, 다의적인 해석을 허락하는 부분에서는 다른 시를 참조해서 읽을 수밖에 없다. 먼저 부분들을 읽는다.[29)]

[29) 독해의 편의를 위해 본문의 시 인용과 이상의 다른 시 인용은 현재의 맞춤법과 한글 발음을 따르기로 한다.]

구원적거(久遠謫居)의 지(地)의 일지(一枝)・일지(一枝)에 피는 현화(顯花)・특이(特異)한 사월(四月)의 화초(花草)・삼십륜(三十輪)・삼십륜(三十輪)에 전후(前後)되는 양측(兩側)의 명경(明鏡)

시는 아주 먼 귀양살이 땅을 제시하면서 시작된다. 이 "적거(謫居)"는 「烏瞰圖오감도 : 詩第十四號시 제14호」에 제시된 "고성(古城)"과 다른 곳이 아닐 것이다. 전체적으로도 유관한 시이므로 전문을 적는다.

고성(古城) 앞 풀밭이 있고 풀밭 위에 나는 내 모자(帽子)를 벗어 놓았다.
  성(城) 위에서 나는 내 기억(記憶)에 꽤 무거운 돌을 매어 달아서는 내 힘과 거리(距離)껏 팔매질 쳤다. 포물선(拋物線)을 역행(逆行)하는 역사(歷史)의 슬픈 울음소리. 문득 성(城) 밑 내 모자(帽子) 곁에 한 사람의 걸인(乞人)이 장승과 같이 서 있는 것을 내려다보았다. 걸인은 성 밑에서 오히려 내 위에 있다. 혹은 종합(綜合)된 역사(歷史)의 망령(亡靈)인가. 공중(空中)을 향하여 놓인 내 모자의 깊이는 절박(切迫)한 하늘을 부른다. 별안간 걸인은 표표(慓慓)한 풍채(風彩)를 허리 굽혀 한 개의 돌을 내 모자 속에 치뜨려 넣는다. 나는 벌써 기절(氣絶)하였다. 심장(心臟)이 두개골(頭蓋骨) 속으로 옮겨가는 지도(地圖)가 보인다. 싸늘한 손이 내 이마에 닿는다. 내 이마에는 싸늘한 손자국이 낙인(烙印) 되어 언제까지 지워지지 않았다.

— 이상, 「烏瞰圖오감도: 詩第十四號시 제14호」 전문 (현대어 표기).

고성 위에 서서 나는 돌을 하나 던졌는데, 그 돌이 떨어지는 메아리 소리("포물선을 역행하는 … 소리")가 역사의 슬픈 울음 소리로 들렸다. 성 밑에 내가 벗어 놓은 모자 곁에 한 걸인이 있는데, 그는 "오히려 내 위에 있다." 이상의 여러 시에서 등장하는 바, 그는 나의 거울상이다. 둘을 현실의 나/이상의 나로 부르든 반성하는 나/반성된 나로 부르든, 둘이 거울상이라는 사실은 변하지 않는다. 실제의 나는 저 걸인인데, 그는 제 처지를 분명히 인식한다는 점에서는 나보다도 낫다. 그는 내가 던진 것과 같은 돌을 뒤집어 놓은 모자에 넣는데, 이로써 나는 내게 적선한 셈이 되었다. 처지를 깨닫고 나는 기절했으며 넘어져 깨진 이마에 역사의 "낙인"이 남았다.

"고성"이 역사의 폐허라면 "적거"는 개인사(個人史)의 폐허다. 고성에서 나는 한 걸인을 만났다. 그는 나의 현실태, 곧 역사의 포물선에 따라 떨어진 거울상이었다. 걸인과 나를 합하면 "종합된 역사의 망령"이 된다. 「烏瞰圖오감도 : 詩第七號시 제7호」로 돌아오자. "적거"의 땅에 선 나무 한 그루, 그 나무에 난 한 가지, 그 가지에 핀 꽃─좁아드는 시야와 작아지는 대상을 따라가며 형상화된 이 꽃이야말로 고성의 한 끝, 풀밭에 자그마하게 서 있던 내 자신(걸인)의 흔적이다. "삼십륜"은 30일을 한 주기로 삼아서 하늘을 굴러가는 수레 곧 달인데, 이 역시 나의 다른 모습이다. "삼십륜에 전후되는 양측의 명경"이므로, 달과 꽃은 앞뒤로 서로를 비추는 거울상인 셈이다. 전자가 투사하는 나(=빛을 주는 달이자 돌을 던진 나)라면 후자는 투사되는 나(=달빛을 받는 꽃이자 그 돌을 받아 모자에 넣는 걸인)다. "낙백(落魄)"과 "강매(降霾)"와 "망해(亡骸)"를 다룰 때에도 우리는 「烏瞰圖오감도 : 詩第十四號시 제14호」로 돌아올 것이다.

맹아(萌芽)와 같이 희희(戱戱)하는 지평(地平)을 향(向)하여 금시금시 낙백(落魄)하는 만월(滿月)・청간(淸澗)의 기(氣) 가운데 만신창이(滿身瘡痍)의 만월(滿月)이 의형(劓刑) 당(當)하여 혼륜(渾淪)하는・적거(謫居)의 지(地)를 관류(貫流)하는 일봉가신(一封家信)

이 꽃이 달과 한 몸이라는 사실(같은 몸에서 나온 두 가지라는 사실)은 뒤에 "월아(月芽)"에서도 나오거니와, 저 만월의 "낙백(落魄)"이 꽃과 관련된다는 사실을 통해서도 알 수 있다. 새로 돋은 싹을 지평선이 희롱한다는 것은 저 꽃이 피자마자 진 꽃이라는 얘기이니

말이다. 보름달은 차고 나면 기운다. 만월이 낙백했다는 것은 이런 말이다. 맑은 시냇물이 흐르는 가운데 달은 만신창이가 되었으며 코를 베는 형벌을 당했다. 그믐달을 향한 여정이 시작된 셈이다. "의형(劓刑)"에는 〈易斷역단〉의 한 편인 「아츰」의 흔적이 있다. 마지막 구절에 이르는 과정을 해명해야 하므로 전문을 읽는다.

캄캄한 공기를 마시면 폐에 해롭다. 폐벽(肺壁)에 끄름이 앉는다. 밤새도록 나는 음살을 앓는다. 밤은 참 많기도 하드라. 실어 내가기도 하고 실어 들여오기도 하다가 잊어버리고 새벽이 된다. 폐에도 아침이 켜진다. 밤 사이에 무엇이 없어졌나 살펴본다. 습관(習慣)이 도로 와 있다. 다만 내 치사(侈奢)한 책이 여러 장 찢겼다. 초췌한 결론 위에 아침 햇살이 자세히 적힌다. 영원히 그 코 없는 밤은 오지 않을 듯이.

— 이상, 「易斷역단: 아츰」 전문 (현대어 표기).

각혈의 체험을 형상화한 이상의 시편들은 돌올한 감각에 기대어 있다. "나는 내 소화 기관에 묵직한 총신(銃身)을 느끼고 내 다물은 입에 매끈매끈한 총구(銃口)를 느낀다. (…) 나는 참 나의 입으로 무엇을 내어 배앝았더냐."(「烏瞰圖오감도 : 詩第九號시 제9호 銃口총구」), "웃음소리가 요란하게 나더니 자조(自嘲)하는 표정(表情) 위에 독(毒)한 잉크가 끼얹힌다."(「易斷역단 : 行路행로」)와 같은 표현들이 그렇다. 이 시에서는 망가진 폐로 인한 호흡 곤란 증세가 시각 이미지로 번역되어 있다. 밤은 어둡고 그래서 그 밤에 호흡을 하면 "폐벽에 끄름이 앉

는다." '옴살'은 옴이 번지듯 온몸으로 아픔을 겪는 지경을 표현한 말인 듯하다.[30]

[30] 이를 '몸살'의 오식으로 보는 견해(임종국, 이승훈 등)가 일반적이지만 추정일 뿐 근거가 없다. '엄살'의 뜻으로 썼다는 견해(권영민)가 있지만 문맥이 통하지 않는다. 여기서는 김주현의 견해를 받아들였다. 김주현 주해, 『증보 정본 이상 문학 전집 1 시』(소명출판, 2009년), 109쪽.

그 다음에는 밤을 일종의 수하물인 듯 표현한다. "실어 내가기도 하고 실어 들여오기도" 한다는 것은, 숨 쉬기가 무거운 짐을 지고 출입하듯 대단히 버거운 일이라는 사실을 암시한다. 아침이 되면 간밤의 고통은 멀리 물러나 있다. 대신 휴지로 쓰느라 읽던 책이 여러 장 찢겨져 나갔다. "치사(侈奢)"는 사치(奢侈)를 뒤집은 말이다. 결핵 환자에게 책이란 사치스러운 것, 분수에 맞지 않는 것이거나 치사(恥事)한 것, 남부끄러운 것이다.

그리고 나서 그을음과 수하물로 비유된 "코 없는 밤"이 나온다. "의형(劓刑)"당한 달은 만신창이가 된 내가 치사한 책을 휴지로 삼아서 밤새 닦아야 했던 얼굴이다. 그렇다면 이 "현화"가 왜 "특이한 사월의 화초"인지가 밝혀진다. 저 꽃은 "코 없는" 달의 흔적, 곧 각혈의 표현이었던 것이다. 나는 내가 피워낸 꽃을 하릴없이 지켜보는 달이며, 그래서 낙백하였다. 이 엉망진창인 유배의 땅에 "일봉가신"(집에서 보내온 편지 한 통)이 당도한다. 편지는 만신창이가 된 나와 집을 잇는 유일한 끈이다.

나는 근근(僅僅)히 차대(遮戴)하였더라 • 몽몽(濛濛)한 월아(月芽) • 정밀(靜謐)을 개엄(蓋掩)하는 대기권

(大氣圈)의 요원(遙遠)·거대(巨大)한 곤비(困憊)가운데의 일년사월(一年四月)의 공동(空洞)·반산전도(繫散顚倒)하는 성좌(星座)와 성좌(星座)의 천열(千裂)된 사호동(死胡同)을 포도(跑逃)하는 거대(巨大)한 풍설(風雪)·강매(降霾)·혈홍(血紅)으로 염색(染色)된 암염(岩鹽)의 분쇄(粉碎)

나는 그 편지에 기대어 간신히 무너지는 것을 막아섰다. 이제 나는 보름달이 아니라 코를 베인 달이자 흐릿한 달의 싹 곧 그믐달이거나 초승달에 지나지 않는다. 빛이 약하니 대기마저 흐릿해서, 달은 선명하게 보이지 않는다. 나는 거대한 피로의 한가운데 있다. 4월은 나에게 텅 빈 것과 같았다. 달로 비유된 내가 이럴진대, 나와 같은 역사의 지평에 놓인 타자들의 사정도 다르지는 않을 것이다. 절룩거리고 거꾸러지는 별자리들이 그렇고, 사분오열된 별들에게 마련된 막다른 골목["사호동(死胡同)"]이 그러하며, 그들을 몰아치는(혹은 그들과 뒤섞인) 거대한 눈바람과 흙비와 돌가루들이 그렇다. 이 별들이야말로 「烏瞰圖오감도 : 詩第一號시 제1호」가 말하는 아이들이다. 유명한 시여서 앞뒤만 옮긴다.

13인의 아이가 도로로 질주하오.
(길은 막다른 골목이 적당하오.)

(중략)

(길은 뚫린 골목이라도 적당하오.)
13인의 아이가 도로로 질주하지 아니하여도 좋소.

— 이상, 「烏瞰圖오감도 : 詩第一號시제1호」부분.

13명의 아이가 도로를 달리고 있는데, 처음에는 그들에게 막다른 골목이 주어진다. 이 "사호동(死胡同)"은 그들의 달아남이 좌절될 것임을 말한다. 인용하지 않은 본문에서 1에서 13의 아이들은 이렇게 표현된다. "무섭다고 그리오." 그것은 '(그 아이가) 무섭다고 (남에게) 말하오'이기도 하고 '(남이 그 아이를 일러) 무섭다고 말하오'이기도 하다. 이 고의적인 중의성 때문에, "13인의 아이는 무서운 아이와 무서워하는 아이"가 뒤섞인 모임이 된다. 바로 이것이 "반산전도(繁散顚倒)하는 성좌(星座)와 성좌(星座)의 천열(千裂)된 사호동(死胡同)을 포도(跑逃)하는 거대(巨大)한 풍설(風雪) · 강매(降霾) · 혈홍(血紅)으로 염색(染色)된 암염(岩鹽)의 분쇄(粉碎)"라는, 엉망으로 뒤섞인 긴 말들이 지시하는 바다. 그들은 절룩거리며 넘어지고 천 갈래로 갈라져 막다른 골목에 이르며 허비적거리며 도망가는 거대한 눈바람, 흙비, 핏빛 돌가루의 희생자들이다.[31]

[31] 황현산은 이 구절이 소설 「地圖의 暗室지도의 암실」에 나오는 구절 "活胡同是死胡同 死胡同是活胡同" 곧 '뚫린 골목이 막다른 골목이요, 막다른 골목이 뚫린 골목이다'를 변용한 것임을 밝혔다. 황현산, 〈〈오감도〉 평범하게 읽기〉, 『잘 표현된 불행』(문예중앙, 2012년), 266쪽.

그렇게 뒤섞여 옥석을 잃었으므로 그들에게 "뚫린 골목"이 제공되었다고 해도, 그들이 질주하는 걸 포기한다고 해도 사정은 달라지지 않을 것이다.

—

나의 뇌(腦)를 피뢰침(避雷針) 삼아 침하반과(沈下搬過) 되는 광채임리(光彩淋漓)한 망해(亡骸) · 나는 탑배(塔配)하는 청사(毒蛇)와 같이 지평(地平)에 식수(植樹)되어 다시는 기동(起動)할 수 없었더라•천량(天亮)이 올 때까지

「烏瞰圖오감도: 詩第十四號시 제14호」에서, 나는 내가 던진 돌이 모자 속에 들어가자 기절하고 마는데, 그것을 "심장이 두개골 속으로 옮겨가는 지도"라고 묘사한다. 내가 무너지기 때문에 심장의 위치가 머리와 같은 높이가 되는 것이다. "기절"은 정신을 잃는다는 뜻이지만, 한자의 뜻을 그대로 살리면 호흡이 중단됨이란 뜻이기도 하다. 여기에 "나는 무너지느라고 기침을 떨어트린다"(「易斷역단: 行路행로」)란 문장을 잇대어 읽어도 좋을 것이다. 「烏瞰圖오감도: 詩第七號시 제7호」에서는 "나의 뇌"가 피뢰침이 되어 번개("광채")가 내 몸을 타고 흘렀고 나는 무너진 해골이 되었다. 모두 다 같은 말의 다른 표현이다. 끝내 나는 지평선(地平線)에 심은 나무가 되었다. "지평에 식수"되었다는 것은 지상(地上)에 식수했다는 말이 아니다. 땅과 평행하게 나무를 심었으므로 나는 바닥을 기는 뱀처럼 쓰러진 나무가 되었으며, 새벽이 올 때까지는 다시 일어날 수 없었다.

3.

결론적으로 말해서 이 시는 각혈의 체험을 바탕에 두고 현실 인식과 타자 인식을 씨줄과 날줄로 엮어서 제작된 작품이라 할 수 있다. 나는 혼자만의 귀양지(혼자 병을 앓는 곳)에서 각혈("현화")을 하며 기울어 가는 목숨("달빛")이었다. 내가 달에 비유된 것은 밤새 잠을 이루지 못하며 병마와 싸워야 했기 때문이고, 마모되고 닳아진 것은 이 과정에서 허물어지는 육신을 예리하게 의식했기 때문이다. 나는 이 과정에서 나와 같은 처지에 놓인 무서운/무서워하는 아이들("성좌")을 만났으며, 자신의 병에 비추어 그들의 막다른 골목을 정시할 수 있었다. ÷

권혁웅

한양여대 문예창작과 교수. 문학평론가. 1967년 충주에서 태어나 고려대 국어학문과와 같은 학교 대학원을 졸업했다. 1996년『중앙일보』신춘문예에 평론이, 1997년『문예중앙』신인문학상에 시가 당선됐다. 시집으로『황금나무 아래서』『마징가 계보학』『그 얼굴에 입술을 대다』『소문들』, 평론 및 이론서로『미래파』『한국 현대시의 시작 방법 연구』『시론』『입술에 묻은 이름』, 신화 연구서로『태초에 사랑이 있었다』『몬스터 멜랑콜리아』, 산문집으로『두근두근』『당신을 읽는 시간』등을 펴냈다.

烏瞰圖 李箱

烏瞰圖
詩第八號 解剖

第一部試驗　　　手術臺　　　　一
　　　　　　　　水銀塗沫平面鏡　一
　　　　　　　　氣壓　　　　　二倍의平均氣壓
　　　　　　　　溫度　　　　　皆無

爲先痲醉된正面으로부터立體와立體를위한立體가具備된全部를平面鏡에映像식힘. 平面鏡에水銀을現在와反對側面에塗沫移轉함.(光線侵入防止에注意하야)徐徐히痲醉를解毒함. 一軸鐵筆과一張白紙를支給함.(試驗擔任人은被試驗人과抱擁함을絶對忌避할것)順次手術室로부터被試驗人을解放함.翌日.平面鏡의縱軸을通過하야平面鏡을二片에切斷함.水銀塗沫二回.ETC 아즉그滿足한結果를收拾치못하얏슴.

第二部試驗　　　直立한平面鏡　一
　　　　　　　　助手　　　　　數名

野外의眞實을選擇함. 爲先痲醉된上肢의尖端을鏡面에附着식힘.平面鏡의水銀을剝落함.平面鏡을後退시킴.(이때映像된上肢는반듯이硝子를無事通過하겟다는것으로假說함)上肢의終端까지. 다음水銀塗沫.(在來面에.)이瞬間公轉과自轉으로부터그眞空을降車식힘.完全히二個의上肢를接受하기까지.翌日.硝子를前

進식힘. 連하야水銀柱를在來面에塗沫함 (上脂의處分)(或은滅形)其他. 水銀塗沫面의變更과前進後退의 重複等.
ETC 以下未詳

―『朝鮮中央日報』1934년 8월 3일

08

투명한 시선, 불투명한 주체
—「烏瞰圖오감도: 詩第八號시 제8호 解剖해부」

임지연 | 문학평론가

1. 해부학·결핵·X광선
2. 투명한 시선·불투명한 주체

1. 해부학 · 결핵 · X광선

「烏瞰圖오감도: 詩第八號시 제8호 解剖해부」는 이상 시 해석의 역사에서 크게 주목받지 못했다. 이 시는 해부, 거울, 시선, 병, 육체와 같은, 이상 문학의 익숙한 시적 모티프가 중첩되어 있다. 따라서 새로움의 의미를 채굴해 낼 수 없다는 오해가 있었다. 또한 익숙한 모티프들이 중첩되어 있음에도 새로움의 의미가 반감되는 것은 모티프의 특이성이 전형적으로 나타나지 않는다는 사실 때문이기도 하다. 가령 이상의 거울 모티프는 「거울」, 「烏瞰圖오감도: 詩第五號시 제15호」, 「明鏡명경」 등에 집중적으로 나타난다. 거울 모티프를 해명하기 위해 굳이 「烏瞰圖오감도: 詩第八號시 제8호 解剖해부」를 분석할 필요는 없어 보인다. 그런 점에서 「烏瞰圖오감도: 詩第八號시 제8호 解剖해부」는 의미의 중요성에 비해 이상 시 해석사에서 크게 주목받지 못했다.

그러나 이 시는 해부, 거울, 병, 육체의 중첩된 모티프를 동시에 사용함으로써 다른 의미를 생성해 낸다. 그것을 필자는 투명 주체의 해부적 시선과 좌절이라는 관점에서 바라보고자 한다. 특히 투명 주체가 존재할 수 있는 필연적 조건을 당대 의료 담론 과정에서 효과화된 실물감으로 파악하고자 한다. 즉 과학적으로 확장된 근대적 시선은 선험적으로 주어진 개념이나 상징적 관념이 아니라, 이상이 당대 의학과 의료 기술을 실제 경험하고 체험한 실물 감각의 차원에서 형성된 것이다. 해부를 통한 투명 주체의 시선과 좌절의 양상을 체험된 현실적 조건에서 실감된 감각으로 파악할 때 이 시의 새로운 면모를 포착할 수 있을 것이다. 그렇지 않으면 이 시는 해부, 거울, 시선, 병, 육체의 모티프를 나열하고 반복하는 텍스트에 불과할 것이다.

이 시의 부제는 '해부'이다. 이 때 해부는 당대 의학의 한 분과인 해부학이라는 지식 개념에 조응한다. 이 시는 자기와 자기 신체를 바라보는 시선의 문제가 핵심인데, 여기서 해부는 해부적 시선을 조건으로 한다. 즉 근대의 과학 발달에 의한 상징적 시선이 아니라, 당대 해부학의 발달과 함께 1930년대 조선에서 획득한 실물적 감각이라고 할 수 있다.

이상이 이 시를 발표한 1930년대의 의학적 상황을 먼저 점검할 필요가 있다. 제목 없이 숫자로 순차화한〈烏瞰圖오감도〉연작시에「烏瞰圖오감도:詩第八號시 제8호 解剖해부」는 '해부'라는 부제가 달려 있다. 의도적으로 제목을 배제한 연작시에 굳이 부제를 단 이유는 이 시가 '해부'와 직접적 관련이 있음을 강조하기 위한 것이다. 그렇다면 이 시가 쓰인 1930년대에 의학 특히 해부학은 식민지 근대 조선에서 어떻게 효과화되었을까?

1926년 체계적인 식민지 고등 교육을 위해 설립된 경성제국대학은 설립 초기부터 의학부를 설치하였다. 식민지 의학은 인종, 종족, 질병, 범죄와 관련된 조선인의 몸을 규명하고 규정하는 작업인 '체질 인류학' 연구를 방향으로 삼았다. 체질 인류학은 조선에만 한정되지 않았으며 식민지 의학의 공통된 정책이었다. 이 연구는 주로 해부학 교실을 중심으로 이루어졌다. 경성제대 의학부의 기초 단위 중에서 가장 활성화되었던 것도 해부학 교실이었다.[1)]

[1) 경성제대 의학부는 다른 식민지의 제국대학 의학부보다 월등히 빠른 시기에 설립되었다. 대만의 대북제대 의학부는 1936년에 설립되었다. 김옥주,「경성제대 의학부의 체질 인류학 연구」,『의사학』17권 2호(대한의사학회, 2008년 12월), 191-196쪽 참조.; 같은 식민지임에도 대만보다 10년이나 이르게 조선에서 의학부와 해부학 교실이 설립되었다는 점은 조선의 의학 및 해부학의 발달이 빠르게 이루어졌음을 알 수 있다. 범연추(范燕秋),「제국 정치와 의학」,『사회와 역사』76집(한국사회사학회, 2007년), 142-143쪽.]

해부학 교실은 경성제대 의학부에만 있었던 것이 아니라, 여타 의학 전문 학교에도 개설되었다.[2)]

[2) 1928년 해부학 시험에서 낙제를 받은 경성의학전문학교 학생의 자살 소동이 일어나기도 하였다.「해부학에 낙제하고 해부도로 자살 기도」,『조선일보』(1928년 1월 30일자).; 1920년대 후반에 경성제대 의학부뿐 아니라 경성의전, 세브란스의전에서도 해부학 수업이 이루어지고 있었음을 감안하면 1934년이 되었을 무렵 해부학 발달이 상당히 진척되었을 것으로 보인다.]

따라서 이 시기 해부학이라는 의학적 지식 개념은 이미 대중적 인지도를 얻고 있었으며, 건축학과 기하학을 배운 근대인 이상에게 해부학 개념은 어렵지 않은 것이었다.

해부학이라는 의학 개념이 해부학적 시선이 될 수 있었던 계기는 이상 자신이 폐결핵을 앓았다는 병력으로부터 발생한다. 1931년 폐결핵이 악화되었고, 이후 병든 몸에 대한 물질적이고 생리적인 자각은 이상 시에서 미학적으로 구조화되었다.「烏瞰圖오감도: 詩第八號시 제8호 解剖해부」는 폐결핵 진단 과정과 치료 과정을 미학적으로 구조화하고, 몸의 자각을 통해 근대적 개인 주체에 대한 근원적 질문을 하는 방식을 띤다. 그렇다면 이 시기 폐결핵 진단과 치료라는 의학 담론은 어떤 수준인지 가늠할 필요가 있다. 당대 질병과 의학 담론의 발달 과정이 이 시의 실제적 모델이 되고 있기 때문이다.

1927년 조선의 결핵균 환자는 매년 3천 명씩 증가하였고, 1936년에 이르러 결핵 환자는 45만 명으로 추산되었다.[3]

[3] 「조선 내의 결핵균자 매년 3천 명씩 증가」, 『동아일보』(1927년 4월 20일자).;「결핵 환자 사십오만」, 『동아일보』(1936년 1월 14일자).

폐결핵은 일본 내지뿐 아니라 식민지 조선에서도 가장 참혹한 병으로 인식되었다. "피를 뱉으며 피골이 상접하여 시시각각으로 애처롭게 죽엄과 싸움"하는[4]

[4] 「폐결핵의 가정 치료법(一)」, 『조선일보』(1928년 9월 30일자). 폐결핵 가정 치료법에 대한 시리즈 기사가 33회에 걸쳐 게재됐다. 폐결핵은 완치할 치료법이 없었으므로 더 두려운 병으로 인식되었고, 따라서 면역력 강화 같은 예방법과 위생 담론에 치중했다. 의사들은 치료약 대신 과음 과색(過飮過色)하거나 밤새워 마작하는 행동은 위태한 일이라고 지적했다.

결핵 환자에게 더 고통스러운 것은 특효약이 없다는 점이었다. 그럼에도 결코 불치의 병이 아니라고 주장되었는데, 당대 과학 기술과 의학 기술에서 주목한 'X광선' 때문이었다. 1930년대에 들어서면 치료 기술도 발달하게 되는데, 이 때 '신식 인공 긔흉 료법'[5]

[5] 「폐결핵에 제일 효력잇는 신식 인공 긔흉 료법」, 『동아일보』, 1932년 7월 21일자. 인공 기흉(人工氣胸) 요법은 인공적으로 폐환부에 신선한 공기를 불어넣어서 병든 폐를 치료하는 요법으로서 단기간에 치료할 수 있기 때문에 무산자에게 필요한 요법이라고 소개되었다.

이 소개되기도 하였다. 그러나 가장 획기적인 치료법은 'X광선' 즉 '렌트겐 광선'으로 초기에 결핵을 진단하는 일이었다. 인공 기흉 요법을 완전한 치료법이라고 과대 선전했지만, 이 요법으로 치료하기 이전 반드시 X광선으로 결핵의 진행 정도를 진단해야 했다.

조선의 '신광명(新光明)'으로 은유되었던 X광선 기기는 1910년대에 이미 조선에 도입되었다. 그러나 X광선이 '광명'으로 사유될 수 있었다는 것 자체가 당시 X광선이 실제 체험과는 거리가 있었다는 사실[6]

[6] 권보드레, 「현미경과 엑스레이」, 『한국 현대 문학 연구』 18집(한국현대문학연구회, 2005년), 19-22쪽.

을 전제로 한다. 1920년대 후반에 이르면 상징적으로 은유되는 X광선은 근대의 대중적 지식 개념으로 확장된다. 1910년대 X광선은 근대의 계몽적 상징물이었지만, 1920년대에는 과학이 준 최대의 선물로서 인식되고 '렌트겐 선'이라는 과학적인 이름으로 통용된다. 근대의 빛으로 은유되던 X광선은 이제 인간의 뼈와 근육, 내장, 임파선을 투시하는 의학용 기계 자체이며, 치료법이 확대되면서 과학이 인간에게 준 선물로 여겨졌다. 렌트겐 선은 "물질을 뚫고 비취는 성질이 잇스며 또 그 투사하는 정도가 물질의 성질에 딸하서 달르니 그 덤이 병인 진단에 리용"되고 "사람의 신체를 비춰 보면 뼈는 잘 투사되지 아니함으로 검게 비취고 근육 내장 림파선 등은 잘 투사가 됨으로 히게 비"[7]

[7] 「렌트겐 선의 힘(하)―과학이 준 최대의 선물」, 『동아일보』(1928년 7월 18일자).

치는 것이라는 시각적 개념으로 통용되었다.

X광선의 기기의 도입과 렌트겐 선의 의학적 활용은 이 시기 광범위한 폐결핵의 발생과 관련이 있다. 1920년

대 후반에 렌트겐 선은 폐결핵을 낫게 하는 최고의 의학 요법으로 이용되고 있었다.[8]

[8] 「폐결핵도 낫는다―렌트겐 선의 힘(상)」, 『동아일보』(1928년 7월 17일자).

렌트겐 요법은 X광선으로 폐결핵을 진단하여 병의 수위를 파악하고, X광선을 쪼였을 때 생기는 섬유질이 균을 죽이는 물질을 산출하여 결핵을 치료할 수 있는 최신 요법이었다. 1930년대에 이르면 렌트겐 선 요법은 거의 만병통치로 인식되기에 이른다.[9]

[9] 「렌트겐 선은 어떤 병에 잘듯나―치료 범위는 거의 만병통치」, 『조선일보』(1938년 4월 15일자).

결핵뿐 아니라 만성 습진, 연주창(連珠瘡), 자궁암에 이르기까지 치료 범위가 넓어졌으며 자연스럽게 과학의 최대 선물로 인식되었다.

따라서 1910년대의 X광선이 근대의 상징적인 빛이었다면, 1920년대 이후에는 조선인의 몸 안을 투시하여 뼈와 근육뿐 아니라 병의 실체를 눈으로 볼 수 있게 해주는 과학의 빛이었고, 과학이 준 선물이었다. 문제는 그것이 실감의 수준인가 아닌가에 있다. 1920년대 이후 X광선은 상징적이고 은유적인 빛이 아니라, 뼈와 심장, 병든 내장을 시각적으로 증명하는 빛으로서 대중적인 실물감의 차원에서 인식되었다. X광선의 기능과 개념은 이제 "누구나 잘 아는 바"[10]

[10] 「과학 해설―」, 『조선일보』(1931년 8월 1일자).

가 되었다. 즉 X광선이 인체 내부를 통과, 투시, 관통하여 영상판에 나타난 내부를 눈으로 볼 수 있다는 근대적 시선은 '누구나 다 아는 바'가 되었으며, 누구에게나 가능한 시선이 될 수 있었다. 그런 점에서 이상이 시를 쓰기 시작한 1931년 이후, 〈烏瞰圖오감도〉가 발표된 1934년의 상황은 근대의 투명한 시선 주체와 투명한 몸주체들이 실물감을 확보하면서 내면화되고 있었다고 볼 수 있다.

필자가 이처럼 해부학과 X광선, 폐결핵에 대한 당대의 실물감에 주목한 이유는 이상의 시에서 가장 강력한 모티프가 폐결핵을 앓았다는 병력과 관계되기 때문이다. 이상의 행적과 관련된 자료를 참조하면 시「建築無限六面角體건축 무한 6면 각체: 二十二年이십이 년」에서처럼 이상은 22세 되던 해 폐결핵을 진단받는다. 이후 의학 치료/병든 육체, 의사/환자를 구조화하는 시들을 지속적으로 발표한다.[11]

[11] 사실 시인과 텍스트 내의 시적 주체는 동일시될 수 없다. 그러나 시인과 시적 주체의 거리는 텍스트마다 다르며, 적어도 이 시에서 X광선의 의미는 상징이 아니라 실제 X광선이라는 실물감 차원에서 이해할 필요가 있기 때문에 시인과 시적 주체의 연관성을 고려할 필요가 있다.

일문 시「建築無限六面角體건축 무한 6면 각체: 二十二年이십이 년」과「烏瞰圖오감도: 詩第五號시 제5호」는 폐결핵을 진단받는 환자와 진단하는 의사, X광선의 투시 체험을 공통적으로 구조화하고 있다는 점에서 상호 텍스트적이다.

X광선과 관련한 시들은 상당히 많이 발견되는데,[12]

[12]「烏瞰圖오감도: 詩第五號시 제5호」,「易斷역단: 아츰」,「危篤위독: 肉親육친」,「建築無限六面角體건축 무한 6면 각체: 二十二年이십이 년」,「內科내과」,「骨片에關한無題골편에 관한 무제」등에서 X광선 모티프가 발견된다.

특히「烏瞰圖오감도: 詩第八號시 제8호 解剖해부」는 X광선 촬영 과정을 중심축으로 구성하고 있다는 점에서 이상의 폐결핵 체험과 긴밀한 연관성을 갖는다. 따라서 이 시를 제대로 분석하기 위해서는 당대 X광선이 어떻게 담론화되어 있는지를 파악할 필요가 있다. 위에서 해부, 폐결핵, X광선에 대한 당대의 담론적 조건을 먼저 살펴본 이유는 여기에 있다. 이상이 시를 쓰고 발표했던 1930년대 초반 X광선은 폐결핵뿐 아니라 다른 질병의 진단과 치료에 상당히 신뢰를 주는 과학의 산물로 인식되었고, 치료의 범위는 점차 확대되어 1930년대 후반에는 만병통치라고 인식될 정도였다. 또한 해부학의 차원에서 본다면, 경성제대 의학부와 여타 의학 전문대에서 체질 인류학이라는 식민지 의학을 발전시킨 것은 해부학 교실이었다. 따라서 인체 내부를 해부라는 시선에서 낱낱이 들여다볼 수 있는 근대의 과학적 시선 혹은 투명한 주체의 시선은 대중적으로 확대되어 있었다.

해부와 X광선에 의해 내면화된 시선은 투명성을 향한 근대적 시선을 실물감의 차원에서 존재하게 하는 조건이 되었다. 동시에 투명성을 향한 시선은 인간의 몸이 투명할 수 있다는 존재론적 상상을 가능하게 하였다. 폐결핵은 일본이나 조선에서 유행하는 질병이었고, 딱히 치료약이 없는 상황에서 X광선 요법의 광범위한 확대와 X광선 촬영 기법이 크게 발달하였다. 동시에 결핵, X광선, 과학자 뢴트겐이라는 용어는 각종 매체에 의해 과학적 계몽의 핵심 개념으로 활용되었다.

그런 점에서 「烏瞰圖오감도 : 詩第八號시 제8호 解剖해부」의 거울, 수술대, 마취, 해부, X광선 등의 시적 모티프는 근대 과학 담론의 상징적이고 은유적인 상상이 아니라, 실제 경험할 수 있는 일반적 조건하에서 형성된 실물적 감각이었다. 이 시는 이상이 폐결핵을 앓으며 경험했던 X광선 촬영에 대한 진단, 치료의 관점에서 바라볼 수 있을 뿐 아니라, 실제 경험을 실물감의 차원에서 내면화하였다고 볼 수 있다. 즉 1930년대는 X광선의 시선을 내면화한 투명한 근대적 시선 주체를 탄생시킬 수 있는 충분한 물적 토대를 형성하고 있던 시기였다.

「烏瞰圖오감도 : 詩第八號시 제8호 解剖해부」를 X광선 촬영 과정의 구성법으로 분석한 경우는 권영민이 최초였다. 본고에서는 권영민의 정합적인 분석에 동의하며 이를 보완하는 방식으로 시를 분석하고자 한다. 「烏瞰圖오감도 : 詩第八號시 제8호 解剖해부」는 의미의 중첩적 구조화에 따른 난해성과 중요도에 비해 주목받지 못했다. 앞서 말했듯이 그것은 이상 시에서 익숙한 모티프들이 중첩되어 있기 때문인데, 새로움의 의미를 파악할 수 없다는 오해 때문이다. 그런 점에서 중첩된 모티프들이 결합되어 생성해 내는 의미의 양상을 해석하는 데 미흡한 점이 있었다.

이어령은 이 시의 내용을 인간의 의미 진단을 의학적 임상에 비유한 것으로 보고, 거울의 이미지가 일상적 의미·존재론적 의미의 대응을 뜻한다고 분석했다. 이승훈은 이 시를 거울 모티프로 해석하고, 거울은 인간의 본질을 해부하는 기능이라고 보았다.[13]

13) 이승훈 엮음, 『이상문학전집 1 시』(문학사상사, 1989년), 37쪽.

이 분석은 의학적

임상 과정과 거울 모티프로 분석 틀을 삼고 있는데, 비유적 구성으로 해석하는 공통점을 보인다. 의학적 임상과 거울 모티프는 비유적 의미일 뿐 실제적이고 체험적인 실물감은 배제하고 있다.

이외에도 아나그램(anagram, 문자의 재배열로 새로운 말을 만들어내는것) 기법의 거울 모티프로서 인간 본질의 의미를 진단하고 의학적 임상 수법을 시도한다고 분석하는 방식,[14] 본질 자아로의 가역 반응이 가능한가를 검토하는 실험 기록[15] 으로 검토하는 경우가 있다. 이 역시 익숙한 모티프인 거울과 의학 실험의 계기로 파악하지만 이상의 체험과 당대의 구체적 정황들은 배제되어 있다. 주현진의 경우, 의학 모티프를 통해 이상 시의 근대성을 파악하고자 했다.「烏瞰圖오감도 : 詩第八號시 제8호 解剖해부」는 생체 해부학 실험의 모티프로 이해하고 해부학 퍼포먼스 일인극을 연상시킨다고 하였지만 심도 깊은 논의를 하고 있지는 않다.[16] 그러나 이상의 시를 전형적인 모티프가 아니라 외과 의학이나 해부학이라는 새로운 모티프로 접근하고 있다는 점에서 이 시를 새롭게 분석할 수 있는 방법을 제시하였다.

---

14) 김동근,「「오감도」의 작시 논리와 텍스트의 의미」,『현대 문학 이론 연구』15집 (현대문학이론학회, 2001년), 42-43쪽.

15) 황현산,「〈오감도〉평범하게 읽기」,『창작과비평』101호 (창비, 1998년 가을호), 348쪽.

16) 주현진,「이상 문학의 근대성 : '의학-육체-개인'」,『한국 시학 연구』23호 (한국시학회, 2008년), 396쪽.

조해옥은 「烏瞰圖오감도: 詩第八號시 제8호 解剖해부」에 대해 보다 본격적인 분석을 하면서 이 시를 과학적 시선으로 해부되는 육체 즉 해부학의 대상으로 사물화된 육체 탐구에 대한·시로 파악한다. 거울을 통해 자기의 본질을 밝혀 보려고 육체를 해부학의 대상으로 삼지만 결국 그 의도가 좌절된다고 평가하고 있다.[17] 17) 조해옥, 『이상 시의 근대성 연구』(소명출판, 2001년), 39-43쪽. 이는 기하학적이고 해부학적인 육체를 사유하는 이상 시의 근대성에 대한 정확한 평가라고 할 수 있지만, 이 시의 과학적 시선이 어디로부터 발생하였는지에 대해서는 명확하게 밝혀져 있지 않다.

권영민은 X광선 검사 과정이라는 새로운 관점을 제시하여 해석적 지평을 확대하였다. 이 시는 인간의 육체에 부여된 가치론적 의미를 벗어나 인간 육체의 물질성을 시각적으로 확인함으로써 육체 내부에 대한 감각과 인식의 변화를 보여 주는 시라고 평가한다.[18] 18) 권영민, 『이상 텍스트 연구』(뿔, 2009년), 74-77쪽. 이상의 시에서 결핵과 X광선 촬영 과정의 상호 텍스트성을 읽어 내고 새로운 관점을 제공한다는 점에서 새로운 해석적 지평을 열어 놓았다. 필자는 권영민의 분석적 관점에 동의하여 X광선 촬영과 해부학적 관점, 폐결핵에 걸린 병든 육체성을 통해 근대적 시선 주체의 투명성의 특징을 밝히고자 한다.

2. 투명한 시선·불투명한 주체

이 시는 세 개의 모티프가 중첩되어 있다. 해부학 모티프, X광선 촬영 모티프, 거울 모티프가 그것이다. 세 모티프가 나열적으로 배치된 것이 아니라, X광선 촬영 모티프를 중심으로 하여 해부학 모티프와 거울 모티프가 의미를 강조하는 부차적 구실을 하고 있다. 해부, 거울, X광선의 모티프는 본다는 것은 무엇인가라는 질문을 위한 장치들이다. 이 시는 몸의 내부를 들여다봄으로써 육체의 물질성을 증명하거나 본질적 자아를 회복하기 위한 갈망을 드러내는 시가 아니다. 즉 무엇을 볼 것인가의 문제가 아니라, 본다는 것 그 자체에 천착하고 있다. 따라서 X광선, 해부적 시선, 거울 모티프는 본다는 것 그것을 드러내기 위한 고안물이며, 이 시각적 고안물들이 사실은 시의 주인물이라고 해도 과언이 아니다. 결국 이 시는 시각 주체의 존재 방식에 대한 시라고 할 수 있다.

1) 해부학 모티프

이 시는 제1부와 제2부로 구성되어 있다. 제1부와 제2부의 공간적 배경도 다르게 설정되어 있다. 제1부는 수술대가 있는 병원의 해부학 교실이고, 제2부는 병원 바깥의 야외로 설정되어 있다. 그러나 장소만 달랐지 해부학 교실에서 해부학 실험과 시험을 치르는 과정이 삽입되어 있다. 앞서 살펴보았듯이 식민지 의학의 주류였던 체질 인류학은 주로 경성제대 의학부와 여타 의학 전문 학교의 해부학 교실을 통해 발달하였다. 해부라는 의학 개념은 1930년대 초 상당히 대중화된 개념으로 확산되었을 듯하다. 「烏瞰圖오감도: 詩第八號시 제8호 解剖해부」는 '해부'라는 제목이 붙어 있다. 〈烏瞰圖오감도〉 연작은 대부분 숫자로만 제목을 표시하고 있는데, 굳이 해부라는 제목을 붙인 이유는 해부의 문제가 핵심 요소이기 때문일 것이다.

이 시는 시각 주체와 시각 장치의 활용에 대한 내용을 담고 있다. 보는 시각 주체와 보여지는 육체 사이의 불명확한 관계성과 어떻게 볼 것인가라는 시각성을 드러내기 위해 근대의 시각적 고안물의 사용법을 보여주는 시라고 할 수 있다. 즉 보는 문제, 보여지는 문제, 어떻게 볼 것인가의 문제 등 다기한 시각 주체의 태도가 복잡하게 얽힌 시인데, 특히 해부적 관점으로 사물과 인체 내부를 보겠다는 강력한 의지를 내포한다. 그러므로 '해부'란 인간의 신체를 메스로 조각내서 내부 구조를 조사하는 의학 행위라기보다, 해부적 시선으로 내부를 들여다보겠다는 시각 주체의 자세를 나타낸다. 해부학 교실이라는 장소성을 통해 시선에 대한 강한 욕망을 보증해 주고 있다.

2) 거울 모티프

영상, 평면경, 경면 등의 시어는 모두 거울과 관련이 있다. 거울 모티프를 중심으로 읽을 때 이 시는 거울을 해체하고 다시 만드는 놀이처럼 보이기도 한다. 제1부

시험에서 영상이 가능한 평면경 → 수은을 반대측에 도말 이전한 거울 → 종축을 통과하여 절단한 평면경 → 수은 도말 2회한 평면경으로 바뀌고 있다. 여기에서는 거울이 그 기능을 상실하지는 않는다. 그런데 제2부 시험에서 거울의 변화는 폭이 크다. 상지를 경면에 부착한 거울(영상 기능 상실) → 평면경 수은 박락(거울에서 유리로 변화) → 재래면에 수은 도말한 평면경(영상 기능 가능) → 수은주를 재래면에 도말한 평면경(거울 기능 가능)으로 바뀌는 것이다.

제2부 시험에서 거울은 기능을 상실했다 회복하고 있다. 거울을 통해 내부를 보고자 하는 시각 주체의 욕망이 거울 자체, 보는 기능 그 자체로 향해 있음을 알 수 있다. 그러나 "아직그만족한결과를수습치못하였음"과 "이하미상"으로 결과가 보고됨으로써 거울 실험은 성공하지 못하였음이 드러난다. 거울 모티프는 해부학 모티프처럼 이 시의 시각 주체의 태도를 강조하기 위해 사용된 부차적 구조처럼 보인다. 주체에게 본질적 정체성은 처음부터 존재하지 않는다는 사실을 증명하기 위한 시각적 고안물이다

3) X광선 모티프

1920년대 후반 이후, X광선은 결핵의 의학적 치료 요법으로 사용법이 확대되고 있었다. 1920년대 후반 조선내 결핵 환자는 매년 3천 명씩 증가하고 있었고, 1936년 결핵 환자 수는 45만 명으로 보고 되었으며, 전 조선적으로 폐결핵 예방 운동이 벌어질 만큼 확산되어

있었다. 폐결핵은 "왼세계에 널리 퍼져잇는 만성 전염병"으로서 "무서우리마치 사람의 생명을 빼앗는 병"이고 "왼인류 사망자 전체의 칠분의 일이라고 하는 만흔 사람이 이병으로 말미아마 사망"[19]

[19] 「폐결핵의 예방과 치료법」,『조선일보』(1932년 3월 15일자).

하는 병이었다. 온 인류에게 퍼져 있는 보편적 질병인 이 병은 조선인에게는 "병 중에도 데일 참혹한 병이며 사람에게 데일 만흔 고통을" 주는 병이었다. X광선 촬영 기기는 1911년 대한의원에 최초로 설치된 이래 결핵 치료 전문 시설이 확대되면서 양적으로 늘어났다.[20]

[20] 오종희·권순정, 「1876~1945년 한국 근대 보건 의료 시설의 역사적 발전 과정에 대한 연구」,『한국 의료 복지 시설 학회지』17호(한국의료복지시설학회, 2003년 9월), 35쪽. 결핵 치료를 위한 의료 기관으로서 근대적 결핵 요양원인 해주요양원이 1928년 개원하였고, 경성요양원은 1937년 폐결핵 병동이 별도로 준공되었으며, 경기도립 인천의원, 성모병원, 자혜진료소 등에서 결핵 환자를 전문적으로 치료하였다.

이상 문학에서 폐결핵이라는 질병 체험은 미학적이고 구조적인 측면에서 가장 효과화된 모티프이다. 이 시기 문명병이자 청춘의 병, 지식인의 병[21]

[21] 「유위한 청년들을 폐병의 마수로부터 구하자」,『동아일보』(1933년 11월 30일자).;「문명병 폐결핵 환자 40만 명─지식 계층 사망률 조사」,『동아일보』(1936년 1월 24일자).

으로 인식되었던 결핵은 모더니티의 표상이기도 했다. 이상 시의 폐결핵 모티프는 1930년대 전반기 조선에서 가장 흔하면서 드라마틱한 질병 서사를 내포하고 있다. 문명병, 청춘, 지식인이라는 키워드는 흔하고 익숙한 모던 보이의 서사 구조를 갖는다. 이상 역시 이 서사 구조를 넘어서지 않는다. 그는 경성고공을 졸업한 인텔리이고 그림을 그리고자 하는 미학적 청년에다,

폐결핵에 걸려 객혈을 하는 질병 서사의 전형적 초상이었다. 그럼에도 이상은 흔한 결핵에 걸린 지식인 청춘의 전형에 갇히지 않았다. 오히려 질병 체험을 통해 육체의 내부를 해부하는 근대적 시선을 확보하고 동시에 그 시선의 구조를 미학적 틀로 삼아 투명한 시선 주체의 불가능성을 보여 주고자 하였다.

「烏瞰圖오감도 : 詩第八號시 제8호 解剖해부」는 X광선이라는 투명한 해부학적 시선과 X광선 기기라는 첨단의 시각적 고안물의 촬영 과정을 미학적으로 구조화하고 있는 시이다. 먼저 '제1부 시험'은 권영민의 주해[22]

[22] 권영민 엮음, 『이상 전집 1 시』(뿔, 2009년), 66-67쪽. 본고에서는 권영민의 X광선 촬영 과정이라는 해석에 동의하여 이 시를 X광선 촬영 구조로 분석하고자 한다. 몇 가지 이견을 제시하거나 보충하는 방식이 될 것이다. 그러나 육체 내부의 감각과 인식의 획기적 변화라는 결론이 아니라, 해부학적 시선 주체의 존재 방식과 근대적 시선의 좌절을 드러내고자 한 시로 평가하고자 한다.

처럼 X광선 촬영 과정을 묘사하고 있는데, X광선 검사를 위한 작업이라기보다는 수술대 위에 누운 채 검사하는 이동형 촬영 과정[23]

[23] 흉부 X선 촬영시 환자가 중증이거나 바로 서 있을 수 없을 경우 앉거나 누운 상태로 촬영하는데 이를 이동형 촬영이라고 한다. 이 방법은 심장이 커 보이거나 자세가 되틀려 있어 정확도가 떨어진다. 제럴드 드 레이시 외, 이창현 옮김, 『흉부 X선 실전 가이드』(대한의학서적, 2009년), 2-4쪽.

을 보여 주고 있다. 해부 대상, 즉 X광선 촬영 대상자는 수술대 위에 마취된 상태처럼 움직이지 않고 누워 있다. "입체와 입체를위한입체가구비된전부"는 흉부를, "평면경"은 엑스레이 필름을 넣은 카세트를 말한다. 필름에 빛이 들어가지 않도록 주의하여 필름에 유제(乳劑)[24]

[24] 입사 X선을 많이 흡수하거나 감도를 높이기 위해 X선용 필름에는 유제를 양쪽에 두

겹게 발랐으며, 입자도 굵은 유제가 사용된다. 정밀한 실험에는 한 면만 유제를 바른 필름을 사용한다. 한 면만 바른 유제를 바른 필름이 없을 때는 NaOH 수용액으로 한 면의 유제를 녹여서 사용한다. 한봉희, 『X선 회절의 기초』(동명사, 1983년), 75쪽.

를 바르는 작업을 하고 있다. 촬영 대상을 움직여 내보낸다. 여기서 시험 담임인은 X광선 촬영자 혹은 의사이고, 피시험인은 환자 즉 X광선 촬영 대상을 말하므로, 이들은 포옹할 수 있는 관계가 아니다.

그 다음날, 필름 카세트에서 필름을 꺼내 유제를 덧바르는 작업을 한다. 결국 이 실험은 만족한 결과를 얻지 못한 것으로 결론 내린다. 만족스럽지 못한 결과란 X광선 필름에 질병이 제대로 확인되지 않은 경우, 혹은 질병은 확인되었으나 병이 심각하게 악화된 상황, 또는 불완전한 이동식 방법을 사용하여 영상이 왜곡되어 나왔을 경우 모두를 내포하나, 논리적으로는 필름이 제대로 나오지 않은 마지막 경우에 해당된다. 따라서 또 다른 실험이 필요한 것이다.

'제2부 시험'에서는 환자가 직립한 상태로 검사하는 정상 촬영법 과정이 나타나 있다. 그래서 "직립한 평면경" 즉 수직으로 세운 기기가 구비되어 있다. X광선 촬영 기기의 필수 조건은 고압과 진공 상태이다. '제1부 시험'에서 "2배의 평균 기압"이라는 조건, '제2부 시험'에서는 '진공' 상태가 제시되고 있다. 제2부 시험은 수술대가 있는 병실 바깥의 장소, 야외에서 촬영이 행해지고 있다. 상체의 윗부분을 고정하여 필름 카세트에 부착한다. 정밀한 필름을 만들기 위해 필름 한쪽의 유제를 벗겨내고 필름 카세트를 후퇴시킨다. 이 때 상체 즉 흉부 전체가 X광선에 의해 투과되어 필름에 정상적으로 흑화되어 실험에 성공할 것이라는 가설을 전제한다. 다음 필름에 유제를 바른다. 이 순간 회전하던 촬영 기기에 진공 상태를 강차시킴으로써 촬영을 멈춘다.

다음 날 초자를 앞으로 움직이게 하는데, 이 때 초자(硝子)는 내부를 유리처럼 투과시킬 수 있는 X광선 기기를 말한다. 여기서 초자 즉 유리는 앞서 "평면경"이라고 불리던 거울의 의미를 상실하고 X광선 기기라는 투명한 시선을 실현하는 고안물이 된다. 즉 보이는 것을 보이는 그대로 반영하거나 대칭적으로 왜곡하여 반영하는 거울에서, 보이지 않는 것을 투시하는 시선으로서의 유리(초자)로 변화한다. 연이어 필름에 유제를 바른다. "(상지의 처분) (혹은 멸형)"이란 필름에 나타난 흉부 사진에서 폐부분이 결핵에 의해 형태를 잃었다는 의미이다. 즉 병세가 심하게 악화된 상태를 의미한다. 그러므로 진단과 치료를 위한 X광선 촬영은 계속해야할 필요가 있다. 민감한 필름을 만들기 위해 유제를 바르고, 필름 카세트를 전진하고 후퇴하여 X광선 촬영을 계속 반복한다. 마지막에 실험은 "이하 미상" 즉 알 수 없다는 결론을 내리게 된다.

앞서 살펴보았듯이 이 시는 X광선 촬영 과정을 시의 구조로 차용하고 있다. 실험 대상자가 누워서 촬영하는 이동 방식이 제1부이고, 서서 촬영하는 정상 방법 과정이 제2부이다. X광선은 보이지 않는 내부를 뚫고 들어가 보이지 않는 것을 보이게 하는 투명한 시선을 보증하는 근대의 빛이다. 이상은 폐결핵을 진단하고 치료하기 위해 당시 첨단의 의학 기기를 체험하였을 것이다. 이 과정을 그대로 시에 차용함으로써 본다는 것의 문제를 근원적으로 묻는다. 보이지 않는 것, 보이지 않는 몸의 내부, 보이지 않는 내면을 보는 것은 어떻게 가능한가? 그는 '어떻게'에 집중한다. 그런 점에서 거울이나 해부, X광선의 기능과 활용법에 주목하고 있다. 그렇다면 이 시의 시적 주체는 무엇을 보았는가? 그것은 실험 결과에서도 나타나고 있듯이 "아직그만족한결과를수습치못하였음" "이하미상"이다. X광선을 활용하여 투명한 시선을 욕망했던 시적 주체는 만족한 결과를 얻지 못하였다. 더 정밀한 실험을 했던 제2부 시험에서 실험의 실패를 자인하는 보고서 "이하미상"을 제출한다. 투명한 시선 주체가 자신의 몸의 내부 혹은 내면을 투시하는 일은 실패로 끝날 수밖에 없다는 것이다. 인간은 자기의 눈으로 자기의 몸을 볼 수 없다. 그것이 몸을 갖는 인간의 실존적 진실이다. 그런 점에서 이상의 투명한 시선에 대한 실험은 불투명한 몸의 실존적 상태를 드러내는 방식 즉 실험의 실패로 끝날 수밖에 없다. 그것이 몸이 아니라 내면이라 해도 마찬가지이다. 그 실패 자체가 근대적 시선의 구조이며, 그 불투명성이 근대인의 특징이다. 이상 시에서 근대적 시선의 진실은 여기에 있다. ÷

임지연

문학평론가.『시작』편집위원. 1968년에 태어나 건국대 국어국문학과 박사 과정을 마쳤다. 2005년『시작』평론 부문 당선, 평론집『미니마 모랄리아, 미니마 포에티카』와『애도받지 못한 자들』(공저) 등을 펴냈다. 건국대 '몸문화연구소'에서 활동하고 있다.

09 〔김수이〕 「詩第九號시 제9호」, 격발(擊發) 직전의 육체로 행하는 필사의 시 쓰기

烏瞰圖
詩第九號 銃口

每日가치列風이불드니드듸여내허리에큼직한손이와닷는다. 恍惚한指紋골작이로내땀내가숨여드자마자 쏘아라. 쏘으리로다. 나는내消化器官에묵직한銃身을늣기고내담으른입에맥근맥근환銃口를늣긴다. 그리드니나는銃쏘으듯키눈을감이며한방銃彈대신에나는참나의입으로무엇을내여배앗헛드냐.

― 『朝鮮中央日報』1934년 8월 3일

09

「烏瞰圖오감도:詩第九號시제9호 銃口총구」,
격발(擊發) 직전의 육체로 행하는 필사의 시 쓰기

김수이 | 경희대 후마니타스칼리지 교수·문학평론가

每日^{매일}가치列風^{열풍1)}이불드니드듸여내허리에큼직한손이와닷는다.²⁾ 恍惚^{황홀}한指紋^{지문}골작이로내땀내가숨여드자마자 쏘아라. 쏘으리로다. 나는내消化器官^{소화기관3)}에묵직한銃身^{총신}을늣기고내담으른입에맥근맥근환⁴⁾銃口^{총구}를늣긴다. 그리드니나는銃^총쏘으듯키⁵⁾ 눈을감이며⁶⁾한방銃彈^{총탄}대신에나는참나의입으로무엇을내여배앗헛드냐.

——「烏瞰圖^{오감도}: 詩第九號^{시 제9호} 銃口^{총구}」, 『朝鮮中央日報^{조선중앙일보}』 1934년 8월 3일

1) 列風^{열풍}: 이상이 만든 조어로, '연이어 부는 바람, 계속 부는 바람'을 의미한다. 임종국, 이어령, 이승훈이 편한 전집은 오식으로 판단해 '烈風^{열풍}'으로 수정하였으며, 발표 당시 원문을 그대로 수록한 김주현 편 전집은 각주에 "'烈風^{열풍}'의 오식으로 보임"이라고 명기했다. 오규원이 편한 한글 시 전집은 본문에는 '열풍(烈風)'으로, 이 전집에서 오규원 자신이 쓴 해설의 시 인용에는 '열풍(熱風)'으로 표기하고 있다. 시 본문과 인용문 사이에는 "지문(指紋)"이 "지문(指紋)의"로, "내어배앗었더냐"가 "내어 배앝었더냐"로 바뀌는 오류들이 발견되는데, "열풍(烈風)"이 "열풍(熱風)"으로 바뀐 것은 교정상의 오류라기보다는 해석자의 관점에 의한 의미론적 수정으로 볼 수 있다. 임종국, 이어령, 이승훈, 김주현 등이 '列風^{열풍}'과의 형태적 유사성에 의해 '烈風^{열풍}'을 채택했다면, 오규원은 "각혈의 순간을 아주 극적으로 묘사한 시"라는 해석학적 맥락에서 '熱風^{열풍}'을 선택한다. (오규원, 「이상 시와 그의 생애와의 관계」, 『거울 속의 나는 외출 중』(문장, 1981년), 56쪽, 103-105쪽 참조.) 또한 이 시에 관한 대표적인 두 독법에서 볼 때, 세차게 부는 바람을 뜻하는 '烈風^{열풍}'은 주로 성의 독법(이어령, 김우종, 이승훈 등)의, 고온의 바람을 뜻하는 '熱風^{열풍}'은 신열(身熱)의 비유로서 주로 각혈의 독법(오규원, 신형철 등)의 (무)의식적 선택의 대상이 된다. 각혈의 관점에 선 해석자들 중에도 원문 그대로 '列風^{열풍}'을 채택하는 예도 있다. 권영민은 '列風^{열풍}'을 이상이 '烈風^{열풍}'을 파자 형식으로 패러디해 만든 조어로 보고 참을 수 없는 고통을 수반하면서 '거듭 이어지는 기침'으로 풀이한다. (권영민, 『이상 텍스트 연구』(뿔, 2009년), 81쪽 참조.) 함돈균은 확실성과 필연성 없는 텍스트 수정을 경계하면서 '列風^{열풍}'이 이상의 조어라는 권영민의 주장에 동의하는 대신, 원문을 존중해 '列風^{열풍}'을 '거듭되는/계속 부는 바람'으로 직역한다. 텍스트 내적 맥락에서도 "每日^{매일}가치列風^{열풍}이불드니"의 동어반복적 표현은 이 해석의 자연스러움을 보장한다. "매일 같이 부는 바람"이 곧 '열풍(列風)'이라는 것이다. (함돈균, 『시는 아무것도 모른다』(수류산방, 2012년), 254-256쪽 참조.) 이 글은 함돈균의 시각에 동의하면서, 당시 시대 정황과 관련해 '列風^{열풍}'이 제국주의 열강(列强) 즉 근대 문명의 증대하는 지배력과 질서, 상징 체계 등으로 해석될 수 있는 가능성을 덧붙여 둔다.

2) 이 시를 남성의 자위 행위 묘사로 보는 이승훈에 의하면, "'내허리'는 총신(銃身), '큼직한손'은 총신에 와 닿는 손. 따라서 전자는 남성 성기의 축약화, 후자는 그렇게 축약화된 성기의 주인이 됨으로써, 이 시행은 이성과의 관계가 아니라 자독 행위의 시작을 암시하고 있다." [이승훈 엮음, 『이상 문학 전집 1 시』(문학사상사, 1989년), 39쪽.] 권영민은 총, 총신, 총구, 총탄 등의 이미지들이 견디기 힘든 병환인 결핵의 고통을 표현하기 위해 동원된 비유적인 수사로 본다. [권영민, 『이상 텍스트 연구』(뿔, 2009년), 81쪽 참조.]
3) 임종국, 이어령, 이승훈 편의 전집에는 '消化器管소화기관'으로 오식되어 있으며, 김주현 편 전집은 '消火器官소화기관'으로 바로잡고 있다.
4) 매끈매끈한.
5) 쏘듯이.
6) 임종국, 이어령, 이승훈 편의 전집은 "감으며"로 수정하였고, 김주현 편의 전집은 "'감으며'의 오식인 듯."이라고 주석을 단다. "눈을 감으며"의 오식으로 보아도 해석상 무리는 없지만, 이상의 시에서 행위의 주체와 대상이 어긋나면서 겹치고, 분리된 동시에 분리되지 않으며, 단절된 동시에 연결된 관계에 있음을 생각할 때, 이 구절은 원문에 입각해 "내가 나의 눈을 감게 하며"로 풀이하는 것이 더 타당하리라 본다.

「烏瞰圖오감도: 詩第九號시 제9호 銃口총구」는 「烏瞰圖오감도: 詩第十號시제10호 나비」와 함께 1934년 8월 3일 『조선중앙일보』에 발표되었다.7)

7) 김주현 주해, 『증보 정본 이상 문학 전집 1 시』 (소명출판, 2009년)에는 「烏瞰圖오감도: 詩第八號시제8호」의 발표 날짜도 1934년 8월 3일로 되어 있으나, 1934년 8월 2일이 맞다. 이 전집에서 또한 1934년 8월 2일로 오기된 「烏瞰圖오감도: 詩第七號시제7호」의 발표 날짜는 1934년 8월 1일이 맞다.

〈烏瞰圖오감도〉 15편 연작 중 「烏瞰圖오감도: 詩第八號시 제8호 解剖해부」를 포함해 별도의 소제목이 붙은 3편 가운데 하나다. 제목은 텍스트로 들어가는 입구이자 주제를 암시하거나 교란하는 표식이라는 점에서 적잖은 해석학적 지분을 갖는다. 지금까지 「烏瞰圖오감도: 詩第九號시 제9호 銃口총구」를 설명해 온 성(性)의 독법과 각혈의 독법은 이를 각기 '남성 성기'와 '각혈하는 입'의 메타포로 본다. 이상 시 해석의 역사에서 먼저 우세하게 등장한 성의 독법은 시적 오브제의 전형적인 상징성에 이끌리는 경향이 있는데, 이 시의 경우는 제목 '총구'가 남성 성기의 상징으로서 정신 분석의 정형화된 공식을 담보하는 예증으로 활용되고 있다.

성의 독법은 시어와 이미지들을 일률적이고 예측 가능한 의미로 환원하는 특징이 있다. 이 관점을 대표하는 이승훈에 의하면, 「烏瞰圖오감도: 詩第九號시 제9호 銃口총구」는 남성 성기를 '총구'에 비유하는 동시에 화자 '나'로 의인화함으로써 남성의 자위 행위를 노래한다. 구체적으로 "열풍(烈風)"8)

8) 앞서 언급한 대로 이승훈이 '列風열풍'을 '烈風열풍'으로 오기한 것은 한자의 형태적 유사성과, "세차게 부는 바람"을 뜻하는 '烈風열풍'의 성적 뉘앙스에 근거한 것이다.

은 '나'의 내면에 지속되는

302

13인의 아해가 도로로 질주하오 : 이상의 〈오감도〉 처음부터 끝까지 읽기

성적 욕망의 거셈과 초조감을, "내허리"는 성기를, "큼직한손"은 성기에 와 닿는 손을, "황홀한지문골짜기"는 손이 성기에 닿는 황홀경을, "쏘으리로다"는 곧 사정을 하게 될 것을, "소화기관"은 성기의 내부를, "총탄대신에나는참나의입으로무엇을내여배앗헛드냐."는 '총탄'의 세계를 초월하는 어떤 것을 뱉은 것이 아닌가 하는 자문으로서 자위 행위에 대한 혐오나 환멸, 공허감을 표현한다.[9]

[9] 이승훈 엮음,『이상 문학 전집 1 시』(문학사상사, 1989년), 39-40쪽 참조.

가능하나, 적확하다고는 보기 어려운 이러한 시 읽기는 "철저한 성기 중심적 속류 프로이트주의를 고수하"는 "해석의 곡예라고 할 만한 것"[10]

[10] 신형철,「이상 시에 나타난 시선의 정치학과 거울의 주체론」, 신범순 외,『이상 문학 연구의 새로운 지평』(역락, 2006년), 299쪽 각주 38.

이라는 우려와 함께, '성'이라는 대전제로 작품의 내밀한 의미와 해석의 가능성을 차단하는 문제를 낳는다.

최근 흐름은 각혈의 독법이 지배하고 있으며, 보다 치밀해지는 추세에 있다. 선두 주자 격인 오규원은 이 시를 섹스의 장면으로 보는 것에 대해 이상의 "생애 위에 그의 작품을 놓아 보지 않은, 그리고 시를 지나치게 언어 위주로 해석한 결과"라고 비판한다. 이상의 시는 "등기되지 않은 현실"인 "상상의 세계"를 주로 다루는데, 그 좋은 보기가 바로 각혈의 순간을 묘사한 「烏瞰圖오감도 詩第九號시제9호 銃口총구」라는 것이다. "매일같이 열이 오르더니 드디어 목구멍에 무엇인가 우욱 하고 치밀어 오르는 느낌이다. 그 느낌은 꼭 내 허리를 어떤 큰 손이 움켜잡고 무엇인가 목구멍 쪽으로 쥐어짜는 느낌이다. 어지러운 지문의 골짜기 같은 혼미 상태 속에서 식은땀이 나며 토해야겠다, 토해야겠다는 느낌이 치밀어 올랐다."[11]

[11] 오규원,「이상 시와 그의 생애와의 관계」,『거울 속의 나는 외출 중』(문장, 1981년), 56쪽, 103-105쪽 참조.

이상이 폐결핵을 앓은 정황에 근거한 오규원의 해석은 실증적이면서도 시적인 면모를 지닌다. 오규원의 시적 상상력과 심미안은 "황홀한지문골작이"를 "어지러운 지문의 모양을 빌어다가 혼미 상태를 그림 그리듯 묘사해 놓은 것"으로 의역하는 대목에서 도드라지게 나타난다.

신형철은 이 시를 포함해 이승훈 편 전집을 지배하는 성의 독법에 강한 이의를 제기하면서 "있는 그대로 읽"기를 주장한다.[12]

[12] 신형철의 해석은 다음과 같다. "매일같이 온 몸에 열이 난다. 허리 부근에 묵직한 압박(통증)을 느낀다. 각혈의 조짐이 있어 온 힘을 다해 막아 보려 애쓴다. 손에 땀이 흐른다. 차라리 죽어 버리고 싶다. '쏘아라'라고 누군가가 명령하고 '쏘으리로다'라고 나는 대답한다. 상상적으로 혹은 환상적으로 총구와 총신을 느낀다. 자살하려는 그 순간, 그러나 나는 또 각혈을 하고 만다. 요컨대 화자는 자살 충동과 자살 실패의 악순환이 가져오는 짙은 피로감 속에서 자신이 지금 무엇을 하고 있느냐("나는참나의입으로무엇을내여배앗헛드냐.")고 독자에게 묻고 있질 않은가."—신형철,「이상 시에 나타난 시선의 정치학과 거울의 주체론」, 신범순 외,『이상 문학 연구의 새로운 지평』(역락, 2006년), 299쪽 각주 38.

매일같이 온 몸에 열이 나면서 각혈의 조짐을 느끼는 '나'가 자살 충동과 자살 실패의 악순환 속에 토로하는 짙은 피로감과 자기 회의가 시의 자명한 의미라는 것이다. 신형철은 이상의 실제 체험의 반영인 '각혈'에, 텍스트 속의 상상/환상의 행위인 '자살'을 겹쳐 읽음으로써 이중의 의미망을 구축한다. 각혈의 전조인 극심한 통증이 죽음 충동으로 전이되면서 상상/환상의 자살 시도를 촉발하고, 이것이 다시 실제 각혈에 의해 좌절되는 해석의 스토리는 이 시를 '각혈의 전조(현실)―자살(상상 또는 환상)―각혈(현실)'의 3단계로 재구성한다. 실제 각혈이 상상/환상의 자살 실패를 경유함으로써 현실과 상상/환상, 육체와 내면이 교차하는 한 편의 병증 체험이 완성되는 것이다. 신형철은 '총신'과 '총구' 등 총의 이미지는 자살에, '허리' '손' '지문' '입' 등의 육체 이미지는 각혈에 연결시켜 이해하는 특징을 보인다. 엄밀히 말해 텍스트의 문맥상, "쏘아라. 쏘으리로다. 나는내消化器官소화기관에묵직한銃身총신을늣기고내담으른입에맥근맥근한銃口총구를늣긴다."라는 부분에서 자살 시도를 뜻하는 직접적인 근거를 찾기는 어렵다. 그러나 각혈이 빚어낸 상상/환상의 자살 충동과 실패의 드라마로서 신형철의 해석은 「烏瞰圖오감도: 詩第十五號시제15호」에 총에 의한 상상/환상의 자살 장면이 등장하는 것과 관련해 의미 있는 시사점을 제공한다.

권영민은 이상 시의 한 경향이 육체의 고통을 감각적으로 형상화하면서 내면을 지향하는 '병적 나르시시즘'과 '고통의 미학'이라고 전제한 다음, 이 시를 객혈 시의 고통을 격발의 순간으로 변주한 작품으로 규정한다. 격발하는 총은 객혈하는 육체의 비유로, 이상의 조어인 '열풍(列風)'은 고통 속에 '거듭 이어지는 기침'을 뜻하며, 기침과 함께 허리 부분에서 느껴지는 어떤 감각은 객혈이 시작되기 전의 징후를 드러낸다.[13]

[13] 권영민, 『이상 텍스트 연구』(뿔, 2009년), 80-82쪽 참조.

권영민은 각혈의

실제 과정에 입각해 사실적인 해석을 시도하며, 촉각화된 고통의 이미지들로부터 고통을 감각적으로 변용함으로써 그것을 감내하는 이상 특유의 미학을 추출한다. '열풍(列風)'을 이상의 파자로 보고 원문대로 복원하면서도 "고통 속에 거듭 이어지는 기침"으로 풀이하는 데서 보듯이 권영민은 각혈의 실제 과정에 텍스트를 대입하는 연역법을 취하는데, '고통의 촉각화'라는 이상의 감각 활용법에 주목하면서 이 시를 읽는 미세한 시선 하나를 추가한다. 여기에는, 이상이 행한 "사물에 대한 보다 직접적이고 감각적인 접근법"이 "세계에 대한 인식뿐만 아니라 사물을 대하는 주체의 시각을 새롭게 변형시키기 위한 획기적인 방안"[14]

[14) 권영민, 『이상 텍스트 연구』(뿔, 2009년), 219쪽.

이었다는 이상 문학에 대한 권영민의 종합적인 평가가 맞물려 있다.

조해옥은 「喀血의 아침^{각혈의 아침}」과의 상호 텍스트성 속에서 각혈하는 '병든 육체'의 이미지화에 초점을 맞춘다. 각혈의 독법의 가장 중요한 근거로 활용되는 두 시의 접촉면은 「喀血의 아침^{각혈의 아침}」(1933년 1월 30일 작, 『문학사상』, 1976년 7월호 ; 유정 역)에 등장하는 "나의 呼吸^{호흡}에 銃彈^{총탄}을 쏘아넣는 놈이 있다"라는 구절이다. 두 시는 병든 육체를 각각 총구와 탄환으로 치환해 각혈 행위의 격렬함을 시화하며, 치명적 물체인 총기와 육체를 결합시켜 기이하고 비정상적인 이미지를 형성함으로써 병든 육체를 절묘하게 드러낸다. 특히 「烏瞰圖^{오감도} : 詩第九號^{시 제9호} 銃口^{총구}」의 '나'는 분열된 타자이자, 무언가를 치명적으로 파괴하는 물체로서 이상의 자기 객관화의 극단을 보여 준다. "큼직한손" "총구" "총신" 등으로 지칭된 나의 육체는 나 자신에 총구를 겨누고 있으며, 나의 의지로 제어할 수 없는 현실의 절대적인 위력을 환기한다. 조해옥의 논점은 이 시의 특징이 각혈의 순간과 각혈이 초래하는 시적 자아의 파국에 시인의 의식이 집중되어 있다는 것으로 수렴된다.[15]

15) 조해옥,「이상 시와 조연현의 발굴 원고 비교 연구」, 이상문학회 편,『이상 시 작품론』(역락, 2009년), 294-299쪽 참조.

조해옥은 사물에 근접하는 물성(物性)과 질병 악화에 따른 격렬한 역동성을 지닌 '병든 육체'를 이상 시의 주체로 호명함으로써 시 해석의 초점을 '각혈' 행위 자체로부터 병든 육체-물체-주체로서 '각혈하는 나'의 정체성 및 육체적·정신적 병리학으로 옮겨 놓는다.

함돈균 역시 이 시를 각혈 체험의 이미지화로 보는 데 동의한다. 함돈균은 이상의 시 텍스트 전체를 지배하는 기율을 아이러니로 보고 이를 주체의 변증법의 실패라는 관점에서 일관되게 해석[16]

16) 함돈균,『시는 아무 것도 모른다』(수류산방, 2012년), 44쪽.

하면서, 수사적 차원을 넘어 '주체-욕망'의 고장난 존재 형식[17]

17) 함돈균, 위의 책, 116쪽.

혹은 동일성의 불가능성에 대한 시적 주체의 세계 인식[18]

18) 함돈균, 위의 책, 130쪽.

의 문제로 확장한다. 이런 차원에서 이 시는 시인의 신체적 병증을 특유의 아이러니 기법으로 표현한 시로, 그 거리 두기의 효과는 죽음 체험을 묘사한 시를 성적 환희를 묘사한 시로 거꾸로 읽히게 할 만큼 탁월했다고 평가된다. 비가시적인 것의 가시적 이미지화라는 이상 시 창작 방법은 이 시에도 고스란히 투영되어 있는데, '列風열풍'은 '매일같이 부는 바람' 즉 기침과 각혈이 내포한 몸의 열기이자 고통의 열기를 가리키며, "내허리에큼직한손이와닷는다"는 열기와 고통이 신체에 삽시간에 퍼지는 순간을 표현한다. 아이러니는 텍스트의 모든 층위에 관여하는데, 일례로 "황홀"은 성적 체험의 언표이자 고통에 대한 거리 두기로서 아이러니의 언표이며, "황홀한지문골작이"는 고통이 손바닥의 어지러운 지문 상태처럼 심각하다는 뜻의 아이러니적 묘사이다.「烏瞰圖오감도 : 詩第九號시제9호 銃口총구」는 각혈 체험을 "총구"에서 발사되는 "총탄"의 이미지, 즉 다른 계열의 사물의 이미지로 표현함으로써 시선을 객관화하며, 자신의 죽음조차도 객관적으로 바라보려는 고통스러운 노력으로서 이상의 시 전체는 이러한 거리 두기의 태도를 견지하려는 아이러니적 수사로 관통된다.[19]

[19] 함돈균,『시는 아무것도 모른다』(수류산방, 2012년), 251-258쪽 참조.

함돈균은 고통과 죽음에 대한 거리 두기 및 주체 구성의 실패에 대한 직시로서 아이러니의 수사·태도·인식·존재 형식을 통해 각혈의 독법을 종합하는 입장에 서며, 아이러니의 효과에 의해 이 시가 성적 체험으로 오독될 수 있는 여지를 짚어낸다.

성의 독법과 각혈의 독법은 입장의 차이가 큰 만큼 만나는 지점을 발견하기 어렵다. 성적 욕망과 무의식, 실제 병증 체험과 고통(죽음)을 처리하는 방식 사이의 거리는 이 시를 읽는 전혀 다른 시선이 존재한다는 점에서 흥미로움마저 느끼게 한다. 한 가지 눈여겨보아야 할 것은 두 독법이 '육체'와 '총기'의 관계를 설정하는 방식에서 차이를 보인다는 점이다. 성의 독법에서 허리, 손, 소화 기관, 입 등의 '육체'는 총구, 총신, 총탄 등 '총기'의 관습적 상징성에 의해 매개되어 '성기' 자체의 확장된 비유 혹은 성적 의미를 내포한 이미지로 간주된다. '육체⊂총기=성기'의 위계가 은연 중에 상정되는 것이다. 반면, 각혈의 독법에서 '육체'는 실물 그대로의 자격으로 '총기'에 비유되거나, 육체와 총기 모두 독립된 실물(이나 비유)의 지위를 갖는다. '육체=총기' 또는 '육체≒총기'의 관계가 성립되는 것이다.

비판적으로 볼 때, 성의 독법이 성기 중심적 사고의 단조로운 매뉴얼로 텍스트를 오독하거나 제한한다면, 각혈의 독법은 이상이 폐결핵을 앓은 전기적 사실에 의해 텍스트를 사전 규정하거나 제한한다. 전자는 이상 시의 독창적인 어법과 상상력과 미학을 포착하지 못하며, 후자는 현실 증거와 다른 작품과의 내적 관련성을 확보한 설득력이 높은 것임에도 텍스트의 열린 가능성을 최대한 사유하는 데는 이르지 못한다. 무엇보다 두 독법은, 정도의 차이는 크지만, 당대의 '검은' 현실과 체제를 근본적이고 입체적으로 투시하는〈烏瞰圖오감도〉의 전체 주제와 맥락에서 필연성이 부족한 한계를 드러낸다. 그렇다면 지금 필요한 것은「烏瞰圖오감도 詩第九號시 제9호 銃口총구」에 대한 또 다른 해석의 가능성을 사유하는 일일 것이다. 이 시가 연작의 일부인 만

09 [김수이]「詩第九號시 제9호」, 격발(擊發) 직전의 육체로 행하는 필사의 시 쓰기

큼〈烏瞰圖오감도〉의 전체 구도 및 다른 시편들과의 연관성을 숙고할 필요가 있다. 이상의 시가 우리를 초대하는 곳이 해석의 결론보다는 해석의 모험 자체를 향유하는 기묘한 매력의 시공간이라는 점도 염두에 두어야 할 것이다.

이 글의 가설은 「烏瞰圖오감도 : 詩第九號시 제9호 銃口총구」가 주체의 내적 균열 및 세계와의 균열에서 분출된 뒤틀리고 파쇄된 언어의 덩어리로서 '시의 탄생'을 노래한다는 것이다. 화자/주체 '나'의 경험 과정에 중점을 둔 시의 진술로 미루어 볼 때 이는 주체의 탄생과 시인의 탄생을 아우르는 사건이다. 그동안 이상 시의 주체에 관해 제시된 세 가지 주요 해석, 즉 가장 보편화된 관점인 합일 상태의 선험적 자아/주체를 전제한 분열된 주체, 반대로 "분열을 완성시키지 못하고 끝내 분열 이전의 하나로 통합되어 버릴 수밖에 없는" 구성된 주체,[20] 아예 주체의 변증법적 구성에 실패하는 '구성되지 못하는 주체'[21], 등은 모두 이상 시의 주체가 지닌 난맥상을 방증한다. 이 중 어느 입장을 취하든 분명한 사실은 분열과 균열이 이상 시의 주체의 정체성을 위협하는 동시에 구성하고 유지하는 데 기여하고 있으며, 근대적 주체에게 던져진 궁핍한 언어를 기상천외한 방식으로 구사하는 이상의 독특한 능력에 의해 이상 시의 기원[22]

---

20) 신형철, 「이상 시에 나타난 시선의 정치학과 거울의 주체론」, 신범순 외, 『이상 문학 연구의 새로운 지평』(역락, 2006년), 313쪽.

21) 함돈균, 『시는 아무것도 모른다』(수류산방, 2012년), 133쪽.

22) 황현산은 이상 시의 언어 특성과 의

의에 대해, "동어 반복의 어절을 겹겹이 이어붙이고 있을 뿐인 이들 문장은 한 시인이 확보할 수 있었던 말의 메마름과 그것으로 담을 수 있는 내용의 궁핍"을 보여 주며, "식민지 시인인 이상에게 이런 종류의 검열과 확인은 그의 문학적 실천이 반드시 거쳐야 할 시련의 의의를 지닌"다고 평가한다. 황현산, 「모국어와 시간의 깊이」, 『말과 시간의 깊이』(문학과지성사, 2002년), 422쪽. 으로 작용하고 있다는 점이다.

「烏瞰圖오감도: 詩第九號시 제9호 銃口총구」가 '시의 탄생'의 이야기라는 결정적 증거는 "나는총쏘으듯키눈을감으며한방총탄대신에나는참나의입으로무엇을내여배앗헛드냐."라는 마지막 문장에 있다. 상식적으로 생각할 때 입으로 내뱉는 '무엇', '총탄'의 파괴적 공격성을 지닌 두려운 '무엇'은 '말'이다. 이는 〈烏瞰圖오감도〉의 다른 시편을 통해서도 지지를 얻는다. 「危篤위독: 內附내부」(『조선일보』1936년 10월 9일)에 등장하는 "다므른입안에그득찬序言서언이캄캄하다."라는 시구는 "내담으른입에맥근맥근환총구를늣긴다."의 직접 화법으로 볼 수 있다. 다문 입 안에 가득 찬 말이 지닌 압력, 밖으로 터져나가기 직전의 팽창력이 장전 상태의 '총구'에 비유된 것이다. 또, 「烏瞰圖오감도: 詩第九號시 제9호 銃口총구」의 마지막 문장은 같은 날 같은 지면에 나란히 게재된 「烏瞰圖오감도: 詩第十號시 제10호 나비」의 마지막 문장 "이런말이決결코밧그로새여나가지는안케한다."와 뒤집힌 형태로 조응한다. 결코 밖으로 새어나가지 않게 하는 비밀하고 위험한 "이런말", 한 방 총탄 대신에 내뱉는 위력적이고 파괴적인 무엇(말)은 같은 것의 다른 양상으로, 두 시의 귀결점이 '말'의 은폐와 발화의 문제임을 알게 한다.[23]

23) "이런말이決결코밧그로새여나가지는안케한다."는 발화 역시 명백하게 발화된, '한 방 총탄'을 대신하는 '시'의 탄생에 값하는 것이다.

두려움을 감수하는 위험하고 위력적인 발화("나는 총쏘으듯키눈을감이며한방銃彈총탄대신에나는참나의입으로무엇을내여배앗헛드냐."), 그러한 발화의 위험과 위력을 반어적으로 강조하는 발화("이런말이결코밧그로새여나가지는안케한다")는 이상의 시가 탄생하는 이중적인 원리와 순간을 선명히 진술한다. 완전히 은폐되어야 할, 같은 의미에서 전격적으로 발포되어야 할 말은 주체 혹은 세계의 죽음과 관련된다. 「烏瞰圖오감도 : 詩第九號시 제9호 銃口총구」에서 "나의입"이 살상 무기인 총의 '총구'에 비유된 것, '나'의 육체가 나 자신일 수도 있는 어떤 대상을 향해 '총탄'에 상응하는 '무엇'을 발사하는 것, 「烏瞰圖오감도 : 詩第十號시 제10호 나비」에서 "죽어가는나비"가 "幽界유계에絡繹낙역되는秘密비밀한通話口통화구"로서 죽음을 상상하는 '나'의 '입'의 환유24)

24) 참고로 소설 「逢別記봉별기」 중 "이튿날 화우(畵友) K군이 왔다. 이 사람인즉 나와 농하는 친구다. 나는 어쨌든 수없이 그 나비 같다면서 달고 다니던 코밑수염을 아주 밀어버렸다."에서 '나비'는 '코밑수염'을 비유한다. 「烏瞰圖오감도 : 詩第十號시 제10호 나비」에서 '나비=수염=통화구=입'의 비유적 등가성은 삶과 죽음을 잇는 통로로서 "이런말이결코밧그로새여나가지는안케하"는 역할에서도 확인된다.

로 기능하는 것, "通話口통화구를손바닥으로꼭막으면서내가죽으면안젓다이러서듯키나비도날러가리라."에서 보듯 '나'와 '나비'가 '통화구=입'의 차단에 의해 좌우되는 공동의 운명체라는 것 등은 이를 다각도로 증명한다. 두 시에서 '총구'와 '나비=통화구'는 죽음을 불사하는 말, 죽음을 대행하는 말, 죽음을 넘어서는 말, 죽음 자체를 방어하고 공격하는 말로서 동일한 상징성을 지닌다. '총구'와 '나비=통화구'로 비유된 '나의 입'을 통해 총쏘듯이 내뱉거나 결코 새어나가지 않게 하는 '말'은 주체 '나'가 죽음을 가로질러 발화하(지 않)는 처음이자 마지막 언어, 균열된 주체의 균열된 언어를 살아내고 재구성하고 재창조하는 언어로서 '시'를 의미한다.

실제로 이상의 시는 세계가 허여하는 언어 권역에서 기형적으로 자생할 수밖에 없는 시의 (불)가능성을 통해 주체와 세계의 균열을 증언한다. 그 중에서도 당대 현실과 근대 문명의 투시도를 동시에 겨냥한〈烏瞰圖오감도〉연작은 미분화의 분화, 균열을 내재한 비대칭의 대칭,[25]

[25] 이상의 거울 시편들에 관한 박현수의 분석은 이상 시 전반에 걸친 주체와 대상(세계)의 관계를 설명해 준다. "대칭 속에 균열이 이미 내재되어 있는 것이다. 거울 시편에서 이중적 층위는 이처럼 대칭이면서 동시에 비대칭이다. 그것은 서로 독립적으로 존재하지만 그 내부에는 이미 상대의 이미지가 반영되어 내부적으로 역전된 대칭이 무한하게 교차한다."—박현수,「거울 세계의 시뮬라크르—이상의 거울 시편」, 이상문학회 편,『이상 시 작품론』(역락, 2009년), 96쪽.

비동시성의 동시성, 반복되면서 증식하는 모순의 무한 연쇄 등의 이상 시 텍스트의 특성을 집약하면서, 주체와 세계의 균열들 속에서 발화되(지 못하)는 곤혹스러운 말로서 시의 (불)가능성을 써/그려낸다. 가령「烏瞰圖오감도 : 詩第一號시 제1호」에서 명백히 언표되어 있는 까닭에 의외로 지나치기 쉬운 핵심은, 텍스트의 상당 부분이 얼굴 없는 아해들의 "무섭다고그리"는 '말'의 반복으로 구성되어 있다는 점이다. 13인이나 되는 아해들의 말은 내용의 구체성이 휘발된 채 "무섭다"는 단 한 단어로 언표되는데, 이조차도 직접 발화가 아닌 "무섭다고그리오"라는 간접 전언의 형태로 가까스로 텍스트에 기입된다. 그렇다면「烏瞰圖오감도 : 詩第一號시 제1호」를 뒤덮고 있는 질주와 반복은 "결코밧그로새여나가지안케하"거나 "총쏘으듯키(…)내여 배앗허"야 할 "무섭다"는 '말'을, "무섭다고그리오"라 는 우회의 전달형으로 극적으로 언표해 내는 과정 자 체를 의미하는 것일지도 모른다. 무서움 속에서 '무섭 다'는 말을 끊임없이 반복하면서 질주하는 것이야말 로 식민지의 모순과 근대의 폭력성이 착종된 현실에서 말이 발화되고 시가 탄생하는, 이상이 발견한 유일한 시의 형식이었을지도 모른다는 것과 같은 의미에서.

다시 「烏瞰圖오감도 : 詩第九號시 제9호 銃口총구」로 돌아오면, 이토록 치명적인 말이, 시가 탄생하기 위해서는 '총탄' 에 상응하는 폭발적인 에너지가 필요한 것은 당연한 일이라고 하겠다. 총은 주체와 대상 사이에서 작동하 는, 주체와 대상을 반드시 필요로 하는 사물이다. 그 런데 시 속에는 총을 쏘는 주체가 분명하게 드러나 있 지 않으며, 대상은 심지어 암시조차 되어 있지 않다. 총을 쏘는 육체-주체와 총기 역시 비유적으로 겹쳐 졌다가("나는내소화기관에묵직한총신을늣기고내 담으른입에맥근맥근환총구를늣긴다.") 다시 분리됨 ("그리드니나는총쏘으듯키눈을감이며한방총탄대신 에나는참나의입으로무엇을내여배앗헛드냐.")으로 써, '총'을 둘러싼 주체와 대상의 관계는 갈수록 미궁 에 빠져 든다. 미궁은 시의 마지막 부분의 "나는총쏘으 듯키눈을감이며"에서 "눈을감게하며"의 주체가 '나' 자신인 재귀적 상황으로까지 이어진다. 이상 시에 대 한 해석의 모험은 이 끊임없이 운동하는 이중성[26]

[26] 미 분화된 주체와 타자의 운동하는 이중성을 기술한 "나는나의아버지가되고또나 는나의아버지의아버지가되고(…)" (「烏瞰圖오감도 : 詩第二號시 제2호」, 『조선중앙일 보』 1934년 7월 25일자), 경계가 무화된 실재와 모상의 운동하는 이중성을 노래

한 "地球지구를模型모형으로만들어진地球儀지구의를模型모형으로만들어진地球지구"
[「建築無限六面各體건축 무한 6면 자체; AU MAGASIN DE NOUVEAUTES오 마가쟁 드 누보떼」,
『조선과 건축』(1932년 7월호)] 등이 단적인 예다.

의 원리와 의미를 보존하는 방향으로 나아가면서 의미의 확정과 고정에 따른 평면성을 지양해야 한다. 이 시에서 매일같이 부는 "열풍(列風)," 내 허리에 와 닿는 "큼직한손," "총신" 과 "총구" 등의 시어와 이미지들은 치명적인 말의 발화로서 시 쓰기가 행해지는 지난한 과정을 중층적으로 직조한다. 매일 계속해서 부는 열풍은 '내'가 총 쏘 듯이 내뱉을 말/시가 장전되는 일련의 과정을 의미하며, "드듸여내허리에큼직한손이와닷"는 것은 열풍의 반복에 의한 점충적 고조로 발포(발화)의 때가 무르익었음을 뜻한다. "열풍"과 "큼직한손"은 '나'에게 말하기와 시 쓰기의 욕망과 행위를 불러일으키는 조건으로서 외재성[현실, 세계]의 표상인 동시에, '나' 스스로 추동하는 말하기와 시 쓰기의 욕망[내면, 의식] 자체의 표상이기도 하다. "쏘아라 쏘으리로다"에서 주체와 대상이 불확실한 명령문과 진술문이 병치되는 것은 이와 정확히 맥락을 같이한다. "황홀한지문"은 "큼직한손"의 것일 터인데, 「烏瞰圖오감도: 詩第十四號시 제14호」에는 "큼직한손"에 비견될 만한 정체 불명의 "싸늘한손"이 출현한다. "싸늘한손이내니마에닷는다.내니마에는싸늘한손자옥이烙印낙인되여언제까지지어지지안앗다." "큼직한손"이 내 허리에 와 닿아 "황홀한지문"을 남기는 데 비해, "싸늘한손"은 내 이마에 닿아 언제까지 지워지지 않는 "싸늘한손자옥"을 "각인"한다. 이 "싸늘한손"의 정체가 무엇이든 간에, 내 허리와 이마에 '와 닿는' "큼직한손"과 "싸늘한손"은

'나'와 촉각으로 접촉하며 시각적인 '지문/손자옥'을 남기는 공통점을 지닌다. 이상의 시에서 세계와 나, 나와 나의 만남은 시각과 촉각 사이에서 혼전을 거듭하는 양상[27]

[27] 대체로 시각적 접촉은 가능하나 촉각적 접촉은 불가능한 양상으로 그려지며, 이 균열은 세계에 대한 윤리적 판단으로까지 이어진다. 시적 주체가 원하는 것은 응당 후자의 촉각적 접촉이다. "설마 그렇랴? 어디觸診촉진...... / 하고 손이갈때 指紋지문이 指紋지문을 가로막으며 / 선뜩하는 遮斷차단뿐"(「明鏡명경」, 『여성』(1936년 5월)), "거울째문에나는거울속이나를만져보지를못하는구료만은 / 거울아니엿든들엇지거울속의나를맛나보기만이라도햇겟소"(「거울」, 『가톨릭청년』(1933년 10월)), "握手악수할수조차업는두사람을封鎖봉쇄한巨大거대한罪죄가잇다"(「烏瞰圖오감도: 詩第十五號시 제15호」, 『조선중앙일보』1934년 8월 8일) 등이 그 예다.

을 보이는데, 극적으로 이루어진 촉각적 접촉의 시각화된 흔적이 바로 '지문'이다. "황홀한지문골작이로내땀내가슴여드"는 장면은 후각적 실감까지가 더해지면서 양자의 행복한 만남이 이루어지는 정황을 감각적으로 묘사한다. '나'는 이 만남이 이루어지자마자, 즉 "황홀한지문골작이로내땀내가슴여드자마자 쏘아라. 쏘으리로다."는 발화 준비 상태에 돌입한다. ("쏘아라. 쏘으리로다."라는 진술 자체도 주체 '나'가 매일 계속해서 부는 열풍 끝에 드디어 성취하게 된 발화이다.) "드듸여내허리에큼직한손이와닷는다"에서 "드듸여"는 이 과정이 모종의 드라마틱한 인과론적 질서 속에 진행됨을 암시한다. 치명적인 말의 발화로서 '시의 탄생'의 독법에서 드라마틱한 인과론적 질서란 시 쓰기가 수행되기까지의 고뇌와 고투의 과정을 의미한다.

이어지는, "나는내소화기관에묵직한총신을늣기고내담으른입에맥근맥근환총구를늣긴다."는 '나'의 육체가 말하기/시 쓰기의 고투를 어떻게 육화하고 있는가에 관한 증언이다. 내장 기관의 촉각적 예민함으로까지 심화된 일촉즉발의 상황 묘사는 '몸으로 시 쓰기'에 대한 짧고 강렬한 체험담으로 읽힐 수 있다. 특이한 것은 이 시의 결말이, "그리드니나는총쏘으듯키눈을감이며한방총탄대신에나는참나의입으로무엇을내여배앗헛드냐."라는 자문(自問) 형식의 질문[28]

[28] 이와 관련해 함돈균은 시적 아이러니의 본질적인 형식이 질문이라고 말한다. "시적 아이러니가 질문의 형식을 띠고 있다는 사실은 이중의 의미에서 해석될 여지가 있다. 그것은 무엇보다 시적 주체가 답을 가지고 있지 못하다는 뜻이며, 그가 마주한 세계 역시 답을 가지고 있지 못하다는 뜻이다."—함돈균,『시는 아무것도 모른다』(수류산방, 2012년), 115쪽.

으로 마무리된다는 점이다. 탄식과 선언, 유희의 어조가 아슬아슬하게 섞여 있는 이 구문은 이상의 시에서 총을 발사하는 일이 갖는 본질적인 의의를 생각하게 한다.「烏瞰圖오감도 : 詩第十五號시 제15호」에서 시적 주체 '나'가 거울 속의 '나'를 향해 총을 쏘는 것으로부터 유추할 때, 이상의 총 쏘기는 '나' 자신과 '내'가 속한 세계의 구도를 깨뜨리고 재편하려는 모험이자 실천을 의미한다. 이 필사의 총 쏘기란—비록 실패한다 하더라도—'시 쓰기'의 가장 강력한 메타포를 형성한다.「烏瞰圖오감도 : 詩第九號시 제9호 銃口총구」에서 우리가 목도하는 것은 이상이 자신과 세계를 겨냥해 격발 직전의 육체로 행하는 필사의 총 쏘기/시 쓰기이다. 이런 맥락에서 이 시는 이상의 시적 육체-주체가 세계와 만나는 방법을 보여 주는 필사의 존재론이자, 이상 시 탄생의 비밀을 감각적으로 묘사해 놓은 창작 방법론으로 읽을 수 있다. ÷

김수이

경희대 후마니타스칼리지 교수. 문학평론가. 1968년 충북 제천에서 태어나 경희대 국어국문학과와 같은 대학 대학원을 졸업했다. 1997년『문학동네』신인 공모 평론 부문 당선. 문학 평론집『환각의 칼날』『풍경 속의 빈 곳』『서정은 진화한다』『쓸 수 있거나 쓸 수 없는』등을 펴냈다.

烏瞰圖 李箱 7

詩第十號 나비

찢어진壁紙에죽어가는나비를본다. 그것은幽界에絡繹되는秘密한通話口다. 어느날거울가운데의鬚髥에죽어가는나비를본다. 날개축처어진나비는입김에어리는가난한이슬을먹는다. 通話口를손바닥으로꼭막으면서내가죽으면앉은채로이거울을안쪽으로만들어버리리라. 이런말이決코밖으로새어나가지는않게한다.

烏瞰圖
詩第十號 나비

찌저진壁紙에죽어가는나비를본다. 그것은幽界에絡繹되는秘密한通話口다. 어느날거울가운데의鬚髥에죽어가는나비를본다. 날개축처어진나비는입김에어리는가난한이슬을먹는다. 通話口를손바닥으로꼭막으면서내가죽으면안젓다일어서듯키나비도날러가리라. 이런말이決코밧그로새여나가지는안케한다.

— 『朝鮮中央日報』 1934년 8월 3일

10

「烏瞰圖 오감도 : 詩第十號 시 제10호 나비」, 세계는 나비들로 이루어져 있다

이수명 | 시인

1. 「烏瞰圖 오감도 : 詩第十號 시 제10호 나비」 개요
2. 통로 내기와 통로 막기
3. 그것들은 나비들이다
4. 통화의 완성
5. 텍스트 내로 들어서기

1. 「烏瞰圖오감도 : 詩第十號시 제10호 나비」 개요

이상의 〈烏瞰圖오감도〉는 주지하다시피 이상이 『조선중앙일보』에 1934년 7월 24일부터 8월 8일까지 발표한 15편의 연작시이며, 이 중 「烏瞰圖오감도 : 詩第十號시 제10호 나비」는 「烏瞰圖오감도 : 詩第九號시 제9호 銃口총구」와 더불어 8월 3일에 발표한 것으로 되어 있다. 「烏瞰圖오감도 : 詩第十號시 제10호 나비」는 「오감도」의 일부 시편들에서 진행된 텍스트 논란이 크지는 않지만 현재 유통되고 있는 전집들 간에 표기상의 차이는 존재한다. 발표 당시의 표기를 토대로 한 김주현의 전집에 수록되어 있는 「烏瞰圖오감도 : 詩第十號시 제10호 나비」의 전문은 다음과 같다.

찌저진壁紙벽지에죽어가는나비를본다. 그것은幽界유계에絡繹낙역되는秘密비밀한通話口통화구다. 어느날거울가운데의鬚髯수염에죽어가는나비를본다. 날개축처어진나비는입김에어리는가난한이슬을먹는다. 通話口통화구를손바닥으로꼭막으면서내가죽으면안젓다이러서듯키나비도날러가리라. 이런말이決결코밧그로새여나가지는안케한다.[1]

[1] 김주현의 전집과 김승희의 전집은 발표 당시의 표기를 기초로 했으므로 일치한다. 다른 전집들에 나타나는 표기상의 차이를 정리해 보면 다음과 같다. 먼저 임종국 편과 이어령 편 전집은 세로쓰기로 되어 있고, 오규원의 한글판은 현대식으로 띄어쓰기를 한 가운데, 한글 뒤에 한자를 부기하고 있다. 또 모두 "찢어진"으로 표기하는 것이 공통적이다. 김주현 전집과 가장 차이가 나는 표기는 "앉었다일어서드키나비도날러가리라."(임종국 편), "앉았다 일어서드키나비도날라가리라."(이어령 편, 이승훈 편), "앉았다 일어서드키 나비도 날라가리라."(오규원 편)이다. 그 밖에 "밖으로새여나가지는않게한다."(임종국 편), "밖으로새어나가지는않게한다."(이어령 편, 이승훈 편), "밖으로

새어나가지는 않게 한다."(오규원 편)에서 나타나는 표기상의 차이가 있다. 물론 의미상의 큰 변화는 없으나 나비를 연상하는 과정에서의 어감과 뉘앙스의 미세한 차이는 발생하는 것으로 생각된다. 임종국 편, 『이상 전집 2 시집』(태성사, 1956년).: 이어령 교주, 『이상 시 전작집』(갑인출판사, 1978년).: 오규원 편, 『거울속의 나는 외출 중』(문장, 1981년).: 이승훈 엮음, 『이상 문학 전집 1 시』(문학사상사, 1989년).: 김승희 편저, 『이상』(문학세계사, 1993년).: 김주현 주해, 『정본 이상 문학 전집 1 시』(소명출판, 2005년).

표기상의 차이보다 더 주목할 것은 이어령 전집에서, 그리고 더 상세하게는 이승훈 전집에서 주해를 단 것이 이후 큰 논란 없이 수용되어 왔다는 점이다. 이를테면 이어령과 이승훈에 의해, "나비"는 실제로 등장하는 것이 아니라 찢어진 벽지나 수염을 보고 시각적 연상에 의해 상상된 나비로, "가난한 이슬"은 거울에 비친 모습에서 입김과 침을 비유한 것으로 해석되었는데, 그 동안 대체적으로 이 해석이 공유되어 왔다고 할 수 있다.

이와 같은 독해 위에서 진행되는 「烏瞰圖오감도: 詩第十號시 제10호 나비」에 대한 연구는 크게 보아 두 가지의 관점으로 대별될 수 있다. 하나는 죽음이나 죽음 충동과의 관련 하에 시를 분석하는 경우이고, 다른 하나는 초점을 나비에 맞추어 영혼, 해방, 자유의 세계로 확장시키는 경우이다. 먼저 전자의 경우를 살펴보면, 이승훈은 '밖=외계=幽界유계'라는 인식 하에 그 "유계에 낙역"되지 않는 화자의 죽음에 대해 진술한다고 보았고,[2]

[2] 이승훈 엮음, 위의 책, 42쪽.

오생근은 이승훈과 달리 화자가 애초에 유계에 위치한다고 보고 있다. 화자는 "죽음처럼 고요하고 밀폐된 유계에 위치하면서 (…) 순수한 절망과 형이상학적 죽음의 상태"3)

3) 오생근,「동물의 이미지를 통한 이상의 상상적 세계」,『신동아』(1970년 2월호), 김윤식 편저,『이상 문학 전집 4 연구 논문 모음』(문학사상사, 1995년) 200쪽에서 재인용.

에 처해 있다는 것이다. 이승훈의 글은 저승 세계인 유계와 절연된 상태에서 이승에서의 화자의 죽음이라는 것이 과연 어떻게 전개되는지 과제를 남기고 있으며, 오생근의 글은 나비의 비상을 위한 유계에서의 형이상학적 죽음을 설정한 부분에서, 이 형이상학적 죽음이라는 전제가 선험적으로 비칠 우려가 있다.

조해옥은, 이승에 속해 있는 화자에게 나비는 죽음의 세계를 열어 주는 상상 속의 영적 매개체이며, 화자가 상상 속의 나비와 자신을 동일시함으로써 죽음의 세계로 들어서고 "나비가 영원히 유계로 날아가 버리듯, 유계에 든 나는 삶과 영원히 단절 상태에 놓이게 되는 것"4)

4) 조해옥,『이상 시의 근대성 연구』(소명출판, 2001년) 147-148쪽.

이라 파악한다. 이 분석에서는 나비와 나의 완전한 동일시가 진행됨으로써, 화자가 삶에서 죽음으로 이동하는 단선적인 해석이 도출된다.

약간의 각도를 달리한 글로 임명섭의 분석이 있다. 임명섭은 찢어진 벽지를 글쓰기의 공간으로, 따라서 언어의 포충망에 갇힌 나비라는 사물을 지키고 보존하기 위해 글쓰는 자아의 죽음을 요구하게 되는 것으로 문맥을 파악한다. 언어와 사물의 대립이라는 설정 하에 문학적 자살, 죽음에의 의지로 이 시를 파악하고 있는 것이다.5) 5) 임명섭,「글쓰기의 금욕주의—이상론」,『이상 리뷰』창간호(역락, 2001년) 154-155쪽. ; 임명섭,「이상 시에 나타난 언어와 사물의 문제—「오감도 시제10호 나비」를 중심으로」,『이상 시 작품론』(역락, 2009년) 115-117쪽. 이 논의는 "글쓰기의 금욕주의"라는 설정이 독특하지만 사물의 보존이라는 순수한 대립항을 설정해야 하는 부담이 따른다.

이와 같이 이 시를 화자나, 시적 자아의 죽음에 중점을 두어 〈烏瞰圖오감도〉 내의 이른바 죽음 시로 분류하고 해석하는 경향과는 다르게 나비의 해방이나 초극에 초점을 맞추는 해석들도 있다. 박현수는 찢어버린 신문지나 족보를 나비에 비유하는 수필 「山村餘情산촌여정」(1935년)의 표현들과의 연계 하에 「烏瞰圖오감도 : 詩第十號시 제10호 나비」를 분석한다. 그에 의하면 "나비는 명계(明界)와 유계(幽界)를 이어 주는 비밀한 통화구"가 되는데, 이 통화구는 소멸의 과정에 있으며, 따라서 이의 "소생에 대한 화자의 소망"은 "지난한 현실로부터의 해방에 대한 간절한 소망을 표현"6) 6) 박현수,『모더니즘과 포스트모더니즘의 수사학—이상 문학 연구』(소명출판, 2003년), 255-256쪽. 한 것으로 이해된다.

이러한 생각들이 더 진전된 경우를 신범순의 글에서 찾아볼 수 있다. 그는 「烏瞰圖오감도 : 詩第十號시 제10호 나비」에서 현실의 벽 너머, 유계(幽界)와 연결되는 신비적 글쓰기를 보고 있다.

"벽지를 찢어버린 날개로 되어 있는 그 나비는 현실

의 유클릿적 뉴턴적 근대 세계의 벽 너머를 내다보고 있다. 이 나비는 신문과 족보를 찢은 나비보다 한 차원 더 깊은 이야기를 하고 있다. 이 벽은 식민지 공간을 규율하는 근대 논리의 첨단으로 생각해도 좋을 것이다. (…) 「烏瞰圖오감도 : 詩第十號시 제10호 나비」는 벽지를 찢은 틈에서 발견한 나비를 시인의 수염으로 전위시킨다. 시인의 입이 육체라는 벽에 뚫려 있다. (…) 우리는 이 시에서 그 몸의 깊이 속에 어떠한 근대적 논리로도 해명할 수 없는 유계가 자리잡고 있다는 사실을 알게 된다. 그 유계는 유클릿적인 세계로도 뉴턴적인 세계로도 알 수 없는 것이다."[7]

7) 신범순,「이상 문학에서 글쓰기의 몇 가지 양상—변신술적 서판을 향하여」, 『이상 리뷰』제3호(역락, 2004년), 92-93쪽.

이 글에서 나비는 「山村餘情산촌여정」의 신문지, 족보에서 더 나아가 벽지로 비유되는 근대 세계의 너머에 자리하고 있는 것으로 읽힌다. 근대적 논리가 찢어지는 곳에서 탄생하는 나비는 근대가 해명할 수 없는 유계를 현현하는 것으로 이해되는 것이다. 이 나비는 다른 글에서 더 적극적으로 "수염 나비"로, "개인적인 얼굴을 넘어서며, 근대 초극 사상을 대변하는 상징적 얼굴"로, "자신을 가두고 있는 근대적인 거울 세계의 감옥에서 빠져나갈 수 있는 희미한 가능성"[8]

8) 신범순, 『이상의 무한정원 삼차각 나비』(현암사, 2007년) 26쪽, 330쪽.

으로 호명된다.

"근대의 초극"이라는 표현은 사실상 김기림에게까지 거슬러 올라가는 것이다. 김기림은 이상을 최후의 모더니스트이면서 모더니즘을 초극한 것으로, 달리 말해 근대를 초극한 것으로 이해하고 있다.9) "가장 우수한 최후의 모더니스트 이상은 모더니즘의 초극이라는 이 심각한 운명을 한 몸에 구현한 비극의 담당자였다." 김기림, 「모더니즘의 역사적 위치」, 『인문평론』(1939년 10월호), 『김기림 전집 2 시론』(심설당, 1988년) 58쪽에서 재인용.

김기림이 이상에게서 근대와 근대의 초극을 동시적인 것으로 보았다면, 신범순의 글에서 이것은 나비를 통한 존재론적 과정으로 화(化)한다. 나비는 근대로 배치된 거리나 벽, 거울 같은 이상 시의 기저가 되는 밀폐된 공간을 빠져나갈 수 있는 존재인데, 이 과정은 근대와 동시적인 것이라기보다는 근대의 균열을 가능케 하고, 이를 넘어서는 상징이 되는 것이다. 근대 너머로의 탈출이라는 소박한 이상(理想)에 기대고 있기는 하지만, 나비를 특화하고 나비 시편들에서 이상 시의 진정한 향방을 살피려 했다는 데에 신범순의 글이 갖는 의의가 있다.

2. 통로 내기와 통로 막기

「烏瞰圖오감도: 詩第十號시 제10호 나비」에서 죽음과 죽음 충동을 읽어 내는 것이나, 탈출이나 해방의 의미를 발견하는 것은 모두 논의의 의도와 무관하게 다소 이데올로기적인 이분법을 견지하게 된다는 공통점이 있다. 삶에서 죽음으로, 근대에서 탈근대로의 이동이라는 것은 방향의 설정이고, 가치의 투입이다. 하지만 이러한 방향을 이 시에서 적절하게 추론해 낼 수 있는지의 여부가 문제로 떠오른다.

우선 「烏瞰圖오감도: 詩第十號시 제10호 나비」에서 가장 중심적인 발상이 되는 것은 "찌저진壁紙벽지"다. 벽지가 찢어진다는 것은 일단 벽으로 막혀 있던 어떤 세계가 드러나는 것을 가리킬 것이다. 물론 이 비유는 안과 밖, 빛과 어둠, 질서와 혼돈, 의식과 무의식, 삶과 죽음, 이승과 저승, 그리고 그동안 이상 시의 핵으로 논의되어 오던 근대와 탈근대의 대립의 벽이 찢어지는 장면으로 다양하게 생각해 볼 수 있다. 어떤 경우든지 찢어진 벽지는 이 세계 내의 형식이 허물어지는 자리를 나타낼 것이기 때문이다. 그러므로 만약 〈烏瞰圖오감도〉가 이른바 유클리드 기하학의 세계, 기호와 순수 논리로 이루어진 근대 지식의 건조물이라면, 「烏瞰圖오감도: 詩第十號시 제10호 나비」의 균열 이미지는 〈烏瞰圖오감도〉의 이러한 형식 체계에 대한 자체적인 부정이 될 것이다. 이 시는 〈烏瞰圖오감도〉의 다른 시편들에서 찾아볼 수 있는 수수께끼 같은 논리의 유희를 멈추고, 마치 불가피한 어떤 틈을 보고자 하며, 저 너머 세계로의 직면과 연결이라는 긴요함을 전적으로 표출하는 듯 보이는 것이다. 이를 김윤식은 "대칭 구조 및 이분법을 기본항으로 하는 유클리드 기하학 전공자인 이상의 시선에서 보면 벽을 뛰어넘어 저쪽으로 통로를 내기만큼 소망스러운 것은 없다"고 표현한다.[10]

[10] 찢어진 벽지에서 이와 같은 통로와 연결의 이미지를 보고 있는 김윤식의 해석을 살펴볼 필요가 있다. 그는 찢어진 벽지를 초월로 보기보다는 단지 현실과 관념의 통로로 본다. 즉 이상의 시에서 현실과 맞선 순수 관념의 세계, 검은 지도의 세계를 오감도의 세계로 보며, 이러한 관념과 현실의 통로를 나비로 읽어 내는 것이다. "관념의 지도와 현실의 지도 양쪽을 잇는, 그러니까 심장이 두개골로 옮겨가는 통로란 무엇이었든가. 글자 획 하나를 뺀든가 첨가하기가 그것. 그는 이 방법론을 혹시 사람들이 못 알아차릴까 보아 '나비'라 부르고 이렇게 주석을 달았다. '찢어진 벽지에 죽어가는 나비를 본다. 그것은 유계에 낙역되는 비밀한 통화구다.'" 김윤식, 『이상 문학 텍스트 연구』(서울대학교출판부, 1998년), 305-312쪽.

이렇게 「烏瞰圖오감도 : 詩第十號시 제10호 나비」에서 해방이나 초극이라는 의미를 부가해 내기보다 우선, 통로와 연결을 유추하면서 김윤식은 "통로 내기"라는 말을 한다. "죽음에의 의지", "해방에 대한 소망", "희미한 가능성"이라는 여러 논자들의 말은 모두 이 통로 내기를 이데올로기적인 방향으로 투사한 표현들일 것이다. 그렇다면 통로 내기라는 것은 무엇일까.

통로를 낸다고 하는 것은 무엇보다 이 세계에서 저 세계로의 연결과 소통을 소망하고 있음을 가정한다. 그러므로 〈烏瞰圖오감도〉가 논리적 충돌이 발생하는 닫힌 회로의 세계라는 전제 아래에 이 회로에 틈을 내고 폐쇄성을 극복하려는 의지로 시를 읽는 것이다. 벽지 안쪽은 벽지 밖과 연결됨으로써 일면성에서 벗어나게 된다는 해석이 여기에는 담겨 있을 것이다. 주목할 것은 이러한 독법이 갖는 의미가 기본적으로 통로 내기의 어려움이라는 전제를 성립시킨다는 점이다. "유계에 낙역되는 비밀한 통화구"라는 구절은 비밀하기만 한 통화구에의 소망으로 치환된다. 결국 이 세계와 저 너머의 세계를 가로지르는 통로에의 소망과 통로 내기의 어려움이라는 명제로 이 시의 정체는 파악되는 것이다.

하지만 이러한 해석은 곧 어려움에 봉착한다고 해야 한다. 이 시의 여러 대립 구도 중에서 가장 눈여겨보아야 할 것은 "찌저진壁紙(벽지)"와 "通話口(통화구)를손바닥으로꼭막으면"이라는 표현이다. 예기치 않게 통화구를 손바닥으로 막으려는 의지가 출현하게 되는 것이다. 통로를 내고 왜 통로를 막아야 하는가? 통로를 내는 것이 소망이라면 통로를 봉쇄하는 것은 또 다른 어떤 의지인가? 통로에의 소망과 발견에서 통로를 막으려는 안간힘으로 끝나는 이 시의 정황을 어떻게 이해해야 할까?

이 시의 난해함은 찢어진 벽지에서 나비를 보는 것이 아니라 오히려 통화구를 막으려는 후반부에 있다고 해야 할 것이다. 찢어진 벽지로부터 시는 시작되지만 그것을 막는 것으로 시는 전환되고 있는 것이다. 이 전환이 충분히 반역적임에도 불구하고 지금까지 주목되지 않았다는 것은 기이한 일이다. 이 전환 때문에 시의 통로 내기라는 발상은 어쩌면 처음부터 다시 재고되어야 하는데도 말이다. 요컨대 통로 내기가 아닌 통로 막기에 이 시의 문제성이 있다고 해야 하는 것은 아닐까. 이제 통로 막기가 불쑥 튀어나오는 현장으로 이 시를 다시 읽어 볼 필요가 있다.

3. 그것들은 나비들이다

「烏瞰圖오감도 : 詩第十號시 제10호 나비」가 문제적인 것은 이 세계와 저 세계를 연결하는 통화구의 소망과 견인, 이를 통한 해방에 있다고 보는 소박한 시각을 오히려 비껴서 있기 때문일 것이다. 우선, 나비의 등장을 다시 살펴볼 필요가 있다. 화자는 나비를 어디에서 보는가. 찢어진 벽지가 눈앞에 있다. 찢어진 족보나 신문에서 보는 나비들이 마찬가지로 찢어진 벽지에도 나타난다. 족보나 신문이 되었든, 벽지가 되었든, 그것들이 근대라는 의미를 지녔든, 그렇지 않은 종이 쪼가리에 불과하든, 찢어진 종이에서 나비를 보는 화자의 시선은 통로를 향한 소망과 간구라기보다 일단은 어떤 발견에 가깝다. 화자는 찢어진 종이의 균열에서 일종의 통화구를 발견한 것이다. 물론 발견은 상상의 산물이다. 상상하는 시선에 의해 존재를 얻은 발견이라고 할 수 있다. 하지만 이 상상하는 시선을 곧 소망하는 시선이라고 생각하는 것은 너무 성급한 일이다.

발견이라는 시각으로 이 시를 다시 눈여겨보면, 나비의 발견이 일회적인 것이 아니라는 점이 곧 드러난다. 어느 날 거울을 들여다보니 수염에서 나비는 또 등장한다. 나비는 화자의 배경이 되는 벽지의 균열에서뿐만 아니라, 화자의 신체에서도 발생하는 것이다. 수염의 무엇이 나비를 촉발시키는 것일까. 찢어진 벽지와는 다른 연상이 여기에는 있다. 벽지의 틈이나 균열이 아니라 이번에는 수염의 무성함이나 무질서가 나비와 관련된다. 이 두 번째의 나비의 출현은 의미가 있는데, 왜냐하면 이렇게 상이한 정황의 촉발로써 나비가 탄생하는 것으로 미루어 보아 나비는 어떤 유일한 가능성으로, 소망의 결과로 나타난 것이 아니라는 것을 알 수 있기 때문이다. 나비는 여기저기서 발생하는 것이다. 또한 여기저기서 발견된다. 수염이 나비라면 머리칼은 어떤가. 눈을 옮기는 곳이면 그 어디든지 나타날 수 있는 것이 나비가 아닐까. 찢어진 벽지와 수염뿐 아니라 흩어지는 모래알이나 머리칼, 갈라진 손가락에서도 나비는 출현할 수 있는 것이다. 화자는 실상 시선이 닿는 모든 곳에서 나비를 볼 수 있을 것이다. 균열과 틈은 어디든 존재한다. 혼돈과 얽힘도 곳곳에 있다. 그것들은 나비들이다. 세계는 나비들로 이루어져 있다.

이렇게 생각했을 때 이 시는 통로를 내야 하는 것으로 이루어져 있지 않음을 알 수 있다. 이 세계에서 저 세계로의 통로 내기라는 발상은 이 세계가 균열과 혼돈 투성이이며, 이 모든 비질서들이 이미 통로이며 통화구라는 생각 앞에 무력하다. 통화구는 도처에 있는 것이다. 세계는 애초에 찢어져 있고 뚫려 있으며, 한편 무질서하고 혼성인 것이다. 그리고 이 자체가 통로이다. "찌저진壁紙벽지"라는 표현에서 알 수 있듯이 벽지를 찢어야 하는 것이 아니라 벽지는 찢어져 있는 상태로 존재한다. 어느 날 거울 가운데에 있는 수염은 이미 수염인 채로 엉켜 있는 것이다. 따라서 「烏瞰圖오감도： 詩第十號시 제10호 나비」가 의미 있는 것은 통로 내기가 아니라 바로 이 도처에 존재하는 통로를 발견하는 것에 있을 것이다. 벽지에서도, 수염에서도, 그 어디에서도 나비를 발견하는 것이다.

물론 어디에나 있는 통화구를, 언제나 쉽게 발견할 수 있는 것은 아니다. 발견의 어려움이 우선 통화를 비밀스러운 것으로 만든다. 말할 것도 없이 비밀은 도처에 있다. 어떻게 생각하면 도처에 있으므로 비밀스럽다. 하지만 바로 그렇기 때문에 이를 발견하는 것은 쉽지 않다고 해야 한다. 도처에 있으므로 나비들은 한꺼번에 발견되기까지 오히려 쉽게 나타나지 않는다고 할 수 있기 때문이다. 또한 "비밀한통화구"라는 것은 통화구를 내기 어렵다는 것과는 차이가 있다. 통화구에의 소망과도 연결되지 않는다. 그보다는 모든 통화구들이 비밀스럽고, 비밀스러운 "낙역"을 하고 있음에 대한 통찰이다. 그렇다면 왜 비밀스러운 낙역일까?

4. 통화의 완성

이 시의 바탕에 깔려 있는 전반적인 정서는 "유계에낙역"되는 것에서 비롯된다. 펼쳐져 있는 통화구들을 들락거리는 것은 다름 아닌 유계이다. 생명과 해방의 간구들이 소통되는 것이 아니다. 통화구란 바로 죽음이 유통되는 장소인 것이다. 이 세계는 유계의 침입을 막아낼 수 없다. 찢어진 벽지에서 발견되는 것은 찢음을 통한 해방의 나비가 아니라 죽음을 마시고 있는 "죽어가는나비"이다. 덤불 같은 수염에서는 자유의 비상으로서가 아니라 "날개축처어진" 죽음의 나비를 떠올릴 수 있을 뿐이다.

죽음의 이미지가 통화구들을 덮고 있다. 통화구란 유계에 관통당한 이 세계의 이러저러한 항목들에 다름 아닌 것이며, 역설적으로 통화구가 있음으로 인해 죽음이 가능해진다고 할 수 있다. 찢어진 벽지로, 수염으로, 존재들은 모두 죽음의 정확한 거점들이면서, 죽음의 일시적인 지점들이다. 물론 이 통화구는 존재에 전제되어 있는 것이기에 죽음과의 통화는 피할 수 없다. 존재들은 필연적으로 죽음과 내통해야 한다. 세계의 균열이나 혼몽을 들여다보는 것으로 「烏瞰圖오감도: 詩第十號시 제10호 나비」는 시작하지만 그 곳은 구속으로부터의 해방이나 소망이 아니라 죽음을 불러들이는 기지의 작용을 하는 것으로 드러나는 것이다. 그리고 이렇게 유계와의 낙역을 고려해 보았을 때 여러 연구자들

---

10 [이수명] 「詩第十號시 제10호 나비」, 세계는 나비들로 이루어져 있다

이 생각했던 것과 같은 해방의 통로 내기는 이 시에서 애초에 존재하지 않았다고 할 수 있다.

요컨대 통로 내기와 같은, 무에서 유를 만들어 내려는 몸짓 자체가 이상 시에서 적절해 보이지 않는 것이다. 그의 언어는 불가능을 가능으로 만들어 가기보다는 차라리, 가능이 언제나 가능하고, 불가능이 불가능을 그만둘 수 없다는 불가피한 태연함과 피로 쪽에 선다. 그리하여 모든 존재가 통로이며 모든 길이 통로일 때, 이 세계는 막다른 골목이나 뚫린 골목이나 통로를 그만둘 수 없는 것이다. 아버지나 아버지의 아버지이거나, 싸움하는 사람이나 싸움하지 아니하는 사람이거나, 환자나 의사나, 앵무새나 축사나, 가지 났던 팔이나 내가 결석한 나의 꿈이거나, 모두가 지속적으로 불길한 통로들인 것이다. 세계 안에서 누가 통로이기를 멈추고 죽음의 오염을 피할 수 있을 것인가. "죽어가는나비"가 아닐 수 있을 것인가.

그러므로 이제 통화하기가 어려운 것이 아니라, 정확히 그 반대로 통화하지 않기가 불가능한 것이라고 해야 한다. 이러한 국면의 전환은 좀 더 주목될 필요가 있다. 통화나 소통의 가능성을 지지하는 것은 크게 보아 이성과 지식과 합리적 사유 체계에 대한 긍정과 수용이라 할 수 있다. 그것은 대담하게 이 세계의 경색과 여하한 경우에서의 저 세계로의 출구를 가정함으로써, 그 대조와 비약을 통해, 역설적으로 이 세계에서 저 세계에 이르는 유기성을 신뢰하는 것이다. 따라서 이 경우 출구와 해방의 간구로 이끌리는 것은 가장 유력한 길이 될지 모르지만, 또한 가장 도식적인 반복일 수도 있다. 이상의 시는 이와 같은 형식으로 추출하기에는 치명적인 아이러니들이 바둑판의 포석처럼 놓여 있는 세계라 할 수 있다. 막다른 골목이나 뚫린 골목이나 차이가 없을 때, 그에게서 통화의 모색을 읽어 내는 것은 분명 어울리지 않는다. 오히려 통화가 아니라 통화하지 않기의 어려움, 이 아이러니한 실재가 이상 시의 중심에 들어오는 것이며 "通話口통화구를손바닥으로꼭막으면서내가죽으면"이라는 필사적인 표현을 낳는 것이다.

여기서 통로 내기가 아닌 통로 막기라는 이와 같은 발상이 한편으로 이상 시의 한 고유성을 형성하고 있다는 점을 지적할 필요가 있다. 〈烏瞰圖오감도〉의 시편들은 여러 연구자들에 의해 해석된 것처럼 근대나 식민지 상황이라는 폐쇄된 세계의 정황과 관련된 것으로 보이기는 하지만, 그것은 폐쇄된 것이라기보다는 더 정확하게 말해서 폐쇄하려는 욕구에 의해 움직이고 있는 것이라 할 수 있다. 무엇보다도 이 세계가 해방의 거처가 아닐 때, 그것이 죽음이나 식민지 공간이라는 환멸의 장소일 때, 연결이 아니라 오히려 닫으려는 의지가 그에게 긴요해질 것이다. 연결과 소통은 그가 원하지 않는 세계의 직면인 것이다. 하지만 이것이 전부는 아니다. 이상에게 세계는 근대나 근대를 벗어나서 닫혀 있지 않은 어떤 것이다. 그것은 모든 기호들이 사방으로 탈주하는 세계이다. 그는 괄호를 치고 여러 부호들을 고심해서 배치하며, 도안을 만들어 본다. 막다른 골목이나 거울, 축사와 같은 공간으로 출구를 폐쇄

10〔이수명〕「詩第十號시제10호 나비」, 세계는 나비들로 이루어져 있다

하려는 고안을 해 본다. 그에게 의미가 발생되는 것은 이러저러한 형식들을 발생시키고, 다양한 형식들로 이 세계를 닫으려는 상상에 의해서다. 이 상상 속에서 존재는 만들어진다. 존재란 통로를 막는 존재에 다름 아닌 것이다.

물론 「烏瞰圖오감도 : 詩第十號시 제10호 나비」에서 이 봉합은 불가능한 것으로 그려진다. 벽지는 언제든 찢어져 있는 것이며, 수염은 어디서든 얽혀 들고 있을 것이다. 존재들은 유계와 거의 근친에 가까운 낙역을 계속하는 중이다. 따라서 통화구를 막는 일은 죽어 가면서 진행되는 안간힘으로 표현되며, 그 최전선에서 화자는 통화구의 봉쇄가 실현될 수 없다는 것을 알고 있다. 나비가 날아가 버릴 것이라는 중얼거림은 봉쇄에의 상상에 불과하다. 찢어져 있는 나비는 사라져 가도록 꿈꾸어질 뿐이다.

여기서 나비가 날아가 버리는 이 마지막 부분의 상상이 통화구를 막으면서 죽어 가는 화자의 이미지와 연결됨으로써 날카로운 효과를 발하고 있다는 것을 지적할 필요가 있다. 봉합에의 안간힘에도 불구하고, 화자가 불가능한 봉합을 시도하면서 죽어 가는 것은 결국, 유계의 통화가 완성되고야 마는 정황을 나타내기 때문이다. 이 장면은 죽음을 막으려 했지만 죽음을 이루게 되는 존재의 역설을 보여 준다. 죽음과 통화하지 않기 위해 죽어 가는 이상 특유의 불가해한 순간인 것이다. 이 모순 위에서 나비가 날아가 버리는 상상이 가능해진다. 이제 통화의 최종적인 실현이 이루어진 것이다.

죽음의 완성이 다소 조급한 것 같기는 하지만 생각해 보면 불가능은 인지된 것이다. 유계의 침입과 통화를 봉합하는 것은 처음부터 불가능한 일이다. 이것은 실패할 수밖에 없는 길이다. 하지만 실패가 자명한 길로 나아가는 것이야말로 이상 시의 한 핵심이다. 문제는 실패하는 방법이다. 그것이 그의 기교이다. 절망을 기교화하는 것이 아니다. 기교란 절망을 가정하는 것이다. 이를 "決결코밧그로새여나가지는안케" 하는 것이다. 이상에게 현실 세계는 이러한 가정 위에서 간신히 존재하는 것으로 보인다.

5. 텍스트 내로 들어서기

현대 예술에서 이탈리아의 화가 루치오 폰타나(Lucio Fontana)가 한 작업은 이목을 끌 만한 것이었다. 그는 다른 사람들이 캔버스 위에 다양한 구조물들을 구성하면서 씨름할 때, 문득 캔버스를 예리한 칼로 찢었다 [〈공간 개념(Concetto spaziale)〉(1960년)]. 그가 공간을 찢어 버렸을 때 이 다다적인 작업이 갖는 의미는 명확한 것이었다. 당연하게도 그것은 규칙과 범주를 전제로 하는 이 세계의 논리로부터의 해방이었다. 화면을 찢어 시간과 공간을 훼손시킴으로써, 그는 예술이 도달하고자 하는 어떤 해방을 시연해 보인 것이다. 이것이 의도대로 효과적이었다면 그 이유는, 예술이란 일정한 시공에서의 퍼포먼스에 지나지 않는 것이라는 기본적인 묵계를 그가 위반하고 있기 때문일 것이다. 다른 무엇보다도 묵계를 깬다는 사실 자체가 흥미를 끌었을 것이다. 하지만 한편으로 이 충격은 예술의 자리가 사라진 것이라는 사실 위에 힘을 잃는 듯이 보이기도 한다. 폰타나는 공간을 찢는 것으로 모든 예술 작업을 끝낸 것이다. 혹은 예술의 전제를 찢음으로서 예술을 불가능하게 한 것이라고도 할 수 있다.

이상의 시는 찢는 것이 아니라 찢어진 것을 막으려 했다는 데에 의미가 있다. 그는 「烏瞰圖 오감도 : 詩第十號 시 제10호 나비」에서 찢어진 벽지를 통해 폰타나의 틈을 보았을 것이다. 하지만 그는 이 세계의 논리가 작동되지 않는 그 유계의 심연에 끌리지 않았다. 그는 그것을 막으려 했으며, 지속적으로 이 세계로의 귀환을 염두에 두었다. 이 봉합이 불가능한 것이며, 이 귀환이 불가능한 망명이었던 것을 알고 있었지만, 죽음으로 치른 실패의 방법론은 그에게 세계를 가늠하게 해 주었다. 그에게 찢어진 벽지나 무성한 수염은 이 세계의 도처에 도사리고 있는 낙역의 지점이며, 일종의 언어 밖의 언어이다. 텍스트를 넘어 다른 세계로 가는 것이 소망이 아니라, 반대로 이 세계라는 텍스트 내로 들어서는 것이 이상에게는 항용 문제가 되었다. 텍스트를 뒤집거나 텍스트의 이면을 탐험하는 것이 아니라, 텍스트를 닫아 버리고 죽음을 계산하지 않는 이 세계의 가설 위에서라야 세계는 작동되는 것이다. "그것은 형태의 파괴라기보다 오히려 그 자신에게 있어선 형태를 유지하는 일이었다."11)

11) 고석규, 「'반어'에 대하여」, 『문학예술』(1957년), 김윤식 편저, 『이상 문학 전집 4 연구 논문 모음』(문학사상사, 1995년), 102쪽에서 재인용.

세계의 형태를 유지하려는 이상 특유의 페이소스를 알아차렸을 때, 그에게 세계는 최초부터 찢어진 벽지로 시작되고 있는 것임을 비로소 이해할 수 있게 된다. 언어나 부호들로 죽음을 막아낼 수 없는 곳에 이상의 시는 있다. 그리고 막아내려 했을 때, 막아낼 수 없음으로써만이 오로지 죽음을 완성시키는 곳에, 그의 현대적 절망이 있다. 현대시의 자각은 이상보다 더 빠르거나 더 늦을 수도 있다. 하지만 이상에 이르러 가장 역설적이고도 가파르게 혼효되어 있음을 간과하는 것은 그리 어려운 일이 아니다. ÷

이수명

시인. 1965년 서울에서 태어나 서울대 국어국문학과와 중앙대 대학원 문예창작과를 졸업했다. 1994년『작가세계』로 등단하여 시집『새로운 오독이 거리를 메웠다』『왜가리는 왜가리 놀이를 한다』『붉은 담장의 커브』『고양이 비디오를 보는 고양이』『언제나 너무 많은 비들』, 연구서『김구용과 한국 현대시』, 시론집『횡단』등을 펴냈다. 박인환문학상, 현대시작품상, 노작문학상을 수상했다.

烏瞰圖 李箱 8

詩第十一號

그사기컵은내骸骨과흡사하다。내가그컵을손으로쥑엿슬때내팔에서는난데업는팔하나가接木처럼도치더니그팔에달닌손은그사기컵을번적들어마루바닥에메여부딋는다。내팔은그사기컵을死守하고잇스니散散히깨여진것은그럼그사기컵과흡사한내骸骨이다。가지낫든팔은배암과갓치내팔로기어들기前에내팔이或움즉엿든들洪水를막은百姓처럼地白汗을흘렷스리라。그러나내팔은如前히그사기컵을죽守한다。

11〔문혜원〕「詩第十一號시제11호」, 문맥적 읽기와 장면적 읽기

烏瞰圖
詩第十一號

그사기컵은내骸骨과흡사하다. 내가그컵을손으로꼭 쥐엿슬때내팔에서는난데업는팔하나가接木처럼도치 드니그팔에달린손은그사기컵을번적들어마루바닥에 메여부딧는다. 내팔은그사기컵을死守하고잇스니散 散히깨어진것은그럼그사기컵과흡사한내骸骨이다. 가지낫든팔은배암과갓치내팔로기어들기前에내팔 이或움즉였든들洪水를막은白紙는찌저젓으리라. 그 러나내팔은如前히그사기컵을死守한다.

―『朝鮮中央日報』1934년 8월 4일

11

「鳥瞰圖오감도: 詩第十一號 시 제11호」,
문맥적 읽기와 장면적 읽기

문혜원 │ 아주대 국문과 교수·문학평론가

1.
2.
3.
4.

1.

① 그사기컵은내骸骨^{해골}과흡사하다. ② 내가그컵을손으로꼭쥐었을때내팔에서는난데없는팔하나가接木^{접목}처럼돋히더니그팔에달린손은그사기컵을번쩍들어마룻바닥에메어부딪는다. ③ 내팔은그사기컵을死守^{사수}하고있으니散散^{산산}이깨어진것은그럼그사기컵과흡사한내骸骨^{해골}이다. ④ 가지났던팔은배암과같이내팔로기어들기前^전에내팔이或^혹움직였던들洪水^{홍수}를막은白紙^{백지}는찢어졌으리라. ⑤ 그러나내팔은如前^{여전}히그사기컵을死守^{사수}한다.

— 「烏瞰圖^{오감도} : 詩第十一號^{시 제11호}」 전문. 현재 표기로 고침.

「烏瞰圖^{오감도} : 詩第十一號^{시 제11호}」는 1934년 8월 4일 『조선중앙일보』에 발표된 작품으로, 현실과 환상이 교차하며 시를 이루고 있다. 이 시는 현실에서 환상으로 연결되는 근거가 분명하고("그사기컵은내骸骨^{해골}과흡사하다") 환상에서 깨어나는 과정 또한 명료해서("가지났던팔은배암과같이내팔로기어들기前^전에내팔이或^혹움직였던들洪水^{홍수}를막은白紙^{백지}는찢어졌으리라") 시의 내용을 이해하는 데는 큰 어려움이 없다. 이승훈은 이 시를 '사기컵'과 '화자의 해골'을 시각적 유사성에 의해 동일시함으로써 현실과 환상 혹은 의식과 무의식의 변증법적 종합을 성취하려는 초현실주의적 기법의 전형이 드러나는 작품이라고 보았다.[1]

1) 이승훈 엮음, 『이상 문학 전집 1 시』(문학사상사, 1989년), 43쪽.

이 시에서 해석이 모호한 부분은 "洪水홍수를막은白紙백지"의 의미가 무엇인가 하는 것이다. '홍수', '백지' 등의 이미지가 느닷없기는 하지만, 전체 맥락으로 볼 때 이것을 각각 '유리컵의 물,' '물을 담고 있는 유리(컵)'으로 본 이어령의 해석²⁾

2) 이어령 교주, 『이상 시 전작집』(갑인출판사, 1977년) 27쪽. 이승훈 또한 "洪水홍수를막은白紙백지"를 '사기컵'의 비유라고 보았다. (이승훈 엮음, 『이상 문학 전집 1 시』(문학사상사, 1989년), 44쪽.) 조해옥은 이 부분을 각혈의 이미지로 보고(조해옥, 『이상 시의 근대성 연구』(소명출판, 2001년), 61쪽.), 함돈균은 표면상 '사기컵'의 은유이지만 무의식의 차원에서는 깨지기 쉬운 '내 해골'과 거기서 쏟아질지 모르는 '뇌수'가 이미지화되어 있다고 해석한다. (함돈균, 『시는 아무 것도 모른다』(수류산방, 2012년), 179쪽.)

에 큰 무리가 없어 보인다.

최근의 연구는 시에 투영된 시인 혹은 시적 주체의 심리적 정신적 상태를 설명하는 데 초점을 맞춘다. 함돈균은 이 시에 나타나는 환상³⁾

3) 함돈균은 '환상'이 상징계의 근본적 결여를 봉합하고 은폐하는 주체의 상상적 운동 방식임에 비해 '환각'은 '나'와 타자의 상상적 동일시에 의해 성립하는 주체의 변증법을 모르고, 상징계의 질서를 이루는 기본적 금지를 모른다는 점에서 실재계의 영역에 속한다고 하여 양자를 구별한다. 이에 따르면 「烏瞰圖오감도: 詩第十一號시제11호」에 나타나는 절단된 신체의 이미지는 환각에 해당한다. 함돈균, 위의 책, 179-182쪽 참고.

이 시적 주체의 내부에서 충돌하는 에너지들 간의 운동과 긴장 즉 죽음을 향한 충동과 그것을 억제하려는 충동 사이의 갈등을 표현한다고 해석한다. '백지'는 그러한 긴장 상태에서 하얗게 질린 시적 주체의 무의식을 드러내는 기표라고 해석된다. 이 또한 이 시가 현실과 환상이 교차한다는 것을 전제로 하고, 시의 발생론적 근거와 의미를 밝히는 데 집중하고 있다.

그러나 현실과 환상이 교차한다는 것은 표면에 서술된 내용을 반복해서 말하는 것일 뿐 시 자체에 대한 분석으로는 미흡하다. 이 시에 나타나는 환상은 '나'에 의해서 관찰되고 논평되고 있다. '나'는 환상의 발생과 소멸 과정을 서술하고 환상을 보는 동안에도 현실 상황을 놓치지 않는다. 그런데 환상이라고 설명되는 내용들 중 일부는 사실상 화자의 논평에 해당하는 부분으로서 실제로 환상과 현실이 교차된다고 설명하기 어렵다. 예를 들어 시의 언어적 맥락만을 따른다면 "산산이 깨진 해골"은 단지 '나'의 추측일 뿐이다. 그럼에도 불구하고 이 시에서 "깨진 해골"이라는 환상을 읽어내는 것은, 이 시를 문맥적으로 이해하는 것이 아니라 장면적으로 이해하기 때문이다. 즉 시를 읽어 가는 동안 머릿속에서 내용에 따른 장면들을 상상하고 그 과정에서 "깨진 해골"을 연상하는 것이다. 이 시는 이처럼 문맥적 읽기와 장면적 읽기가 동시에 가능한 것이 특징이다.

언뜻 보기에 두 가지는 유사해 보이지만, 문맥적 읽기에서 환상은 환상일 뿐 현실과는 별개의 것이다. 시적 주체는 현실에서 환상에 이르는 과정을 명확하게 지켜보고 있으며 이것이 현실과 구별되는 것임을 뚜렷이 인지하고 있다. 그러나 이를 영화의 장면으로 읽으면 환상과 현실은 나란히 병치된다. 문맥적 상황에서 환상은 현실에서 파생되는 것이지만, 장면적 상황에서는 환상과 현실 사이에 시간적 순서가 없다.

언어적 맥락에서 본다면 사기컵과 해골, 백지는 색깔이나 모양과 같은 시각적 유사성에 근거한 비유 관계에 놓여 있다. '나'는 내 해골과 비슷한 사기컵을 쥐고 있다. 그런데 컵을 쥐고 있는 손이 달린 팔에 갑자기 팔 하나가 더 돋더니 사기컵을 마룻바닥에 던져 깨뜨린다. 깨진 것은 내 해골이다. 그러나 이것은 환상이다. 돋았던 팔은 사라지고 '나'는 여전히 사기컵을 쥐고 있다. 현실과 환상이 병치되고 있지만, 시각적 유사성이라는 비유의 근거를 가지고 있기 때문에 현실에서 환상으로 이행하는 과정을 이해하는 것은 어렵지 않다.

실제로 이 시는 종종 환상에 초점이 맞춰져 설명되지만, 문맥상으로는 이성적인 논평이 포함된 논리적인 언술로 이루어져 있다. 문장 순서대로 본다면, 이 시는 ①현실, ②현실+환상, ③현실+환상(논평), ④환상+현실(논평), ⑤현실로 이루어져 있다. ①과 ⑤는 현실 상황으로서 시 전체를 감싸고 있는 액자와 같은 구실을 한다. 그 내용은 '나는 내 해골과 흡사한 사기컵을 손으로 꼭 쥐고 있다'는 것이다. ②~④에서는 현실과 환상이 교차한다. ②는 내가 컵을 손으로 쥐고 있는 현실의 상황에 팔 하나가 돋아나서 사기컵을 깨는 환상이 겹치고, ③은 여전히 사기컵을 쥐고 있는 현실의 상황에 산산조각난 해골의 환상이 오버랩된다. ④는 돋아났던 팔이 현실의 팔 속으로 들어가는 환상과 컵이 깨어지지 않은 현실 상황이 나란히 있다.

재미있는 것은 '나'가 이것이 환상임을 명확하게 알고

있다는 것이다. '나'는 또 다른 팔이 돋아나서 컵을 깨고 다시 사라지는 과정을 모두 지켜보고 있다(②). 그리고 실제 팔이 움직였다면 컵이 깨졌을 것이지만 내가 컵을 쥐고 있으므로("내팔은그사기컵을死守^{사수}하고있으니") 환상 속에서 깨진 것은 컵이 아니라 해골이라야 맞다는 논평까지 덧붙인다(③ "散散^{산산}이깨진것은그럼그사기컵과흡사한내骸骨^{해골}이다".). 문맥상으로 본다면 ③의 산산조각난 해골은 실제 상황이 아니라 논리적인 추론이다. '나'가 깨진 해골을 직접 보았다는 내용은 없다. 컵을 바닥에 던졌지만 내 손에 컵이 여전히 남아 있으니 깨진 것은 해골일 것이라는 추론이 있을 뿐이다. 그러므로 ③은 논리적으로 추론한 논평에 해당하는 것이다.

④에서는 환상이 소멸하고 그에 대한 '나'의 논평이 다시 개입된다. 가지났던 팔은 슬그머니 사라지고 '나'는 현실로 돌아온다. 그리고 만약 현실의 '나'가 환상에 영향을 받아 팔을 움직였다면 "홍수를 막은 백지"는 찢어졌을 것이라고 논평한다. 이 부분 역시 '나'의 논리적 추론이다. '나'는 환상과 현실을 구별했고 '홍수를 막은 백지'는 찢어지지 않았으므로 실제로는 아무 일도 일어나지 않은 것이다.

그러나 실제 이 시를 감상할 때 우리는 위에서 분석된 문맥의 논리를 짚어가는 것이 아니라 자연스럽게 영화적인 장면을 연상한다. 즉 실제의 팔에서 또 다른 팔 하나가 생기고 사라지는 모양, 해골이 깨지는 모습 등을 머릿속에 그리게 되는 것이다.[4]

4) 〈烏瞰圖오감도〉는 시각적 연상을 불러일으키는 경우가 많다. 시 자체가 시각적인 형태로 이루어진 「烏瞰圖오감도: 詩第四號시제4호」, 「烏瞰圖오감도: 詩第五號시제5호」 외에도 「烏瞰圖오감도: 詩第一號시제1호」, 「烏瞰圖오감도: 詩第十號시제10호 나비」, 「烏瞰圖오감도: 詩第十二號시제12호」, 「烏瞰圖오감도: 詩第十三號시제13호」, 「烏瞰圖오감도: 詩第十四號시제14호」 등이 모두 시각적인 연상을 불러일으킨다. 「烏瞰圖오감도: 詩第十一號시제11호」 또한 자연스럽게 시각적인 연상을 불러오며 영화의 장면을 연상시킨다.

이 연상은 대상을 포착하는 카메라의 시선과 유사하다. 먼저 사기컵을 들고 있는 사람이 클로즈업된다. 컵을 바라보고 있는 사람의 팔에서 슬그머니 또 다른 팔이 돋아나오고, 돋아난 팔은 컵을 내동댕이친다. 내동댕이쳐지는 컵을 따라 바닥을 비추면, 거기에는 컵 대신 해골이 산산조각 나 있다. 그러나 다시 시선을 위쪽으로 이동하면 그 사람은 여전히 사기컵을 그대로 쥐고 있다. 돋아났던 팔 역시 슬그머니 사라진다.

전체적 내용만으로 본다면, 문맥적 읽기나 장면적 읽기 사이에는 커다란 차이가 없다. 그러나 시의 각 구절들을 영화의 장면으로 만들 때 사용되는 쇼트들은 원래의 시와는 차이가 있다. 여기에 필요한 쇼트들은 사기컵을 쥐고 있는 사람, 사기컵을 쥔 팔, 실제 팔에서 돋아나오는 팔, 사기컵을 바닥에 던지는 팔, 깨진 해골, 돋아났다가 사라지는 팔, 홍수에 찢어지는 백지, 여전히 사기컵을 쥐고 있는 팔 등이다. 이 중에서 "깨진 해골"과 "홍수에 찢어지는 백지"는 원래 시의 문맥에서는 추론에 포함된 내용일 뿐 실제로 있다고 볼 수 없다. 그러나 영화 장면에서 "메어 부딪힌 사기컵"(②)과 "산산이 깨진 해골"(③), "홍수를 막은 백지"(④)는 각각 독립된 세 개의 쇼트로 처리될 것이다. 영화 장면에서 자막에 의존하지 않고 문맥상의 논평이나 추론 형

식을 살려내기는 어렵기 때문이다. 예를 들어 "洪水홍
수를막은白紙백지는찢어졌으리라."에서 문맥상 가정법
인 "찢어졌으리라"라는 추론은 영화 장면으로는 그대
로 표현되기 어렵다. 시에서는 백지가 홍수를 막았다
고 되어 있지만, 이를 영화 장면으로 처리하면 한꺼번
에 터져 나오는 물로 인해 백지가 찢어지는 쇼트를 만
들고, 이것을 깨어지지 않고 그대로 있는 사기컵의 쇼
트와 병치해서 보여 주어야 한다. 원래 시의 문맥에 있
는 환상들은 영화 장면에서는 각각 독립된 쇼트를 이
루면서 현실의 상황을 보여 주는 쇼트와 디졸브되어
야 한다. 사기컵이 부서지고 해골이 깨지고 백지가 찢
어지는 장면들을 현실의 상황과 몽타주 방식으로 병치
하는 것이다.5)

5) ① 조선에는 이미 1930년에 에이젠슈테인(S. Eizenshtein)의 몽타주 이론이 소개된 바 있다. (서광제, 「토키에 관한 선언」, 『동아일보』, 1930년 10월 2일자. ; 「노서아 명감독 에젠슈테인의 강연」, 『동아일보』, 1930년 9월 7～23일자.). 이에 대한 자세한 내용은 졸고, 「1930년대의 모더니즘 문학에 나타난 영화적 요소에 대하여」, 『한국 현대시와 모더니즘』(신구문화사, 1996년) 참고. ② 김지미는 박태원과 이상의 소설을 각각 푸도프킨식 몽타주와 에이젠슈테인식 몽타주로 구별한다. 김지미, 「구인회와 영화」(『민족 문학사 연구』제42호, 2010년), 267-268쪽.

문맥상으로 볼 때 사기컵과 해골, 백지는 유사성을 근
거로 한 비유이지만, 이것을 영화의 장면으로 해석한
다면 각각은 독립된 쇼트들이 된다. 이 시에서 가장 낯
선 구절인 "홍수를막은백지는찢어졌으리라."를 문맥
적으로 이해하기 위해서는 '홍수'와 '백지'가 무엇이
며 '해골'이나 '백지'와는 무슨 관계인지를 필수적으
로 규명해야 하지만, 장면적 이해에서 각각은 독립된
쇼트들이므로 어느 하나가 나머지를 지시하거나 은유
하지 않는다. "홍수를막은백지"가 무엇을 비유한 것인

지를 밝히는 것은 별다른 의미가 없는 것이다. 따라서 이 시의 장면적 읽기는 문맥만을 따라갈 때 생겨나는 기계적 해석을 줄이고 시를 더욱 입체적으로 해석하게 하는 장점이 있다.

2.

현실과 환상이 교차하는 「烏瞰圖오감도: 詩第十號시 제10호 나비」, 「烏瞰圖오감도: 詩第十三號시 제13호」 또한 문맥적 읽기와 동시에 장면적 읽기가 가능하다. 「烏瞰圖오감도: 詩第十一號시 제11호」에서 현실의 사기컵과 환상 속 해골이 연결되었다면, 「烏瞰圖오감도: 詩第十號시 제10호 나비」에서는 현실의 찢어진 벽지와 '나'의 얼굴이 환상 속에서 '나비'의 이미지와 연결된다.

Ⓐ 찢어진壁紙벽지에죽어가는나비를본다. Ⓑ 그것은 幽界유계에絡繹낙역되는秘密비밀한通話口통화구다. Ⓒ 어느날거울가운데의鬚髥수염에죽어가는나비를본다. Ⓓ 날개축처어진나비는입김에어리는가난한이슬을먹는다. Ⓔ 通話口통화구를손바닥으로꼭막으면서내가죽으면앉았다일어서드키나비도날라가리라. Ⓕ 이런말이決결코밖으로새어나가지는않게한다.

— 「烏瞰圖오감도: 詩第十號시 제10호 나비」 전문. 현재 표기로 고침.

이 시 역시 시적 상황에 대한 화자의 논평이 곁들여 있다. Ⓐ, Ⓒ, Ⓓ는 전체적인 시적 상황을 구성하는 언술로서, 여기에서 현실과 환상이 교차되고 있다. '나'는 찢어진 벽지를 보면서 죽어 가는 '나비'를 연상한다. 그리고 거울에 비친 수염난 '나'의 모습에서 또한 죽어 가는 나비를 떠올린다. 문맥상 실제 있는 내용은 찢어진 벽지와 거울을 바라보고 있는 수염난 '나'의 얼굴 뿐이다. 나머지 Ⓑ, Ⓔ, Ⓕ는 그러한 상황에 대한 화자의 논평이다.

Ⓐ와 Ⓒ는 표면상 동일한 구조로 이루어져 있다. 이 문장들에 나오는 '~에'는 공간을 지시하는 조사가 아니라 '그것으로부터' 혹은 '그것에서'라고 해석해야 옳다. 즉 벽지에 죽어가는 나비가 붙어 있는 것이 아니라 찢어진 벽지로부터(벽지에서) 나비를 연상하고 있는 것이다.[6]

[6] 이승훈 역시 이 부분을 "찢어진 벽지와 죽어가는 나비가 시각적 유사성을 토대로 동일시"되고 있다고 해석한다. 이승훈 엮음, 『이상 문학 전집 1 시』(문학사상사, 1989년), 41쪽.

마찬가지로 Ⓒ 또한 거울 속에 비친 '나'의 모습에서 죽어가는 나비를 보고 있는 것이다.

그러나 Ⓐ의 '나비'가 벽지와의 형태상 유사성에서 연상된 것이라면, Ⓒ의 '나비'는 거울을 들여다보고 있는 '나'의 환상이다. Ⓐ에서 '벽지=나비'이지만 Ⓒ에서 '수염=나비'라는 등식은 성립하지 않는다. '수염'은 '나'의 수척한 이미지를 강화하는 구실을 하긴 하지만 그것 자체가 시각적으로 나비를 연상시키지는 않는다.[7]

[7] 이승훈은 "입김에 어리는 가난한 이슬"을 입 언저리의 침을 비유한 것이라고 해석하고 '나비가 가난한 이슬을 먹는다'를 수염이 입 언저리의 침에 젖는다고 해석하고 있으나 해석의 특별한 근거가 없다.

Ⓒ에서 '나'와 '죽어가는 나비'의 환상이 겹치는 이유는 문맥적으로는 Ⓑ의, 나비가 죽음의 세계와 연결되어 있다는 논평

에 근거를 두고 있다.

죽음은 시 전반을 이끄는 분위기이면서 주제이다. ⓒ에서 '수염'으로 대표된 '나'의 초췌함, 병약한 이미지는 ⓓ의 "날개축처어진나비는입김에어리는가난한이슬을먹는다."에서 보다 자세하게 표현된다. ⓒ에 근거할 때 "날개축처어진나비"는 '나'를 의미한다. 그 '나'가 "입김에어리는가난한이슬을 먹는다"는 것은, '나'가 거울을 바라보고 있고 그 거울이 '나'의 입김으로 인해 흐려졌다 맑아졌다 하는 것을 의미한다. "가난한 이슬을먹는다"는 '나'의 호흡이 가느다랗기 때문에 그것으로 인해 흐려지는 면적 또한 좁고 흐리다는 것이다. "날개축처어진나비"라는 표현은 호흡의 활기 없음과 연결되는 것이기도 하다.[8]

[8] 이 부분은 유리창에 어리는 자신의 호흡을 "열없이 붙어서서 입김을 흐리우니 길들은 양 언날개를 파다거린다"라고 표현한 정지용의 「유리창」(『조선지광』, 1930년 1월호)을 연상시킨다. 이상은 자신의 작품만이 아니라 다른 사람의 작품을 차용해서 상호 텍스트적인 작품을 만들었다. 이상의 소설 「失花실화」(『문장』 창간호(1939년 2월)]에 정지용의 시 「해협」, 「카페 프랑스」, 「말」 등이 차용된 것이 그 예이다. 이런 정황으로 보아 이 부분은 정지용의 수사를 차용했을 가능성이 있다.

이러한 해석은 바로 이어지는 ⓔ "통화구를손바닥으로꼭막으면서내가죽으면앉았다일어서드키나비도날라가리라"와 자연스럽게 연결된다. '나'가 숨구멍을 막아 죽어버리면 호흡으로 인해 거울이 흐려지는 일 또한 없어질 것이므로 나비 모양 또한 사라질 것이다. ⓕ "이런말이決결코밖으로새어나가지는않게한다."는 앞에서 이야기한 모든 것들, 특히 죽고자 하는 충동을 들키지 않으려는 것을 의미한다.[9]

[9] ⓑ에서 '통화구'가 '나비'를

지칭하는 것이었음에 근거하면, 통화구를 꼭 막는다는 것은 나비를 눌러 죽이는 것으로 해석할 수도 있다. ⓒ 이하에서 '나'는 곧 '나비'이므로 나비를 죽이는 것은 곧 나를 죽이는 일과 같다.

이 시를 영화의 장면으로 생각하면, 거울을 바라보고 있는 '나'와 찢어진 벽지, 죽어가는 나비가 각각의 쇼트를 이루고, 이외에도 저승을 나타내는 쇼트, 자살을 시도하는 '나'의 쇼트가 필요할 것이다. 문맥상의 내용으로는 벽지와 '나'만이 실재하는 것이지만, 이 두 가지를 한데 묶는 '나비'와 그것이 함축하고 있는 죽음의 이미지들을 살려내기 위해서는 논평에 해당하는 ⓑ와 ⓔ를 독립된 쇼트로 만들고 환상과 현실의 쇼트들을 디졸브시켜야 하는 것이다. 「烏瞰圖오감도: 詩第十一號시 제11호」에서는 팔이 돋아나고 해골이 깨지고 백지가 찢어지는 환상이 순차적으로 나와 있는 것에 비해, 「烏瞰圖오감도: 詩第十號시 제10호 나비」에서는 '나비'가 주된 환상으로서 처음부터 끝까지 시를 지배하고 있다. 따라서 장면적 이해 또한 '나비'와 '나'의 이미지가 긴밀하게 대응되면서 이루어진다.

3.

ⓐ 내팔이면도칼을든채로끊어져떨어졌다. ⓑ 자세히 보면무엇에몹시威脅^{위협}당하는것처럼새파랗다. ⓒ 이렇게하여잃어버린내두개팔을나는燭臺^{촉대}세움으로내방안에裝飾^{장식}하여놓았다. ⓓ 팔은죽어서도오히려나에게怯^겁을내이는것만같다. ⓔ 나는이런얇다란禮儀^{예의}를花草盆^{화초분}보다도사랑스레여긴다.

―「烏瞰圖^{오감도}:詩第十三號^{시 제13호}」 전문. 현재 표기로 고침.

「烏瞰圖^{오감도}:詩第十三號^{시 제13호}」에서는 절단된 팔과 촉대가 연결된다. 이 시는 환상 속의 팔이 등장한다는 면에서 「烏瞰圖^{오감도}:詩第十一號^{시 제11호}」와도 긴밀한 연관성을 갖는다. 그러나 이 시는 ⓒ의 논평을 제외하면 전체가 환상으로 이루어져 있다는 점에서 「烏瞰圖^{오감도}:詩第十一號^{시 제11호}」, 「烏瞰圖^{오감도}:詩第十號^{시 제10호} 나비」와는 그 구성이 다르다. ⓑ, ⓓ 또한 논평 형식을 취하고는 있지만 그것 자체가 환상의 연장이라는 면에서, 환상과 현실을 명백하게 구분하고 환상에 대해 논평하는 「烏瞰圖^{오감도}:詩第十一號^{시 제11호}」와는 다르다. 즉 ⓑ, ⓓ는 '나'가 아예 환상 속으로 들어가서 그것에 대해 말하는, 환상 속의 논평인 셈이다.

문맥상 시의 내용은 이렇다. '내팔'이 끊어져서 떨어졌고, 그 팔은 몹시 창백하다. '나'는 끊어진 두 개 팔을 촉대처럼 방안에 장식해 놓고 그것을 사랑스럽게 여긴다. 그러나 떨어진 팔을 방안에 촛대로 장식해 놓은 것은 '나'(의 실제 팔)이므로, 끊어져 떨어진 것은 실제 두 팔이 아님을 알 수 있다.[10]

[10] 이승훈은 이 부분을 "면도칼로 화자가 자신의 팔을 끊고, 그 떨어져 나간 팔에는 면도칼이 쥐어져 있음을 뜻한다"라고 해석한다.〔이승훈 엮음,『이상 문학 전집 1 시』(문학사상사, 1989년), 46쪽.〕그러나 면도칼로 팔을 자른다는 것 자체가 상식에 맞지 않고, 떨어져 있는 팔이 두 개라는 것으로 보아 화자 스스로 자신의 팔을 잘랐다는 것은 앞뒤가 맞지 않는 설명이다. 함돈균 역시 이를 지적하고 있다.〔함돈균,『시는 아무 것도 모른다』(수류산방, 2012년), 201쪽.〕

결국 ⓐ에서 끊어져 떨어진 것은「烏瞰圖오감도 : 詩第十一號시 제11호」를 연상시키는 환상 속의 팔인 것이다.

'끊어진 팔'이 '면도칼을 든 채로' 떨어져 있다는 것은 그 팔이 죽고 싶은 충동을 가지고 있었음을 의미한다. 이상의 시들은 서로가 상호 텍스트의 관계에 놓여 있는 경우가 많은데, '면도칼을 든 팔'의 이미지는「危篤위독 : 沈歿침몰」의 "죽고싶은마음이칼을찾는다. 칼은날이접혀서펴지지않으니날을怒號노호하는焦燥초조가絶壁절벽에끊치려든다."에서도 반복적으로 나타난다. 이는「烏瞰圖오감도 : 詩第十號시 제10호 나비」에서 통화구를 손바닥으로 막아 죽음을 시도하는 행위, 그리고「烏瞰圖오감도 : 詩第十一號시 제11호」에서 사기컵을 깨는 즉 해골을 깨뜨리는 행위와 비슷하다.

ⓒ "이렇게하여잃어버린내두개팔을나는燭臺촛대세움으로내방안에裝飾장식하여놓았다."에서 '나'는 끊어진 팔을 촛대처럼 세워 놓았다. 물론 이것 역시 환상이지만, 이 때 비로소 '나'가 자신의 환상을 바라보고 있

다는 사실에 주목할 필요가 있다. 「烏瞰圖오감도 : 詩第十一號시 제11호」에서는 환상 속에서 생겨난 팔이 다시 사라지면서 현실로 돌아왔다면, 이 시에서 돋아난 팔은 아예 잘려져 떨어져 있고 '나'는 그것을 촛대처럼 꽂아놓고 바라보고 있다. 이것은 '나'가 스스로의 환상을 객관적으로 바라보고 있음을 의미한다.

이런 맥락에서 ⓑ와 ⓓ의 논평이 가능해진다. ⓑ "자세히보면무엇에몹시威脅위협당하는것처럼새파랗다." 와 ⓓ "팔은죽어서도오히려나에게怯겁을내이는것만같다."는 유사한 내용이 반복되고 있다. ⓑ의 '새파랗다'는 끊어져 핏기 잃은 팔을 묘사하는 동시에 이것이 환상임을 암시한다. ⓓ에서 파란색은 ⓑ의 '위협'과 연결되면서 공포와 겁에 질린 상태를 묘사하는 것으로 읽힌다. 그러나 끊어진 팔이 겁을 낸다는 것은 "그보다 더한 행위가 자신에게 또 생길지도 모른다는 위구감"[11]

11) 이승훈 엮음, 『이상 문학 전집 1 시』, (문학사상사, 1989년), 46쪽.

때문에 팔이 무서워하는 것이 아니라, 그것을 바라보는 '나'의 눈에 그렇게 비치는 것이다. 이것은 '나'가 환상 속의 팔에 대해 논평할 만한 거리를 확보했음을 의미한다. '끊어진 팔'이 죽고자 하는 충동을 의미한다면 그것을 보고 있는 '나'는 그러한 충동을 억누르는 또 다른 '나'(「烏瞰圖오감도 : 詩第十號시 제10호」에서 이러한 말들이 밖으로 새어나가지 않게 하려는 '나,'「烏瞰圖오감도 : 詩第十一號시 제11호」에서 사기컵을 사수하고 있는 '나')이다. '끊어진 팔'이 '나'를 두려워한다는 것은 죽고자 하는 충동과 이를 막고자 하는 충동 사이에 긴장이 유지되고 있음을 상징한다. ⓒ"나는이런얇다란禮儀예의를花草盆화수분보다도사랑스레여긴다."에서 "이런얇다란禮儀예의"는 끊어진 팔을 촉대처럼 세워 놓는 행위 혹은 촉대처럼 꽂혀 있는 팔이라고 해석할 수 있다. 이것들을 화초가 꽂혀 있는 실제 화분보다도 사랑스럽게 여긴다는 것은, '나'가 환상을 객관적으로 바라보며 논평하고 있음을 보여 준다.

이 시를 영화의 장면으로 본다면 면도날을 든 채 끊어진 두 팔과 촉대가 있는 방, 촉대처럼 세워진 두 팔, 그것을 바라보는 '나,' 화초분 등을 각각의 쇼트로 처리하여 구성할 수 있을 것이다. 문맥상 이 시는 ⓒ를 제외한 시 전체가 환상으로 이루어져 있지만, 영화의 장면에서는 현실과 환상이 교차된다. 촉대, 방, 화초분이 현실의 쇼트라면 잘려서 떨어져 있는 팔, 촉대처럼 세워진 팔 등은 환상의 쇼트이다. 시의 문맥에서 '화초분'은 단지 비교의 대상일 뿐 실재하는 것이 아니지만, 영화 장면에서는 촉대와 잘린 팔, 화초분은 나란히 병치된다. 또한 푸르스름한 촉대와 잘려진 팔이 나란히 병치될 수도 있다. 즉 장면적으로 이해하면 이 시는 거꾸로 촉대, 화초분 같은 현실의 사물에서 파생되는 환상으로 이해할 수도 있다.

4.

이처럼 이상의 시는 문맥을 따라가면서 동시에 장면적으로 이해를 하는 과정이 진행된다는 것이 특징이다. 이것은 그의 시가 그만큼 영화적 요소가 강하다는 것을 보여 주는 것이다. 실제로 「烏瞰圖오감도 : 詩第十一號시제11호」는 장 콕토(Jean Cocteau)의 영화 〈시인의 피(Le Sang d'un Poète)〉(1930년)와 유사한 모티프를 가지고 있기도 하다.[12]

[12] 「烏瞰圖오감도: 詩第十一號시제11호」와 영화〈시인의 피〉의 유사성은 졸고, 「한국 근대시의 시적 전환과 영화 체험의 상관성」, 『한국 언어 문학』 65집 (한국언어문학회, 2008년)에서 논의한 바 있다.

〈시인의 피〉에서는 화가가 그린 초상화에서 입이 빠져나와 화가의 손바닥에 붙는다. 입을 떼어내기 위해 전전긍긍하던 화가는 석고로 만든 조각에 입을 옮겨 놓는데, 그 후 석고 조각이 지시하는 대로 여러 가지 경험을 하게 된다. 화가가 거울로 뛰어드는 순간 거울은 물로 바뀌고, 화가는 거울 속의 세계에서 열쇠 구멍을 통해 나란히 늘어선 방들의 안쪽 풍경을 들여다보게 된다. 총을 맞고 쓰러졌다가 다시 제자리로 돌아가기를 반복하는 그림 속 인물이 있는가 하면, 채찍질을 피해 천장에 붙어 있는 소녀가 있고, 남성과 여성이 섞여 양성애자가 탄생한다. 방이 끝나는 지점에서 조각은 화가에게 권총으로 자살할 것을 명령하고, 화가는 자신의 머리에 총을 겨누고 죽는다. 그리고 나서 거울 밖으로 뛰쳐나온 화가는 자신에게 명령을 내리는 석고 조각을 망치로 깨부순다. 그러나 다음 장면에서, 깨져나간 것은 화가의 머리에 쓰고 있던 석고 조각이었음이 밝혀진다.

「烏瞰圖오감도 : 詩第十一號시 제11호」의 사기컵의 형상은 〈시인의 피〉의 석고 조각과 닮았고, 사기컵을 바닥에 내팽개치는 장면은 석고 조각을 깨뜨리는 장면과 흡사하다. 「烏瞰圖오감도 : 詩第十一號시 제11호」에서는 결국 컵이 깨지지 않고 〈시인의 피〉에서는 석고 조각이 깨진다는 차이는 있으나, 머리 모양과 비슷한 형상을 깨뜨리고, 깨부순 것과 실제 깨진 것이 다르다는 것이 밝혀지면서 환상이 끝나는 방식은 동일하다. 시와 영화라는 장르의 차이로 인해 환상 속에서 전개되는 사건들의 내용이나 분량은 다르지만, 환상을 불러온 주체(「烏瞰圖오감도 : 詩第十一號시 제11호」의 '나'와 〈시인의 피〉의 화가)가 환상이 발생하고 소멸되는 전 과정을 관찰하고 있다는 점, 환상 속에서 자신을 죽이는 행위를 한다는 점(「烏瞰圖오감도 : 詩第十一號시 제11호」에서 해골을 깨뜨리는 것과 〈시인의 피〉에서 권총으로 자신의 머리를 쏘는 것)도 동일한 점이다.

영화가 이상의 창작 과정 전반에 영향을 미쳤을 것이라는 점은 그의 전기적 사실이나 작품에서 어렵지 않게 추정되는 일이다. 영화적 요소들은 그의 작품을 다양한 각도로 감상할 수 있게 하는 근거가 된다. 「烏瞰圖오감도 : 詩第十一號시 제11호」를 비롯하여 「烏瞰圖오감도 : 詩第十號시 제10호 나비」, 「烏瞰圖오감도 : 詩第十三號시 제13호」와 같이 환상이 개입되는 시들은 문맥적 읽기와 더불어 장면적 이해를 덧붙일 때 훨씬 더 풍부하고 입체적인 해석이 가능해진다. 이에 대한 분석은 언어와 영상이라는 매체에 따른 표현 방식의 차이를 설명할 수 있는 좋은 예시가 될 것이다.

문혜원

아주대 국어국문학과 교수. 문학평론가. 1965년 제주에서 태어나 서울대 국어국문학과와 같은 대학원을 졸업하였다. 1989년 『문학사상』 평론 부문 당선. 연구서 『한국 현대시와 모더니즘』 『한국 현대시와 전통』 등과 비평집 『비평, 문화의 스펙트럼』 『흔들리는 말, 떠오르는 몸』 등을 냈다.

烏瞰圖 李箱 8

詩第十二號

때묻은빨래조각이한뭉텅이공중으로날아떨어진다. 그것은흰비둘기의떼다. 이손바닥만한한조각하늘저편에전쟁이끝나고평화가왔다는선전이다. 한무더기비둘기의떼가깃에묻은때를씻는다. 이손바닥만한하늘이편에방맹이로흰비둘기의떼를때려죽이는불결한전쟁이始作된다. 공기에숫검정이가지저분하게묻으면흰비둘기의떼는또한번이손바닥으로닦는회의표시로나려앉는다.

烏瞰圖
詩第十二號

때무든빨내조각이한뭉탱이空中으로날너떠러진다.
그것은흰비닭이의떼다.이손바닥만한한조각하늘저
편에戰爭이끗나고平和가왓다는宣傳이다.한무덕
이비닭이의떼가깃에무든때를씻는다.이손바닥만한
하늘이편에방맹이로흰비닭이의떼를따려죽이는不
潔한戰爭이始作된다.空氣에숯검정이가지저분하게
무드면흰비닭이의떼는또한번이손바닥만한하늘저편
으로날아간다.

— 『朝鮮中央日報』 1934년 8월 4일

12

「烏瞰圖오감도: 詩第十二號시제12호」,
일시적인 평화와 영원한 전쟁

김종훈 | 상명대 한국어문학과 교수·문학평론가

1.
2.
3.
4.
5.

1.

때묻은빨래조각이한뭉텅이空中^{공중}으로날라떨어진다. 그것은흰비둘기의떼다. 이손바닥만한한조각하늘저편에戰爭^{전쟁}이끝나고平和^{평화}가왔다는宣傳^{선전}이다. 한무더기비둘기의떼가깃에묻은때를씻는다. 이손바닥만한하늘이편에방망이로흰비둘기의떼를때려죽이는不潔^{불결}한戰爭^{전쟁}이始作^{시작}된다. 空氣^{공기}에숯검정이가지저분하게묻으면흰비둘기의떼는또한번손바닥만한하늘저편으로날아간다.¹⁾

— 「烏瞰圖^{오감도}: 詩第十二號^{시 제12호}」 전문.

1) 자구의 풀이에 대해 이견이 없으므로 원문의 표기를 현대어로 바꾸었다. 띄어쓰기 하지 않은 형태는 그대로 두었다. 당시의 조판 및 인쇄술의 실상이 확인되지 않는 한 띄어쓰기는 지면의 상태를 따르는 것이 합리적이라고 본다. 물론 이상 시의 원본을 확인할 수 있다면, 그를 따라야 할 것이다.

총 여섯 개의 문장으로 이루어진 「烏瞰圖^{오감도}: 詩第十二號^{시 제12호}」는 줄글 형태의 시다. 한 문장 안의 어절은 붙어 있고, 문장과 문장은 마침표와 띄어쓰기로 구분되어 있다. 이상은 국문 시 창작 시기에 열 문장 내의 줄글 형태로 마무리되는 시를 즐겨 썼다. 〈烏瞰圖^{오감도}〉 연작 내에서도 「烏瞰圖^{오감도}: 詩第二號^{시 제2호}」 「烏瞰圖^{오감도}: 詩第三號^{시 제3호}」 「烏瞰圖^{오감도}: 詩第十一號^{시 제11호}」 「烏瞰圖^{오감도}: 詩第十二號^{시 제12호}」 「烏瞰圖^{오감도}: 詩第十三號^{시 제13호}」 등이 이러한 형태를 띠고 있으며, 1935년 『조선일보』

에 발표한 〈危篤위독〉 연작이나, 『가톨릭청년』에 발표한 〈易斷역단〉 연작 등의 모습도 대개 그러하다. 이러한 이상의 시는 보통 정황을 설정하고, 감정의 개입 없는 진술 묘사가 주를 이루다가, 어느 한 부분에서 자신의 진심이라고 할 수 있는 내적 독백을 드러내거나, 아이러니가 담긴 문장을 배치하며 시적인 것을 확보한다.

「烏瞰圖오감도 : 詩第十二號시 제12호」에 대한 기존의 연구가 다른 〈烏瞰圖오감도〉의 실험보다 덜 주목을 받은 까닭은 아이러니의 의미가 없다고 판단되었기 때문일 것이다. 이 시는 단순한 형태에 단순한 의미를 담고 있는 시로 여겨져 왔다. 「烏瞰圖오감도 : 詩第一號시제1호」와 같이 〈烏瞰圖오감도〉 연작을 여는 문학사적 의의를 지니지도 않았고, 「烏瞰圖오감도 : 詩第四號시 제4호」「烏瞰圖오감도 : 詩第五號시 제5호」와 같이 실험의 극단을 보여 주지도 않았으며, 「烏瞰圖오감도 : 詩第六號시 제6호」나 「烏瞰圖오감도 : 詩第七號시 제7호」처럼 한자 실험이나 이중 언어의 딜레마를 보여 주지도 않은 것이 「烏瞰圖오감도 : 詩第十二號시 제12호」이다. 또한 이 시는 거울을 소재로 한 「烏瞰圖오감도 : 詩第十五號시 제15호」처럼 '자아 분열'의 전형적인 예를 보여 주지도 않았다. 「烏瞰圖오감도 : 詩第十二號시 제12호」는 실험시라고 판단하기에는 온건한 편에 속하며, 이상의 높은 문학적 성취를 드러낸다고 말하기에는 그 의미가 단선적이라고 할 수 있다. 이렇게 보면 그 해석도 일치되어야 마땅하겠으나 실상은 그렇지 못하다. 기존의 연구들은 시의 부분적, 또는 전체적인 풀이에서 이견을 제출하고 있다.

2.

전집을 발간하면서 「烏瞰圖오감도 : 詩第十二號시 제12호」 어구에 주해를 최초로 단 이어령의 풀이를 후대 연구자들이 그대로 따르고 있는 것으로 보아 시어의 사전적 풀이에 대해서는 합의에 이른 듯하다. 원문 첫째 문장의 "빨내"는 '빨래'를 뜻하고, 둘째 문장의 "비닭이"는 '비둘기'를 일컫는다. 다섯 번째 문장에서 "무덕이"는 '무더기', 여섯 번째 문장의 "방맹이"는 '방망이'를 뜻한다. 이와 같은 시어 표기가 현재와 다른 까닭은, 이상이 일부러 '사치(奢侈)'를 '치사(侈奢)'로 바꾸어 썼던 사정과는 다르게, 당대에 그렇게 통용되었다고 보는 것이 적절하다. 눈에 띄는 것은 표기가 아니라 어절을 붙여 쓴 문장일 것이다. 하지만 이 역시 이 시만의 특성이 아니라 이상 시 전편에 보이는 보편적 시적 개성이다.

이견은 '흰 비둘기'의 해석에서 시작된다. 이 비둘기는 실제 화자의 시선에 포착된 것인가 아니면 빨래 조각을 비유한 것인가. 즉 빨래와 비둘기가 동시에 화자의 시선에 포착된 것인가, 아니면 화자가 빨래를 보며 비둘기를 연상한 것인가. 이상 시 전문에 대해 해석을 처음 시도한 이어령은 "흰비둘기의 떼→깨끗이 빨아서 널어 놓은 빨래들이 펄럭이는 것을 흰비둘기로 비유한 것"이라 했다.[2]

[2] 이어령 교주, 『이상 시 전작집』(갑인출판사, 1978년).

빨래는 실제 보이는 대상이고 흰 비둘기는 시인이 연상한 대상이라는 것이다. 이어령의 해석에서는 비둘기가 연상의 대상이듯이 비둘기가 환기하는 평화의 의미도 연상의 시점에서 시에 유입된 것이다. 그가 "전쟁이 끝나고 평화가 왔다는 선전"을 두고 "빨래를 비둘기에 비유한다면 그 널어 놓은 빨래는 비둘기로 상징되는 평화의 선전이 되는 셈"이라 해설한 것도 이러한 까닭에서 비롯했다.[3]

[3] 이어령 교주,『이상 시 전작집』(갑인출판사, 1978년).

그는 '선전'이라는 시어가 문제적이라는 것을 인식했다. 하지만 이를 '널어 놓은 빨래'로 수렴시켜 결과적으로 그 문제성은 더 이상 지속되지 않았다.

후대의 견해들은 계승하건 극복하건 이어령의 주해를 참조했다. 뒤이어 이상 시 전집을 편찬한 이승훈 또한 '때 묻은 빨래 조각 한 뭉텅이'가 실상이고, '흰 비둘기의 떼'가 연상의 결과라 보았다.[4]

[4] 이승훈 엮음,『이상 문학 전집 1 시』(문학사상사, 1989년), 45쪽.

이어서 그는 이어령이 설정한 '널어 놓은 빨래'를 수용하여 이것이 평화를 상징하고 방망이로 빨래를 두들기는 일은 전쟁을 뜻한다고 해석한 뒤, "흰비둘기의떼를때려죽이는不潔불결한戰爭전쟁"을, 깨끗이 빤 빨래를 공중에 널고 더러운 빨래는 방망이로 때려서 빨고 있는 세탁 광경이라 본 이어령의 의견을 그대로 재인용한다. 하지만 이 해석은 의심스럽다. 앞의 전제는 흰 비둘기가 곧 널어 놓은 빨래였다. 그런데 뒤에서 흰 비둘기 떼의 일부분이 널기 전의 더러운 빨래가 되었다. 널어 놓은 빨래를 다시 "때려죽"일 필요는 없지 않은가.

김용직은 실상으로서의 빨래 조각과 연상으로서의 비둘기라는 기존의 해석에 직접 이의를 제기하지는 않았지만, 결과적으로 그의 해석은 이견을 제기하는 구실을 했다. 그는 이 시가 "약간의 환각, 또는 난시 현상"으로 쓰인 것이라고 보았다.[5]

[5] 김용직, 『한국 현대 시사 1』(한국문연, 1996년), 410쪽.

시의 첫 문장 "빨래조각이한뭉텅이空中공중으로날러떨어진다."에서 서술어 '떨어지다'에 주목하면 공중'으로'보다 공중'에서'가 적절한데, 그럼에도 불구하고 '으로'가 쓰인 것은 빨래가 "'하늘'에서 온 것인 양 전이시킬 필요가 있었"기 때문이라는 것이다.[6]

[6] 김용직, 위의 책, 410쪽.

그에 따르면 이 시는 이상의 환각과 난시 상태에서 비롯된 '초현실'의 세계를 그리고 있다. 이전까지 주목하지 않았던 조사 "으로"에 주목했다는 점, '난시' '환각' 등의 표현으로 현실과 환상의 구분을 교란시켰다는 점 등은 그의 해석이 남긴 의의라 할 수 있다.

2009년 권영민은 이상의 모든 작품에 상세한 해설과 주석을 덧붙였다.[7]

[7] 권영민 엮음, 『이상 전집 1 시』(뿔, 2009년), 26쪽.

「烏瞰圖오감도 : 詩第十二號시 제12호」를 분석하는 부분에서 그는 빨래 조각과 비둘기 모두를 실상에 배치했다. 즉 빨래터에 비둘기가 날아왔다는 것이다. 그에 따르면 평범한 소시민들의 일상을 대변하는 빨래터에 비둘기 떼는 날아왔고 방망이질에 놀라 다시 날아가 버린다. 비둘기의 등장과 퇴장에 의해 빨래가 지닌 '더러움'과 '깨끗함'의 일상성은 '전쟁'과 '평화'의 상징적 의미가 덧붙어 고차원의 의미를 얻는다.[8]

[8] 권영민 엮음, 『이상 전집 1 시』(뿔, 2009년), 26쪽.

깃에 묻은 때를 씻건 방망이질에 놀라건 하늘로 날아가건 행동의 주체는 모두 빨래터에 왔던 비둘기이다. 권영민만큼 비둘기에 비중을 크게 두고 시를 해석한 견해는 많지 않다. 실상으로서의 비둘기를 설정했기 때문에 가능한 일이었다.

황현산은 〈烏瞰圖오감도〉 연작을 검토하는 과정에서 「烏瞰圖오감도: 詩第十二號시제12호」를 비중 있게 다루었다.[9]

[9] 황현산, 「이상의 막 달아나기」, 『잘 표현된 불행』(문예중앙, 2012년), 779-783쪽.

그는 이상의 문학을 입체파, 미래파, 다다로 해석하는 견해에 반대하여 평범하게 보기를 주문하였고, 이러한 선입견이 곡해한 예로 「烏瞰圖오감도: 詩第十二號시제12호」를 들었다. 여기에서 환각과 난시를 불러들인 '으로'와 '에서'의 문제가 다시 제기된다. 그에 따르면 화자가 빨래 아래에 있으면 '에서'가 적절하지만 빨래터를 굽어보고 있는 것이라면 '으로'가 적절하다. 즉 "빨래하는 사람이 빨랫감을 집어 던졌으며, 그래서 빨랫감은 공중'으로' 날았다가 (아마도 물속에) 떨어졌다."는 것이다.[10]

[10] 황현산, 위의 책, 782쪽.

황현산은 기존의 연구 결과에 이견을 보였을 뿐만 아니라 그 연구들이 무심코 넘긴 부분을 적극적으로 분석하기도 하였다. 그가 주목한 부분은 '빨랫감'과 '비둘기'이다. 비둘기가 평화를 상징하는 것에 그도 동의한다. 하지만 비둘기가 평화라고 말하는 것에서 시의 해석이 끝나는 것일까. 이상은 "표상의 상투성에 동의하기보다는 그것을 비웃는" 시인이다.[11]

[11] 황현산,「이상의 막 달아나기」,『잘 표현된 불행』(문예중앙, 2012년), 782쪽.

이상의 말에는 뚜렷하건 희미하건 아이러니가 담겨 있다. 가령 셋째 문장의 메시지를 정말로 전쟁이 끝나고 평화가 왔다고 믿어야 할까. 황현산은 문장 속에 있는 낱말 "선전"에 주목한다. 표면은 평화로울 수 있으나 실상은 그렇지 못하다는 것이다. 그가 보기에 이 평화의 시간은 지독한 전쟁의 시간이기도 하다. 빨래는 짓밟히고 방망이로 얻어맞아야 한다. 비둘기가 향하는 다른 하늘도 평화로운 저 세상이 아니라 다른 전쟁터이다. 이곳과 저곳이 모두 전쟁터라는 것이 황현산이 해석한「烏瞰圖오감도:詩第十二號시제12호」의 결론이다. 그의 결론은 당시 이상의 상황, "폐질환을 앓는 한 소모성 환자"가 잠시 맞이하는 '휴식의 시정'과 겹친다.

이상의 다른 시를 참조하여「烏瞰圖오감도:詩第十二號시제12호」의 의미를 더하려는 시도들도 있다. 이영지는 빨래와 비둘기의 대립을 '죽은 물체와 산 생명'의 대립으로 설정한 뒤, "손바닥"을 "9호에서부터 12호까지 동일한 상징이 되는 인간의 원형 상징"으로, "흰비둘기"를 '때려죽이는'데도 살아남은 생명의 씨앗으로 보

왔다.12)

12) 이영지, 『이상 시 연구』(양문각, 1989년).

저편 하늘로 날아가는 비둘기의 모습을 두고 그는 이상이 민족적 애국심을 표현한 것이고 평화에 대한 미래를 예언하는 것이라 하였다. 나라 잃은 시대에 민족과 평화에 대한 의식이 이상에게 없다고는 말할 수는 없겠지만, 이 마지막 구절을 민족과 평화를 고심한 흔적으로 읽기 위해서는 시 안에서의 맥락이 이를 뒷받침해야 할 것이고, 다른 작품들의 맥락도 참조해야 할 것이다.

이경훈은 「烏瞰圖오감도 : 詩第十二號시 제12호」를 1935년 발표한 「街外街傳가외가전」과 관련시킨다.13)

13) 이경훈, 「「가외가전」 주석」, 『이상, 철천의 수사학』(소명출판, 2000년), 257쪽.

그는 「街外街傳가외가전」의 "窒息질식한비들기만한까마귀한마리가 날아들어왔다."라는 구절의 흑과 백의 대립적 자질에 주목하여 「烏瞰圖오감도 : 詩第十二號시 제12호」의 구도를 '비둘기=청결=빨래/까마귀=불결=숯검정'으로 나눈다. 그리고 '방망이'가 등장한다는 사실에 주목하여 이를 「易斷역단 : 火爐화로」의 "빨내방맹이가내등의더러운衣裳의상을뚜들긴다."와 접목시킨다. 그의 의견을 따르면 '더러운 빨래→까마귀/깨끗한 빨래→비둘기'인 것이다. 그는 방망이를 남성 성기의 상징으로 보아 「烏瞰圖오감도 : 詩第十二號시 제12호」의 "이손바닥만한하늘이편에 방망이로흰비둘기의떼를때려죽이는不潔불결한戰爭전쟁이始作시작된다."를 "창녀의 음부 속으로 더러운 남성 성기가 들어왔다는 뜻"으로 해석한다.14)

14) 이경훈, 위의 책, 257쪽.

이러한 해석은 시어의 모호한 의미를 풍성하게 하는 데 기여한다. 그러나 이 또한 시 안에서 그 맥락을 형성할 때 더욱 설득력을 얻을 것이다.

3.

앞선 견해 중 이견을 보이는 부분을 간추리면 크게 네 가지로 요약할 수 있다. 첫째, 전체적인 시의 구도와 관련해서이다. 즉 비둘기는 시인의 연상에 의해 등장한 것인가, 실제로 빨래터에 있는 것인가. 둘째, "공중으로"의 '으로'는 적절한 표현인가, '에서'가 적절한 것인가. 즉 화자는 원거리에서 빨래터를 보고 있는 것인가, 아니면 화자의 착시가 개입된 것인가. 셋째, 빨래터에 찾아온 평화는 믿을 만한 것인가, 아니면 일시적인 것인가. 즉 '선전' 속에 아이러니의 간격이 벌어져 있는가, 없는가. 넷째, 비둘기가 날아간 "하늘저편"에는 평화가 있을 것인가, 아니면 또 다른 전쟁이 있을 것인가. 이밖에도 일반적으로 남성 성기를 상징하는 '방망이'가 시에서도 그 상징의 뜻을 유지하는가, 변환되었는가 등.

네 가지 이견들 중 어떠한 견해를 따르는지에 따라 시의 의미는 협소해지기도 하고 풍성해지기도 한다. 가령 비둘기가 실제로 빨래터에 없으나 착시에 의해 연상된 것이라는 전제 아래 평화는 의심의 여지없이 비둘기와 연결되어 있으며, 하늘 저편에 또 다른 평화가 있다고 상정하면 이 시는 소품이 된다. 비둘기는 시인의 연상에 의해 빨래터에 평화를 실어와 전쟁의 종결을 알린다. 그리고 다시 저편 평화의 나라로 날아간다. 대략 이 정도로 그 뜻을 갈피 지을 수 있을 것이다. 여기에는 해석의 여지가 많이 남아 있지 않다.

다른 한 편, 빨래터와 비둘기가 실제로 날아왔다 간다는 전제 아래 비둘기가 연상시킨 평화의 도래가 실상과는 다른 '선전'의 효과에 지나지 않으며, 하늘 저편의 의미도 한 순간의 휴식 정도라면 시의 의미는 확장될 여지가 많다. 빨래와 비둘기는 실제로 빨래터에 등장하여 의미를 주고받고 있고, '선전'이라는 말과 실상과는 차이가 있어 그 뜻을 헤아리도록 유도하고, 하늘 저편의 공간과 시간 또한 평화와 전쟁 어느 것으로 확정할 수 없다면, 시의 의미는 어느 하나로 고정될 수 없기 때문이다.

양쪽의 해석은 공존하기 어렵다. 이들의 견해는 어느 한쪽의 논거가 다른 한쪽을 부정해야 설득력을 갖추게 된다. 첫 번째 논점부터 살펴보자. 비둘기가 빨래터에 없으며 시인의 연상 작용에 의해 등장했다는 주장의 근거는 처음 두 문장 "때묻은빨래조각이한뭉텅이쏘다공중으로날라떨어진다. 그것은흰비둘기의떼다."이다. 둘째 문장 '그것'은 문맥상 '빨래 조각 한 뭉텅이'일 수밖에 없다. 이어령은 여기에 착안하여 "흰비둘기의 떼→깨끗이 빨아서 널어 놓은 빨래들이 펄럭이는 것을 흰비둘기로 비유한 것"이라고 했던 것이다. 같은 뜻인 것처럼 보이지만 이어령의 진술은 원시의 진술과 차이가 나는 부분이 있다. 우선 이 둘이 동일시된다고 하더라도 '널어 놓은' 빨래를 뜻한다는 표시는 어디에도 없다. '날라 떨어지는 빨래 한 뭉텅이'라면 널어 놓은 빨래보다는 헹구고 두드리는 과정 중에 있는 빨래를 의미하는 것이 적절할 것이다. 빨래를 마치고 널어 놓는 것까지 빨래터에서 볼 수 있는가. 예외가 있을 수는 있겠으나 일상적으로 빨래는 빨래터에서 널기보다는 집에 돌아와 넌다. 이러한 해석은 설득력이 떨어지는 것이다.

비둘기와 빨래를 동일시하는 진술은 비둘기가 지닌 의미가 빨래가 환기하는 의미에 예속되어 있다는 것을 전제로 두지 않는다. 비둘기가 실상인지 연상 대상인지 가르는 것은 시의 전체적 의미를 고려하여 판단할 일이다. 이상은 두 대상을 잇대고 있기는 하지만 어느 하나를 연상 속 대상으로 규정하지는 않고 있다. 비둘기를 실제 풍경에 배치하고 비둘기 위주로 시의 의미를 파악한 권영민의 견해도 여기에서 비롯한 것이다.

비둘기가 실제로는 없고 시인의 연상 대상이라고 하더라도 그것이 초현실을 설명하기 위한 '착시나 난시'의 결과일 필요는 없다. 반대로 이 '착시나 난시'의 해석을 거부하기 위해서 비둘기를 실상에 배치할 필요도 없을 것이다. 문제는 전체적인 시의 해석에 무리가 없어야 한다는 것이다. 비둘기를 실상에 두었을 때, 뒷부분 "방망이로흰비둘기의떼를때려죽이는" 모습을 설명하기가 어려워진다. 빨래 방망이질에 맞아 죽는 비둘기를 연상하기는 어렵기 때문이다. 이 부분의 비둘기는 여전히 방망이질을 당하는 빨래와 의미를 주고받아야 한다. 그러기 위해서는 빨래와 동떨어진 실상으로서의 비둘기를 상정하기보다는 빨래에서 촉발된 연상으로서의 비둘기를 상정하는 것이 적절해 보인다.

하지만 이를 초현실적 풍경을 설명하기 위한 착시나 난시의 결과로 규정하는 것에는 비약이 따른다. 하나의 대상을 보고 다른 대상을 떠올리는 것은 초현실의 시를 쓰는 시인뿐만 아니라 전통적인 시학에 기반을 둔 여느 시인들의 시에서도 흔히 나타나는 현상이다. 이 부분은 빨래를 보고 비둘기를 연상하고, 빨래하는 모습을 보고 날아왔다 날아가는 비둘기를 연상하는 장면으로 인식하는 것이 자연스럽다.

둘째, '에서'인가 '으로'인가. 「烏瞰圖오감도 : 詩第十二號시제12호」의 첫 문장 중 "공중으로"의 '으로'가 '에서'와 달리 서술어 "날라떨어진다"와 어색하게 호응하기 때문에 환각과 난시가 개입되었다는 견해와, 떨어지는 빨래 밑이 아니라 빨래터를 개관할 수 있는 거리에 있다면 '날라떨어지는' 것과 '공중으로'가 모순되지 않는다는 견해가 대립되고 있다. 여기에 덧붙일 것이 있다면 착시와 난시로 본 견해가 "날라떨어진다"의 "떨어진다"에 해석의 초점을 맞춘 나머지 "날라"를 도외시하지 않았나 하는 점이다. "날라"는 '날면서'의 뜻일 수도 있고 '날았다가'의 뜻일 수도 있다. '날면서'의 경우 곧장 떨어지지 않는다는 뜻을 포함하고, '날았다가'의 경우 '날아올랐다가'의 뜻을 포함한다. 이 두 가지 가능성에서 "공중으로"의 '으로'는 뒤의 것과 호응하며, '날아올랐다가 떨어진다'가 시인이 의도한 것임을 알려 준다. 즉, 빨래가 공중으로 날았다가 떨어지면 부사어는 '공중에서'보다는 '공중으로'가 더 적절한 것이다.

셋째와 넷째, "선전"과 "하늘 저편"의 의미. 이 둘은 함께 연결되어 있는데, 평화가 왔다는 "선전"을 투명하게 소식을 전하는 '전갈'로 인식하는가, 아니면 과장해서 실상을 가리는 '광고'로 인식하는가에 따라 뒷부분의 해석도 달라진다. 전갈로 인식한 해석은 빨래터에 진정한 평화가 왔다고 본다. 다음 문장의 때를 씻는 비둘기 떼의 모습도 더러운 전쟁이 끝나고 깨끗한 평화가 왔다는 뜻이며, 마지막 문장 비둘기가 날아가는 "손바닥만한하늘저편" 역시 다른 세상으로 평화를 전파하는 모습을 표현한 것이 된다. 여기에는 표현과 뜻 사이에서 형성되는 아이러니의 거리가 없다. 그러나 이러한 해석의 난점은 "흰비둘기의떼를때려죽이는不潔불결한戰爭전쟁이始作시작"되는 불길한 징조를 풀이할 수 없다는 것이다. 전쟁이 끝나고 평화가 왔다. 그 평화의 기운은 다른 세상에 희망을 줄 정도로 완전하고 무결해야 한다. 여기에 '불결한 전쟁'은 평화의 완전무결함을 해치는 불순한 이물질이다. 이는 전제와 모순된다. 그렇다면 이 '선전'이라는 말에는 처음부터 그와 같은 이물질 같은 것이 끼어들 수 있는 간격이 표현과 뜻 사이에 확보된 것이 아닐까. 즉, 겉으로 보기에는 평화롭지만 실상은 또 다른 전쟁이 일어나고 있으며, 이를 평화의 '선전'이라 표현한 것은 아닐까. 뒤의 해석을 따르면 '불결한 전쟁'의 뜻을 포섭할 수 있게 되는 한편, 비둘기가 날아가는 '하늘 저편'을 또 다른 전쟁의 공간으로 상정하게 된다.

4.

「烏瞰圖오감도: 詩第十二號시 제12호」가 〈烏瞰圖오감도〉 연작의 일부이며, 〈烏瞰圖오감도〉 연작의 일부가 이상이 일찍이 발표했던 일문 시에 바탕을 두고 있다는 점을 새삼 강조할 필요는 없을 것이다. 다만 일문 시 발표 시기와 〈烏瞰圖오감도〉 발표 시기 사이에 일어났던 여러 일은 이 시의 해석과 관련하여 주목할 필요가 있다. 이상은 〈異常한 可逆反應이상한 가역반응〉, 〈建築無限六面角體건축 무한 6면 각체〉, 〈烏瞰圖조감도〉 연작 등을 『조선과 건축』의 '만필(漫筆)'란에 일문으로 발표했다. 그에 반해 〈烏瞰圖오감도〉 연작은 『조선중앙일보』에 국문으로 발표되었다. 매체의 표기에 따라 작품 표기에 차이가 생겼다고 말할 수도 있으나, 이상이 『조선과 건축』의 모든 시를 일문으로 발표하고 1933년 이후 모든 시를 국문으로 발표했다는 점을 고려한다면, 모국어에 대한 자각이 그의 의식에 개입했음을 배제하기는 어렵다. 과학과 성을 중심으로 보편적 언어 실험에 골몰했던 시기가 일문 시 창작 시기였다면 병과 도시를 중심으로 소통을 그리워하던 시기가 국문 시 창작 시기였다.[15]

[15] 김인환,「이상 시의 계보」,『기억의 계단』(민음사, 2001년), 284-294쪽.

길지 않은 이상의 창작 시기를 전기와 후기로 나눈다면 발표 당시 표기 형태가 기준이 되어야 할 것이다.

1932년의 휴지기를 보내고 이상은 1933년『가톨릭청년』에「꽃나무」,「거울」등을 발표하며 국문 시 창작 시기를 열었다. 그리고 이듬해『조선중앙일보』에〈烏瞰圖오감도〉연작이 게재되기 시작했다. 수천 편 중에 서른 편을 고른 이〈烏瞰圖오감도〉연작은 독자들의 항의로 열다섯 편에서 연재를 중단하게 된다.[16]

16) 이상,「烏瞰圖오감도 作者작자의 말」, 김주현 주해,『증보 정본 이상 문학 전집 3 수필 기타』(소명출판, 2009년), 219쪽.

　　　　이상은 자신의 시를 일간지에 연재하면서 불특정 다수의 기호에 맞추기보다는 일상 지각의 영역에 충격을 주는 방편으로 첨단의 형식을 선보이려 했던 것으로 보인다.「烏瞰圖오감도 : 詩第四號시 제4호」나「烏瞰圖오감도 : 詩第五號시 제5호」등과 같이 일문 시를 국문으로 옮긴 시는 그의 국문 시 창작 시기의 시 중에서 실험성이 가장 높다고 할 수 있다. 그 외에도 한자 표기로 진술을 이끈「烏瞰圖오감도 : 詩第七號시 제7호」,「烏瞰圖오감도 : 詩第八號시 제8호 解剖해부」등도 실험성이 높다. 한 해 전에 발표한『가톨릭청년』의 국문 시와 견주면〈烏瞰圖오감도〉연작의 실험성은 눈에 띄는 것이라 할 수 있다.

하지만〈烏瞰圖오감도〉와 다른 국문 시의 성향이 변별되는 까닭이 모두 실험 의식의 결과라고 보기는 어렵다. 실험성이 낮아 보이는 시들도 연작에는 있다. 특히 뒤쪽 시들은 시적이라고 말할 수는 있어도 전위적 또는 실험적이라고 말하기 어렵다. 이들 시는 다른 국문시의 특성을 공유하기도 한다. 가령「烏瞰圖오감도 : 詩第十五號시 제15호」의 경우 '거울'의 자아 분열상을 매개로 전해에 발표한「거울」과 닿아 있다.「烏瞰圖오감도 : 詩第十四號시 제14호」는 버리고 싶지만 버릴 수 없는 과거를 다루었다는 점에서 1935년에 발표한 〈正式정식〉과 닮아 있다.「烏瞰圖오감도: 詩第十三號시제13호」는 자신의 육체를 대상화시켜 그 거리감을 반어적으로 표현했다는 면에서 병든 육체에 대해 안타까워 하는 시들과 맥락이 닿아 있다.「烏瞰圖오감도: 詩第十二號시제12호」는 어떤가. 이 시 또한 가독성이 높다는 면에서 국문 시 계열과 특성이 닮았다. 황현산은 시 속의 구절인 "공기에 숯검정이"에 착안하여 폐질환 즉 각혈의 시들과 연결시켰고, 이경훈은 "방망이"에 착안하여「街外街傳가외가전」을 끌어들였다.

그럼에도 불구하고 〈烏瞰圖오감도〉 연작에는 뜻을 쉽게 헤아리지 못하게 하는 힘이 있다. 실험성으로는 설명할 수 없는 이 힘을 시인과 대상 사이의 긴장을 지속시키는 아이러니의 힘이라 할 수 있을 것이다. 이상 시의 실험성과 아이러니는 그 뜻이 정확히 포개지지 않는다. 실험성이 각각의 시편에 따라 큰 편차를 보이며 나타나는 것과 달리 아이러니는 〈烏瞰圖오감도〉 연작 모든 편에서 확인할 수 있는 주저음이다. 좁은 골목 속에 13인의 아이를 질주시킨「烏瞰圖오감도: 詩第一號시제1호」, 아버지라는 기호를 거듭 사용하며 그 권위를 훌쩍 뛰어넘으려 애쓰는「烏瞰圖오감도: 詩第二號시제2호」, 싸움하는 사람과 싸움하지 아니하던 사람을 충돌시킨「烏瞰圖오감도: 詩第三號시제3호」 등 앞 번호의 〈烏瞰圖오감도〉뿐만 아니라 끊어진 팔을 화초처럼 방 안에 장식해 놓은「烏瞰圖오감도: 詩第十三號시제13호」, 역사의 인력과 척력을 걸인에 빗대어 묘사한「烏瞰圖오감도: 詩第十四號시제14호」, 거울 속의 자아와 거울 밖의 자아를 충돌시킨「烏瞰圖오감도: 詩第

十五號^{시 제15호}」 등 뒷번호에서까지도 그 강도는 다르지만 아이러니가 감지된다. 이러한 〈烏瞰圖^{오감도}〉 연작의 전반적인 흐름을 「烏瞰圖^{오감도} : 詩第十二號^{시 제12호}」만 거스른다고 상정하기보다는 따른다고 상정하는 것이 자연스러울 것이다. '선전'은 일상 언어에서도 자주 아이러니로 쓰인다. 이 시에 아이러니가 발휘되는 부분이 있다면 그 곳은 다른 어떤 곳보다도 "平和^{평화}가왔다는宣傳^{선전}"일 가능성이 높다. 평화가 왔다는 소식을 곧이곧대로 믿기는 어렵다는 것이다.

房^방거죽에極寒^{극한}이와다앗다. 極寒^{극한}이房^방속을넘본다. 房^방안은견딘다. 나는讀書^{독서}의뜻과함께힘이든다. 火爐^{화로}를꽉쥐고집의集中^{집중}을잡아뗑기면유리窓^창이움폭해지면서極寒^{극한}이혹처럼房^방을눌은다. 참다못하야火爐^{화로}는식고차접기때문에나는適當^{적당}스러운房^방안에서쩔쩔맨다. 어느바다에潮水^{조수}가미나보다. 잘다져진房^방바닥에서어머니가生^생기고어머니는내압흔데에서火爐^{화로}를떼여가지고부억으로나가신다. 나는겨우暴動^{폭동}을記憶^{기억}하는데내게서는억지로가지가돗는다. 두팔을버리고유리창을가로막으면빨내방맹이가내등의더러운衣裳^{의상}을뚜들긴다. 極寒^{극한}을걸커미는어머니―奇蹟^{기적}이다. 기침藥^약처럼딱근딱근한火爐^{화로}를한아름담아가지고내體溫^{체온}우에올나스면讀書^{독서}는겁이나서근드박질을친다.

―「易斷^{역단}：火爐^{화로}」, 『가톨릭청년』 33호(1936년 2월)

캄캄한空氣^{공기}를마시면肺^폐에害^해롭다. 肺壁^{폐벽}에끄름

이앉는다. 밤새도록나는음살을알른다. 밤은참많기도 하드라. 실어내가기도하고실어들여오기도하고하다 가이저버리고새벽이된다. 肺폐에도아츰이켜진다. 밤 사이에무엇이없어젔나살펴본다. 習慣습관이도로와있 다. 다만내侈奢치사한책이여러장찢겼다. 憔悴초췌한結 論결론우에아츰햇살이仔細자세히적힌다. 永遠영원이그코 없는밤은오지않을듯이.

—「易斷역단 : 아츰」, 『가톨릭청년』33호(1936년 2월)-

국문 시 창작 시기에 〈烏瞰圖오감도〉 이외의 연작시로는 1936년 『가톨릭청년』에 발표한 〈易斷역단〉과 『조선일보』에 발표한 〈危篤위독〉이 있다. 인용한 두 편의 시는 〈易斷역단〉 연작 중 일부이다. 「易斷역단 : 火爐화로」와 「易斷역단 : 아츰」은 자신의 육친과 육체를 대상으로 한 시로서 그의 작품 중 드물게도 아이러니의 거리가 거의 보이지 않는 시이다. 달리 말하면 그의 무력감 또는 감동이 그대로 드러난 시편이라 할 수 있다. 〈烏瞰圖오감도〉 연작 발표 이후 2년이라는 시간이 흐른 시점에 발표된 이 두 편의 시에서는 악화된 이상의 병이 시적 대상과 거리를 확보했던 아이러니적 태도를 무화시키는 데 기여했음을 확인할 수 있다. 이후의 시편들에서도 이전과는 다르게 병에 대해 좌절하면서 소통을 중시하는 모습이 전면에 드러난다.

「易斷역단 : 火爐화로」의 경우, '방망이'를 매개로 「街外街傳가외가전」, 「烏瞰圖오감도 : 詩第十二號시 제12호」와 함께 언급되는 시이다. 「街外街傳가외가전」을 분석한 기존 연구를 참조할 때 방망이를 남성 성기의 상징으로 보는 해석에는 무리가 없어 보인다. 「街外街傳가외가전」도 1936년에 발표된 시이다. 이상은 구인회의 동인지 『시와 소설』에 이 시를 발표했다. 이상의 실험성은 여기에서 다시 한 번 빛을 발한다. 느슨한 연대 의식을 가졌던 구인회라고 하더라도 자신의 이름을 걸고 발표하는 시이기 때문에 동인이 지닌 모더니즘 성향을 이상이 무시하기는 어려웠을 것이다. 몸과 성과 도시를 동일시하는 동시에 모든 대상에 거리를 확보하는 태도가 「街外街傳가외가전」에 나타난다. 전기 시 세계를 지탱했던 성의 모티프와 후기 시 세계를 지탱했던 병든 육체의 모티프가 이 시에서 접목하고 있는 것이다.

하지만 「街外街傳가외가전」에서 보이는 이 지적 실험을 같은 시기에 발표한 다른 시들에서 확인하기는 어렵다. 「易斷역단 : 火爐화로」의 방망이질에서 성교 장면이나 남성 성기를 떠올릴 수 있을까. 「易斷역단 : 火爐화로」의 핵심 구절은 "어머니는 기적이다."이다. 차가운 골방에 화로도 식었는데, 어머니는 이 모든 냉기를 없애는 기적 같은 존재라는 것이다. 대상과 거리를 두고 위트와 아이러니를 섞어 썼던 이상이지만 유일하게 그 거리를 무화시킨 존재가 「易斷역단 : 火爐화로」의 어머니이다. 이 점은 아내와의 관계를 말한 다른 시에서도 볼 수 없는 점이다. 그 어머니가 자신의 더러운 의상을 '방망이'로 두들기고 있다. 여기에 등장하는 방망이는 남성 성과는 무관한, 병든 육체에 찾아든 일시적인 휴식의 의미가 짙다.

한편 이 시의 "더러운 의상"은, 「烏瞰圖오감도 : 詩第十二號시 제12호」의 '깃에 묻은 때'를 씻는 비둘기(＝빨래)를 연상시킨다. 「易斷역단 : 火爐화로」의 더러운 의상과 「烏瞰圖오감도 : 詩第十二號시 제12호」의 빨래는 모두 방망이로 두들겨 맞고 있다는 공통점이 있다. 하지만 그 이후의 전개는 서로 다르다. 「易斷역단 : 火爐화로」의 경우 어머니의 등장과 더불어 잠시나마 기적과 같은 휴식의 시간이 확보된다. 「烏瞰圖오감도 : 詩第十二號시 제12호」의 경우 빨래와 의미가 겹친 비둘기의 등장으로 의미의 긴장이 형성된다. 빨래는 방망이질로 깨끗해지지만 비둘기는 몸이 상하게 되는 것이다. "선전"에서 촉발된 아이러니가 여기에서 모습을 뚜렷이 하고 있다.

또한 이 "더러운 의상"은 「易斷역단 : 아츰」의 '폐벽에 앉은 끄름'과 연관되기도 한다. 「易斷역단 : 아츰」에서 시인은 '끄름'으로 인해 밤새 몸살을 앓으며 각혈을 한다. 고통을 잊기 위한 독서의 끝은 각혈 뒤에 맞이하는 "초췌한 결론"이다. 아침은 폐벽의 끄름이 야기한 기침을 잦아들게 할 것이다. 하지만 죽음만이 그에게 영원한 안식을 줄 것이기 때문에 그것은 일시적인 회복일 뿐이다. 이처럼 「易斷역단 : 火爐화로」의 "더러운 의상"과 더불어 「易斷역단 : 아츰」의 '폐벽의 끄름'은 고통스러운 삶을 대변한다. 그 고통은 그가 짊어지고 가야 할 삶의 모습이기도 하다. 그렇다면 「烏瞰圖오감도 : 詩第十二號시 제12호」에서 빨래 조각에서 떨어져 나가 공기에 묻은 '숯검정이'의 뜻은 영원한 안식과도 평화의 도래와도 거리가 멀지 않을까. 당시 그에게 삶을 유지시켜 주는 공기는 희박했다. 거기에 이미 숯검정이 묻어 있었기 때문이다. 그것은 공기에 들러붙어 고통스러운 삶이 어떤 세상에도 존재할 것이라는 불길한 예감을 표현하고 있다. 평화의 선전은 이 시에서 믿을 만한 전갈이 아니라 미덥지 못한 광고인 것이다.

5.

「烏瞰圖오감도 : 詩第十二號시제12호」에는 이렇듯 〈烏瞰圖오감도〉 연작의 계열의 특성이라 할 수 있는 아이러니의 거리가 확보되어 있는 동시에 병을 앓고 있는 이상의 처지가 은연 중에 개입되어 있다. 당시 지녔던 이상의 몸 상태와 그의 욕망을 무시할 경우 〈烏瞰圖오감도〉 연작의 시편들 중에서 「烏瞰圖오감도 : 詩第十二號시제12호」의 구도는 평범해 보이고, 메시지는 뚜렷해 보인다. 하지만 이를 염두에 둘 경우 일시적인 휴식이 주는 절망의 기미가 손바닥만한 하늘 저편에 손바닥만하게 보일 것이다. 지금까지의 해석을 적용해 다시 「烏瞰圖오감도 : 詩第十二號시제12호」를 풀어 보자 ; (멀리서 보았더니) 때 묻은 빨래 조각 한 뭉텅이가 공중으로 날아올랐다가 떨어진다. 그것은 흰 비둘기의 떼와 같다. (빨래터 풍경이) 손바닥만한 한 조각 하늘 저편에 전쟁이 끝나고 평화가 왔다는 선전처럼 느껴진다. (그러나 그것은 선전일 뿐이다) 빨래가 깨끗해지는 모습이 마치 한 무더기 비둘기의 떼가 깃에 묻은 때를 씻는 것과 같다. 하지만 여기에서 이 손바닥만한 하늘 이 편에 방망이로 흰 비둘기의 떼를 때려 죽이는 불결한 전쟁이 시작된다는 뜻도 생겨난다. 공기에 숯검정이가 지저분하게 묻으면 흰 비둘기의 떼는 (일시적인 평화의 모습을 연출하러) 또 한 번 손바닥만한 하늘 저편으로 날아간다. ÷

김종훈

상명대 한국어문학과 교수. 문학평론가. 1972년 서울에서 태어나 고려대 국어국문학과와 같은 대학원을 졸업했다. 2006년 창비신인평론상을 수상하며 등단했다. 평론집 『미래의 서정에게』 외에 『한국 근대 서정시의 기원과 형성』 『다시 읽는 정지용 시』(공저) 등을 냈다.

烏瞰圖　李　箱

詩第十三號

내팔이면도칼을 든채로끊어져떨어졌다. 자세히보면무엇에몹시 威脅당하는것처럼샛팔앟다. 이렇게하여잃어버린내두개팔을 나는燭臺세움으로내방안에裝飾하여놓았다. 팔은죽어서도 오히려나에게怯을내이는것만같다. 나는이런얇다란禮儀를花草盆보다도사량스레여긴다.

烏瞰圖
詩第十三號

내팔이면도칼을 든채로끈어져떨어젓다. 자세히보면무엇에몹시 威脅당하는것처럼샛팔앗타. 이럿케하야일허버린내두개팔을나는 燭臺세음으로내 방안에裝飾하야노앗다. 팔은죽어서도 오히려나에게怯을내이는것만갓다. 나는이런얆다란禮儀를花草盆보다도사량스레녁인다.

―『朝鮮中央日報』1934년 8월 7일

13

「烏瞰圖오감도: 詩第十三號시 제13호」,
환상을 가로지르기[1]

[1] 이 글은 필자의 이상 시 연구서 『시는 아무 것도 모른다』(수류산방, 2012년)의 해당 텍스트 해석 부분을 수정·보충한 원고임을 밝힌다.

함돈균 | 고려대 민족문화연구원 HK 연구 교수·
　　　　문학평론가

1. 이상과 초현실주의?
2. 환상이 아닌 환각, '나'의 의지·의식에 반하는 부분 신체
3. 나는 내 팔을 자른 잘린 내 팔을 마주본다

1. 이상과 초현실주의?

1930년대는 한국시에서 '현대시'의 다양한 양상이 본격적으로 표출되던 시기였다. 이 시기를 한국 문학사에서 현대시의 대체적인 틀이 잡힌 시기로 보는 것도 이 때문이다. 이상은 이러한 시사적 평가에 가장 결정적인 영향을 끼친 시인 가운데 하나다. 당대적 관점에서나 오늘의 관점에서나 이상의 시가 '현대시' 또는 현대시의 근간을 이루는 현대성(modernity)에 기초한 시라는 점은 분명해 보인다. 그런데 이상의 시를 이렇게 평가하면서 그 시의 인상을 좌우하게 한 평가 중 하나가 소위 '초현실주의(surrealism)'라는 비평적 호명이다. 이상이 당대 문단에 등장한 이후부터 가장 최근에 출간된 이상 전집의 주석에 이르기까지 여전히 사용되고 있는 초현실주의라는 비평적 호명은, 이상 문학의 전반적 실상과는 거리가 있어서, 이상 문학에 대해 불필요한 오해와 선입견을 심어 주는 호명이 아닌가 생각된다. 이러한 생각의 근거를 간단히 언급하면 다음과 같다.

첫째, 상당수 독자와 비평의 선입견과는 달리 이상의 시를 꼼꼼히 읽어 보면 그 대부분의 시에는 '초현실주의'라고 불릴 만한 시들이나 요소가 별로 없다. 이상의 시는 크게 보아서 진술에 의지한 시와 이미지에 의존하는 두 가지 경향의 시가 있다. 진술에 의지한 시는 대체로 상당한 논리(이성)에 의탁하고 있으며, 이미지에 의존한 시에 무의식이 투사되기는 하지만, 이 때에도 순수한 자유 연상이나 자동 기술법, 비현실적 상상력이나 꿈의 직조법 같은 비논리적 문법으로 시가 운용되는 것이 아니라, 일종의 직관을 통해 관념과 현실 사물의 유비가 순간적으로 결합하는 경우가 대부분이다. 이 경우 대체로 이상 시의 관념은 비이성이나 현실성이 증발한 순수한 상상력의 소산이라기보다는 비가시적(심리적) 대상에 관한 것이라고 할 수 있다. 따라서 이상의 시에서 논리적 해석 과정을 따라갔을 때 아예 분석되지 못할 만한 '초현실적인' 시는 거의 없다. 이 때 그의 시가 대부분 띄어쓰기를 무시한 채로 씌어진 점은 독자들로 하여금 그의 시를 직관적인 수준에서 매우 무질서한 시로 여기게 하여 '초현실주의(적)'이라는 비평적 호명이 붙게 된 데에 영향을 준 측면이 있다. 그러나 이상 시의 띄어쓰기 무시는 실제로 그 시의 직조 방식이 무질서해서라기보다는, 오히려 그 시의 '논리성'을 역으로 숨기는 가면일 수 있다고 보는 게 그 시를 해석하는 데 더 유용한 면이 있다.[2]

[2] 물론 여기에는 보다 실질적 차원의 문제도 있다. 이상은 한일 병합 조약이 있던 1910년에 태어났다. 그는 일본어가 공식 문자가 된 현실에서 태어나 살았고, 일본어로 교육받고 훈련받았다. 따라서 그의 시 쓰기에 띄어쓰기를 하지 않는 일본어의 문법적 관례가 영향을 미쳤다고 보는 것은 매우 자연스럽다.

둘째, 한국 문학사에서 지금까지 초현실주의라는 용어가 사용되어 온 비평적 관례로 볼 때, 이 용어 자체에 오해의 소지가 많다. 적어도 한국 문학사에는 서구와 같은 특정한 지향을 지닌 예술적 운동으로서 초현실주의 운동이 없었기 때문에 뚜렷한 선언적 의미, 집단적 추동성이 강했던 초현실주의라는 용어를 한 개인의 시에 사용하기에는 어색한 점이 없지 않다. 무엇보다도 유럽 문학사(예술사)에서 초현실주의는 합리성(과학과 기술주의적 세계관)에 기반하여 역사의 진보를 믿어 의심치 않았던 부르주아적 역사관과 계몽주의 시대 흐름에 대한 반발로 일어난 현대성의 이면이었다. 근본적으로 이는 초현실주의가 18세기 낭만주의 운동과 연속선상에 있는 것으로서 서구 모더니티에 대한 총체적 비판의 일환으로 등장했다는 걸 의미한다.3)

3) 파스(O. Paz) 지음, 김은중 옮김, 『흙의 자식들』(솔, 2003년), 153쪽.; 칼리니스쿠(M. Calinescu) 지음, 이영욱 외 옮김, 『모더니티의 다섯 얼굴』(시각과언어, 1994년), 53-57쪽.

반면 봉건 시대의 질곡에서 벗어나기를 갈망했던 1930년대 식민지 경성의 모던 보이 이상에게 수학·과학·기술(이성)은 자신의 시대를 분석하고 조감하는 중요한 세계관이자 인식 툴이었다. 이상은 수학과 과학과 기술을 맹신하지는 않았지만, 그의 시에 쓰인 수많은 수학 기호들과 과학적(기하학) 언어, 수학적 점검을 드러내는 강박적 문장 운용 사례에 비추어 볼 때, 그가 이러한 현대성의 기제(현실)를 버리고 전적으로 '초(超)'현실에 몸을 내맡겼다고 보는 것은 상당히 무리가 있는 해석이다.4)

4) 이상 시 전반의 시작 원리이자 세계관의 시적 형식인 '아이러니(irony)'는 이성과 반이성 사이에서 부동(浮動)하는 이상의 난처함을 드러내는 문학적 요소로서, 형식적으로나 내용적으로 그 시의 본질이라고 할 만하다. 함돈균, 『시는 아무 것도 모른다』(수류산방, 2012년) 참조.

셋째, 이상의 가장 좋은 시들에는 표층적 유사성에 기초한 비유가 아니라 무의식의 심층에 삼투되어 이미지의 운용 논리를 쉽게 파악할 수 없는 놀라운 감각과 언술들이 발견된다. 극히 소수의 텍스트에서 이상의 이미지들과 언술은 텍스트 내부 화자(언술의 주체/시적 주체)의 '의식적인' 통제를 벗어나는 듯한 경우가 있다. 만일 이상의 시에 이른바 초현실주의(적)라고 할 만한 요소가 있는 시들이 있다면, 바로 이 시들이 이러한 비평적 호명에 그래도 근접하는 작품들일 것이다. 하지만 이 경우에도 이 텍스트들은 폭발적 방식으로 표출되는 순수한 상상력의 소산이거나 무질서한 무의식을 보여 준다기보다는 심리적 '현실'을 생생하게 드러낸다고 하는 게 더 옳아 보인다. 초현실주의의 가장 훼손되지 않은 본래 용어의 차원에서 이 심리적 현실을 어떤 면에서 그렇게 부를 수도 있겠으나, 초현실이라는 단어에 여전히 오해의 소지가 많다는 점을 감안할 때 역시 이 용어는 적절하지 않다고 판단되기 때문이다.

이러한 점을 감안할 때, 이상의 텍스트를 초현실주의(적)로 호명하기보다는 하나의 '심리적 실재' '심리적 현실'의 현시라는 관점에서 이해하고 분석해 보자는 게 필자의 관점이다. 그것은 이 텍스트들을 설명할 수 없는 무의식과 해석 불가능한 순수 환상의 소산으로 규정하고 해석적 노력을 방기하기보다는, 다만 비가시적인 심리 상태·대상에 대한 발화라고 보고 이를 해석해 보는 게 그 시의식의 본질을 이해하는 데 실질적인 도움이 될 수 있다는 생각 때문이다.

이러한 차원에서 그동안 초현실주의라는 관점에서 주로 언급되어 온 이상 시들로서 더욱 정밀하게 다시 해석되어야 한다고 보이는 텍스트는 「烏瞰圖오감도 : 詩第十一號시제11호」와 「烏瞰圖오감도 : 詩第十三號시제13호」다.5)

5) 이승훈 엮음, 『이상 문학 전집 1 시』(문학사상사, 1989년)와 가장 최근에 발간된 이상 전집인 권영민 엮음 『이상 전집 1 시』(뿔, 2009년)가 주석에서 모두 이 텍스트를 '환상(fantasy)'을 이용한 초현실주의 시로 규정하고 있다.

필자의 몫은 「烏瞰圖오감도 : 詩第十三號시제13호」에 한정되어 있으므로, 이 글에서는 이 텍스트를 '초현실주의' 텍스트가 아니라 화자의 심리적 실재(현실)를 드러내는 텍스트라는 관점에서 해석해 보고자 한다. 이 때 기본적으로는 언술의 내적 전개를 꼼꼼히 따라가는 내재 분석의 방법을 취하되, 이러한 언술이 지닌 시적 의미를 보다 심층적으로 이해해 보기 위해 정신 분석 이론을 참고하기로 한다.

2. 환상이 아닌 환각, '나'의 의지·의식에 반하는 부분 신체

내팔이면도칼을 든채로끊어져떨어졌다. 자세히보면무엇에몹시 威脅^{위협}당하는것처럼새파랗다. 이렇게하여잃어버린내두개팔을나는 燭臺^{촉대}세움으로내 방안에 裝飾^{장식}하여놓았다. 팔은죽어서도 오히려나에게怯^겁을내이는것만같다. 나는이런얇다란禮儀^{예의}를花草盆^{화초분}보다도사랑스레여긴다.

―『朝鮮中央日報』 1934년 8월 7일. 현재 표기로 고침.

이상이 활동하던 1930년대에 현대시의 다양한 양상들이 우리 문학사에 나타나기 시작했다고 하지만, 논리적 층위에서는 쉽게 해석되지 않는 비가시적 심리적 실재 자체를 시의 모티프로 삼은 것은 이상이 처음이자 유일했다. 그리고 이 언술과 이미지 운용의 방식은 지금의 관점에서 보아도 의문의 여지없이 전위적인 양상을 노출한다. 그런데 이러한 '전위성'에는 일관되게 특이한 시의식이 관철되고 있는데, 한 텍스트 내부에서 시적 화자(시적 주체, 언술의 주어 '나')의 의지·의식에 반하는 또 다른 '주체'의 출현으로 텍스트 내부에 격렬한 분열 의식과 대립·긴장이 산출된다는 사실이 그것이다.「烏瞰圖^{오감도}:詩第十一號^{시 제11호}」⁶⁾

⁶⁾ 그사기컵은내骸骨^{해골}과흡사하다. 내가그컵을손으로꼭쥐었을때내팔에서는난데없는팔하나가接木^{접목}처럼돋히더니그팔에달린손은그사기컵을번쩍들어마룻바닥에메어부딪는다. 내팔은그사기컵을死守^{사수}하고있으니散散^{산산}히깨어진것은그럼그사기컵과흡사한내骸骨^{해골}이다. 가지났던팔은배암과같이내팔로기어들기前^전에내

팔이慾*움직였던들淇水*를막은白紙*는찢어졌으리라. 그러나내팔은如前히 그사기컵을死수*한다. — 「烏瞰圖오감도 : 詩第十一號시제11호」, 『조선중앙일보』 (1934년 8월 4일) 현재 표기로 고침.

와 「烏瞰圖오감도 : 詩第十三號시제13호」는 대표적인 사례다.

분석에 앞서 필자의 해석을 효과적으로 이해할 수 있도록 돕기 위해 지금까지 한국 문학사에서 이상의 시를 '초현실주의'로 규정할 때 으레 관성적으로 적용했던 '환상'이라는 분석 틀에 대해 재고해 보려고 한다. 일반적으로 우리는 '환상(幻想)'을 '현실적인 기초도 가능성도 없는 헛된 생각이나 공상'[7]

[7] 고려대 민족문화연구원 편, 『고려대 한국어 대사전』(2009년).

'불가능한 일이나 사실과 거리가 먼 문제에 대한 흥미로운 상상' '사실과는 다른 어떤 것으로 착각하는 것(illusion)'[8]

[8] 네이버 국어 사전 : '환상(幻想)/illusion/fantasy.' 웹.

으로 생각하지만, 정신 분석에서는 '환상(fantasy)'과 '환각(hallucination)'을 철저히 구분한다. 프로이트는 환상을 현실의 정확한 지각을 방해하는 가공의 산물로 이해한다.[9]

[9] 라플랑슈(J. La-planche)·퐁탈리스(J.-B. Pontalis) 지음, 임진수 옮김, 『정신 분석 사전』(열린책들, 2005년), 541-542쪽.

라캉은 이 관점을 발전시켜 환상이 '존재(의)—결핍(manque-à-être)' 즉 어떤 방식으로도 메워질 수 없는 현실(상징계 le Symbolique)의 결핍과 외상을 가리는 가상의 스크린이라는 방어적 관점을 강조했다.[10]

[10] 스트라브라카키스(Y. Stavrakakis) 지음, 이병주 옮김, 『라캉과 정치』(은행나무, 2006년), 120-125쪽.

이 문제를 정치적 관점과 결부시키는 슬라보예 지젝의 해석에 따르면, 이러한 환상은 사회 체계의 실패를 은폐하기 위해 작동되는 이데올로기적 봉합의 메커니즘과 본질적으로 다른 것이 아니다.[11]

[11] 지젝(S. Žižek) 지음, 이수련 옮김, 『이데올로기라는 숭고한 대상』(인간사랑, 2002년), 175-180쪽.

이에 반해 환각은 존재의 결핍·결여를 가리기 위해 작동되는 상징계 차원의 방어적 메커니즘이 아니라, 금지(질서)를 모르고 타자와의 동일시를 모르며, 언어로 설명 불가능한 것의 회귀라는 점에서 실재(le Réel)의 출현과 관련된다. 주체의 차원에서 이러한 환각이 지니는 의미는, 자아(ego)에 대한 오인(méconnaissance)과 상징계의 동일화(지배 기표와의 동일시) 작용에 의해 이루어지는 주체(sujet) 구성 메커니즘의 실패('주체의 실패')를 뜻한다.[12]

[12] 비트머(P. Wedmer) 지음, 홍준기·이승미 옮김, 『욕망의 전복』(문예출판사, 2000년), 169쪽.

「烏瞰圖오감도 : 詩第十三號시 제13호」에 나타나는 주체의 운동은 정신 분석의 관점을 빌면, 환상이 아니라 환각 이미지에 가까운 것으로 보인다. 여기에는 '나'의 통합상에 대한 오인에 기초하여 안정된 질서화의 메커니즘을 따르는 주체의 변증법과는 반대 방향으로 회전하는 특이한 존재 양상이 현시되기 때문이다. 일단 이 시의 첫 번째 언술인 "내팔이면도칼을 든채로끊어져떨어졌다."는 언술 상황을 분석해 보자. 이 시적 상황은 환각적 이미지가 등장하는 이상의 다른 시, 예컨대 「烏瞰圖오감도 : 詩第十一號시 제11호」의 "내팔"이 "사기컵을번쩍들어마룻바닥에메어부딪는" 상황이나(이 때 "내팔"

이 "마룻바닥에메어부딧"히려고 하는 "사기컵"은 '내 해골'의 등가물이다. 여기에서도 주체의 통합상은 훼손된다.) 「危篤위독 : 沈沒침몰」의 "죽고싶은마음이칼을찾는" 상황과 비슷하면서도 분명한 차이점을 보인다. 공통점은 전자와 후자 모두가 '하나의' 통일된 의식(인격)의 담지체로서 간주되는 시적 화자(언술 주어) '나'의 의지·의식에 반하는(독립되어 있는), 파편화되고 절단된 '부분 신체'(「烏瞰圖오감도 : 詩第十三號시 제13호」에서는 "내팔")의 자율성을 보여 준다는 사실이다. 이 때 이 파편화되고 절단된 부분 신체에 기입된 파괴적 에너지는 유기적 통일성을 지닌 신체의 관장자인 언술 주어 "나"의 생명을 위협하며 공포에 몰아넣는다. 이 자립적인 부분 신체에 기입된 파괴적 에너지와 이에 저항하는 "나"의 의지(의식) 사이에서 유발되는 극도의 대립과 긴장의 현시가 이 시들의 핵심이다. 이들 시에서 안정성을 지닌 주체의 통합상은 존재하지 않는다. 시적 화자이자 언술 주어인 "나"는 "나"의 통일상을 관장하는 '내 의식'이 제어할 수 없는 어떤 실재적인 것(설명 불가능한 것)의 회귀에 직면한다.[13]

13) 이승훈은 이 시에 대한 주석에서 이 시의 '팔'이 도구의 기능을 상실하는 신체 기관의 모습을 보여 준다는 사실에 주목한다. 이승훈 엮음, 『이상 문학 전집 1 시』(문학사상사, 1989년), 46쪽.; 신형철은 이승훈의 이러한 관점을 이어받아 이를 사회 정치적 차원의 시적 무의식으로 확장한다. 신형철에 따르면 이 시에서 화자는 신체 기관들을 해체·파편화한다. 그것은 유기적으로 조직된 신체라는 관념을 무시하고 탈유기체화를 향해 나아가는 것으로서, '기관'이 사회적으로 유용한 노동을 추출하기 위해 신체에 가해진 속박을 상징한다고 볼 때, 이러한 신체의 탈유기체화는 기관화된 신체로부터 '기관 없는 신체'로의 이행을 표상한다. 신형철, 「이상 시에 나타난 시선의 정치학과 거울의 주체론」, 신범순 외, 『이상 문학 연구의 새로운 지평』(역락, 2006년), 292쪽.

반면 이러한 공통점에도 불구하고 이들 텍스트 간에는

눈여겨볼 만한 차이점도 있다. 「烏瞰圖오감도:詩第十一號시제11호」에서 "사기컵을번쩍들어마룻바닥에메어부딪는" "내팔"과 「危篤위독:沈沒침몰」에서 "칼을찾는" "죽고싶은 마음"에 대해 시적 화자 '나'가 수세에 몰렸던 데 반해, 「烏瞰圖오감도:詩第十三號시제13호」에서는 상황이 역전되어 "팔은죽어서도오히려나에게怯겁을내이는" 상황이 되어 있다. 다시 말해 "나"를 해치려는 "면도칼을든" "내팔"이 오히려 "나"를 무서워 한다. 이를 어떻게 설명할 수 있을까? 이 상황을 이해하기 위해서는 "내팔이면도칼을 든채로끊어져떨어졌다."는 첫 번째 언술이 지시하는 상황을 정치하게 분석해 볼 필요가 있다. 일단 "내팔이면도칼을 든" 까닭에 대해 생각해 보자.

이 까닭은 환각적 이미지를 보여 주는 이상의 같은 계열 텍스트들을 생각해 보면 어느 정도 추측이 가능하다. "사기컵을번쩍들어마룻바닥에메어부딪는" "내팔"이나 "칼을찾는" "죽고싶은마음"에서 볼 수 있듯이, 환각적 이미지로 나타나는 이상의 텍스트에서 시적 화자 "나"의 의지로부터 독립해 있는 이 (조각난) 부분 신체들은 궁극적으로는 죽음을 향한 맹목적이고 제어되지 않는 에너지, 정신 분석에서 이른바 '충동(trieb/pulsion/drive)'이라고 부르는 에너지로 충전되어 있다. 이 텍스트에서 "내팔이면도칼을 든" 까닭도 역시 면도칼로 '나'의 신체를 훼손하려는 '충동' 때문이라는 사실을 쉽게 확인할 수 있다. 즉 "면도칼을 든" "내팔"은 "사기컵을번쩍들어마룻바닥에메어부딪는" "내팔"처럼 "면도칼"로 내 신체를 절단·훼손하려고 하는 팔이다. 그런데 그 팔이 오히려 "면도칼을 든채로끊어져떨어졌다." 이는 일차적으로 "나"
의 신체를 해치려는 "내팔"의 충동이 그 목적을 달성
하지 못하고 "나"에게서 떨어져 나갔음을 뜻한다. 비
가시적인 심리적 실재를 가시적인 이미지로 표현하는
데에 천부적인 재능을 지녔던 이상의 시작 특징을 고
려할 때, 이는 화자 내부에서 솟구치는 무의식적인 격
렬한 (죽음)충동에 대항해 의식적 주체를 표시하는 언
표인 언술 주어 "나"의 의지가 승리했음(제어력을 발
휘)을 뜻한다.

그러나 다시 생각해 보면, 여기에는 놀라운 반전이 숨
어 있다. "내팔이면도칼을 든채로끊어져떨어"진 것은
결국 신체를 절단·훼손하려던 "내팔"의 '충동'이 실행
된 결과이기도 하기 때문이다. 다시 말해 여기에는 자
기 손을 그리고 있는 자기 손을 표현한 에셔의 그림[14]

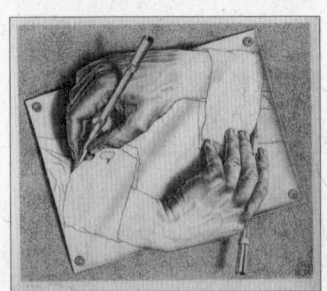

14) 자기 손을 그리고 있는 자기 손. 에셔(M. C. Escher), 〈그리는 손(*Drawing Hands*)〉, 1948년.

과 같은 피드백이 작용하고 있음을 알 수
있다. 이 텍스트에서 등장하는 "나"가 「烏瞰圖오감도 : 詩第
十一號시 제11호」나 「危篤위독 : 沈沒침몰」에 등장하는 '나'와
는 다른 "나"라는 사실을 짐작하게 되는 것은 바로 이

순간이다. 이 문제는 이상 시의 주체의 성격이나 그 시에 나타나는 '공포("무섭다")', 더 나아가 시적 윤리의 문제를 심층적으로 이해하는 데에 매우 중요하다고 판단된다.

3. 나는 내 팔을 자른 잘린 내 팔을 마주본다

일차적으로 이 텍스트의 시적 화자이자 언술 주어인 "나"는 "면도칼을 든" "내팔"의 '충동'과 대립하는 '나'이다. 이 대립의 결과로서 "나"의 신체를 절단·훼손하려고 했던 "면도칼을 든" "내팔"은 "나"에 의해 "끊어져떨어졌다." 그러나 다시 한 번 생각해 보면 "내팔"의 절단 상황은 "나"의 신체를 절단하려고 했던 "면도칼을 든" "내팔"의 '충동'이 실행된 결과라는 사실을 지시하는 것이기도 하다. 이런 차원에서 보면 결국 "내" 신체를 절단하려던 "면도칼을 든" "내팔"과 "내팔"을 절단한 "나"는, 둘 다 "나"의 신체를 절단하려는 '(죽음) 충동'의 에너지를 공유하고 있다고 봐야 한다. 이 지점에서 "나"의 신체를 절단하려는 "내팔"과 유기적 신체, 그러므로 텍스트 내부 통일된 의식의 담지체라고 할 만한 언술 주어 "나"는 구별되지 않는다. 이렇게 볼 때 이 텍스트에서 "내" 신체를 절단하려는 "면도칼을 든" "내팔"과 그 "내팔"을 절단한 "나"는 결국 둘 다 "면도칼을 든" "내팔"이라는 사실을 알게 된다. 이 텍스트의 공포의 의미를 다른 관점에서 해석할 수 있는 가능성이 열리는 것은 바로 이 지점에서다.

이 텍스트에는 공포가 표면화된 두 개의 언술이 나타난다. "자세히보면무엇에몹시 威脅^{위협}당하는것처럼새파랗다."는 언술과 "팔은죽어서도 오히려나에게怯^{겁}을내이는것만같다."는 언술이 그것이다. 여기에서 공포의 대상(공포를 불러일으키는 대상)과 공포의 주체(공포를 느끼는 주체)는 환각적 이미지가 나타나는 이상의 여타 텍스트들과는 서로 반대에 위치한 것처럼 보인다. 예를 들어 「烏瞰圖오감도 : 詩第十一號시 제11호」에서 공포의 대상은 환각적 이미지로 불쑥 출몰한 파편화된 신체로서의 "난데없는팔하나"였다. 거기에서 공포의 주체는 시적 화자 또는 텍스트 내부에서 통일된 의식의 담지자로 간주되는 언술 주어 "나"였다. 그런데 이 시에서는 반대로 "내팔"이 "오히려나에게怯겁을내"인다. 이 텍스트의 두 번째 언술에서 "몹시 威脅위협당하는것처럼새파랗"게 질린 공포의 주체도 언술 주어 "나"가 아니라 "끊어져떨어"진 "내팔"이다. 이러한 상황은 이상의 다른 시들에 비추어서도 예외적일 뿐만 아니라, 상식의 차원이나 정신 분석의 이론 차원에서도 쉽게 납득이 가지 않는다. 정신 분석에 따르면 '충동'의 현시체인 환각 이미지들은 '실재(le Réel)'의 담지자로서 금기와 모순을 모르며, 공포를 모른다. 거기에서는 전적인 만족만이 있을 뿐이다.[15]

[15] 핑크(B. Fink) 지음, 맹정현 옮김, 『라캉과 정신의학』(민음사, 2002년), 356쪽.

하지만 이 상황을 앞에서처럼 해석해 보면 실마리가 풀린다. 이 텍스트에서 공포의 대상과 공포의 주체는 구별되지 않는다. "내팔"과 "나"는 사실 모두 "면도칼을든" "내팔"이기 때문이다. 그렇다면 이러한 해석의 결과에 따라, 이 시에 또 다른 아이러니가 연쇄적으로 발생하고 있다는 사실을 확인할 수가 있게 된다. 표층적 차원에서 "자세히보면무엇에몹시 威脅위협당하는것처럼새파랗다."는 두 번째 언술에서 공포를 느끼는 주체는 "내팔"이고 공포를 불러일으키는 대상은 언술 주어 "나"라고 했다. 그러나 지금까지의 해석을 따르면 절단된 "내팔"과 그 팔을 절단한 "나"는 구별되지 않으며, 결국 둘 다 "면도칼을 든" "내팔"임을 확인할 수가 있었다. 그렇다면 "몹시 威脅^{위협}당하는것처럼새파랗"게 질린 것은 결국 "면도칼을 든채끊어"진 "내팔"인 동시에 그 팔을 절단한 "면도칼을 든" "나"이기도 하다는 말이 성립된다. 공포의 주체와 공포의 대상은 결국 시적 화자이자 언술 주어인 "나"라는 말이다. "나"는 무서운 '나'인 동시에 무서워하는 '나'이다. 공포의 근원과 공포를 느끼는 주체는 외부에 있지 않다. 그리고 그 공포의 주체이자 대상은 "끊어져떨어"진 "내팔"과 다르지 않다는 점에서, 결국 이 시에서 공포의 근원이란 주체 내부의 결여―상실이라는 존재론적 상황 그 자체임이 드러난다. 바로 이 지점이 지금까지 제대로 해명되지 못했던 공포의 주체와 공포의 대상이 하나가 되는 이상의 예사롭지 않은 시의식이 드러나는 지점이다.

이런 점에서 "이렇게하여잃어버린내두개팔을나는 燭臺^{촛대}세움으로내 방안에裝飾^{장식}하여놓았다."는 표현은 의미심장하다. 이것은 무엇을 의미하는가? 절단된 신체로서의 "내팔"은 사실 "나(의 신체)"이기도 하므로, 공포를 느끼는 주체는 "내팔"인 동시에 "나"이기도 하다. 그런데 공포의 대상인 동시에 공포의 주체이기도 한 언술 주어 "나"는, 역시 같은 맥락에서 "면도칼을 든채끊어진" 공포의 주체인 동시에 공포의 대상이기도 한 "내팔"을 "燭臺^{촛대}세움[16]

16) "세음"은 '인 셈으로' 또

는 '인 것처럼'이라는 뜻이다. 김주현 주해, 『증보 정본 이상 문학 전집 1 시』(소명출판, 2005년), 92쪽.; 조해옥, 『이상 시의 근대성 연구』(소명출판, 2001년), 62쪽.

　　　으로 내 방에 裝飾^{장식}한다. 일반적으로 주체는 공포의 대상을 마주보기 힘들다. 왜냐하면 그것은 무서운 것이기에 주체에게 회피의 대상이 되기 때문이다. 그런데 여기에서 "나"는 "면도칼을든" 공포의 대상이자 "끊어져떨어"진 공포의 주체로서의 "내두개팔"[17]

[17] 여기에서 "잃어버린내두개팔", 즉 절단된 팔이 "두개"라는 사실은, 다른 한 팔이 나머지 한 팔을 자른 것이 아니라, "끊어져떨어진" "내팔"이 결국 "면도칼을든" "내팔"을 절단 실행한 결과라는 사실을 증명한다. 만일 한 팔이 다른 나머지 한 팔을 절단한 것이라면, 한 팔이 절단된 후에 다른 한 팔은 남아 있을 것이기 때문이다.

　　　을 가장 잘 보이는 곳에 승전비처럼 전시해 놓는다. 여기에서 다시 한 번 강조해도 지나치지 않은 사실은 언술 주어 "나"의 마주보기의 대상인 "잃어버린내두개팔"은 바로 시적 화자 자신의 절단된 신체, 즉 끔찍한 외상(trauma)의 표지이자 상실된 자기의 현시라는 사실이다. 이 끔찍한 외상의 표지이자 상실된 자기의 현시가 야기하는 것이 바로 이 텍스트의 공포("怯^겁")의 본질이다.

그런데 이 시에서 "나"는 외상의 표지이자 상실된 자기의 현시체인, 그래서 공포를 불러일으키는 대상인 "잃어버린내두개팔"를 방안에 장식하고서 마주본다. 이 마주보기를 "나는" 스스로 "얇다란禮儀^{예의}"라고 칭하며 오히려 "花草盆^{화초분}보다도사랑스레여긴다."고 말한다. 시적 표현의 층위에서 이것이 "禮儀^{예의}"라고 표현된 것은, "잃어버린내두개팔을" "燭臺^{촉대}세음처럼裝飾^{장식}"하는 상황이 "나"에게 일종의 예식의 관점에서 파악되었기 때문이다. 여기에서 우리는 이 순간에도 빛을 발하는 이상 문학 특유의 '위트'를 확인할 수도 있을 것이다. 하지만 이보다도 주목할 만한 사실은 "禮儀예의" 앞에 "얇다란"이라는 수식어를 붙임으로써 화자 자신이 "禮儀예의"라고 부른 이 마주보기의 태도 자체를 다소의 냉소적 태도를 통해 거리화하는, 그러니까 자기 자신과도 거리를 유지하는 아이러니적 태도다.

공포의 주체이자 공포의 대상인 "면도칼을 든채끊어져떨어진" "내팔"은 곧 "나" 자신이기도 하며, "끊어져떨어졌다"는 점에서 "나"의 존재론적 결여에 대한 현시라고 할 수 있다. 일반적으로 주체에게 외상적 표지는 회피의 대상이라는 점에서, 공포의 현시체이자 자기의 결여태를 일정한 거리 감각 속에서 마주보고 있는 이 "얇다란禮儀예의"는 주목할 만한 언표라고 하지 않을 수 없다. 이 점에서 "팔은죽어서도 오히려나에게怯겁을내이는것만같다."는 언술은 단지 ("면도칼을든" "내팔"을 가진 "나"에 의해) "내팔이면도칼을든채로끊어져떨어졌"기 때문만이 아님을 알 수 있다. "죽어서도 오히려나에게怯을내"는 "내팔"은 이미 죽었으므로(절단되었으므로) 여기에서 "내팔"이 "怯겁을내"는 까닭은 단지 죽음 때문이 아니라, 훼손된 신체로 현시되는 죽음, 자기의 외상적 표지를 "燭臺촛대세음으로내방 안에 裝飾장식"하는 "나"의 그 차가운 마주보기의 태도 때문이라고 해석할 수 있다. 여기에서 절단·훼손이라고 하는 신체의 죽음·결여가 야기하는 공포는, 그 공포를 마주보는 태도를 통해 공포를 느끼

는 주체가 "오히려" 공포의 대상이 되는 상황으로 역전된다.[18]

[18] 이런 관점을 수락한다면, 「烏瞰圖오감도 : 詩第一號시제1호」에 나타나는 "무서운兒孩아해와무서워하는兒孩아해와그렇게뿐이모였소.(다른事情사정은없는것이차라리낫소)"라는 언술에서 나타나는 공포의 주체와 공포의 대상 간의 뒤섞임—변전 현상 역시 새로운 차원에서 해석할 만한 실마리가 생긴다. 이 텍스트에서 특별히 눈여겨 볼 만한 사실은 "막다른 골목"의 "도로"를 "13인의 아해"가 "질주"하기 전에는 "무서운兒孩아해"가 없었다는 사실이다. 즉, 도로를 질주하는 동안에는 "무서워하는兒孩아해"만 있었다. 도로를 질주한 후에 "무서운兒孩아해와무서워하는兒孩아해와그렇게뿐이모였소"라는 뜻은, 결국 "무서워하는兒孩아해"가 "무서운兒孩아해"가 되는, 공포의 주체가 공포의 대상으로 변하는 주체의 변전이 일어났다는 뜻으로 읽힌다. 공포를 겪은 주체가 그 후 오히려 공포의 대상이 되는 이 상황을 우리는 몇 가지 방향에서 해석할 수 있을 것이다. 「烏瞰圖오감도 : 詩第十三號시제13호」에 대한 이 글의 관점도 그 해석의 방향에 하나의 참조 사례가 될 수 있지 않을까.

「烏瞰圖오감도 : 詩第十三號시제13호」에 대한 이 글의 해석을 따르자면, 공포를 느끼는 주체는 공포의 대상과 다르지 않다. 여기에서 공포는 "팔은죽어서도 오히려나에게怯겁을내이는것만같다."에서 나타나는 '죽은 팔'의 '怯겁'과 관련된다. 이 '怯겁—공포'는 단순한 심리적 두려움을 뜻한다기보다는 절단된(죽은) 자기 신체를 정면으로 바라보기, 즉 자신의 회피할 수 없는 존재론적 결여를 직시하는 모종의 '윤리적' 태도와 관련된다. 여기에서 절단된 신체—죽음이라는 존재론적 결여는 극단적 공포의 대상이고 여기에서 주체는 공포를 느끼는 주체가 될 수밖에 없지만, 이러한 결여에 대한 직시를 통해 공포를 느끼는 주체는 "오히려 나에게怯겁을" 내이게 하는 공포의 대상으로 전화한다. 그것은 공포의 대상에 대한 직시를 통해 주체가 공포를 극단적으로 대면함으로써 진정한 공포의 주체가 되는 순간에만 그러하다. 이런 점을 참조할 때 「烏瞰圖오감도 : 詩第一號시제1호」의 "막다른골목"을 "무서운兒孩아해와무서워하는兒孩아해와그렇게뿐이모"임으로써 공포의 주체와 공포의 대상이 존재론적으로 전환될 수 있는 극적 상황에 대한 시적 언표로 해석할 수는 없을까. 그러므로 공포의 대상을 직시함으로써 공포의 시간을 극단적으로 '사는' 일은, 공포를 느끼는 주체가 공포를 불러일으키는 대상으로 전환될 수 있는 존재론적 가능성이라는 역설이 가능하게 되는 것은 아닐까. 이 자리에서 "막다른골목"은 곧 "뚫린골목"이 되는 게 아닐까. ["(길은막다른골목이적당하오)…(길은뚫린골목이라도적당하오)"]

「三次角設計圖삼차각 설계도 : 線에關한覺書선에 관한 각서 6」에서 "사람은絶望절망하라, 사람은誕生탄생하라"라는 구절 역시 절망과 탄생을 같은 자리로 보는 이러한 역설적 관점에 상응하는 듯이 보인다. 이런 차원에서 "무서운兒孩아해"는 "무서워하는兒孩아해"와 구별되지 않는다. 나아가 "무서운兒孩아해"는 "무서워하는兒孩아해"만이 가능하다. "무서워하는" 일은 봉합할 수 없는 세계의 존재론적 결여를 철저하게 '사는' 경우에만 가능하며, 이런 점에서 "무서워하는" 것은 "무서운兒孩아해"가 되기 위한 가능성이자 조건이라고도 할 수 있다. 한편 이러한 공포의 변증법의 담지자가 "兒孩아해"라는 사실은 의미심장하다. "兒孩아해"는 아직 어른

이 아닌 존재다. 즉 "兒孩^{아해}"는 이상의 시적 주체가 존재의 결여, 공포의 현실을 가리는 스크린으로서 대타자의 호명을 통해 구성되는 '(정상적) 주체'가 아니라는 사실을 암시하는 증후적 언표라고 볼 수 있지 않을까.

이 공포가 지닌 의미는 지금까지 이상 연구사에서 특별히 인식되어 오지 못했다는 점에서 새로운 연구의 대상이 될 만하다. 이 글의 관점에서는 공포를 매개로 한 시적 주체의 전변이 윤리적 차원의 문제와 결부될 수 있다는 점이 특히 관심을 끈다. 언뜻 보면 잘린 자기 팔을 "燭臺^{촉대}세음으로내방 안에裝飾^{장식}하여놓"는 "나"의 행위는 그로테스크한 행위로 보이며 이해하기 어려운 일로 보인다. 그러나 그 잘린 팔이 결국 주체 내부의 결여, 자기 자신의 외상적 표지라는 점을 이해하게 한다면, 이 행위는 그로테스크한 것이 아니라 오히려 여기서 윤리적인 차원으로의 해석 가능성이 열리게 된다. 정신분석의 관점에서 그것은 주체—세계의 결여를 은폐하는 환상(fantasy)과의 동일시가 아니라, 오히려 주체의 결여를 현시하고 있는 증상(symptom)과의 동일시, 외상적 표지를 직시하는 주체의 태도와 관련된다. 정신분석에 따르면 증상이란 세계에 내재해 있는 근원적 결여가 돌출되는 지점이라는 차원에서 '실재'에 근접하며,[19] 이런 점에서 '증상과의 동일시(identify with a symptom)'란 실재를 가리는 스크린인 환상을 벗겨낸다는 차원에서 '환상을 가로지르는(going through fantasy)' 행위이다. 이는 궁극적으로 정신 분석의 최종 윤리로 제시되는 윤리적인 차원의 행위 이행의 가능성과 관련될 수 있다.[20]

[19] 지젝(S. Žižek) 지음, 이수련 옮김, 『이데올로기라는 숭고한 대상』(인간사랑, 2002년), 223쪽.

20) 지젝(S. Žižek) 지음, 김소연 옮김, 『삐딱하게 보기』(시각과언어, 1995년), 275-276쪽. 어떤 의미에 초점을 맞추어 해석하든지 간에 「烏瞰圖오감도 : 詩第十三號시 제13호」는 '현실'을 '초월'한 시라고 말하기 어렵다. ÷

함돈균

고려대 민족문화연구원 HK 연구 교수. 문학평론가. 1973년에 태어나 고려대 국어국문학과와 같은 학교 대학원을 졸업했다. 2006년 『문예중앙』으로 등단했으며, 비평집 『예외들』『얼굴 없는 노래』, 이상 시 연구서 『시는 아무것도 모른다』 등을 펴냈다. 김달진문학상 젊은평론가상을 수상했다.

烏瞰圖 李箱 9

詩第十四號

古城앞풀밭이있고풀밭우에나는내帽子를벗어놓았다.
城우에서나는내記憶에꽤묵어운돌팔매질을한다. 幢物琛遞通이나는矞史의아픈
상처소리. 문득城밑내帽子곁에한사람의걸인이장승과같이서있는것을나려다보았
다. 걸인은성밑에서오히려내위에있다. 或은綜合된歷史의亡靈인가. 空腹으로尖銳
한 角이난 나의 심장을 노리는사람같기도하고, 나는매우 회의적이었으나 곳 세번이나
泉巡하면서드디어 나려가지 아니하 곤 배기지 못하였다. 나는 내 돈팡자와 나를 비교
하여 보았다. 걸인이 나 를 '먹여 살리는 것 이 아닌가 하는 것 이 었다. 나 는 놀 라 면 서
드디어 돌을놓았다. 나는 걸인에게 단 한푼을 있으매 성밖 에 서 도 오히려 내 위에 있다.
에 이른 것이다. 여기는 무 슨 지옥이 아닌지 지 금까 지 아 는 것 이 아 닐 마.

14 [최현식] 「詩第十四號서 제14호」, 역사와 전통에 항(抗)한다는 것

烏瞰圖
詩第十四號

古城압풀밧이잇고풀밧우에나는내帽子를버서노앗다.
 城우에서나는내記憶에꽤묵어온돌을매여달아서는내힘과距離껏팔매질첫다. 拋物線을逆行하는歷史의슯흔울음소리. 문득城밋내帽子겻헤한사람의乞人이장승과가티서서잇는것을나려다보앗다. 乞人은城밋헤서오히려내우에잇다. 或은綜合된歷史의亡靈인가. 空中을向하야노힌내帽子의깁히는切迫한하늘을불은다. 별안간乞人은慓慓한風彩를허리굽혀한개의돌을내帽子속에치뜨려넛는다. 나는벌서氣絶하얏다. 心臟이頭蓋骨속으로옴겨가는地圖가보인다. 싸늘한손이내니마에닷는다. 내니마에는싸늘한손자옥이烙印되여언제까지지어지지안앗다.

─『朝鮮中央日報』1934년 8월 7일

14

「烏瞰圖 오감도 : 詩第十四號 시제14호」,
역사와 전통에 항(抗)한다는 것

최현식 | 인하대 국어교육과 교수·문학평론가

古城고성압풀밧이잇고풀밧우에나는내帽子모자를버서노앗다.

　　城성우에서나는내記憶기억에깨묵어온돌을매여달아서는내힘과距離거리껏팔매질첫다. 抛物線포물선을逆行역행하는歷史역사의슯흔울음소리. 문득城성밋내帽子모자겻헤한사람의乞人걸인이장승과가티서잇는것을나려다보앗다. 乞人걸인은城성밋헤서오히려내우에잇다.或혹은綜合종합된歷史역사의亡靈망령인가. 空中공중을向향하야노힌내帽子모자의깁히는切迫절박한하늘을불은다. 별안간乞人걸인은慓慓표표한風彩풍채를허리굽혀한개의돌을내帽子모자속에치뜨려넛는다.나는벌서氣絶기절하얏다. 心臟심장이頭蓋骨두개골속으로옴겨가는地圖지도가보인다.싸늘한손이내니마에닷는다.내니마에는싸늘한손자욱이烙印낙인되여언제까지지어지지안앗다.

자연인 김해경은 「烏瞰圖오감도 : 詩第十四號시 제14호」를 1934년 8월 7일 『조선중앙일보』(석간) 학예면에 발표하였다. 물론 이상(李箱)이란 필명으로였다. 〈烏瞰圖오감도〉는 1934년 7월 24일부터 8월 8일까지 10회 연재되였는데, 「烏瞰圖오감도 : 詩第十四號시 제14호」는 9회 분에 해당한다. 간혹의 경우와 마찬가지로 「烏瞰圖오감도 : 詩第十三號시 제13호」와 나란히 조판되었다.

어떤 이들은 「烏瞰圖오감도 : 詩第十四號시 제14호」를 1행 1연의 형식으로 옮기고 있지만, 신문 지면을 확인하건대 2행 1연이 타당하다. 시에서 행과 연은 '리듬과 내용의 동시적 휴지(休止)'를 의미한다.[1]

[1] 띄어쓰기도 최대한 신문 지면의 상태를 존중할 필요가 있다. 어떤 부분은 마침표 다음에 띄어쓰기를 하고

있지만 어떤 부분은 그렇지 않다. 당시의 조판 및 인쇄술의 실상이 확인되지 않는 한 지면의 상태를 따르는 것이 합리적이라고 본다. 물론 이상 시의 원본을 확인할 수 있다면, 그를 따라야 할 것이다.

　　　　　　　　　　그 자체로 시의 핵심을 구성하고 표현하는 절대 요소인 것이다. 따라서 텍스트의 정확성과 원문의 사실성을 존중한다면 2행 1연으로 정전화하는 것이 옳겠다. 물론 행갈이와 띄어쓰기를 의도적으로 회피하는 이상의 시벽(詩癖)을 감안하면, 1행 1연으로 보아도 무리가 없을 듯하다. 그러나 1행과 2행을 보면, 시적 자아가 위치해 있는 공간이 서로 다르다. 1행에는 "내帽子모자"를 "古城고성압풀밧"에 놓은 자아가 등장한다. 반면에 2연의 자아는 "城성우에서" "내記憶기억"을 팔매질하는 중이다. 두 자아가 위치한 시공간의 지평이 서로 다르니, 1행과 2행의 구분이 더욱 타당한 것이다.

잠시 눈을 외부로 돌려, 「烏瞰圖오감도 : 詩第十四號시 제14호」가 발표된 『조선중앙일보』의 학예면, 그 중에서도 창작 텍스트들의 지형도를 일별해 보도록 하자. 우리는 지형도의 조감을 통해 문단의 기린아로, 또 독자 대중의 힐난 대상으로 문득 떠오르는 이상의 특이하면서도 개성적인 위상을 엿볼 수 있을 것이다. 1934년 8월 7일 『조선중앙일보』(석간) 학예면에서 이상의 시와 자웅을 겨루는 단편 소설은 단연 5회째 연재 중인 박태원의 「소설가 구보씨의 일일」이었다. 현실의 우정을 텍스트의 동반 게재로 재통합하고 시와 소설의 야심찬 대결로 재배치한 형국인 것이다.

김해경과 이 작품과의 관계는 두 가지 면에서 인상 깊

다. 하나는 김해경이 다른 예술 장르에서 활동 중인 다른 이름의 작가로 호명되고 있다는 것.「소설가 구보씨의 일일」은 8월 1일부터 연재가 시작되었다. 텍스트의 징표, 그러니까 제목과 작가, 삽화가를 소개하는 컷 및 소설 속 삽화의 담당자는 하융(河戎)이었다. 그는 기하학 모양의 굵은 사각 테두리 아래 우산[2]

[2] 이 '우산' 이미지는 '뇌수=부채, 곧 "腦髓^{뇌수}는 부채와 같이 圓^원에까지 展開^{전개}되었다. 그리고 完全^{완전}히 廻轉^{회전}하였다."(「三次角設計圖^{3차각 설계도} : 線에關한覺書^{선에 관한 각서} 3」) 속의 그것과 상통하는 바 있다. 이상은『조선과 건축(朝鮮と建築)』(1932년 9월호)「권두언」에서 "부채꼴의 인간"을 '원시인'에 비유하는 데, '원시인'은 "엽사(獵師), 공예가, 건축사, 의사를 겸했다."는 점에서 "전적(全的)인 인간"이다. 이에 반해, 현대인은 개별적인 기능만 수행한다는 점에서 파편화된 존재에 불과하다. 의미심장하게도 이와 같은 현대 문명의 결여와 소외 현상에 대한 성찰에서 "미래는 전적인 인간을 요구한다."는 이상의 혁명적 전망이 출현하고 있다. 이를 주목한 신범순은 유자후의 부채에 대한 견해를 참조하여, 이상의 '부채'는 단순한 기하학적 설명보다는 "접고 펼쳐지는 움직임이 갖는 철학적 의미를 보여 주기 위"해 제시되었다고 해석한다. 보다 자세한 설명은 신범순, 『이상의 무한 정원 삼차각 나비 — 역사 시대의 종말과 제4세대 문명의 꿈』(현암사, 2007년), 228-232쪽 참조 ; 과연「소설가 구보씨의 일일」에서 구보씨가 펼치는 식민지 근대의 현실과 주체의 불안한 내면에 대한 단속(斷續)적인 단상(斷想)들은 이런 통찰에 값한다. 이상이 이런 통찰을 미리 수행했다면 오해 혹은 과장일까?

을 반은 접고 반은 펼친 상태로 그린 다음, 펼친 쪽에다 '小說家 仇甫氏^{소설가 구보씨}의 一日^{일일}' '朴泰遠 作^{박태원 작}' '河戎 畵^{하융 화}'를 차례대로 붓글씨로 적어 넣었다. 주지하는 대로 '하융'은 곧 김해경이니, 이 날 김해경은 같은 지면에 두 가지의 필명으로 동시 출현하고 있는 셈이다. '상(箱)'은 필통을, '하융'('戎'은 '무기의 총칭'이란 뜻도 지닌다)은 붓을 자연스레 연상시키니, 두 필명은 문학과 미술이란 장르의 지시 및 구분에도 썩 잘 어울린다.

한편 이상과 박태원의 동시 출현을 가능케 한 이는 당

시『조선중앙일보』의 학예부장이던 상허(常虛) 이태준이었다. 그런데 흥미롭게도 상허 역시 동일 지면에 장편 소설『불멸의 함성』(8월 6일자 석간에 70회 수록)을 연재 중이었다. 1930년대 모더니즘 미학의 실질적 추동체였던 '구인회'의 골간이 선명하게 드러나는 현장과 그들의 기관지『시와 소설』(1936년)이 암암리에 태동되는 순간이『조선중앙일보』에 함께 존재한다는 문학사적 사건이 이로써 확인된다. 1930년대 민족주의적·계몽주의적 열정과 그에 관한 서사적 관심은 이런저런 형태의 장편 계몽 소설을 산출하는 주요 계기가 되었다. 상허의『불멸의 함성』도 그 결과 중 하나일 텐데, 그에 필적하는 심훈의『직녀성』(8월 7일자 조간에 127회 게재) 또한 같은 지면에 연재 중이었다. 카프 계열의 시와 소설이 함께 게재되었다면 1930년대 중반 무렵 조선의 문학 지형이 〈烏瞰圖오감도〉 연재를 전후해 압축적으로 펼쳐지고 있었다는 판단조차 가능해지는 장면이다.

이제「烏瞰圖오감도: 詩第十四號시 제14호」의 내재적 형식과 구조의 문제로 그 방향을 돌려 보기로 하자. 먼저 이상의 텍스트 가운데「烏瞰圖오감도: 詩第十四號시 제14호」와 상호 텍스트성을 함유하는 시편을 꼽으라면,「斷想단상 6」(1933년 2월 27일)3)

3)「斷想단상」은 미완성의 상태로 남아 있던 이상의 글을 최상남이『문학사상』(1986년 10월호)에 번역·발표하면서 붙인 제목이다. 어떤 경우는 이 텍스트를 수필로 분류하기도 한다. 여기서는 이 텍스트가 "산문과 시의 형식을 동시에 갖고 있으나 시적인 배열 및 함축 의미가 있고, 일련 번호가 매겨진 것 가운데 몇몇은 시적 진술로 볼 수 있어" "편의상 시집에 넣었"다는 김주현의 의견에 따라 시로 취급하기로 한다. 김주현 주해,『증보 정본 이상 문학 전집 1 시』(소명출판, 2009년), 210쪽, 각주 891 참조.

이맨 앞에 놓일

것이다. "황성(荒城)" "모자" "백년 전의 주민" 등의 유의어와 "황성"이 "내 쪽으로 산을 넘어" 오는 장면 등은 「斷想단상 6」이 「烏瞰圖오감도: 詩第十四號시 제14호」의 또 다른 스케치라는 인상을 주기에 충분하다.[4]

[4] 두 시편의 상호 텍스트성에 대한 의미 있는 언급은 조해옥, 「이상 시와 조연현 발굴 원고 비교 연구」, 이상문학회 편, 『이상 시 작품론(이상 리뷰 제7호)』(역락, 2009년), 300-303쪽 참조.

이런 정황은 「烏瞰圖오감도: 詩第十四號시 제14호」가 순간과 자동 기술법의 산물이 아니라 오랜 사유와 몇 차례의 재구성을 견딘 끝에 산출된 정교한 제작물임을 암시한다. 그러나 유사한 형식과 내용을 반복하거나 중첩시키되 전혀 다른 의미와 세계를 주조해 내는 이상의 아이러니적 창작 방법을 고려하면, 두 시편은 그 벡터의 방향이 사뭇 다를 수도 있다는 사실에 주의하도록 하자.

두 텍스트의 연관성 혹은 이율배반성 내부로 잠입하기 위해서는 이상의 시간·시대에 대한 의식과 태도를 면밀하게 해독할 필요가 있다. 근대인의 보편적 이미지, 곧 '거인의 어깨 위에 올라선 난쟁이'의 위대성과 그에 반하는 추락의 공포를 이상은 이렇게 적었다 : "암만해도 나는 十九世紀십구세기와 二十世紀이십세기 틈사구니에 끼워 卒倒졸도하려 드는 無賴漢무뢰한인 모양이오".[5]

[5] 이상, 「私信사신(七칠)」, 김주현 주해, 『증보 정본 이상 문학 전집 3 수필·기타』(소명출판, 2009년), 264쪽. 이상이 김기림에게 보낸 편지의 한 구절이다. 이후 언급하겠지만, 김홍중은 어떤 글에서 19세기와 20세기의 동시적 협위에 끼인 '무뢰한'의 분열적 내면을 '입양아'의 그것으로 새롭게 파악한다.

하지만 이런 자기 폐절(廢絶)의 혹독한 자인과 공표는 자꾸만 달아나는 과거와 현재(—미래)를 향한 앎의 의지에 의

해 지속적으로 단련된 역설적 언술이라 할 만하다. 과연 이상은 '무뢰한' 운운하기 4년 전, 『관자(管子)』와 『역경(易經)』을 빌려 "미래를 아는 것을 총(聰)이라 한다. 과거를 아는 것을 명(明)이라 한다"[6)]

6) 이상, 「권두언」, 『조선과 건축』(1932년 2월호). 「권두언 7」로 실린 김주현 주해, 『증보 정본 이상 문학 전집 3 수필·기타』(소명출판, 2009년), 280쪽에서 재인용.

라고 적은 바 있다.

물론 모더니티의 본질과 정점을 직접 간취하고자 달려간 도쿄의 '치사함'과 '허구성,' 그러니까 "깨솔링냄새 彌蔓미만ㅅㅔㅅㅌ 같은 거리"(「私信사신(七칠)」)의 참담한 배반과 그에 대한 염오(厭惡)를 고려하면, 시간(과거—미래)에의 '총명'이 시간(현대)에 의한 '졸도'를 압도하는 것처럼 비친다. 그러나 문제는 이상이 과거와 미래, 현재의 협위(脅威)에 내속된, 그럼에도 그에 맞서 셋 가운데 하나를 희망의 원리로 선택할 만큼의 행운과 여유조차 주어지지 않은 식민지 근대의 '난쟁이'였다는 사실이다. 한낱 개인이 감당키 어려운 이 무서운 시차(時差·視差), 곧 '총명'과 '졸도' 사이를 한꺼번에 가로질러 전체적 시간의 속박에서 아예 탈주하려는 임계선적 욕망을 「鳥瞰圖오감도 : 詩第十四號시 제14호」에서 목도하게 된다면 이와 무관치 않을 것이다.

「鳥瞰圖오감도 : 詩第十四號시 제14호」에 내재된 '총명'과 '졸도'의 사이의 다툼과 길항, 혹은 은밀한 내통과 은근한 연대를 보다 투명하게 짚어 보려면, 우리가 언제나 다가가 눈을 반짝일 수 있는 지혜의 간기(簡器)가 필요한 법이다. 그러나 「烏瞰圖오감도 : 詩第十四號시 제14호」에 대한 밝은 눈의 관심은 꽤나 소소한 편이다. 이런 실정의 근저에는, 「烏瞰圖오감도 : 詩第十四號시 제14호」와 「烏瞰圖오감도 : 詩第二號시 제2호」의 상호 텍스트성을 "人間인간(李箱이상)과 時間시간(歷史역사)의 持續지속 관계를 나타낸 시로「아버지의 아버지의」로 거슬러 올라가는 時間시간의 逆流역류가 여기에서는 高城고성으로 象徵상징되어 있"[7)]

[7)] 이어령 교주, 『이상 시 전작집』(갑인출판사, 1978년), 30쪽.

는 것으로 주해한 이어령의 영향이 짙게 깔려 있는 듯하다. 가령 앞서 소개한 조해옥의 글도 "과거에 속하는 역사와 기억을 적극적으로 인식하는 화자"에 초점을 맞춘다. 하지만 「烏瞰圖오감도 : 詩第十四號시 제14호」 속 '기억'이 화자의 현재적 시간과 의미 있는 연속성을 갖지 못한다고 해석함으로써 이상의 시간에 대한 소외와 단절에 보다 민감하게 반응하고 있다.

라캉의 미학을 참조한 함돈균은 시간적 소외와 단절의 지점을 '역사'에 대한 의외의 해석으로 다시 읽음으로써 「烏瞰圖오감도 : 詩第十四號시 제14호」의 해석과 가치 평가에 새로운 진전을 보탠다. 그는 "或혹은綜合종합된歷史역사의亡靈망령인가."라는 질문이 사회적 대타자가 역사를 매개로 주체에게 충만한 의미체로 구현되는 것이 아니라 오히려 결여에 대한 인식을 촉진하는 계기로 작동하고 있음을 유의한다. 그에 따르면, 자아의 분열과 타자와의 통합 불능으로 이중화된 주체의 실패는 실존을 넘어선 역사에의 위기, 다시 말해 이데올로기적 호명 실패와 즉시 연동된다. 이 지점에서 이상의

히스테리적 질문이 출현하는 바, 함돈균은 이것을 「烏瞰
圖오감도 : 詩第十四號시제14호」에 내재된 시적 아이러니의
원리이자 요체로 파악한다.8)   8) 인용 부분 및 더 자세한 내용은 함
돈균, 『시는 아무 것도 모른다』(수류산방, 2012년), 297-300쪽 참조.

이상
의 시적 아이러니와 히스테리의 본질은 따라서 '역사'
와의 불화, 그러니까 "'역사'라는 주인 기표에 의해 꿰
매어지지 않은," 폐쇄된 단독성의 소산물이다. 이상을
우리들의 역사 속으로 다시 귀환시키는, 바꿔 말해 역
사의 물음 속에 다시 위치시키는 흥미로운 방법과 장
면이 이로써 분명해졌다.

신범순은 "현란을 극한 정오"(「날개」)를 불현듯 환기
하는 복합적 사상과 언어의 종횡무진 속에서 「烏瞰圖오감도
 : 詩第十四號시제14호」를 두 가지 관점과 해석으로 가치
화한다. 먼저, 그는 「烏瞰圖오감도 : 詩第十四號시제14호」에 울
울한 "역사 비판 의식은 그의 무한 사상(흔히 모자로
서 상징되는)에서 솟구치는 것"으로 파악한다. 이 때
문에 이상은 "'20세기'적인 사상적 유행품에 별 대단
한 가치 평가를 하지 않고 있"으며, 남들이 "낡은 것
의 대명사처럼 내세우는 '19세기'라는 것도 그렇게 낡
고 부정적인 것만은 아"닌 것으로 취급하게 된다는 것
이다.9)   9) 신범순, 『이상의 무한 정원 삼차각 나비』(현암사, 2007년) 350쪽
참조.

이상의 시간 의식, 다시 말해 과거와 미래를 향한
'총명'에의 욕망과 더불어, 역사적 모더니티에 대한 이
상의 본원적 태도를 보다 건설적이며 균형감 있게 파
악한 논지로 이해된다.

그는 이런 관점을 더욱 확장시켜, '모자'를 '무한 사상'으로 수렴했듯이, 「烏瞰圖오감도 : 詩第十四號시 제14호」의 시 공간의 축과 거기 담긴 서사의 진폭을 '무한대'로 넓혀간다. 하나, "역사 시대의 폐허를 다루면서도 그는 여전히 역사의 망령에 짓눌리는 정신적 전쟁을 매듭짓지 못한" 비극적 장면. 둘, "무성하게 자란 풀들의 생식력 위에 놓인 그의 모자가 담아낼 하늘의 성좌도를" 채 보여 주지 못한 패배의 현장.[10]

[10] 신범순, 『이상의 무한 정원 삼차각 나비』(현암사, 2007년), 426-429쪽 이곳 저곳 참조. 신범순은 「烏瞰圖오감도 ; 詩第十四號시14호」를 역사의 종말을 예견한 대표작으로 꼽으면서, 이와 유사 관계를 형성하는 텍스트로 「烏瞰圖오감도 ; 詩第七四號시 제7호」와 실락원 소재의 「失樂園실락원 ; 自畵像(習作)자화상(습작)」, 「失樂園실락원 ; 月傷월상」, 「最後최후」, 「一九三三,六,一1933. 6.」 등을 들었다.

신범순이 「烏瞰圖오감도 ; 詩第十四號시 제14호」를 서사시적 텍스트로, 또 식민지 조선을 배회 중인 묵시록적 종말론의 시적 버전으로 재해석하고 재구성하는 핵심 요건들이다.

신범순의 독법을 고려하여 「烏瞰圖오감도 ; 詩第十四號시 제14호」 속 이상의 주체적 위상을 그려 본다면 이렇게 될 것이다. 신탁의 저주를 풀지 못했다는 점에서 그는 실패한 영웅이며, 그럼에도 "空中공중을向향하야노힌내帽子모자의깁히는切迫절박한하늘을불은다."는 점에서 그는 시대 착오적인 돈키호테이다. 그러나 이상은 끝내 '19세기' 이전의 "古城고성압풀밧"으로 스스로를 내던질 줄 알았다("나는내帽子모자를버서노앗다"). 이상을 아예 거인의 육체를 제 몸에 내삽하기를 욕망한 대체불능의 '난쟁이'로 재차 호명할 수 있는 결정적 이유일 것이다.

그러나 최후의 문제는 그가 '새로운 성좌도'를 미처 그려내지 못했듯이 자신이 탐하던 거인의 육체도(圖) 작성에도 꽤나 서툴렀다는 점이다. 그의 "아버지의 아버지의 아버지…"(「烏瞰圖오감도 : 詩第二號시 제2호」)들은 "걸인"과 "장승" "종합된 역사의 망령"으로 되돌려짐으로서 근대 발 '만들어진 전통'으로 호출될 가능성조차 제약되었다. 이 불행한 사태 속에서 이상은 과거와 현재, 미래의 어디에도 귀속되지 못한 채 그 주변을 '무뢰한'처럼 배회하는 시간의 패배자로 추방되었다. 하지만 여기에 '시간의 희생자'라는 말을 덧붙이지는 말자. 왜냐하면 도무지 화해할 줄 모르는 시간들의 '이상한 가역 반응'과 싸우느라 바빴던 이상은 스스로를 그 '희생'의 자발적 격발자이자 정조준된 탄착점으로 기꺼이 내세웠기 때문이다.

우리는 이제 특히 과거―전통―조선에 대한 애도, 즉 그것들에 대한 기묘한 윤리적 연민[11]

[11] "婉轉완전히 二十世紀이십세기 사람이 되기에는 내 血管혈관에는 너무도 많은 十九世紀십구세기의 嚴肅엄숙한 피가 위협하듯이 흐르고 있오그려."(「私信사신 (七칠)」, 김주현 주해, 『증보 정본 이상 문학 전집 3 수필·기타』(소명출판, 2009년), 264쪽.) 좀처럼 중류되지 않는 "十九世紀십구세기의 嚴肅엄숙한 피"에 대한 공포 혹은 애증의 근저에는 어떤 식으로든 그것을 향한 애도와 윤리적 연민이 동시에 작동하고 있지 않을까.

에서 점차 이탈하여 결국 그것에의 귀환 불능에 따른 공포와 우울로 스스로를 몰아가는, 근대에 갑자기 입양된[12]

[12] 이상의 삶과 문학을 가족 로망스의 지평에서 '입양아'의 그것으로 특화한 이는 사회학자 김홍중이다. 스스로 거인의 어깨에 올라탄 '난쟁이'는 자신의 진보를 위해 전근대를 아무런 죄책감 없이 살해하면서 근대를 창안했다. 그

러나 근대로, 그것도 식민지적 상황으로 입양된 '난쟁이'는 원래의 부모와 현재의 부모 사이에서 끊임없이 갈등하며 자신의 기원과 정체성의 본질 및 향방을 찾느라, 문득 자기 삶에 끼어든 분열선을 따라 방황하거나 도주하지 않으면 안 되었다. 이상의 이런 상황을 김홍중은 다음과 같이 정리했다.: "이상의 경우는 죽은 아버지를 부활시키려는 시도나 새로운 아버지를 영접하려는 시도를 모두 거부하고, 자신을 압박하는 두 명의 상이한 상징계 사이의 중립선(中立線)을 따라서 끊임없이 탈주하고자 했다". 물론 이상의 두 아버지, 즉 친부와 백부는 '봉건 조선'과 '식민모국'(일제—인용자)의 알레고리로도 충실히 작동하는 존재들이다. 인용 및 더 자세한 내용은 김홍중, 「13인의 아해(兒孩)—한국 모더니티의 코러스」, 『마음의 사회학』(문학동네, 2009년) 이곳 저곳 참조.

'난쟁이' 이상의 분열된 내면의 행로를 따라가게 될 것이다.

「烏瞰圖오감도 : 詩第十四號시제14호」와 그 선편 「斷想단상 6」을 함께 읽을 때, '황성'·'고성'을 향한 주체의 입각점과 관련하여, '13인의 아해'들의 그것을 지시한 다음 견해는 여러 모로 유용하다.

이들은 근대적 원근법에 기초한 투시도법〔烏瞰圖〕에 의해 조직된 동질적 공간 속에 함께 있으나, 사실은 서로가 소통할 수 없는 산포적 상황 속에 던져져 있다. 이 함께 있음과 흩어져 있음의 공포, 공포라는 감정을 통한 부정적 연대, 길의 보임과 닫힘, 결정적 판단의 유보와 불가능성은 어디에서 비롯하는가? 왜 이들은 '공포' 속에서 '질주'하는가? 이들이 도달한 '막다른 골목'이란 무엇인가?[13]

13) 김홍중, 위의 책, 342쪽.

〈烏瞰圖오감도〉는 30여 편 게재될 예정이었으나 독자들의 거센 반발에 부딪혀 「烏瞰圖오감도 : 詩第十五號시제15호」로 종결되었다. 이 치졸한 사정에도 불구하고, 〈烏瞰

圖오감도)는 연작이니만큼 개개의 시편들은 그 내용과 형식이 다를지라도 암묵적으로 공유하는 무언가가 분명 존재할 것이다. 〈烏瞰圖오감도〉의 입각점과 연작을 관통하는 누빔점을 위의 견해에서 읽어낸다면 과연 무리일까? 예컨대 『烏瞰圖오감도 : 詩第十四號시제14호』의 "古城고성 앞풀밧"에 "내帽子모자를버서" 놓은 '나'와 "城성우에서" "내記憶기억에쌔묵어온돌을매여달아" 힘껏 던지는 '나'를 보라. '나'들은 행위의 시차에 의해 명백히 분리되어 있는 듯하다. 우리는 그러나 복수의 '나'들을 관찰하는 초월적 시선을 문득 발견하고 흠칫 놀란다. 시간적 차이와 주체의 산포가 공간 분리와 이질적 행위를 동시에 부감하는 조감도의 방법으로 분명한 육체를 얻는 장면인 것이다.

그런데 주체와 타자, 세계의 '산포적 상황'과 거기서 분비되는 '공포'와 '우울'은 「斷想단상 6」에서 이미 발진(發疹)한 병리적 현실과 심리적 증상이었던가?

황성(荒城)은 눈을 밟고 산을 넘고 있다.
낡은 성문은 개방되어 있다. 도회의 입구
석양에 붉게 성내고 있는 성채. 그 앞에서 나는 모자를 벗는다.
백년 전의 주민의 최후의 한 사람까지 죽고 없는 오늘 고적은 해묵었다. 그러나 백년에 한 번 백년을 느끼는 사람에게만은 새롭다.
산까마귀의 수명은 몇 년이나 될까?
나는 또 길가의 소년의 나이를 나의 나이에서 감산해 보기도 한다.

> 황성은 또 모래와 바위를 밟고 내 쪽으로 산을 넘어온다.

— 「斷想단상 6」(1933년 2월 27일) 전문.

시공간적 배경과 그것이 환기하는 정서로는 자아와 세계의 황폐함을 지울 길 없다. 하지만 이들의 애처로운 퇴락은 "백년에 한 번 백년을 느끼는 사람"의 출현과 함께 그 "갸날픈 단말마의 함성"이 "봄으로 봄으로"[14]

[14] 이상, 「斷想단상 4」(1933년 2월 5일), 김주현 주해, 『증보 정본 이상 문학 전집 1 시』(소명출판, 2009년), 212-213쪽.

울려 퍼지는 반전을 맞게 된다. "내일이 오늘이 될 수 없는 이상 불안하다. 내일이야말로 정말 미쳐 버릴 거"[15]

[15] 이상, 「斷想단상 11」(1933년 2월 5일), 위의 책, 216쪽.

라는 주체의 히스테릭한 분열증 속에서도 일말의 통합적 개성과 희망의 원리를 발견한다면, 그것은 "고적"의 새로운 가치에 대한 주체의 통찰력 때문일 것이다. "산까마귀의 수명"을 묻고 "길가의 소년의 나이"를 세밀히 헤아려 보는 보기 드문 타자 지향성도 자아와 세계의 통합성에 대한 신뢰와 희망 때문에 가능했겠다.

그런데 가냘프고 단속(斷續)적이나마 과거-현재-미래를 동시에 꿰뚫고 통합하는 시간적 감각의 도래 또는 혁신은 어떻게 가능했던 것일까. 이는 주체의 갱신과 재구성에 관련된 일이다. 그러므로 '애도'와 '총명'이란 이중적 누빔점과 그 객관적 상관물인 '모자'에 초점을 맞추어 보는 것도 괜찮겠다.

우선 '모자'란 무엇인가. '모자'를 벗는다는 것은 의례(儀禮)에서는 경의나 애도를, 일상에서는 대개 휴식을 뜻한다. 「斷想단상 6」과 「烏瞰圖오감도: 詩第十四號시 제14호」에서는 전자의 의미가 두드러지는데, 특히 근대의 '난쟁이'의 입장에서는 '애도'가 '경의'보다 우세할 듯하다. 물론 이상은 그의 '모자'에 심층적 의미를 따로 부가해 두었다. "나의 疾床질상을 監視감시하고 있는 帽子모자 / 나의 思想사상의 레텔 나의 思想사상의 흔적"[16]

16) 이상, 「猶의 記 作品 第二番황의기 작품 제2번」, 김주현 주해, 『증보 정본 이상문학전집 1 시』(소명출판, 2009년), 197쪽.

등이 지시하듯이, '모자'는 이상의 단순한 패션이 아니라 사상과 이념, 미학과 정치 따위가 종합된 자아의 활령(活靈)을 상징한다. 그런 의미에서 '애도'와 '총명'은 '활령의 모자'가 구체화된 형식에 해당한다. 이것들은 과거와 현재, 미래를 총괄하고 장악하는 시간의 지배자로 근대의 '난쟁이'를 성립시킨 이성의 간지(奸智)와 너끈히 맞먹는다. 왜 그런가. 그것은 무엇보다 '애도'와 '총명'이 아래에 보이는 자기와 세계에 대한 성찰력 및 그것들의 미래를 재구성하는 기획력과 관련되기 때문이다.

라캉에 따르면, '애도(mourning)'는 의미화 요소들이 존재의 구멍을 메우지 못해서 생겨난 무질서를 바로잡는 제의적 의식(儀式·意識)의 일종이다. 그러니까 주체의 구성에 필요한 상징적 질서의 혼란을 수습하는 한편, 그 결여의 구멍을 메워줄 새로운 로고스를

찾아가는 처연한 욕망이자 활동인 것이다.[17]

[17] 자크 라캉 지음, 권택영 외 옮김, 「욕망, 그리고 「햄릿」에 나타난 욕망의 해석」, 『욕망 이론』 (문예출판사, 1994년), 168쪽.

이상이 새로운 로고스의 불확실성, 즉 20세기의 치사함과 허구성 속에서 끊임없는 자기 분열의 공포와 우울에 시달렸음은 잘 알려진 사실이다. 어쩌면 이즈음의 그는 "엄숙한 도덕성"으로 자신을 압박하는, 그러나 '역사'라는 명패로 자기를 증명해 오는 '19세기'에서라도 '새로운 로고스'를 돌려받고 싶었는지도 모른다. "백년에 한 번 백년을 느끼는" 새로운 주체에 대한 기대와 "또 모래와 바위를 밟고 내 쪽으로 산을 넘어"오는 '해묵은 고적(古蹟)'='황성(荒城)'을 차분히 응시하고 환대할 수 있었던 몇몇 이유가 이 부근에 존재할 것이다. 미래와 과거를 아는 것을 '총(聰)'과 '명(明)'이라 새삼 밝힌 언명(「권두언 7」)에 이상의 이런 기대치와 자신감이 투영되어 있다고 본다면 지나친 발상일까.

그러나 불과 얼마 뒤 이상은 〈烏瞰圖오감도〉 연작, 특히 「烏瞰圖오감도: 詩第十四號시 제14호」에 이르러 주체와 세계, 시간의 '산포적 상황'과 '로고스의 부재'에 크게 당황하며 좌절감에 시달리는 듯한 면모를 피로(披露)한다. 이는 무엇보다 "古城고성압풀밧"에 "내帽子모자를버서" 놓은 채 "城성우에서" 침통하게 수행한 '애도'[18]

[18] "나는 내 記憶기억에 패묵어운돌을매여달아서는내힘과 距離거리껏팔매질첫다."를 그렇게 볼 수 있다. 의식(儀式) 일반이 그렇듯이 '애도' 역시 "천국에서 지옥까지 모든 것에 간섭하고자 하는 상징계의 전체적 활동"(라캉)의 하나이기 때문이다. 게다가 애도는 타자에 대한 주체의 '기억'(과거) 없이는 결코 실천될 수 없는 (시간의) 형식이지 않은가.

작업이 "歷史역사의 슲은울음소리"와

"城성밋내帽子모자겻헤한사람의乞人걸인"의 갑작스런 출현으로 귀결된 탓이다. '총명'의 과녁 절반을 구성했던 '과거'는 그 순간 위대한 전통으로 다시 구성되고 가치화될 기회를 잃은 채 "綜合종합된歷史역사의亡靈망령"으로 괴물화된다. "空中공중을向향하야노힌내帽子모자의깁히는切迫절박한하늘을불은다."는 표현에는 '새로운 로고스'에 대한 절박한 희망 못지않게 기존의 그것을 박탈당한 자의 황망한 불안과 공포가 함께 스며 있는 것이다.

그렇다면 왜 '나'의 정중하고도 간절한 '애도'와 '총명'에의 의지에도 불구하고, "걸인"="綜合종합된歷史역사의亡靈망령"에게 내 모자를 빼앗길 상황에 처하고야 마는가. 또한 왜 사회적·이데올로기적 동일성을 내포한 주체 구성에 빠질 수 없는 거대한 뿌리 '전통'과 '역사'는 풍요로운 '부자'와 '활령'으로 경모되지 못하고 '걸인'과 '망령'으로 부정화되는가. 이 비극적 사태는 친가와 의가 두 고성(古城) 앞에 서성이며 기원·기억의 삭제와 위임의 강압에 시달리는 '입양아'의 처지와 우선 관련될 것이다.

이상은 19세기-친가와 20세기-의가 사이에 끼인 자아를 두고 '무뢰한'으로 일렀다. 사전적 의미로 '무뢰한'은 "일정하게 하는 일도 없이 떠돌아다니며 나쁜 짓을 하는 사람"을 일컫는다. 이상의 처지에 합당하게 의미를 고쳐본 다면, 거인의 정신과 질서에 맞서 방황과 배회, 모독과 일탈을 실행하는 '난쟁이' 정도가 되겠다. '난쟁이'는 고성(古城) 거인들의 식탁, 그러니까 "소통할 수 없는 산포적 상황"의 장으로 엇갈려 초대됨으로써 '무뢰한'을 벗어날 친밀성과 통합의 정중한 의식에서 결국 추방될 운명이었다. 이 우울하고 불합리한, '입양아'에 대한 환대의 형식은 첫째, 아버지들의 고성에서의 행복한 추억과 즐거운 삶의 예정을 박탈할 것이었다. 둘째, 이에 따른 주체의 배신감과 치욕감은 아버지들에 대한 '애도'를 경모 없는 기만적 조아림으로 변질시키기에 알맞은 심리적 토양이었을 것이다.

그러므로 최후의 삶의 형식을 벌써 예감하고 있던 '난쟁이' 이상에게 '고성'의 아버지들을 향한 '애도'는 아버지들을 "충분히 만족시키지 못하고 뭔가를 빠트렸거나 거절했을" 가능성이 농후해진다. 물론 이를 지적한 라캉의 궁극적 전언은 불충분한 애도 속에서 현재의 "남겨진 구멍 속에 유령이나 도깨비가 나타난다는 전설"의 사실성에 대한 것이다. "달랠 수 없는 불쾌감"을 촉발하는 '유령'은 그들의 역사와 전통이 "문화적으로 형성된 집단과 공동체" 내부에서 "로고스의 대들보 역할"을 충분히 수행하거나 인정받지 못할 때 출현한다는 사실 말이다.[19]

19) 자크 라캉 지음, 권택영 외 옮김,「욕망, 그리고「햄릿」에 나타난 욕망의 해석」,『욕망 이론』(문예출판사, 1994년), 168-169쪽.

실제를 말하면, '애도'의 불충분성은 그 의식(儀式)의 주체와 타자, 수행자와 대상자로 서로 관여하며 갈라서는 아버지들과 이상의 대립과 갈등에서 기원한다. 그렇다 해도 다음과 같은 사실은 언제고 달라지지 않는다. 아버지들에 대한 충분한 '애도'를 통해 그들을 사신(死神)과 활령의 양대 지평에 동시에 올려 놓지 않는 한, 이상 역시 언젠가는 "종합된 역사의 망령"이자 "걸인"으로 지목되고 처벌될 운명이라는 것.

재차 강조하거니와, '애도'의 일차적 전제는 계승과 극복의 양가적 대타자로서 아버지들에 대한 친밀감 회복과 그를 통한 예절 바른 결별이다. 그 대가로 주어지는 예외적 선물 가운데 하나가 시간들에 대한 '총명함'일 것이다. '난쟁이' 이상은 이 '친밀성'과 '결별'에 서투르므로, 혹은 그 내용과 형식을 자기 주관에 단독 투사하는 왜곡에 빠져듦으로써, 아버지들의 어깨에서 강제로 내려지거나 스스로 추락하는 것인지도 모른다. 이상 문학에서 이 문제는 어떻게 발현되었고 또 「烏瞰圖오감도·詩第十四號시제14호」에서는 어떻게 귀결되는가. 그러니 이렇게 질문을 던져 보자. "문화적으로 형성된 집단과 공동체"가 생활하는 아버지들의 '고성' 앞에서 이상이 문득 조우한 '걸인'과 '망령'의 징후는 무엇인가. 친가와 의가의 고성(古城) 모두가 상속 가능한 '입양아'의 권력과 행운을 팽개친 채 두 세계를 통렬히 비판하고 조롱하는 '무뢰한'의 자발적 불행(아이러니)의 거점은 어디이며, 또 그것은 얼마나 타당한가.

나는 이상의 불충분한 '애도'와 '총명'에 관한 단서 하나를 언어의 분열과 파편화, 바꿔 말해 민족어(토속어)와 제국어(근대어)의 불균형과 분열적 산포에서 찾아 보고 싶다. 이상은 언젠가 '아름다운 조선말'의 예로, 토속어 취가 더욱 강렬한 함경도 방언 '나가네'(나그네)와 '댕구알'(누깔사탕)과 조탁의 분위기가 명

14 [최현식] 「詩第十四號시제14호」, 역사와 전통에 항(抗)한다는 것

랑한 정지용의 "검정콩푸렁콩"을 들었다.[20]

[20] 이상, 「아름다운조선말」, 『중앙』(1936년 9월호). 김주현 주해, 『증보 정본 이상 문학 전집 3 수필·기타』(소명출판, 2009년), 230쪽에서 재인용.

약간 과장한다면, 그의 민족어에 대한 관심은 근대어(제국어)나 그 유사 체계에 해당될 서울말(≒표준어)과 불화하는 질박한 사투리, 또 경쾌한 리듬과 마술적 이미지로 채홍된 시어에 국한된다. 총독부에 의해 국가어의 지위를 박탈당한 채 식민지 지배의 편의와 가속도를 위한 기능적 언어로 끊임없이 분절되는 '조선어'의 운명에[21]

[21] 조선총독부는 '조선어' 교육의 목표를 식민지인들의 의사 소통과 감정 표현의 적당한 수행, 식민지 근대의 생산성에 기여하는 실업(實業) 관련 기능어의 기초적 습득 등에 두었다. 이를 초과하는 사상과 이념, 가치 판단 등을 조직하는 추상(관념)어와 실업계를 지휘하고 관장하는 고급 기술어의 교육과 습득은 예외 없이 제국어(일본어)를 사용해 실현되었다. 문인 이상 이전의 자연인 김해경도 이 과정을 충실히 밟아간 식민지 기능인의 전형이었다. 그는 보성고보를 거쳐 경성고공 건축과를 졸업한 뒤에야 비로소 조선총독부 건축과 기사로 채용되었다.

대한 통절한 각성과 뼈아픈 기억의 표백은 어디에도 없다.

누군가는 기존의 의미와 형식을 파괴하는 근대적 '조선어'의 격발, 그 안에 수렴됨으로써 상대화되는 일본어의 지위 등을 예로 들어 이상의 미학 또는 이중 언어의 저항성과 파괴성을 강조할지도 모른다. 하지만 이상식 인공어의 세속화는 '고성' 속 조선어를 더욱 지방화하고 고립시켜 갈 위험성 역시 피할 수 없었다. 여기서 '조선어'의 미학적·정치적 혁명성이 심각하게 훼손되고 결국에는 '민족어'가 식민지적 (무)의식을 강화하는 반동적 기제로 피탈되는 이중적 억압을 읽는다면, 지나치게 부정적이고 비관적인 판단이겠는가.

하지만 애초에는 이상 못지않게 역사와 전통에 부정적이었던 김수영은 어떠했는가. 그는 일상어의 지위마저 위협당하는 '고성'의 "가장 아름다운 우리말 열 개"에서 "향수의 檢束^{검속}에서 벗어난 억세고 아름다운 生語^{생어}"의 잠재성을 간취한다. 이 곳은 한국어, 특히 토속어가 심미적 충격의 표현을 넘어, "어떤 순수한 현대성"을 실현하는 세계적 보편성과 혁명성을 동시에 수행할 수 있음을 김수영이 처음 발견하고 확인했던 지점이다. 이후 더욱 가속된 김수영 식 '민족어의 세속화' 및 '인공어의 삭감'은 "언어의 변화는 생활의 변화요, 그 생활은 민중의 생활을 말하는 것이다. 민중의 생활이 바뀌면 자연히 언어가 바뀐다."는 '범속한 트임'의 밑받침을 받음으로써 쇼비니즘적 쇄말주의의 위험을 가뿐히 비껴갔다.[22]

22) 이상의 인용은 김수영,「가장 아름다운 우리말 열 개」,『김수영 전집 2 산문』(민음사, 1981년), 이곳 저곳에서 취함.

김수영 식의 언어 전환을 참조하면, "切迫^{절박}한하늘을" 부르는 "내帽子^{모자}속에" "한개의돌을" "치뜨려넛는" '걸인'의 돌발적 행위는 이렇게 이해된다. 첫째, '아버지들'에 대한 '애도'와 그들의 '고성' 보존에 서툰 '난쟁이'에 대한 조롱과 경멸이다. 실상, 이상의 '아름다운 조선말'에 대한 고백은 '생어(生語)'의 가능성 타진보다는 김수영을 다시 빌리면, "보편적인 언어미가 아닌 회고 미학"의 관음증적 탐닉과 훨씬 친화한다. 둘째, '아버지들'의 투석 행위는 그러므로 이상의 '총명'에 대한 안타까운 요청이자 복원의 응원이 아닐 수 없다. 이상의 사상과 지성, 이념과 감각에 대한 총체적 기표로 작동하는 '모자' 속으로 아버지들을 향해 투척된 내 '돌'('기억')이 다시 내게 던져진다는 상황의 반전이 그것을 증례한다.

아버지들은 그런 의미에서 긍정적이든 부정적이든, 죽었든 살았든 '생령'의 형식으로 아들들의 세계와 삶에 지속적으로 개입하는 '지속적 시간'의 의미와 형상을 입는다 하겠다. '망령'은 '기억'의 유산이라는 점에서 점진적으로 삭제하거나 은폐할 수 있다. 그러나 '생령'은 주체의 현실과 그 구성에 불쑥 개입하는, 추방과 거부 불능의 힘센 참여자가 아니던가. 나의 '기절'은 '아버지들-망령'의 기대를 능가하는 '아버지들-생령'의 주체 참여에 대한 공포에서 결정되는 것이라는 해석은 그래서 가능하다.

"心臟(심장)이頭蓋骨(두개골)속으로옴겨가는地圖(지도)가보인다."는 진술은 따라서 과거 발(發) '망령'의 아버지들이 현재 속 '생령'의 아버지들로 무한 복제되는 '이상한 가역 반응'에 대한 자아의 공포심을 비유한 것인지도 모른다. 실제로 〈烏瞰圖(오감도)〉보다 2년 남짓 앞서는 단편 소설 「地圖의暗室(지도의 암실)」[23)]

[23)] 이상, 「地圖의暗室(지도의 암실)」, 『조선』(1932년 3월). 김주현 주해, 『증보 정본 이상 문학 전집 2 소설』(소명출판, 2009년), 160-161쪽에서 재인용.

에는 저 이상한 '지도'의 내용과 형식을 암시하는 이미지 두어 개가 보인다. 하나는 자신이 벗어놓은 모자를 구둣발로 짓밟을 생각을 해보나 결국은 실행에 옮기지 못한 채 "장엄히도승천하여버"리는 '그'의 모습이다. 다른 하나는 피곤한 다리를 이끌어 "불이던지는불을밟아가며불로갓가히가보려고불을작고만밟"는 '그'의 모습이다. 「烏瞰圖오감도 : 詩第十四號시 제14호」에 나타나는 '나'와 '망령'들이 서로 돌을 던지는 균열 행위와 주체의 궁극적 실패('기절'), 그리고 불행한 미래의 예감은, 「地圖의暗室지도의 암실」에서 '모자'와 '불'('심장')을 향한 '그'의 아이러닉한 행위 및 그것의 실패와 여러 모로 유사하다.

물론 「地圖의暗室지도의 암실」은 주체의 구성과 확인에 대한 실패의 기록보다는 새로이 통합된 주체의 욕망을 그린 소설로 흔히 평가된다. 자아가 '지도 그리기', 곧 "아름다운복잡한기술"을 통해 다면적 주체와의 '놀이'에서 벗어나 본질적 주체로 돌아오는 과정을 서사화하고 있기 때문이다.[24]

[24] 김주현, 「이상 소설과 분신의 주제」, 『이상 소설 연구』(소명출판, 1999년), 240-241쪽 참조.

희망의 원리를 간신히 거머쥔 자아는 그러나 불충분한 애도를 빌미로 '입양아'·'난쟁이'의 삶과 문학에 끊임없이 끼어드는 '망령'과 '생령'들에 대한 공포와 회피 속에서 결국 비밀스런 고유의 '지도'를 그리는 데 실패하였다. 요컨대 '지도'를 현상하는 '암실'이 '지도'의 길과 방향을 가리는 어둠의 공간으로 변질되어 버린 것이다.

'망령'의 '생령'으로의 변신과 출현, 그에 따른 '지도'의 상실은 주체의 현재와 미래를 빼앗는 결정적 사건에 육박한다. 따라서 그것은 이상 소설의 어떤 제목처럼 '실화(失花)' 자체가 아닐 수 없다. 이처럼 발가벗긴 몸을 두고, 이상은 앞으로 "사람이 / 秘密비밀이 없다는 것은 財産재산없는것처럼 가난하고 허전한 일이다."25)

25) 이상, 「失花실화」, 『문장』(1939년 3월호). 김주현 주해, 『증보 정본 이상 문학 전집 2 소설』(소명출판, 2009년), 348쪽에서 재인용. 이 구절은 「失花실화」의 종결부에서 "사람이 秘密비밀이하나도 없다는것이 참 財産재산없다는것 보다도 더 가난하외다그려! 나를좀 보시지오?"로 변주되어 다시 제시된다. 수필 「十九世紀式십구세기식」에도 같은 구절이 등장한다. "秘密비밀이 없다는 것은 財産재산 없는 것 처럼 가난할 뿐만 아니라 더 불쌍하다." 「失花실화」와 「十九世紀式십구세기식」은 이상이 1936년 10월 중순 이후 도쿄에 체류하기 시작하면서 이 때 작성한 것으로 보인다. 그즈음은 역사적 모더니티에 대한 실망과 그에 따른 존재의 돌파구 상실, 그리고 건강 문제 등, 죽음의 그림자가 서서히 드리우던 때였다. 두 글에서 이상의 좌절과 상흔이 가장 날것의 상태로 부감되고 있다는 판단이 가능한 이유이기도 하다. 이를 고려하면, '19세기'는 '20세기'이기도 하다. 이 시간들의 신민들인 '망령'과 '생령'이 지속적 출몰하고 개입하는 속에서 '입양아'의 '비밀'은 결코 형성되거나 보존될 수 없다.

라는 서글픈 에피그램을 적게 될 것이었다. 그러나 벌써 이상의 이마 위에는 '망령'과 '생령'의 '싸늘한손'과 그것에 대적할 "아름다운복잡한기술"을 억압당한 '나'의 "싸늘한손"이 함께 눌러 찍은 '낙인', 곧 '종생기(終生記)'가 그 모습을 또렷이 드러내고 있는 중이었다.

그 상황을 이상은 이렇게 적었다 : "내가遲刻지각한내꿈에서나는極刑극형을바닷다. 내꿈을지배하는者자는내가아니다. 握手악수할수조차업는두사람을封鎖봉쇄한거대한죄가잇다."26)

26) 이상, 「烏瞰圖오감도 : 詩第五號시제5호」, 김주현 주해, 『증보 정본 이상 문학 전집 1 시』(소명출판, 2009년), 99쪽에서 재인용. "두사람"은 이 시에 출연중인 이중의 자아, 즉 "거울업는室內실내에잇"는 '나'와 '거울속의나'를 의미한다. 인용부의 '나'는 그 둘을 관찰하고 기록해 온 또 다른 '나'이다. 주체를 철저히 대상화하고 분리하는 이상의 "아름다운복잡한기술"이 잘 드러나는 장면이다.

주체의 구성과 통제, 장악력을 잃은 인간만큼 무력하고 비극적인 존재가 또 어디 있겠는가. 이상의 스스로에 대한 저 '애도'는 '존재 속에 생겨난 구멍'을 메우려는 '해방'의 의식(儀式)보다는, 책임의 소재를 자기에게 돌리는 '처벌'의 청원에 가깝다. 이상은 이처럼 '망령'과 '생령'들을 향해, 그들의 "최초의 불쾌감에 대한 속죄의 희생양"(라캉)으로 스스로를 제단에 올렸다. 그럼으로써 그는 살아서도 '유령'이 되었다.

어쩌면 채 발표되지 못한 〈烏瞰圖오감도〉 열다섯 편에는 이 자발적 '유령'에 대한 뜻밖의 '애도' 작업이 담겨 있을지도 모른다. 하지만 이상은 스스로의 '유령'의 형식에 자발적으로 봉인을 가함으로써, 그 누구도 알 수 없는 '비밀'을 챙겨 두었다. 자기 부존(不存)의 '가난'과 '불쌍'에서 자아를 영원히 구원한 일급 책략이었다 칭할 만하다. 그러니 이렇게 적어야겠다. 진실을 말하자면 이상이란 '유령'은 없다, 그는 어제도 오늘도 활령(活靈)으로 늘 글쓰기 장(場)에 출몰했고 또 출현 중이다. ÷

최현식

인하대 국어교육과 교수, 문학평론가. 1967년 충남 당진에서 태어나 연세대 국어국문학과와 같은 학교 대학원을 졸업했다. 1997년 『조선일보』 신춘문예 평론 부문에 당선했다. 연구서 『서정주 시의 근대와 반근대』 『한국 근대시의 풍경과 내면』 『신화의 저편―한국 현대시와 내셔널리즘』 등과, 평론집 『말 속의 침묵』 『시를 넘어가는 시의 즐거움』 『시는 매일매일』 등을 냈다. 대산 창작 기금, 소천비평문학상, 김달진문학상(비평 부문)을 받았다.

烏瞰圖

詩第十五號

李 箱 (完)

1

나는거울없는실내에있다. 거울속의나는역시外出中이다. 나는至今거울속의나를무서워하며떨고있다. 거울속의나는어디가서나를어떻게하려는陰謀를하는中일까.

2

罪를品고식은寢床에서잤다. 確實한내꿈에나는缺席하였고義足을담은軍用長靴가내꿈의白紙를더럽혀놓았다.

3

나는거울있는室內로몰래들어간다. 나를거울에서解放하려고. 그러나거울속의나는沈鬱한얼골로同時에꼭들어온다. 거울속의나는내게未安한뜻을傳한다. 내가그때문에囹圄되어있듯이그도나때문에囹圄되어떨고있다.

4

내가缺席한나의꿈. 내僞造가登場하지않는내거울. 無能이라도좋은나의孤獨의渴望者다. 나는드디어거울속의나에게自殺을勸誘하기로決心하였다. 나는그에게視野도없는들窓을가르치었다. 그들窓은自殺만을爲한들窓이다. 그러나내가自殺하지아니하면그가自殺할수없음을그는내게가르친다. 거울속의나는不死鳥에가깝다.

5

내왼편가슴心臟의位置를防彈金屬으로掩蔽하고나는거울속의내왼편가슴을견누어拳銃을發射하였다. 彈丸은그의왼편가슴을貫通하였으나그의心臟은바른편에있다.

6

模型心臟에서붉은잉크가업즐러졌다. 내가遲刻한내꿈에서나는極刑을받았다. 내꿈을支配하는者는내가아니다. 握手할수조차없는두사람을封鎖한巨大한罪가있다.

烏瞰圖
詩第十五號

1
나는거울업는室內에잇다. 거울속의나는역시外出中이다. 나는至今거울속의나를무서워하며떨고잇다. 거울속의나는어디가서나를어떠케하랴는陰謀를하는中일가.

2
罪를품고식은寢牀에서잣다. 確實한내꿈에나는缺席하얏고義足을담은 軍容長靴가내꿈의 白紙를더럽혀노앗다.

3
나는거울잇는室內로몰래들어간다. 나를거울에서解放하려고. 그러나거울속의나는沈鬱한얼골로同時에꼭들어온다. 거울속의나는내게未安한듯을傳한다. 내가그때문에囹圄되어잇듯키그도나때문에囹圄되어떨고잇다.

4
내가缺席한나의꿈. 내僞造가登場하지안는내거울. 無能이라도조흔나의孤獨의渴望者다. 나는드듸어거울속의나에게自殺을勸誘하기로決心하얏다. 나는그에게視野도업는들窓을가르치엇다. 그들窓은自殺만을爲한들窓이다. 그러나내가自殺하지아니하면그가自殺할수업슴을그는내게가르친다. 거울속의나는不死鳥에갓갑다.

　　5
내왼편가슴心臟의位置를防彈金屬으로掩蔽하고나는
거울속의내왼편가슴을견우어拳銃을發射하얏다.彈丸
은그의왼편가슴을貫通하얏스나 그의心臟은바른편에
잇다.

　　6
模型心臟에서붉은잉크가업즐러젓다. 내가遲刻한내꿈
에서나는極刑을바닷다. 내꿈을支配하는者는내가아니
다.握手할수조차업는두사람을封鎖한巨大한罪가잇다.

—『朝鮮中央日報』1934년 8월 8일

15

어떤 재판의 기록—「詩第十五號^{시 제15호}」읽기

신형철 | 문학평론가

1. 분신 모티프란 무엇인가
2. 「烏瞰圖^{오감도}: 詩第十五號^{시 제15호}」가 들려 주는 이야기
3. 이상 문학의 좌표 안에서 「烏瞰圖^{오감도}: 詩第十五號^{시 제15호}」의 위치

1. 분신 모티프란 무엇인가

「烏瞰圖 오감도 : 詩第十五號 시 제15호」를 읽는 가장 보편적인 독법은 이 시를 '거울 속의 나'와 '거울 밖의 나' 사이의 갈등과 그 파국을 그린 시로 읽는 것이다. 분리된 주체들 사이의 갈등과 파국의 드라마라는 설정은 이상의 독창이 아니다. 에드거 앨런 포(Edgar Allan Poe)의 단편 소설「윌리엄 윌슨」(1839년)이나 도스토옙스키(F. Dostoevskii)의 중편 소설「분신」(1846년) 같은 작품들이 이미 유사한 소재를 활용한 바 있다. 이를 흔히 분신 모티프(double motif)라 부른다. 분신 모티프는 프로이트 이래로 넓은 의미에서의 '환상적인 것'(이하, 환상성)의 한 사례로 분류돼 왔다. 환상성은 ① '충동(trieb, drive)'의 영역과 밀접한 관련을 갖고 있어서 정신 분석학의 주요 연구 영역이고, ② 예술 작품에서는 '섬뜩함(the uncanny)'이라 불리는 정서적 효과를 산출한다는 점에서 미학의 흥미로운 주제이기도 하며, ③ 흔히 '억압된 것의 귀환'이라 불리는 어떤 전복성을 갖는다는 점에서 정치학적인 테마이기도 하다. 〔당겨 말하면, 오늘날 그 외연이 불분명한 상태로 널리 유통되고 있는 '환상시'라는 개념을 받아들인다면, 이상의 〈烏瞰圖 오감도〉 연작 중 일부 시편들은 한국 시사(詩史)에 등장한 최초의 환상시라고 볼 수도 있다.〕

프로이트가 환상성에 대한 체계적인 저술을 남긴 것

은 아니지만 그가 이 주제를 다루는 논의에서 관건이 되는 이론가 중의 하나인 것은 환상성이 창출하는 효과인 '섬뜩함'이라는 감정에 대해 본격적인 정신 분석학적 해명을 시도했기 때문이다. 프로이트는 「섬뜩함(das Unheimliche)」(1919년)[1]

[1] 프로이트 지음, 정장진 옮김, 「두려운 낯설음」, 『창조적인 작가와 몽상』(열린책들, 1996년) 참조. 역자는 'das Unheimliche'를 '두려운 낯설음'이라고 번역했는데, 이는 'das Unheimliche'의 프랑스어 번역어인 'l'inquiétante étrangeté'에 의거한 역어로 보인다. 그러나 '낯설음'이 '낯섦'의 잘못이라는 점은 차치하고라도, 원래의 독일어 단어는 하나의 단어이기 때문에 번역어도 한 단어로 하는 것이 원칙일 것이다. 가장 적절한 번역어로 '섬뜩함'을 제안한다. 허창운 외 편, 『프로이트의 문학 예술 이론』(민음사, 1997년)에는 같은 논문이 「섬뜩함」으로 번역돼 있다.

에서 섬뜩함이 낯선 것에 대한 반응이라는 통상적인 관점을 거부한다. 섬뜩하다는 느낌 안에는 낯섦 이상의 무언가가 분명 내포되어 있다고 본 그는 'heimlich'라는 단어가 갖고 있는 기묘한 이중성을 찾아낸다. 사전을 보면 'heimlich'에는 '친밀한, 친숙한'이라는 뜻 외에도 '은밀한, 은폐된'이라는 뜻 또한 포함되어 있으며, 더 나아가 그 자신의 반대말인 'unheimlich'의 의미와 유사한 정도까지, 즉 '불쾌한, 비밀스러운'과 같은 부정적인 뉘앙스까지 담겨 있음을 알 수 있다. 한 단어가 서로 대조되는 두 가지 의미를 동시에 갖고 있다는 것, 그 자신의 반대말과 거의 비슷한 의미까지를 내포하고 있다는 것은 특이한 일이다.[2]

[2] 프로이트에 따르면, 독일어를 제외한 다른 나라의 언어에는 이와 같은 특이한 사례가 없다. 프로이트가 '섬뜩함'에 대해 연구할 수 있었던 것은 독일어에 'unheimlich'라는 단어가 있었다는 행운 덕분이기도 할 것이다.

이 기묘한 단어가 알려 주는 바는 '친숙한'과 '섬뜩한'이 내밀한 방식으로 상호 연계되어 있다는 사실이다.

프로이트의 요점은 섬뜩함이란 오래 전에 우리에게 친숙했지만 억압의 과정을 통해 소원해진 어떤 것이 '귀환'했을 때 발생하는 감정이라는 것이다. "Unheimlich의 'un'은 억압의 표식이다."[3]

3) 프로이트 지음, 정장진 옮김, 「두려운 낯설음」, 『창조적인 작가와 몽상』(열린책들, 1996년), 138쪽.

다음은 프로이트가 인용한 셸링(F. W. Schelling)의 말이다. "은폐되어야 할 은밀한 어떤 것이 밖으로 드러나면 사람들은 이것을 섬뜩하다고 말한다." 즉, 섬뜩한 것은 뭔가 새롭고 낯설고 신기한 것이 초래하는 감정이 아니다. 우리에게 친밀하고 친숙했던 어떤 것만이 차후에 섬뜩해질 수 있다. 한 필자의 간명한 정리대로 "그것은 세상이 익히 '알려진' 것 그대로이기를 원한다면 숨겨질 필요가 있는 모든 것이 드러날 때 유발되는 감정이다."[4]

4) 로지 잭슨(Rosie Jackson), 서강여성문학연구회 옮김, 『환상성—전복의 문학』(문학동네, 2001년), 88쪽.

프로이트는 이제 섬뜩함이라는 효과를 만들어 내는 다양한 사례들을 제시한다. ① 실명(失明) 공포 혹은 거세 콤플렉스를 자극하는 것들[5]

5) 다음을 그 대표적인 사례로 거론할 수 있다. 호프만(E. T. A. Hoffmann) 지음, 김현성 옮김, 『모래 사나이』(문학과지성사, 2001년).

② 분신(the double)의 출현, ③ 동일한 것이 반복되는 현상,[6]

6) 프로이트는, 여행 중에 자꾸만 같은 곳에 되돌아오게 되는 경우, 62번이라는 숫자가 여러 곳에서 반복적으로 눈에 띄는 경우 같은 것들을 예로 든다.

④ 생각의 전능함과 욕망의 즉각적 실현,[7]

7) 예컨대 누군가

에게 "죽어버리라지!" 하고 저주를 퍼붓자 그가 다음날 돌연사하는 일이 생겼다면 섬뜩함이라는 감정을 느낄 수밖에 없다. ⑤ 죽은 자의 귀환 혹은 생매장에 대한 상상 등이 그것이다.[8]

[8) 이 개별 항목들에 대한 구체적인 설명은 프로이트의 원 논문 외에도 막스 밀네르(Max Milner) 지음, 이규현 옮김, 『프로이트와 문학의 이해』(문학과지성사, 1997년), 10장이 제공하는 명료한 정리를 참조.]

보다시피 두 번째 항목에 분신이 제시돼 있다. 분신은 우리를 섬뜩하게 한다. 왜 그런가. 오토 랑크(Otto Rank)의 설명을 보자.

랑크(1989년)는 여러 다른 신화들과 미신들을 통해 분신의 테마에 대한 폭넓은 '계통 발생적' 설명을 제시한다. 그 설명들은 모두 그림자와 거울상이 명백히 몸의 유사물, 몸의 비물질적인 분신이라는 것, 그래서 그것은 영혼을 재현/표상하는 가장 좋은 수단이라는 결론으로 수렴된다. 그것들은 그 비물질성으로 인해 몸보다 더 오래 살아남는다. 반영들(reflections)은 우리의 본질적인 자기(self)를 구성한다. 이미지는 그 이미지의 주인보다 더 근원적이다. 그것은 그의 실체를, 그의 본질적 존재를, 그의 '영혼'을 구성한다. 그것은 그의 가장 가치 있는 부분이며 그를 한 인간으로 만든다. 그것은 그의 불멸하는 부분이며 죽음으로부터의 보호막이다.[9]

[9) Mladen Dolar, "At First Sight," R. Salecl & S. Žižek(ed.), *Gaze and Voice as Love Object* (Durham: Duke University Press, 1996.), p.137. 이하 분신 모티프의 일반 문법에 대한 논의도 이 글에 근거한다.]

분신 이전 단계의 형상으로 '그림자'나 '거울상'을 들 수 있다. 그림자가 사라지거나 거울상이 움직이는 등의 현상을 활용한 많은 이야기들이 동서고금에 존재한다. 이런 이야기들은 왜 우리를 사로잡는가. 그것들은 고작 주체와 닮은 부속물에 불과하지 않은가. 그러나 랑크의 설명은 이런 느슨한 판단을 뒤집는다. 그림자나 거울상은 확실히 주체의 유사물일 뿐이지만, 그것이 우리에게는 오히려 '주체보다 더 주체인' 어떤 것으로서의 의미를 갖는다는 것. 육체—물질이 아닌 것들이지만, 그렇기 때문에 더 오래 살아남을 수 있고, 그래서 어쩌면 주체 자신보다도 근원적인 것, 즉 주체의 '영혼'의 표상처럼 느껴진다는 것. 그림자나 거울상은 부속물이 아니라 오히려 본질적인 '자기(self)'의 표상이다. 이 부류의 이야기들에서 그림자나 거울상을 잃어버리는 사람이 곧 죽음을 맞게 되는 것은 그 때문이다. 이제 분신의 등장이 주체에게 그토록 '섬뜩한' 것으로 느껴지는 이유가 분명해진다. 프로이트는 한때 익숙했던 것만이 차후에 섬뜩해질 수 있다고 했다. 분신이 그렇다. 그것은 나의 가장 내밀한 영역이 타자의 형상으로 외화(外化)된 것이기 때문이다.

우리는 분신 모티프의 일반 문법을 다음과 같이 네 단계로 정리해 볼 수 있다. 이 모티프는 네 단계로 전개된다. 첫째, 주체가 분신과 대면한다. (그림자 혹은 거울상이 스스로 움직이거나 사라진다.) 그것은 두려운 불안을 가져오고 익숙한 세계의 기반을 무너뜨린다. 둘째, 분신은 은밀한 방식으로 조심스럽게 나타나는데, 주체만이 그것을 볼 수 있고 그 현상의 중요성을 깨달을 수 있다. 셋째, 그렇게 등장한 분신은 일견 모순되어 보이는 두 가지 방식으로 일을 진행시킨다. 분신은 가장 적절하지 않은 순간에 나타나서 주체가 진행하는 일을 실패로 이끌거나, 반대로, 주체가 감히 하지 못할 일을 거리낌 없이 행하여서 주체의 억압된(억압되어야 마땅한) 욕망을 성공적으로 실현시킨다. 넷째, 이와 같은 일이 반복되면서 주체는 분신과 공존할 수 없다는 사실을 깨닫기에 이르고 분신과 최후의 대결을 벌인다. 그러나 주체는 또 한 번 곤경에 처하는데, 분신을 죽이는 유일한 방법은 오로지 주체 자신을 죽이는 길뿐임을 알게 되기 때문이다. 사실상 분신은 주체의 가장 본질적인 내면이 외화된 것이므로 이것은 논리적으로 필연적인 결론이다.

2. 「烏瞰圖오감도 : 詩第十五號시제15호」가 들려 주는 이야기

「烏瞰圖오감도 : 詩第十五號시제15호」는 한 천재의 예외적인 작품이 아니다. 보다시피 세계 문학사에 빈번히 나타나는 어떤 보편적 모티프의 계보 위에 놓여 있는 작품이다. (보편성에 대한 이런 지적이 '결핵 환자'로서 또 '식민지 문인'으로서의 이상의 특수한 존재 조건이 이 시에 미쳤을 영향을 간과해도 좋다는 말이 아님은 물론이다.) 그러나 이 보편성이 충분히 주목된 것 같지는 않다. 이어령(1955년)[10]

[10] 이어령, 「'순수 의식'의 완성과 그 파벽」, 이태동 편, 『이상』(서강대학교출판부, 1997년), 40-42쪽, 138쪽.

은 이상 문학이 '의식의 세계'(의식 안에 칩거하여 백치와도 같은 평화와 자유를 구가하는 '무관심'의 상태)와 '일상의 세계' 사이의 대립에 기초하고 있다고 봤다. 그런 그가 이 시를 어떻게 읽을지는 충분히 예상 가능하다. "거울 속의 자기가 의식 내부에 들어가 있는 '무관심의 자기'이며 그 거울 밖에 선 자기가 의식 외부의 '일상성의 자기'를 뜻하는 것이다." 이런 관점이 이상 문학 전체를 이해할 수 있는 생산적인 틀을 제공하고 있기는 해도 이 시에 정확히 들어맞는다고 하기는 어렵다. 이 시에서 '거울 속의 나'를 백치 같은 무관심한 자아라고 할 수 있을까. 그는 두렵기도 하고 안쓰럽기도 한 복합적인 존재다. 이 뉘앙스를 온전히 포착해 주어야 옳지 않을까.

한편 이승훈(1989년)[11] 은 "이 시는 거울을 모티프로 하며, 거울 밖의 자아(현실적 자아)와 거울 속의 자아(이상적 자아)의 관계를 노래하고 있다."라고 분석한다. 이런 관점은 이 시를 전통적인 '거울 모티프'를 활용한 사례로 읽으려는 시도이다. 그런데 연못에 비친 제 얼굴을 들여다보는 나르키소스처럼 거울 속에 비친 자기 이미지를 이상적인 자신으로 인지하는 나르시시즘이 이 시에 있는가? 사에구사 도시카쓰(三枝壽勝, 1991년)[12]의 지적대로 이 시에서 거울 속의 자아가 '이상적 자아'라고 볼 근거는 어디에도 없다. "거울은 그 앞에 이미 존재하는 것 이외의 것을 비출 수 없는 것이기 때문에(…) 여기에 등장하고 있는 것은 현실의 자기 이외에 아무 것도 아니다." 거울 속의 나를 죽이려고 하는 것은 거울 밖의 나를 죽이고 싶기 때문이라는 것. 이 시의 주제는 "자기가 현존하고 있는 현실에 대한 절망 내지는 환멸"이라는 것이다. 연구자들이 이 시에 만들어 넣는 온갖 복잡한 대립 구도의 폐해를 생각해 본다면 이런 독법이 차라리 깔끔하다 싶기도 하다. 그러나 이 관점은 이 시가 활용하고 있는 거울이라는 소재의 상징성을 지나치게 약화시키고 만다.

황현산(2002년)[13]

---

[11] 이승훈 엮음, 『이상 문학 전집 1 시』(문학사상사, 1989년), 49-54쪽.

[12] 사에구사 도시카쓰, 「이상의 모더니즘―그 성립과 한계」, 김윤식 엮음, 『이상 문학 전집 5 연구 논문 모음』(문학사상사, 2001년), 295-297쪽. 최초 발표 지면은 『조선학보(朝鮮学報)』 141집(天理 : 朝鮮学会, 1991년).

[13] 황현산, 「오감도 주석」, 『포에지』 8호(나남출판,

2002년 봄), 90-93쪽.

　　　　　은 흔히 거울 시편의 한 편으로 간주되어 읽혀 온 이 시가 이상의 다른 거울 소재 시들과는 다르다고 정당하게 지적한다. "다른 거울 시들이 거울 속의 모습을 피해자이며 타고난 자질을 고스란히 갖추고 있는 본래적 자아로, 거울 밖의 시인을 가해자이자 퇴락한 자로 그리고 있는 데 비해, 이 시에서는 그 관계가 역전되었다. 거울 속 본래의 자아는 이미 사라졌으며, 이제는 거기에 추락한 현실의 자아가 비칠 뿐인 것이다." 이상은 본래 뛰어난 재능의 소유자였고 마땅히 성공했어야 할 인물이다. 그런 이상을 또 다른 이상이 망가뜨렸다. 이상은 자신의 가해자이고 또 피해자다. 예전에는 거울을 보면 '피해자 이상'(본래적 자아)의 모습이 보였다. 그런데 지금 이 시에서는 '가해자 이상'(현실적 자아)이 보인다. 이렇게 본다면 거울을 보는 것은 고통스러운 일이 된다. 거기에 진실이 보이기 때문이다. 나보다 더 나인 어떤 존재, 현실보다 더 현실인 어떤 세계가 그곳에 있기 때문이다. 전자가 바로 분신의 존재론적 의미이고, 후자가 바로 흔히 실재(the real)라 불리는 세계의 위상이다. 이 지점에서 출발하기로 하자.

1
나는 거울 없는 실내에 있다. 거울 속의 나는 역시 외출 중이다. 나는 지금 거울 속의 나를 무서워하며 떨고 있다. 거울 속의 나는 어디 가서 나를 어떻게 하려는 음모를 꾸미는 중일까.

이 시의 기본 발상이 제시된 부분이다. 정상적인 사람이라면 다음과 같이 말할 것이다. '내가 거울 없는 방에 있을 때 거울은 나를 비추지 못하므로 거울 속의 나도 사라진다. 거울 속의 나는 나의 반영(이미지)이기 때문이다. 그러므로 이 사라짐은 놀라울 것이 없는 물리적 현상이다.' 그러나 어떤 사람은 이런 질문을 던질 것이다. '거울 속의 나가 나로부터 독립돼 있다면? 즉, 실물에 종속돼 있는 이미지가 아니라 독자적인 실체라면?' 이렇게 묻는 순간, 거울 속의 나가 사라지는 일은 물리적 현상이 아니라 심리적 실재가 된다. 이 시의 화자가 바로 그런 생각에 빠져 있는 인물이다. 그래서 나는 무서워한다. 나의 분신이 지금 어딘가에서 '나를 어떻게 하려는 음모'를 꾸미고 있을지도 모르기 때문이다. 앞에서 살폈듯이 바로 이것이 분신 모티프의 1단계다. 주체가 처해 있는 심각한 심리적 위기 때문에 그 위기의 증상인 분신이 탄생하는 단계. 어떤 심리적 위기가 이런 결과를 낳았을까? 바로 이 물음에 답하기라도 하듯 이상은 자신의 "죄"에 대해 언급한다. 이어지는 2절을 보자.

2

죄를 품고 식은 寢牀^{침상}에서 잤다. 확실한 내 꿈에 나는 결석하였고 義足^{의족}을 담은 군용 장화가 내 꿈의 백지를 더럽혀 놓았다.

1절에서 거울 없는 방에 도착한 나는 여기 2절에서 잠이 든다. 그리고 자신에게는 죄가 있다고 말한다. 이 죄가 무엇을 뜻하는지는 지금 답하기 어렵다. 이 시의 마지막 문장에서 이상은 다시 "거대한 죄"를 언급하는데, 이 죄가 시 전체를 관통하는 핵심적인 단어라면, 시를 다 읽은 후에라야 그 의미를 온전히 파악할 수 있을 것이다. 지금 따져 봐야 할 것은 그 다음 구절이다. 잠을 자면서 꿈을 꾸는 것은 놀라운 일이 아니다. 그런데 꿈에 "결석"했다는 표현은 (그리고 6절에 나오는, 꿈에 "지각"했다는 표현은) 놀랍다. 이 구절은 꿈을 어떤 '공간'으로 상상하게 만든다. 어떤 공간일까? 앞부분에 나온 "죄"에 다시 주목해 본다면 이 공간은 아마도 법정과 유사한 곳일 테다. 꿈은 무의식의 진실이 상영되는 극장에 자주 비유되니까, 달리 표현하자면, 내 죄의 진실이 파헤쳐지는 법정이라고 말할 수도 있다. 그렇다면 내가 내 '꿈=법정'에 결석했다는 것은 나의 '죄=진실'에 대한 재판을 회피해 버렸음을 뜻할 것이다. 정리해 보자. 거울로부터 도망쳐 잠이 든 나는(1절) 꿈 속에서 열린 법정에도 결석했다(2절). 언제까지 이럴 것인가.

3
나는 거울 있는 실내로 몰래 들어간다. 나를 거울에서 해방하려고. 그러나 거울 속의 나는 침울한 얼굴로 동시에 꼭 들어온다. 거울 속의 나는 내게 미안한 뜻을 전한다. 내가 그 때문에 囹圄영어되어 있듯이 그도 나 때문에 영어되어 떨고 있다.

언제까지 이럴 수는 없다는 생각으로 나는 행동을 개시한다. 내가 도망쳐 온 거울이 있는 방으로 다시 돌아간다. "나를 거울에서 해방하려고." 즉, 거울 때문에 괴로움을 겪는 나 자신을 거울로부터 해방시키기 위해서다. 거울을 박살내기라도 하려는 것일까. 그런데 실행에 옮기려는 찰나에 나는 멈칫할 수밖에 없게 된다. 내가 거울 앞에 서는 순간, "동시에 꼭", 거울 속의 나도 나타나기 때문이다. 아니, 더 중요하게는, 거울 속의 나가 "침울한 얼굴"로 나타나기 때문이다. 나타나서는, 미안하다고 말하면서, 내 마음이 흔들리게 한다. 이 대목에 주목하지 않을 수가 없다. 1절과 2절에서는 나의 '공포'의 대상이었던 내 분신이 이 3절에서는 '연민'의 대상으로 변모하고 있기 때문이다. 그래서 나는 자신과 분신의 관계에 대해 다음과 같은 인식에 도달한다. 내가 분신 때문에 감옥살이를 하고 있다면, 분신 역시 마찬가지 아니겠느냐고. 문제는 나에게만 있는 것도 아니고 분신에게만 있는 것도 아니다. 문제는, 도대체가 나와 네가 동시에 존재한다는 이 사태 자체에, 둘의 관계 그 자체에 있다. 어떻게든 이 사태/관계를 깨야 한다. 무엇을 할 것인가.

4

내가 결석한 나의 꿈. 내 위조가 등장하지 않는 내 거울. 무능이라도 좋은 나의 고독의 갈망자다. 나는 드디어 거울 속의 나에게 자살을 권유하기로 결심하였다. 나는 그에게 視野시야도 없는 들창을 가리켰다. 그 들창은 자살만을 위한 들창이다. 그러나 내가 자살하지 아니하면 그가 자살할 수 없음을 그는 내게 가르친다. 거울 속의 나는 불사조에 가깝다.

그래도 된다면, 나는 내 꿈에 영원히 결석하고 싶다.

할 수만 있다면, 나는 거울 속에서 "내 위조"(나의 위조물, 즉 분신)를 영원히 안 보고 싶다. 끔찍한 진실과 대면하고 싶지 않다는 것이고, 무능하게일지언정 그냥 고독하게 살고 싶다는 것이다. 이런 소망을 담아 나는 거울 속의 나에게 자살을 권유한다. "시야도 없는 들창"이란, 열어도 아무것도 보이지 않는, 캄캄한 무(無)가 아가리를 벌리고 있는 그런 창일 것이다. 전망을 확보하기 위한 창이 아니라 뛰어내리기 위한 창. 저기로 뛰어내려라, 하고 나는 부탁한다. 그러나 거울 속의 나는 내게 반격한다. 당신이 자살하지 않으면 나도 자살할 수 없다고. 이 상황은 앞서 설명한 분신 모티프의 4단계에서 관철되는 논리에 정확히 부합한다. 주체와 분신의 대결에서 분신을 죽일 수 있는 방법은 주체 자신이 스스로 죽는 방법밖에 없다는 논리 말이다. 그러나 (거울 밖의) 내가 죽을 수는 없지 않겠는가. 그러므로 결국 (거울 속의) 너를 죽일 방법은 현재로서는 없다. 그러니 나는 이렇게 탄식한다. "거울 속의 나는 불사조에 가깝다." 혹시 다른 방법이 있지 않을까. 분신만 죽이고 나는 살아남을 수 있는 방법은 없을까. 이어지는 5절에서 나는 그것을 실험한다.

5

내 왼편 가슴 심장의 위치를 방탄 금속으로 掩蔽^{엄폐}하고 나는 거울 속의 내 왼편 가슴을 겨누어 권총을 발사하였다. 탄환은 그의 왼편 가슴을 관통하였으나 그의 심장은 바른 편에 있다.

분신의 논리학에 따르면 분신을 죽이면 나도 죽는다.

즉, 거울 속의 나에게 총을 쏘면 거울 밖의 나도 총을 맞는다. 이 논리를 알고 있는 나는 어떤 아이디어를 떠올린다. 먼저 거울 밖의 나의 심장을 방탄 금속으로 엄폐하고 그런 다음 거울 속의 나의 심장에 총을 쏘면, 나는 살고 그는 죽지 않을까, 하고. 그래서 나는 필요한 조치를 취한 뒤에 거울 속의 나의 "왼편 가슴"을 겨냥해 쏜다. 당연하다. 이 시에서 거울 속의 나는 이미 나와 분리된 독자적인 실체로 간주되고 있으니 당연히 왼쪽 가슴에 심장이 있어야 맞다. 그런데 결과는 어떤가. "탄환은 그의 왼편 가슴을 관통하였으나 그의 심장은 바른 편에 있다." 쏘고 났더니 그의 심장은 오른 쪽에 있더라는 것. 이 낭패스러운 결과는 거울 속의 내가 독자적인 실체가 아니라 역시 나의 거울상(이미지)일 뿐이라는 것을 뜻하지 않는가. 이제 나는 어떤 모순에 직면하고 만다. 거울 속의 저것이 독자적인 실체(왼쪽에 심장이 있는)이면서 '동시에' 나의 이미지(오른쪽에 심장이 있는)일 뿐이기도 하다는 모순. 놀랄 일이 아니다. 분신의 존재론적 지위가 본래 그러한 것이다. 그것은 나이면서 내가 아니다.

6

모형 심장에서 붉은 잉크가 엎질러졌다. 내가 지각한 내 꿈에서 나는 극형을 받았다. 내 꿈을 지배하는 자는 내가 아니다. 악수할 수조차 없는 두 사람을 봉쇄한 거대한 죄가 있다.

분신을 제거하기 위한 시도가 결국 실패로 끝났음을 선언하는 마지막 절이다. 엄폐한 나의 심장뿐만 아니라 피를 뿜었어야 할 너의 심장도 무사하다. 그 대신 "모형 심장에서 붉은 잉크가 엎질러졌다." 계획은 실패했고 나에겐 역풍이 분다. "내가 지각한 내 꿈에서 나는 극형을 받았다." 2절에서 화자는 자신의 꿈(=법정)에 "결석"했었다. 그러나 3~4절에서는 마침내 분신과 대면하여 담판을 벌였고 5절에서는 그에게 총을 쏘기까지 했다. "출석"하지 않고서는 할 수 없는 일이다. 여하튼 나는 상황을 타개하기 위해 노력했으며 그 노력은 높이 평가받아야 할 것이다. 그러나 6절에서 인정하고 있듯이 그는 분신과의 대결에서 승리하지 못했다. 이 실패를, 출석하기는 했으되 한 발 늦은 것이라고 표현할 수 있다면, 그는 자신의 꿈(=법정)에 "지각"한 것이라고 할 수도 있으리라. 그 탓에 그는 자신의 꿈(=법정)을 대신 지배하는 그 어떤 존재를 몰아내지 못했고 그로부터 극형을 선고받았다. 물론 그 극형은 그의 "거대한 죄" 때문에 내려진 것이다. 앞에서 예고한 대로, 마지막으로 묻자. 이상은 도대체 무슨 죄를 졌는가.

3. 이상 문학의 좌표 안에서 「烏瞰圖오감도 : 詩第十五號시제15호」의 위치

저 "거대한 죄"가 무엇인지를 이해할 수 있는 방법은 두 가지다. 이 한 편의 시가 제공하는 정보 안에서 결론을 내리는 방법이 있고, 이 시가 이상의 모든 작품들 속에서 어떤 위치에 놓여 있는지 그 맥락을 파악한 연후에 더 확대된 결론을 내리는 방법이 있을 것이다. 앞의 길을 택할 경우 이렇게 읽을 수 있다. 이 시는 거울 속의 나로부터 도망치다가 이윽고 대결을 시도하였으나 결국 실패하고만 과정을 적은 시다. 거울 속의 나는 나의 분신이다. 분신 모티프에서 분신은 나의 치명적인 진실을 표상하는 존재다. 이상 자신이 이 사실을 잘 알고 있다. 그래서 그는 자신의 분신 앞에서 섬뜩함을 느낀다. 공포와 연민을 동시에 느낀다. 앞에서 인용한 문장을 한 번 더 옮기자. "그것〔섬뜩함―인용자〕은 세상이 익히 '알려진' 것 그대로이기를 원한다면 숨겨질 필요가 있는 모든 것이 드러날 때 유발되는 감정이다." 진실을 회피하거나 파괴하려고 한 행위, 그것은 나와 분신 사이에 이어져 있는 길을 봉쇄하는 행위와 같다. 바로 이것이 "악수할 수조차 없는 두 사람을 봉쇄한 거대한 죄"다. 이상의 진실이 무엇이기에 그는 그것을 향해 총을 쏘는가. 이 물음에 답하기 위해서는 이상이라는 인간과 그의 삶에 대해 생각해 보지 않으면 안 된다. 결국 두 번째 방법을 택하지 않을 수 없는 것이다. 이에 대해 길게 말할 여유가 없으므로 간단히 정리해 보기로 하자.

앞에서 인용한 글에서 황현산은 "개인의 발전이 사실상 개인의 변질과 다른 것이 아닌 식민지 시대"를 살았기 때문에 이상은 변질되지 않기 위해 발전을 포기했는데 그것이 그가 스스로 느낀 죄였다고 지적한다. 변질되지 않기 위해 발전을 포기한 삶이었다고 말할 수도 있겠지만, 그가 식민지 시대에서는 변질로 이어질 수밖에 없는 그런 발전과는 좀 다른 종류의 발전을 도모했다고 말할 수도 있지 않을까. 그는 예술로 성공하기를 원하지 않았으며 그 대신 삶 자체를 예술 작품으로 만드는 길로 나섰다. 마지막 2년여 동안 집중적으로 쓰인 소설들에 그의 노력이 잘 나타나 있다. 이상의 마지막 소설들은 넓은 의미에서 연애 소설이다. 그 연애 이야기가 감추고 있는 것은 이상과 세상의 공방전이다. 예컨대 창부 금홍과의 연애 전말기를 적은 「逢別記^{봉별기}」에서 발견되는, 남녀 관계가 상식과 상궤를 벗어날수록 그 연애는 더욱 순수해지고 진실해진다는 역설적인 메시지는 그가 삶을 대하는 태도를 반영한다. 일반적인 의미에서의 성공적인 삶은 따분하다는 것. 삶은 하나의 예술 작품이 되어야 하며 그러기 위해서 삶은 비틀리고 왜곡돼야 한다는 것.

물론 이런 반항의 논리 역시 이상의 독창은 아니다. 이와 같은 삶의 기술의 선구자들을 찾자면, 보들레르가 범례적으로 실천하고 '데 제생트'〔위스망스(Joris-Karl Huysmans)의 소설 『거꾸로』(1884년)의 주인공〕에게서 상징적인 형상을 얻은, 19세기 후반 이래로 세기말까지 유럽을 휩쓸었던 소위 '데카당티즘'으로까지 거슬러 올라갈 수도 있다. 흔히 퇴폐주의 정도로 번역되지만 적절하다고 하기 어렵다. 이것은 부르주아의 관습에 침을 뱉고 삶을 예술로 만들기 위해서는 무엇이든 하겠다는 도저한 정신적 태세다. 예컨대 데 제생트는 "기만술이 인간의 천재성을 특징짓는 증거"이고 "위조"야말로 진정한 욕망 추구의 방법이라고 말하면서 최고급 식당에서 보란 듯이 싸구려 포도주를 마시는 행위를 권장한다.14)

14) 조리스-카를 위스망스 지음, 유진현 옮김, 『거꾸로』(문학과지성사, 2007년), 56-57쪽.

이는 이상이 저 유명한 「날개」의 프롤로그에서, "인생의 제행(諸行)이 싱거워서 견딜 수가 없게끔" 된 자신의 동족들에게 "제일 싫어하는 음식을 탐식하는 아이러니"와 "자신을 위조하는 것"을 권하는 대목과 공명한다. 이것이 바로 '인공적 생활(vie factice)'에 대한 찬미다.

그러니 이 심미주의자들이 저 흔해 빠진 사랑에 빠지는 일을 얼마나 경멸했는지 능히 짐작할 수 있다. 사랑이 결혼으로 이어지고 출산과 양육으로 귀결되는 것은 그들에게 끔찍한 노릇이다. 보들레르는 유고 산문 「벌거벗은 내 마음」에서 "사랑의 유일하며 지고한 관능이란 악을 행한다는 확신 속에 존재한다."라고 단언하면서 "사랑, 그것은 매음에의 취향이다."라고 덧붙인다.15)

15) 보들레르 지음, 이건수 옮김, 『벌거벗은 내 마음』(문학과지성사, 2001년), 21쪽, 15쪽.

매음을 사랑의 이상적 형태로 떠받들면서 악행으로서의 사랑을 권한다. 왜 하필 매음인가. 데카당들에 대한 고전적인 설명에서 아르놀트 하우저

(Arnold hauser)는 그들이 창부에게 깊은 연대감을 느낀 이유를 이렇게 설명한다. "창부는 격정의 와중에서도 냉정하고, 언제나 자기가 도발시킨 쾌락의 초연한 관객이며, 남들이 황홀해서 도취에 빠질 때에도 그녀는 고독과 냉담을 느낀다. 요컨대 창부는 예술가의 쌍둥이인 것이다." 그들은 이런 태도에서 '정신의 귀족주의'를 발견했고 바로 그것에서 따분한 삶의 탈출구를 찾았다.16)

16) 아르놀트 하우저 지음, 백낙청·염무웅 옮김, 『문학과 예술의 사회사—현대편』(창작과비평사, 1974년), 189쪽.

이와 같은 데카당들의 지향을 이상은 공유했다. 그러나 많은 소설들에서 그는 도저한 데카당이 아니라 "경기자 중 한 사람이 반드시 자기 통제 기능을 상실해야만 하는 지독한 게임"17)

17) 보들레르 지음, 이건수 옮김, 『벌거벗은 내 마음』(문학과지성사, 2001년), 21쪽.

인 사랑에서 패배한 자로 등장한다. 이것은 그가 삶과의 게임에서 졌음을 의미할 것이다. 「烏瞰圖 오감도 : 詩第十五號 시 제15호」를 쓴 이후에도 이상은 여러 번 거울을 보았으리라. 그 거울에는, 삶을 예술 작품으로 만들기 위해 '인공적 생활'을 실천하는, 위악적이고 귀족적이 되는 데 성공한 자신의 모습이 아니라, 그러는 데 실패한 자신의 모습이 비춰졌을 것이다. 그가 세상에서 이상이라 칭하는 인간의 모습을 점점 완성해 갈수록 그의 거울에는 그것이 가짜라고 냉소하는 또 다른 이상의 모습이 나타났을 것이다. 그것이 그의 존재의 진실이고 그의 삶의 실재였을 것이다. 이 진실 혹은 실재는, 아무리 외면해도 나타나고 아무리 도망쳐도 뒤따라오는 분신의 형태를 띠고, 이상을 괴롭혔을 것이다. 분신(진실 혹은 실재)을 죽이려 했으나 실패했고, 그 죄 때문에 그는 극형을 선고받았다. 「烏瞰圖오감도 : 詩第十五號시제15호」는 거울 혹은 꿈이라는 법정에서 이루어진 어떤 재판의 기록이다.

신형철

1976년 태어나 서울대 국어학문과와 같은 대학원 국어학문과 박사 과정을 졸업했다. 2005년 봄 계간 『문학동네』에 평론을 발표하면서 비평 활동을 시작했다. 평론집 『몰락의 에티카』와 산문집 『느낌의 공동체』를 냈다.

13인의 아해가 도로로 질주하오—이상의 <오감도> 처음부터 끝까지 읽기—
이상문학회 2기 편집위원회 엮음 ⓒ 김인환 황현산 조강석 이혜원 조연정 조
해옥 박현수 권희철 권혁웅 임지연 김수이 이수명 문혜원 김종훈 함돈균 최
현식 신형철 Published by 수류산방 樹流山房 Suryusanbang, 2013, 초판 1쇄
2013년 02월 24일, 값 33,000원, ISBN 978-89-91555-31-0 03810, Printed
in Korea, 2013

수류산방 樹流山房 Suryusanbang 등록 | 2004년 11월 5일(제300-2004-173
호) 주소 | 서울 종로구 청운동 57-51 | A. 57-51, Cheongun-dong, Jongno-
ku, Seoul, KOREA | T. 02 735 1085 | F. 02 735 1089 | 프로듀서 | 박상일
Producer | PARK Sangil | 발행인 및 편집장 | 심세중 Publisher & Editor in Chief | SHIM Sejoong | 크
리에이티브 디렉터 | 朴挐成 Creative Director | PARK Jasohn | 이사 | 김범수 박승희 최문
석 Director | KIM Bumsoo, PARK Seunghee, CHOI Noonseok | 편집팀 | 김지혜 Editorial Dept. | KIM Jihye
| 디자인·연구팀 | 김영진 심지수 Design & Research Dept. | KIM Youngjin, SHIM Jisoo